小学館文庫

# おばあちゃんの家事秘伝

赤木春恵

小学館文庫

# はじめに

炊事、洗濯、掃除は、家事の基本となるものです。これまで私は、どんなに女優という仕事に追われようとも、主婦としての務めを果たすように、ひたすら努力してまいったつもりです。

そんな私も、いまでは、息子の嫁に〝へら渡し〟をすませたおばあちゃんでございます。〝へら渡し〟とは、姑が嫁に「主婦の座を安心してお任せしますよ」と譲る、昔ながらの風習のこと。これをすませるまでには、母から娘に、姑から嫁にと、代々語り継がれてきた〝家事の知恵〟がしっかりと伝えられ、教え込まれます。こんな日本女性のよい伝統が、核家族化が進むとともに、失われてゆくのは残念でなりません。

祖母や母に、知らず知らずに教えられた知恵の数々が私どもの生活にどれほど役立っていることか……物の命を大切にし無駄なく使いきる、見事な節約の技が〝地球にやさしく〟と叫ばれる現代に、どんなに必要なことか……私は亡き祖母、母を追慕しながら、古きよき暮らしの知恵を、ここでもう一度見つめ直したいと願い、筆を執りました。

本書は、『女性セブン』に連載され、その後単行本として出版されると、おどろくほど多くの方に読んでいただきました。このたび、小学館で文庫化することになり、また新しい読者にめぐりあえる喜びでいっぱいです。私自身体験して得た知恵、祖母、母そして諸先輩に習った知恵を、皆様の日々の暮らしに役立てていただければ、心から嬉しく、幸いに思います。

平成一五年五月

赤木春恵

# 目　次

## 4章　住まいを清潔に——掃除・修理法——263

編集・校正／虹工房
イラスト／わたなべしんや
鈴木佐依子
DTP／昭和ブライト

# 1章

# 料理の基本と上達のコツ

## □味見と味つけのコツ

お料理上手になるコツは、あなたの味覚を高めることです。いろいろとおいしいものを食べてみて、味を知ることからお料理修業は始まります。調味料の分量にしても、砂糖何グラムと料理の本に書かれたとおりに覚えるよりも、あなたの舌でどう感じるか、つまり味覚で覚えておくこと。一生の財産になりますよ。

### ◆味見は舌先だけでしない

調理中に、お料理をちょっぴり舌先にのせて、「甘すぎるかしら」などと味つけをしている方がいますが、味見は舌先だけでやってはいけないのです。

「舌先でチョロッとなめただけで、味見ができたと思ったらダメよ。口の中をカラにしといてから、

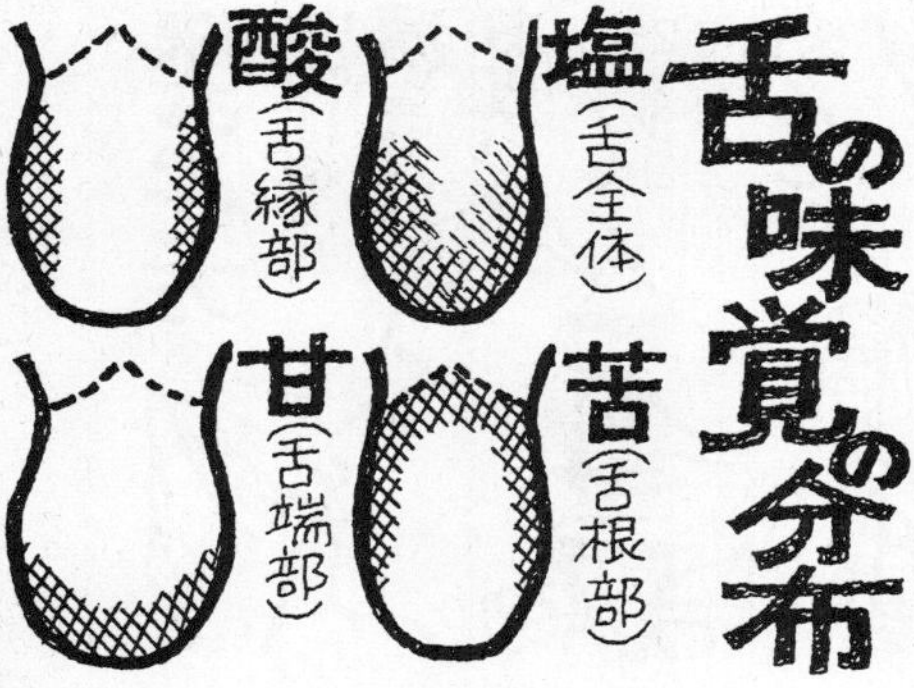
舌の味覚の分布
塩（舌全体）
酸（舌縁部）
苦（舌根部）
甘（舌端部）

ある程度の量を舌の上全体にパッとまくみたいに広げなきゃ、味はわからないよ！」

私の母など、台所でいつもこんなお説教をしたものでしたが、実はこれが理屈に合っているのです。

味は「甘味」「酸味」「塩味」「苦味《にが》」が基本でしょう。この四つの味を舌のどこで感じるかというと、甘みは舌先で、酸味は舌の両側で、苦みは舌の根元で強く感じ、塩味は舌全体でまんべんなく感じる、というのが舌の味覚の仕組みなのだそうですから、舌先でチョロッとなめただけでお料理の味がわかるわけはありません。

味見は、料理を舌全体の上にパッと広げてやるのがコツです。それに量が少なすぎると、かえって口中の唾液の分泌を促すことになって、本来の味よりも薄く感じてしまいますから、ある程度の量で味を見ることです。

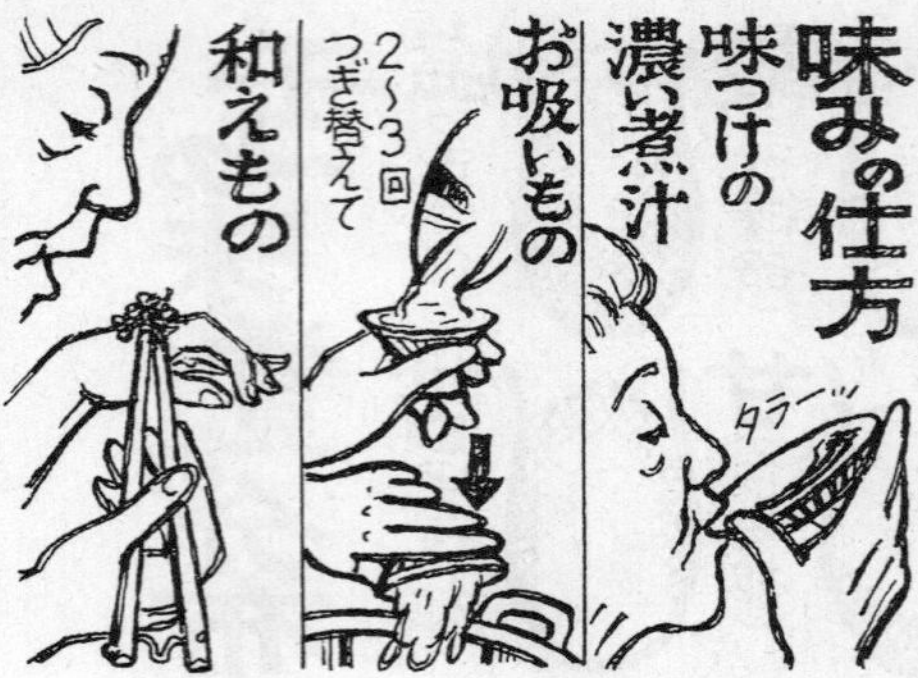


## ◆味見のときは薄味がよい

味つけの濃い煮汁は、軽く流れる程度の量を小皿にとって味を見ます。お吸いもののように、汁そのものの味見をするには、杯《さかずき》にたっぷりの量をとって味わいますが、杯に水分が残っていると味が薄まりますから、2〜3回杯に汁をつぎ替えてからにします。

和えものなどは、箸でつまんでもう一方の手で受けて、味を見ます。

また調理の手順が悪いと、味を見たときには「いい味だわ」と思っても、食卓に出したときには味が濃くなっていることもあります。

汁もの、煮ものは、味見のときには「ちょっと薄味かしら」というくらいが、よろしいのです。

調味料を使って味つけをするということは、

①素材に新しい味を加える

②素材の味を引き立てる
③素材の味とともに新しい味を作る

という、三つの目的があります。

この目的を考えて、あなたの味覚でお料理の味を作っていくようにしたいですね。

### ◆味つけ順序はサシスセソ

よく「煮ものは、サシスセソの順序で味をつける」といわれます。だれが考えたのか知りませんが、覚えやすくて便利ですね。

サは砂糖、シは塩、スは酢、セは醤油、ソは味噌のことです。

最初に煮汁を作っておいて煮るものや、炒めもののように手早く味つけするときは、それほどこの順序を守る必要もないでしょう。

塩を砂糖よりも先に使うと、砂糖の甘みは食物にしみ込みません。なぜかというと、塩分には食

# だし汁

かつお節
湯
弱火で
2～3分
かつお節が
沈んだら
火からおろす
塩 ひとつまみ
ふきんで
こす

物の中の水分を引き出して組織をひきしめ、かたくする性質があるからです。それに酢が3番めなのは、食物のくさみを抜いたり、材料をやわらかにする作用があるからで、醤油や味噌があとまわしなのは、特有の香りを逃がさないためです。

昔の人は長年の体験でサシスセソの順序を知っていたのですね。

## ◆だしは塩を入れてこす

かつお節（削りがつお）からだしをとるなんて簡単だと思っている方が多いのではないでしょうか。ところが、おいしいだしをとるには、ちょっとしたコツがあるのです。

まず、あまり長い間煮たてないこと。

煮たった湯にかつお節を入れて、弱火で3分ほど加熱すれば、かつお節のうまみの正体であるイノシン酸が出てくるのです。

ところが時間が長びくと、イノシン酸以外の成分も溶け出て、魚くさくてアクの強い味になるばかりか、せっかくのうまみが再びかつお節のだしがらに吸い込まれてしまうのです。

ですから、沸騰させたお湯にサッとかつお節を入れ、弱火で2～3分間加熱して、かつお節が下に沈んだら火からおろして、次にだしに一つまみの塩を入れ、この後ふきんで汁とだしがらをサッサとこし分けるのです。

一つまみの塩を加えるのは、溶け出たうまみがだしがらの中へ再吸収されるのを防ぐためです。こすときはぬれぶきんを使い、自然にこし、絞ってはいけません。絞りきるとだしが濁ってしまうからです。

## ◆お吸いものには精製塩を使う

お吸いものの味つけに食卓塩を使ったために、

# 酢のもの

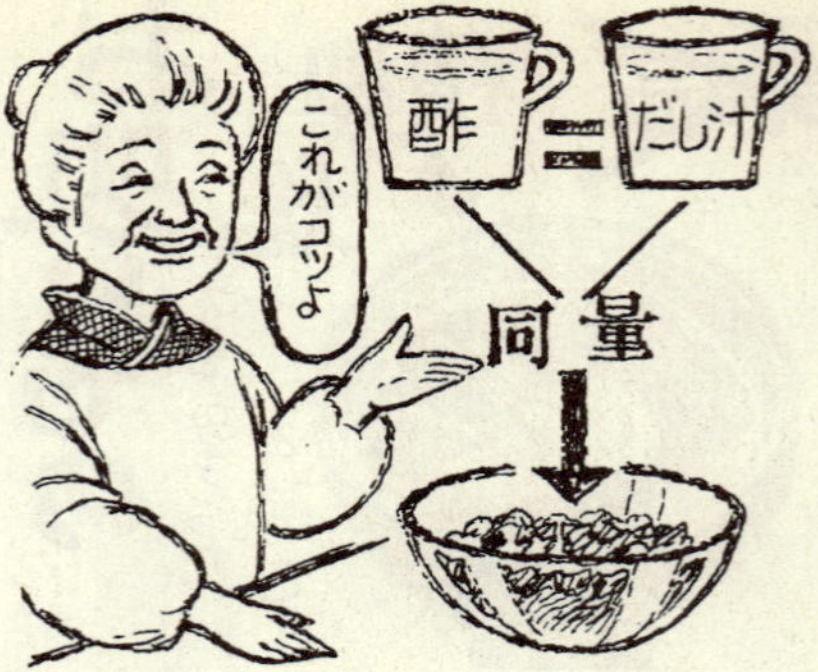


白く濁ったお吸いものができた経験がありませんか。

お吸いものの命である澄みきった透明さが、食卓塩を使うとなくなるのです。お吸いものの別名を「お澄まし」というように、視覚的な透明さが味を助けてもいるのですから、味つけには、食卓塩ではなくて、精製塩（普通の塩）を使いましょう。

なぜかといいますと、食卓塩には防湿のために炭酸カルシウムがまぶしてあって、この炭酸カルシウムが水中に粒子となって分散するから白く濁るのだそうです。

## ◆まろやかな酢のものは

わかめ、しらす干しなどで酢のものを作ったとき、「酸っぱくって食べられないよ」などと文句が出ることはありませんか。

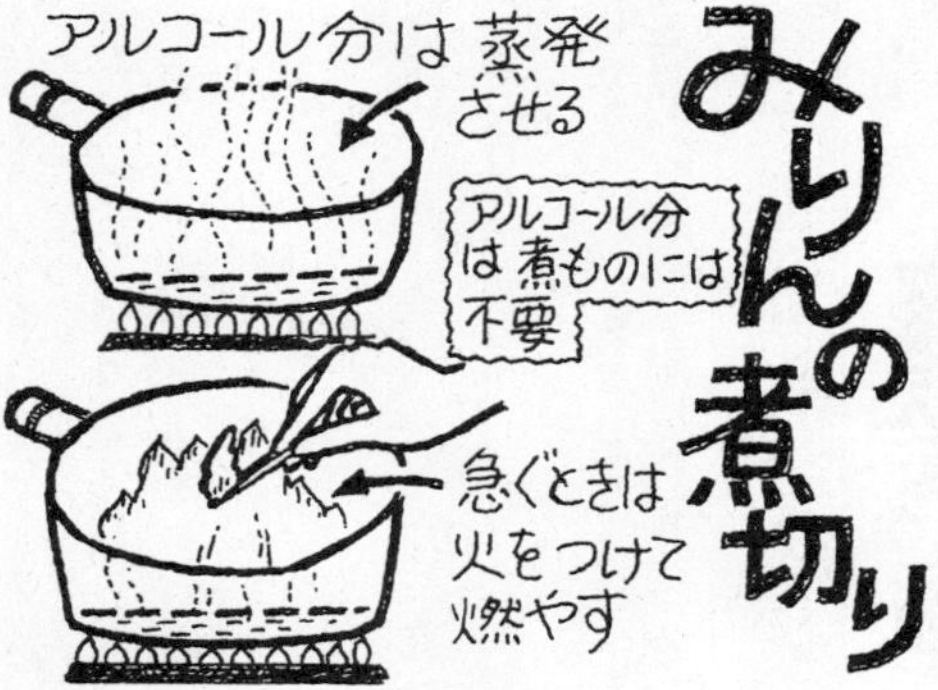
アルコール分は蒸発させる
アルコール分は煮ものには不要
急ぐときは火をつけて燃やす

# みりんの煮切り

料理屋さんのようには、なかなか作れませんね。これはわかめやしらす干しが、合わせ酢をどんどん吸い込んで、味を酸っぱくしてしまうからなのですが、そこでコツを一つ。

合わせ酢を作るときに、酢と同量のだしを加えるのです。こうすると、酢がしみ込んでも刺激はやわらかく、味が落ち着きます。砂糖の割合は、好みによって決めておきます。

私は、酢3、砂糖2、だし3の割合で味つけしています。

## ◆みりんは煮切って使う

こうじと蒸した糯米《もちごめ》を焼酎の中に漬けて、ゆっくりと発酵させたみりんは、甘みと複雑なうまみがあり、日本料理に欠かせない調味料の一つですね。

しかし、煮ものの調味料として使うときには、不要のアルコール分をとばしてから使うのがコツです。

煮切りといって、最初にみりんだけを鍋に入れて火にかけ、煮たてます。これでみりんに含まれている約13～14パーセントのアルコール分がとんでしまいます。

焦がして香りをつけたいときや、急ぐ場合には、鍋の中のみりんに火をつけて燃やせば、早くアルコール分をとばせます。

## □手量り、目量り

### 炊き込みご飯

昔は、計量スプーン、カップ、秤なんて、台所にありませんでした。それでも、おいしい料理を作ることができたのは、長年の体験から手や指を利用したり、見た目でカンを養ってきたからなのです。昔にならって各自で手量り、目量り、カン

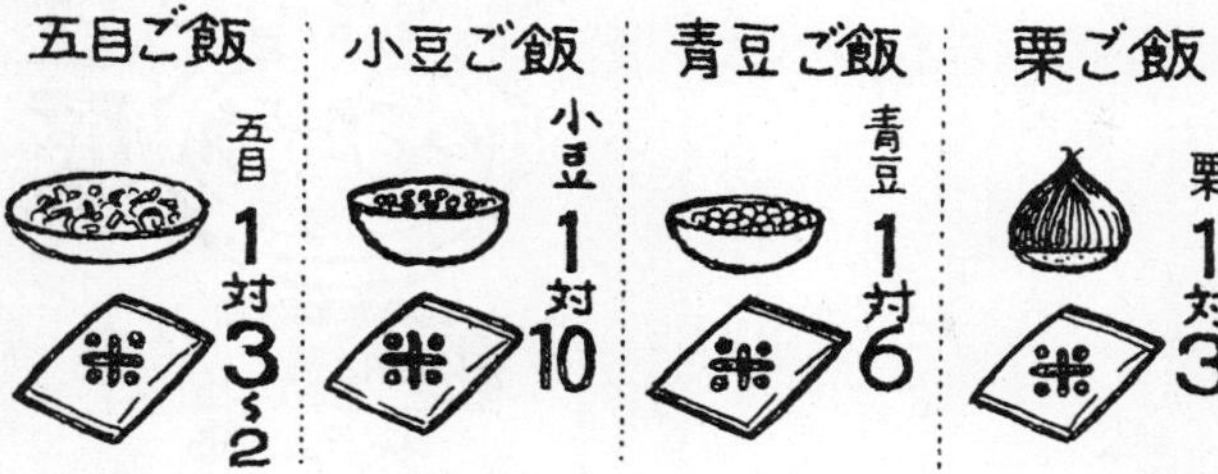


どころをつかむと、手早く料理ができて便利です。

## ◆炊き込みご飯の米と具の割合

炊き込みご飯は、具がたくさん入ったものが好きな方が多いようですね。しかし、具となる材料によって量を加減しないと、でき上がりの見た目がおいしそうになりません。加える具の量は、お米の量に対して次の量が目安となります。

■いもご飯……お米の半量
■栗ご飯……お米の3分の1
■青豆ご飯……お米の6分の1
■小豆《あずき》ご飯……お米の10分の1強
■五目ご飯……お米の3分の1〜2分の1

また、水加減は具の量とは関係なく、調味料プラス水が、米の量の2割増しというのがおよその目安と覚えておきましょう。

# 湯豆腐

動き始めたら
火を止める

## ◆煮ものに火が通ったかどうかは

■いも類の煮ものは、串を刺してみて、スッと串がいもに刺されれば、味がしみ込み、食べごろです。
■魚や肉の煮ものの場合も、串を利用します。串を通して、20～30秒おいて血が出てこなければ、中まで火が通っているとみます。
■豆類の煮ものだけは、実際に食べてみて、かたいかやわらかいかをみる方法しかありません。

## ◆湯豆腐の食べごろの見分け方

湯豆腐に火が通ったかどうかの見分け方をご存じですか。弱火にかけておいた鍋の中の豆腐が、ゆらゆら揺れ動き、浮き上がりかけたときが食べどきです。同じように、味噌汁の実の豆腐も、ゆらゆら動き始めたらでき上がりなのです。

どちらも煮すぎるとすが立って、豆腐のおいし

さがなくなってしまいます。

### ◆そば、うどんなどのゆで加減

そば、うどんなど、乾めんのゆで加減は、針の穴くらいの中心部分が、ゆでる前の色で残っているくらいのとき、つまり、少々生っぽいかなと感じるくらいでよいのですが、なんといっても1本つまんでかんでみるのが、いちばん簡単で確かです。

ゆでる時間が長すぎると、やわらかくなりすぎて、こしのないめんに仕上がってしまいます。

### ◆お粥を炊くときの米と水の量

お米1カップに対して、水は7カップ（七分《しちぶ》粥《がゆ》）か5カップ（全粥）が、普通のお粥を作る場合の適量です。

卵料理
茶碗蒸し
卵3個対3カップ強
だし
だし
だし
卵豆腐
卵2個対1カップ
だし
厚焼き卵
卵5個対半カップ
だし

◆栗の蒸し加減は木綿針を刺す

名月を眺めながら食べる栗ご飯、栗の甘煮は、なんともいえぬ秋の味覚ですね。

栗は、皮をむくのが大変といわれますが、コツがあるのです。もし、生栗の皮がむきにくかったら、栗を熱湯に10分ほどつけておくと、鬼皮と渋皮の間にすきまができて、むきやすくなります。

また、栗の蒸し加減ですが、木綿針を刺してみて、スーッと楽に通れば、栗の中まで火が通っています。

◆卵料理の卵とだしの割合

■茶碗蒸しは、卵3個に対して、だし3カップ強。
■卵豆腐は、卵2個に対して、だし1カップ。
■厚焼き卵は、卵5個に対して、だし半カップ。
この割合にすると、上手に仕上がります。

### ◆茶碗蒸しの蒸し加減は串を通して

茶碗蒸しの蒸し加減をみるときは、串を通してみて、澄んだ汁が出てくるようになったら、でき上がりです。

### ◆揚げものの種類別衣の割合

■野菜、魚を揚げる場合の衣は、卵1個または、卵黄1個に冷水を加えて1カップとし、これに小麦粉を、1と4分の1カップ加えます。

■かき揚げの衣は、卵1個に冷水を加えて1カップとし、これに小麦粉を1カップ加えます。

### ◆乾物をもどしたときのふえ方は

■干ししいたけ、干しぜんまい、高野豆腐を水でもどすと、4倍に、

■切り干し大根は5倍に、

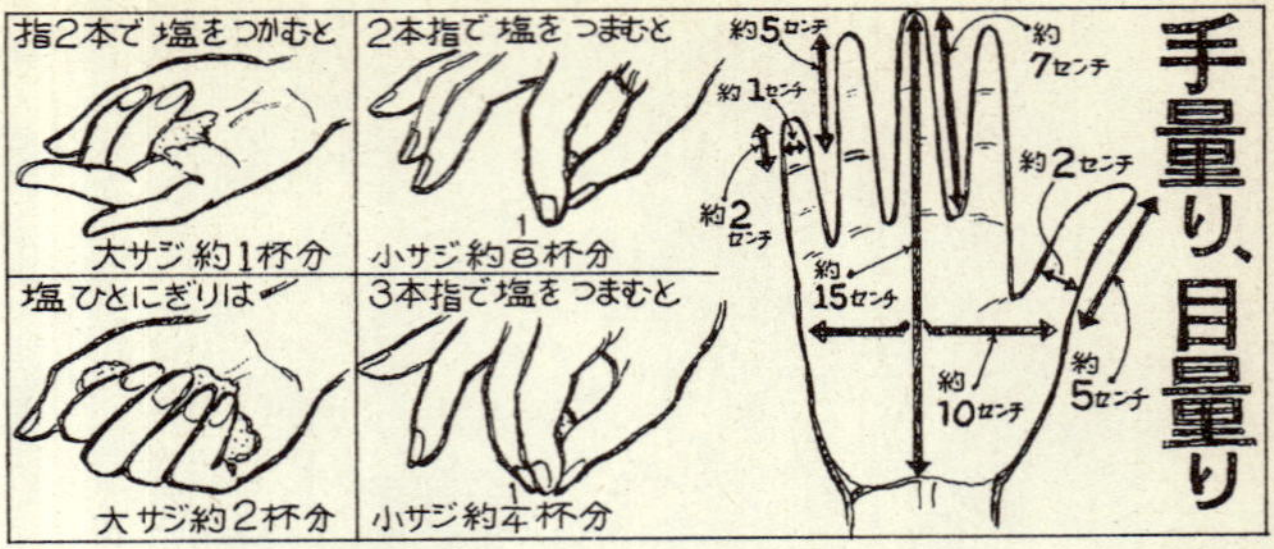

手量り、目量り
指2本で塩をつかむと
大サジ約1杯分
2本指で塩をつまむと
小サジ約1/8杯分
塩ひとにぎりは
大サジ約2杯分
3本指で塩をつまむと
小サジ約1/4杯分
約5センチ
約7センチ
約1センチ
約2センチ
約2センチ
約15センチ
約10センチ
約5センチ


■干しひじきは6～7倍に、
■干しわかめは7～8倍に、
ふえると覚えておくとよいでしょう。
また、どのくらいの分量をもどせばよいかというと、
■干しぜんまいは、40～50グラムが4人分。
■高野豆腐は、1個が1人分。
■切り干し大根は、50グラムが4人分。
■かんぴょうは、のり巻きにする場合は、30グラムで4人分。
■干しひじきは、40グラムで4人分。
■干しわかめは、味噌汁に使う場合は、1人分が2グラム。その他の料理に使うときは、10グラムで4人分。

## ◆ゆでた青菜を水にさらす時間は

青菜をゆでた後、水にさらしますが、どのくら

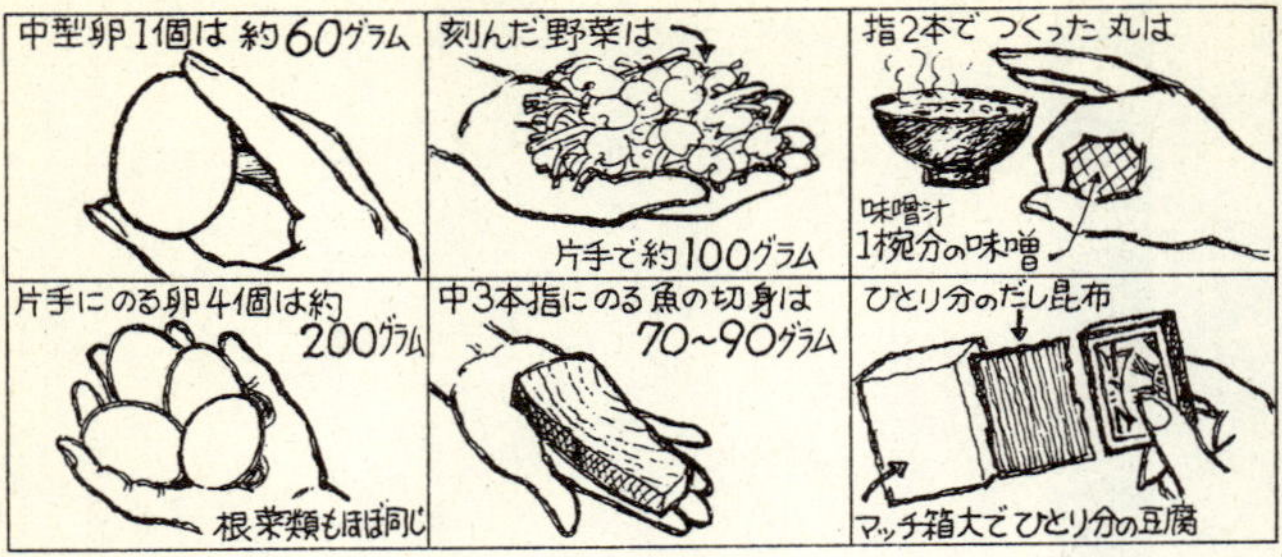
中型卵1個は約60グラム
刻んだ野菜は
片手で約100グラム
指2本でつくった丸は
味噌汁
1椀分の味噌
片手にのる卵4個は約
200グラム
根菜類もほぼ同じ
中3本指にのる魚の切身は
70～90グラム
ひとり分のだし昆布
マッチ箱大でひとり分の豆腐

い水にさらせばよいのか迷う方もいるようですね。最初さらした水を、新しい水に取り替えてみて、青菜が冷たければ、それ以上、水にさらす必要はありません。

## ◆漬けものの塩加減

漬けものの塩加減は、最近の減塩ブームも手伝って、薄い塩味を喜ぶ方が多いようですね。また、育った環境により、好みも違うと思いますが、一応の目安をあげてみます。

■きゅうり、キャベツなどのもみ漬け、一夜漬けの場合は、材料の目方の1～1・5パーセントの塩加減にします。

■4～10日後くらいに食べる白菜漬けなどは、材料の目方の3パーセントの塩を加えて漬けるとよいでしょう。

## □焼き魚料理のコツ

### ◆お燗がついたかどうかは

人により、好みがあることと思います。人肌くらいがいいといわれていますが、燗をつけてすぐ徳利の底に手を当てたときに、人肌のように感じる熱さでは、飲んでみるとぬるめです。

ですから、実際に口に含んでみて、心持ち熱いくらいがちょうどよい燗だと思います。

また、お燗をつけてから徳利を出し、2～3分おいてから、底に手を当ててみて熱いと感じる程度が、40～45度で、燗どころといえるでしょう。

熱燗は、50～60度以上ですので、底に手を当てて、かなり熱いと感じたときです。

「目黒のさんま」という落語をご存じですか。魚

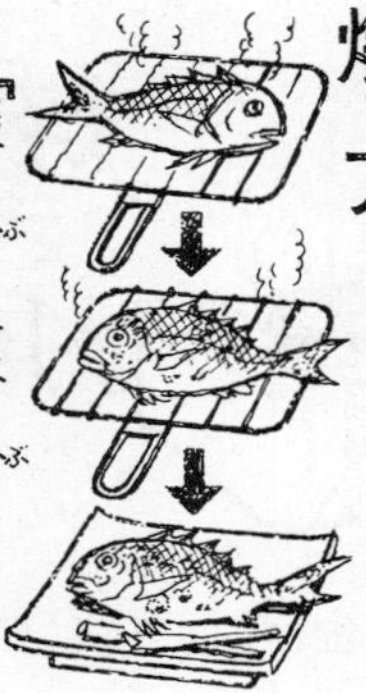


のことを何にも知らなかったお殿さまが、ある日、目黒の野っ原の農家で出された焼きたてのさんまの味が忘れられなくて、後々「うん、魚は目黒のさんまに限る」と誇らしげに語ったとか。お殿さまは、毒見で冷めた高級魚より、焼きたてのさんまがおいしいとわかっていたのです。

ま、落語のことはともかくとして、いちばん新鮮な魚は、生で刺身にしていただき、次は焼き魚として、その次は煮魚として料理するのがよろしいですね。

◆表四分に裏六分

魚は表面のたんぱく質がかたまらないうちにあまりいじると、焼くうちに皮が金網にくっついて破れたり身が欠けたりします。だから、焼き魚のコツは、昔から「表四分《ぶ》裏六分《ぶ》」といわれるように、表側が見た目にきれいに焼き上がるように、

# 焼き魚

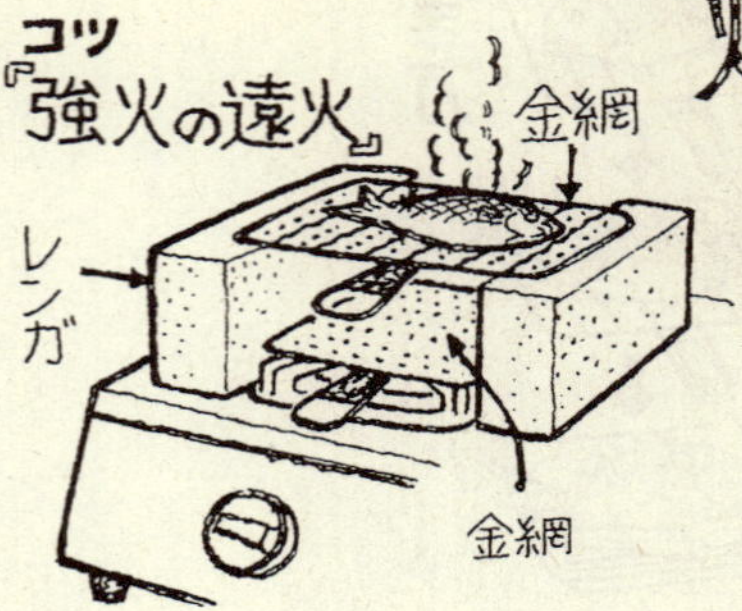


盛りつけのときに表になるほうから焼いて、次に裏返して中心まで火が通るようによく焼きます。

## ◆火加減のコツは〝強火の遠火〟

〝強火の遠火〟というのも焼き魚のコツです。これは炭火で焼くときの秘訣なのですが、ガスにも通用します。

セラミックなどを使った金網をコンロにのせます。両側にレンガを置き、もう一枚の金網をのせて、ガスを強火いっぱいに開き、〝遠火にした強火〟で焼けばよいのです。こんがりと、ほどよい焼き上がりになります。

## ◆干物は〝中火の遠火〟

干物を焼くには、〝中火の遠火〟と覚えてください。干物は生の魚と比べて、ずっと火の通りが早いので、焦がさずに、水けを失わないように焼く

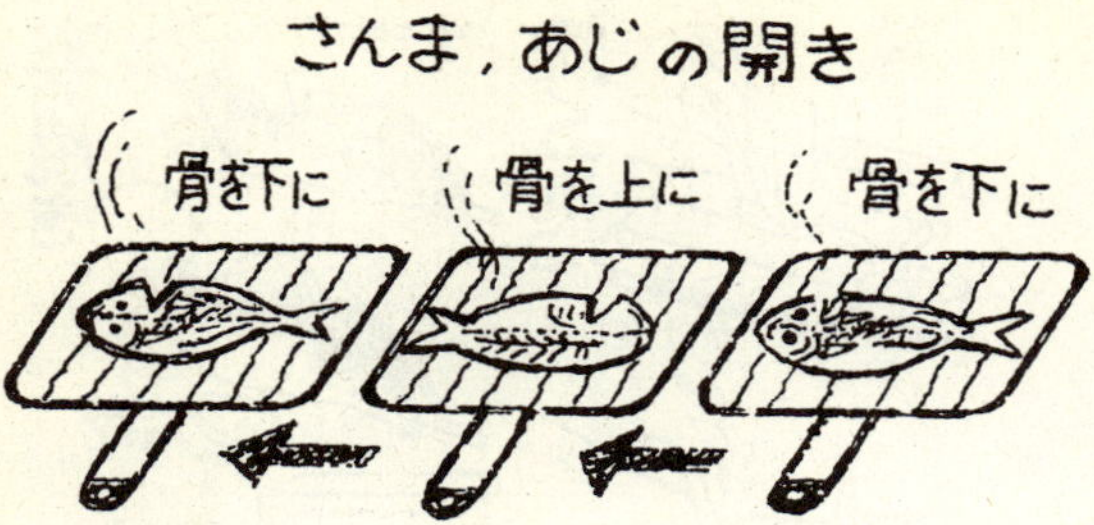
さんま，あじの開き
骨を下に
骨を上に
骨を下に

必要があります。

　さんま、あじなどの開きは骨のついたほうから焼き始め、裏返して今度は皮のほうを焼き、次に再び骨のほうを焼きます。むしがれいのように身の薄いものは、中火よりはトロ火でゆっくりと、両面にほんのり色がつくように焼きましょう。

　かますや、きすなど、味の淡泊なものは、軽く焼いてから、みりん醤油やごま油をハケで塗り、もう一度それを乾かすようにあぶり焼きします。

## ◆姿焼きのコツ

　姿焼きにするには、おどり串を打ってから、尾びれなど焦げやすい部分をぬらした和紙で包むか、大根を薄く輪切りにしてはさんで焼きます。

　このとき尾はやや上げ気味に、頭のほうを下げるようにして火にかけるのが姿焼きのコツです。

　鯛などの大ものは、芯まで火を通すのは容易で

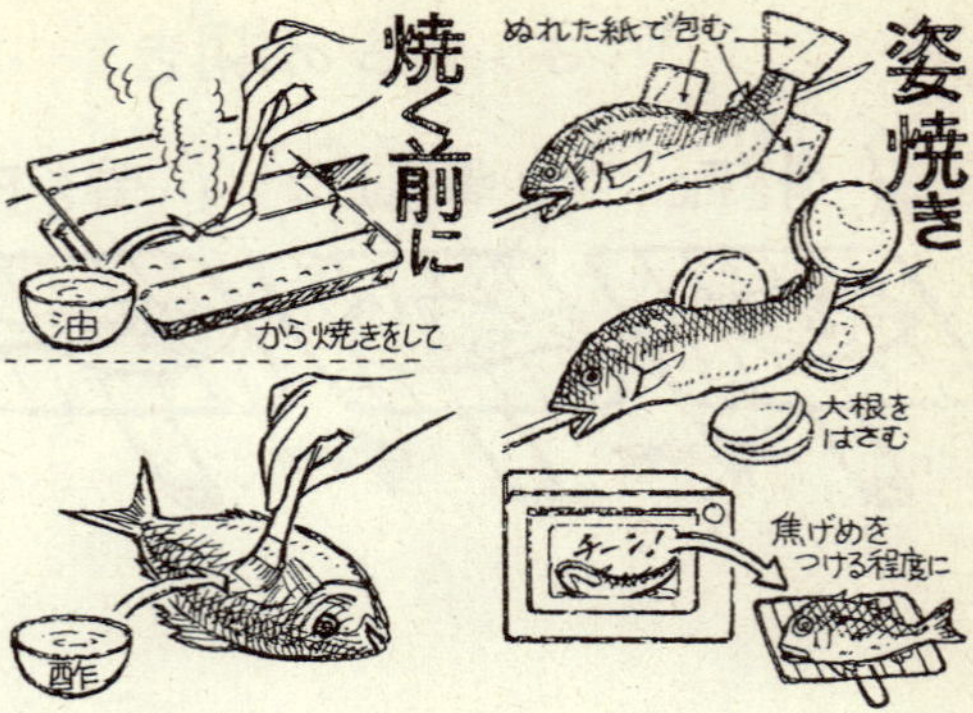
姿焼き
ぬれた紙で包む
大根をはさむ
焦げめをつける程度に
焼く前に
から焼きをして
油
酢

ないので、電子レンジがある場合は、電子レンジで調理してから、網焼きにし、焦げ目をつけるとよいでしょう。

◆網に魚の皮をつけない方法

焼き上がった魚をお皿に盛ろうとしたら、網に皮がくっついて身もバラバラ、という経験はだれにもありますね。

金目鯛、あじ、かれいなどを焼くときに多い失敗です。これを防ぐには、網をよくから焼きしてから、油を薄く塗っておく方法があります。

また、魚の皮に酢を薄く塗っておく方法もあります。網焼きばかりでなく串焼きでも、串に酢を塗っておけばよいのです。

◆さんまは切らずに焼く

さんまは、一尾の形のままに焼いたほうがうま

みを逃がしません。それは、わたにいちばんうまみがあるからです。大きいさんまだからと、二つに切って焼くと、このわたの脂が流れ出て、うまみも逃げます。

### ◆「塩が塩を呼ぶ」

「呼び塩《じお》」という言葉をご存じでしょうか。塩味の強い鮭とか漬けものなどの塩抜きをしたいとき、薄い塩水につけると早く塩分が抜けます。

水につけるより、効果的なのです。つまり「塩が塩を呼ぶ」わけです。塩水の割合は１・５パーセント程度（３カップの水に塩小サジ２杯くらい）でよいのです。これは、浸透圧の原理で、塩蔵品についている塩分と、つけ水の塩分が同じ濃度になろうとするためです。昔の人は、「呼び塩」なんて、しゃれた表現をしたものですね。

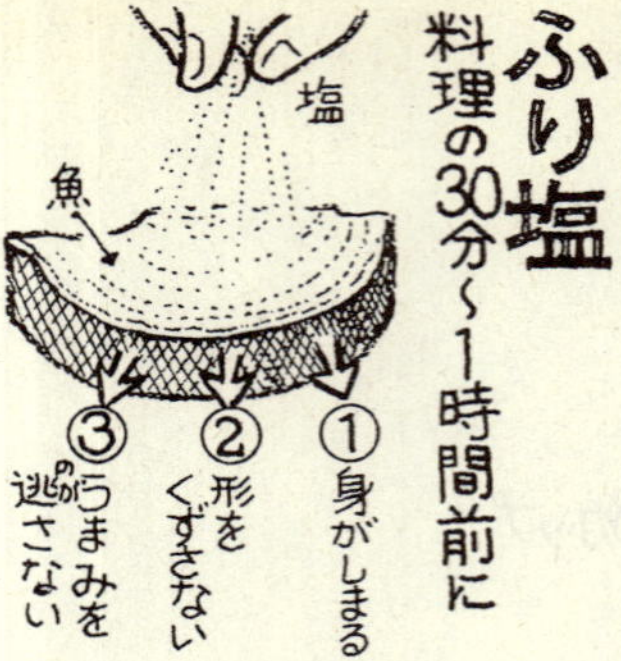
ふり塩
料理の30分~1時間前に
塩
魚
①身がしまる
②形をくずさない
③うまみを逃がさない

◆干だらは米のとぎ汁につける

干だらやみがきにしんをもどすには、米のとぎ汁につけるだけでよいのです。真水につけるより、うまみや成分が溶け出すのを防げますし、特有の渋みも取れるのです。

◆振り塩は30分から1時間前に

魚のおいしさを引き出すために、振り塩をします。振り塩は調理の30分から1時間前くらいにやるのが適当です。

振り塩をしておくと、魚の身がしまり、身くずれを防ぎ、塩が水分を適当に引き出して、焼くときに表面を早くかたまらせて、うまみを逃がさないからなのです。振り塩をする時間が大切ですから覚えましょう。

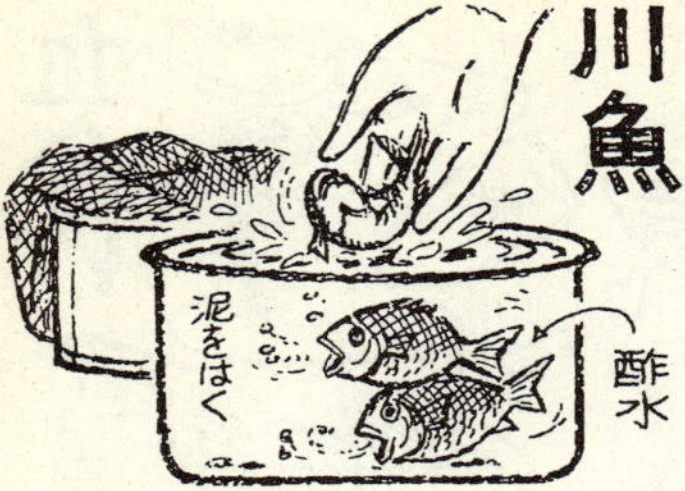


◆魚の小骨は専用の骨抜きで除く

魚をおろすとき、包丁を中骨に沿って入れ、三枚におろすまではできたとして、小骨は身に深く入り込んでいて、取るのが大変です。

こんなときのために、市販の料理専用の骨抜きを用意しておきましょう。使い方は毛抜きと同じ要領で、骨の方向に逆らわないようにスッと抜くことがコツです。

◆川魚の〝泥はかせ〟は酢水で

夫が川釣りに出かけて、川魚を釣って戻ってきたとき、私はすぐに川魚を酢の入った水に泳がせておきます。これが川魚の泥くさいにおいを抜くコツなのです。酢が魚の食道を刺激して、泥をはかせるのです。鮒《ふな》や鯉の嫌いな方は、川魚特有のこの泥くささが嫌いという人が大半ですから、試

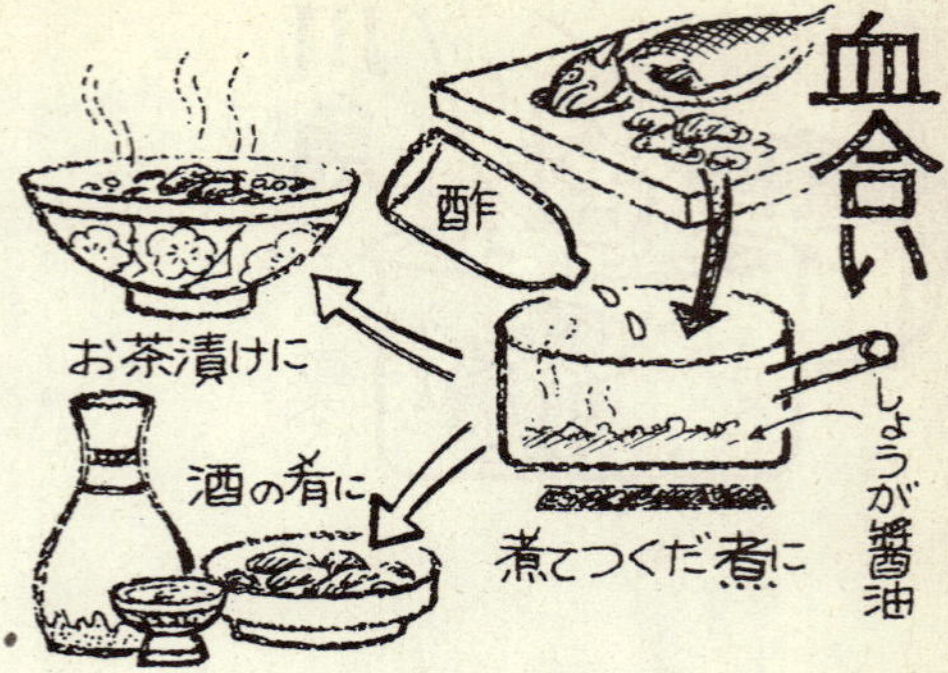


してみてください。

◆魚の血合い肉でつくだ煮を作る

かつお、さば、まぐろなどの赤身の魚に多い血合い肉は、嫌いという人も多いですが、鉄分やビタミンB群の多い部分です。捨てるのはもったいないものです。

血合い肉だけ別にして、酢を入れたしょうが醤油で煮て、つくだ煮を作っておけば、お茶づけ、酒の肴によく合います。

◆焼き魚のにおいを取る方法

魚を焼くと、台所ばかりか、家中全体ににおいがたちこめて困りますね。

こんなときには、魚を焼き終わった金網、またはフライパンを熱してその上に醤油を1滴たらします。醤油の焦げる香ばしいにおいが広がって、不快なにおいを追い出してくれるはずです。

## 煮もの・煮魚料理のコツ

日本料理の修業の中に「煮方10年」という言葉があるほど、煮ものはむずかしいのです。独特のカンを会得《えとく》しなければなりませんから、数をこなして学ぶことです。

煮ものは、いつも自分の目で火加減や煮加減を確かめる心がけが大事です。

かるたにいう「いもの煮えたもご存じない」というのは、理屈だけで実用的にはまるで無知な人を戒めた文句です。

### ◆落とし蓋の効用

煮ものには、昔から〝落とし蓋〟の効用が教えられています。

落とし蓋を使うと、煮ものの材料が浮き上がらず、煮汁がよくしみ込み、火の通りもよくなり、沸騰しても材料がおどらないので煮くずれもしません。

落とし蓋の大きさは、鍋に落としたとき周りに1～2センチのすきまができるくらいが手ごろです。

やわらかい材料を煮るには、和紙を落とし蓋のかわりに使ってもよいのです。

## ◆煮くずれを防ぐ面取り

「面取り」のことはご存じでしょうね。かぼちゃ、いも類、大根などを煮たりゆでたりする前に、切り口の角を取っておくのです。面取りをすることで、表面積が広くなるため、煮汁の味がよくしみ込み、煮くずれも防げます。

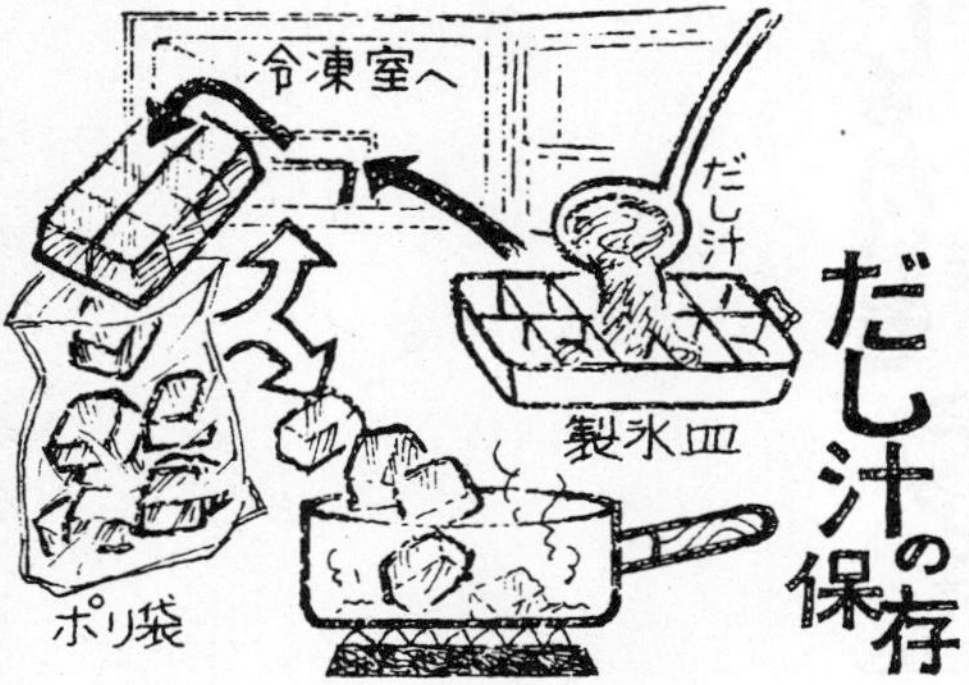


◆煮ものに使うだしのとり方

野菜の煮ものには、昆布と削りがつおでとった濃いめのだしを使います。

だしのとり方は、

①鍋に水（4カップ）、昆布（15センチ）を入れ、30分～2時間くらいつけます。

②火にかけて沸騰したら昆布を取り出し、削りがつお（1カップ）を入れます。

③再び煮たったら、弱火にして3～4分間さらに煮ます。

④火を止めて削りがつおが沈んでから、布でこせば、だしのでき上がりです。

このだしは、いたみやすいので、保存するなら製氷皿に入れて、一度凍らせてからポリ袋に詰めて、再び冷凍室に保存します。

## ◆醤油の使い方

煮ものに醤油は欠かせませんが、薄口（淡口）醤油は、色は薄くても濃い口醤油より塩分が濃い、ということをお忘れなく。濃い口醤油大サジ3杯と薄口醤油大サジ2と3分の2杯が塩味ではほぼ同じ、と覚えておきましょう。

香りやうまみを生かすには濃い口だと思いますが、料理の持ち味を生かしたいときは薄口、または濃い口と薄口の醤油を半々に使うことです。

## ◆さといも

さといもの煮ものは、おふくろの味の代表格ですね。煮ころがし（煮ころばし）は、材料をころがしながら汁を煮つめてつやよく煮るので、この名がついたのでしょう。

①さといもを包丁を立てるようにして皮をこそげ

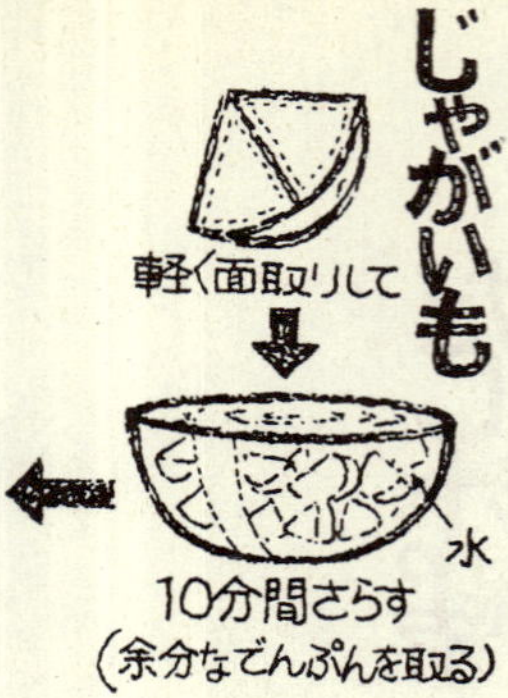

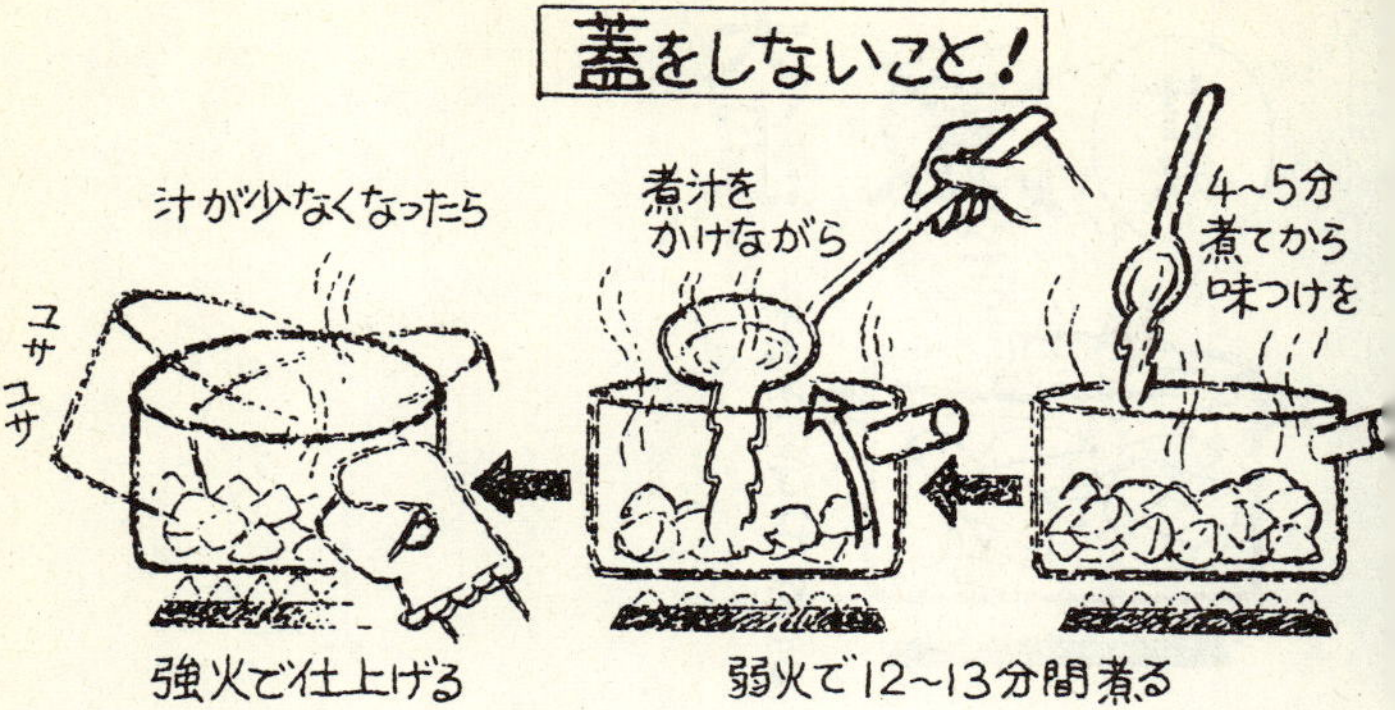
蓋をしないこと！
4~5分
煮てから
味つけを
煮汁を
かけながら
汁が少なくなったら
ユサ
ユサ
強火で仕上げる
弱火で12~13分間煮る

むき、塩（大サジ1杯）を振ってもみます。

②ぬめりが出たら、水で洗い落とします。

③鍋に昆布を敷き、さといもとひたひたの水を入れて火にかけ、煮たったら、ふきこぼれないくらいの火加減にして6~7分間煮ます。

④砂糖、みりん（各2）、酒（1）、醤油（5）の割合で調味します。

⑤さらに14~15分間かけてゆっくり煮ます。

さといもがやわらかくなったら、少し火を強め、鍋をゆり動かしながら照りよく煮上げるのです。

## ◆じゃがいも

煮くずれても、味がよくしみたどろどろの部分もおいしいですよ。新じゃがでは、この味が出ませんから、ひねの男爵いもを使うことです。

軽く面取りをして水に10分間さらし、余分なでんぷんを取っておきます。

大根

米のとぎ汁でゆでる

じゃがいもは、4〜5分煮てから、味つけをして弱火で12〜13分間煮ます。このとき鍋に蓋をしないで、煮汁をかけながら煮ることです。汁が少なくなってきたら強火にし、鍋をゆり動かしながら煮からめます。

### ◆大根

一緒に煮るものによって、大根の違った味が楽しめておいしいですね。

困るのは大根の苦みですが、米のとぎ汁であらかじめゆでておくと甘みがつきます。特に、春から夏のものは苦いので苦み抜きは欠かせません。ただ、バラ肉、ぶりなどと煮つけるのなら、下ゆでの必要はありません。

### ◆切り干し大根

約15分間水につけてもどしますが、煮るときに

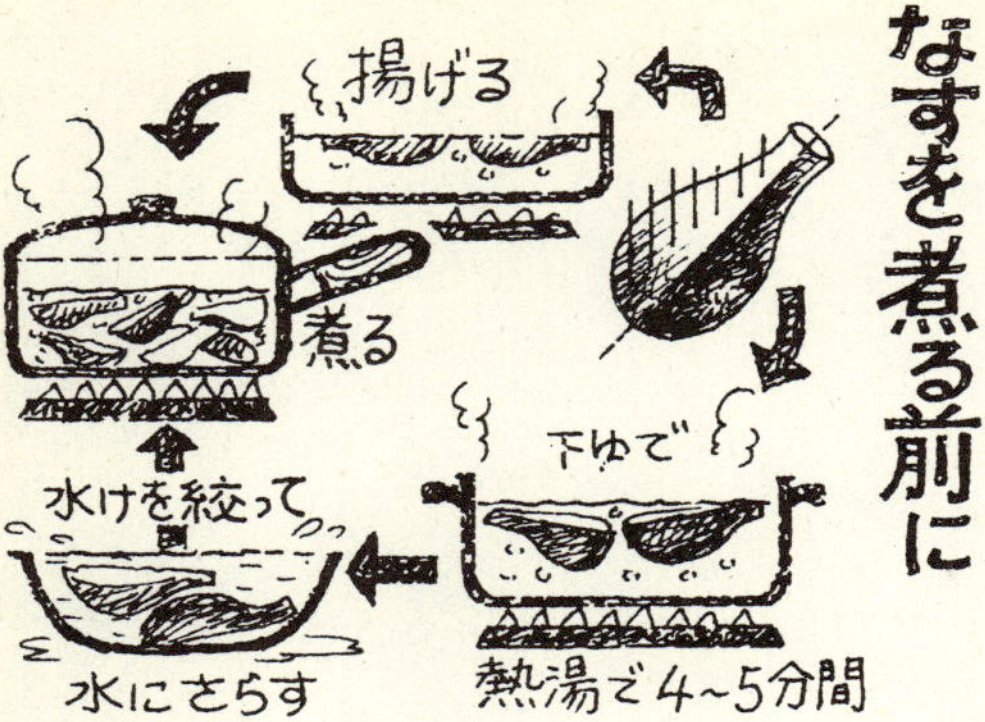
なすを煮る前に
下ゆで
熱湯で4〜5分間
水にさらす
水けを絞って
煮る
揚げる

〝もどし汁〟をだしと同量（１カップ）だけ混ぜるのがコツです。

だしだけで煮ると、切り干しのうまみが半減してしまいますし、〝もどし汁〟だけで煮てもしつこくなります。私は、醤油で調味し、砂糖を入れないで酒（大サジ１〜２杯）を入れて味を調えていますが、切り干し大根の味はこのほうが好きです。

## ◆なす

煮ものにするなすは、少しつやが落ちていても、形が悪くても大丈夫です。

なすを煮ると、色が溶け出して汁が汚くなるのが難点ですが、煮る前になすを油で揚げるか、炒めてから煮ることです。皮の表面に油膜ができて、煮汁に色が溶け出しません。

下ゆでしてから煮るのも、一方法です。縦半分に切ったなすの皮に、細かく斜めに包丁目を入れて、熱湯を入れた鍋の中に、皮を下にして入れます。4〜5分間ゆでると、色が抜けてきますから、手早く水にさらし、水けを絞ってから煮ものに使います。

なすは煮る時間の短いものですから、1〜2ミリ間隔に切り目を入れておくと、よく味もしみ、品よくでき上がります。

### ◆きんぴらごぼう

油が貴重だった江戸時代のぜいたくな料理法です。

ごぼうに油が回ったら、彩《いろど》りのにんじんを加えて炒め合わせます。ごぼうがしんなりしたら、味つけをし、火を弱め、2〜3分煮て、最後に火を強めてカラリと仕上げる方法が一般的です。

しかし、大きめに切ったごぼうの場合は、炒める最中に大サジ1杯くらいの水を2〜3回振りか

煮汁が少なくなったら「鍋止め」
消火→2〜3分おく
落とし蓋
煮汁をかけながら煮つめる
産卵前→濃いめの味つけ
産卵後→あっさりした味つけ
鮮度のよい魚
薄味でサッと煮る
鮮度の落ちた魚
じっくり煮てよく火を通す


けることです。ごぼうが水を含んで早くやわらかくなります。

油だけでやわらかくしようとすると、油も多量に使いますし、油っこい仕上がりになってしまいます。味つけは、ごぼうがしんなりとなってからです。かたいうちに味つけすると、やわらかくなる前に焦げますから。

## ◆魚の産卵前後の料理法の違い

魚は、普通、産卵前には脂肪を蓄えていますから、身も脂がのっておいしいのです。産卵がすむと、身もやせ、脂も少なくなっています。

ですから、煮魚にするには、産卵前の魚は味つけも濃いめにして、産卵後はあっさりとした味で煮るのがおいしい料理法なのです。

## ◆煮魚のコツ「鍋止め」

魚は、急激に熱を加えると身がはじけて形が変わります。また、味もしみにくいのです。ですから、皮に包丁目を入れておいて、鍋に入れてから、調味料、水を入れ、火にかけます。

鮮度のよい魚は、薄味でサッと煮て、魚自体のうまみを味わい、鮮度が落ちているものは、じっくりと煮てよく火を通します。

また、「鍋止め」といって、煮汁が少なくなって火を止めたら、そのまま2～3分おくのが、煮魚など煮もののコツです。温度が自然に下がることで、さらに味がなじみます。

## ◆煮魚に「落とし蓋」はしない

煮魚は、うまみを逃がさないために、「煮汁を煮たてから魚を入れる」と昔は教わったものです。

## 冷凍魚

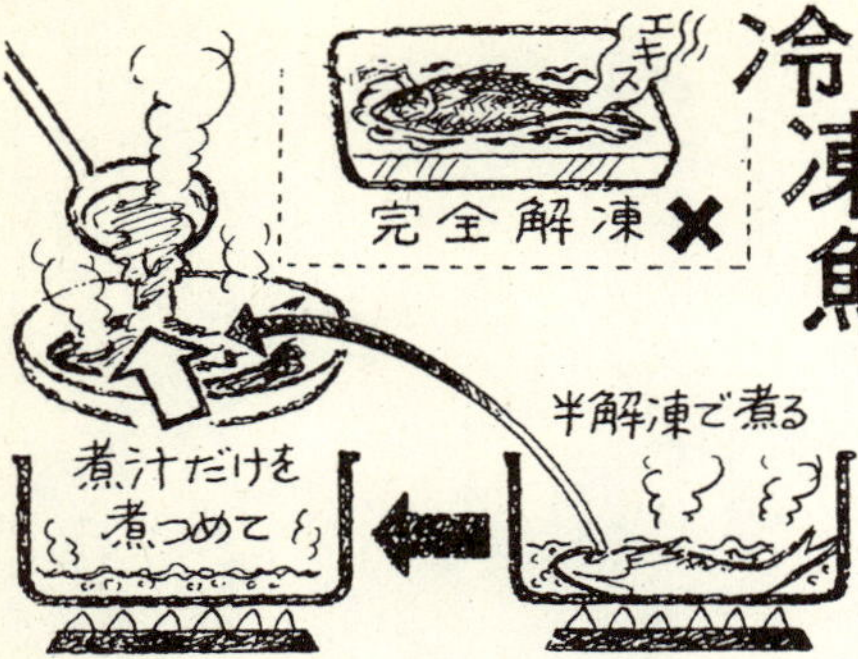


でも昔は一尾ずつていねいに釣っていた、めばる、あじ、いわしなど、いまでは網で大量にとっているので、弱く傷ついています。ですから、煮汁を煮たてた中へ入れるとすぐ煮くずれてしまうので、煮汁が冷たいうちから煮たほうがよいのです。

また、落とし蓋も必ずしもしなくてもいいのです。煮汁をおたまでかけながら煮つめます。

煮終えたら、しばらく放置して冷まし、両手で魚をすくうように皿に盛りつけますが、このとき手が乾いていると、魚の皮がはがれて手につきます。手はよくぬらしておきましょう。

### ◆冷凍魚の煮方

冷凍魚は、完全解凍すると魚のうまみが失われますから、半解凍の状態で煮たほうがよいのです。冷凍魚は水分が多いので、煮たら魚だけを引き上げて皿に移し、煮汁を煮つめて、盛りつけた煮魚にかけます。

### ◆味噌煮のコツ

くさみの強いさば、あじの煮つけには、味噌煮もおいしいものです。酒と水で煮た魚に火が通ったところで、味噌を入れます。こうしないと、魚が煮えないうちに味噌ばかりが焦げて、魚も生ぐさく、おいしくでき上がりません。

味噌煮といっても、味噌のほか、醤油と砂糖を少し入れたり、おろししょうがを落としてもよいのです。

## 揚げもの料理のコツ

揚げものの決め手は、油と衣加減です。どんな材料でも、同じ温度の油で揚げたり、揚げる順序を無視したりしていては、とても上達はしません。

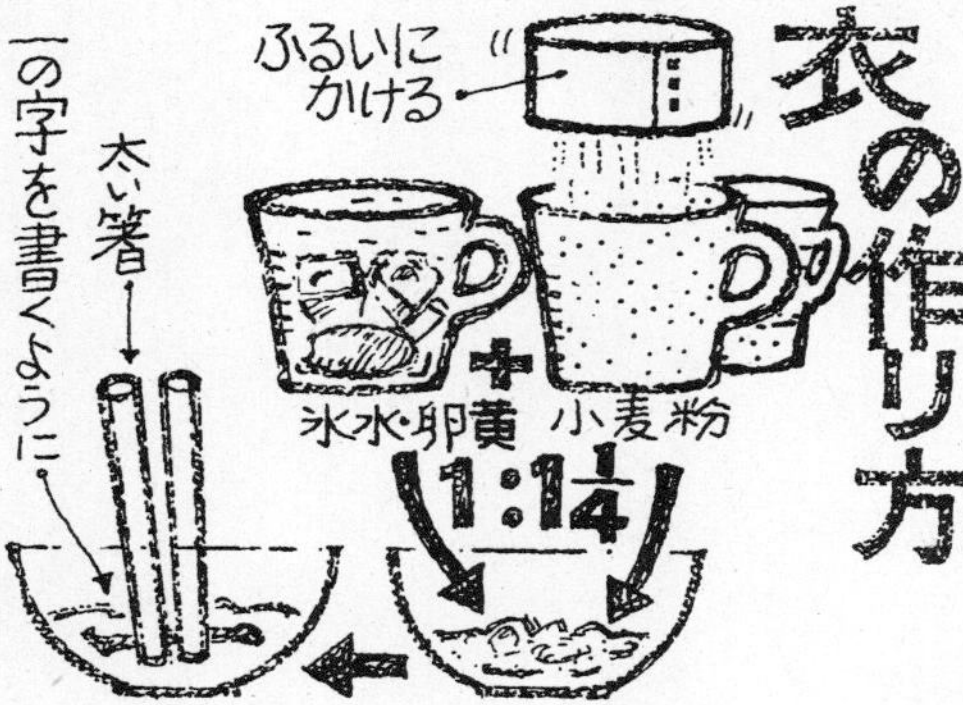
衣の作り方
ふるいにかける
太い箸
一の字を書くように
氷水・卵黄
小麦粉
1:1¼

◆下準備をしてから衣作り

天ぷらは、材料の下準備をすべてととのえてから、衣作りをするのが手順です。衣は作ってから時間をおくと粘りが出て、天ぷらがカラッと揚がりません。

◆衣の作り方

衣の作り方は、ボウルで卵を溶きほぐし、冷水を加え、次に、ふるいにかけた小麦粉を入れて、軽くかき混ぜて作ります。

水と小麦粉の分量は、カップ1杯ずつ（の割合）が普通ですが、水の中には溶いた卵も含まれますのでお忘れなく。

冷水ではなく、ぬるま湯やお湯を使うのもいけません。衣の粘りの原因になります。必ず冷たい水がよいのです。

ですから、氷を2〜3個入れた氷水を使うとよいでしょう。

知り合いの天ぷら屋さんから教えられた衣の作り方は少し違います。卵黄1個分に冷水を加えて1カップにし、これをボウルにあけて溶き混ぜ、さらに小麦粉1と4分の1カップを加えてさっくりと合わせる、というやり方のほうがおいしいそうです。

天ぷらの衣に使う卵は黄身だけを使い、白身は使わないというのです。

そのわけは、白身を入れると衣がふくらんでしまうからだそうです。

みなさん、試してみてはいかがでしょうか。

## ◆太い箸で衣を混ぜる

衣をほどよくかき混ぜるには、太い箸を使いましょう。細い箸でこね回してはいけないのです。

◀手量り（これで100グラム）

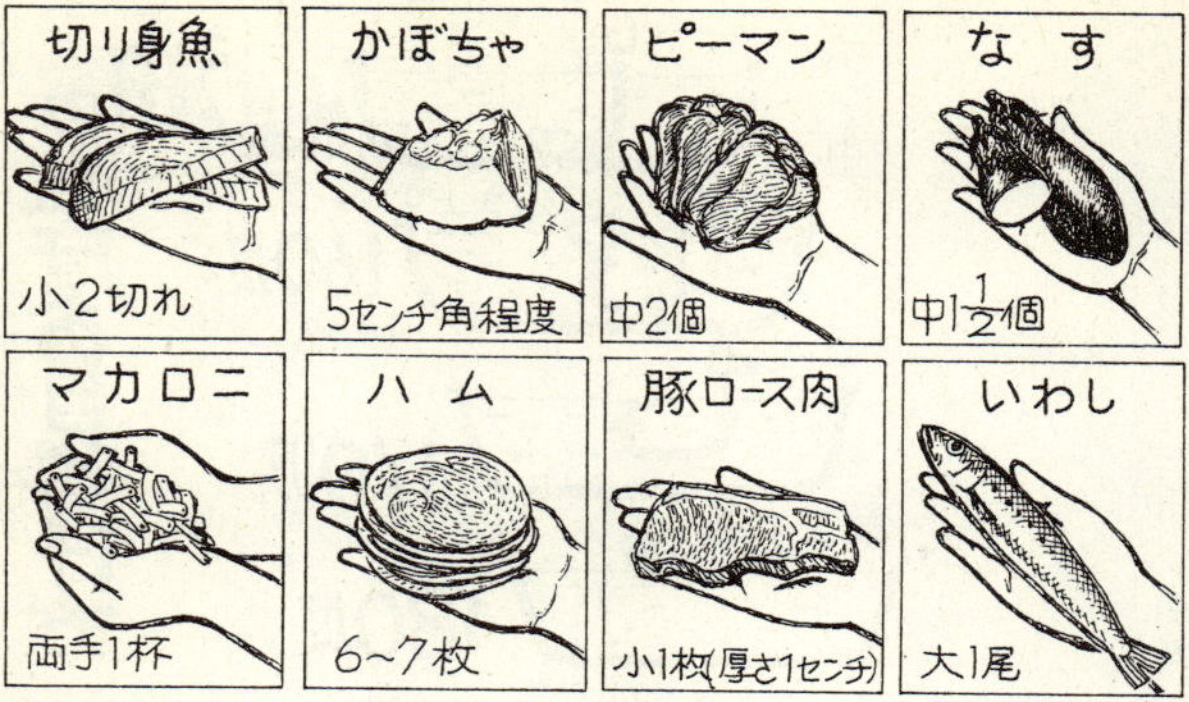


揚げもの用の太い箸がなかったら、菜箸を逆にして使うとよいでしょう。

太い箸で、一の字を書くようにして衣を切るようにかき混ぜます。決してぐるぐるかき回したりしてはいけません。

## ◆小麦粉のまぶし方

から揚げを作るとき、昔は油紙で袋を作っておいて、小麦粉をその袋に入れ、次に揚げる材料をその中に入れて小麦粉をまぶしたものです。こうすると、小麦粉が調理台の上でとび散らなくて便利です。

私は、ポリ袋の中に粉と材料を入れて、袋の口をしっかり握って、軽く振り回して材料にまぶしたりしていますが、小麦粉で台所を汚さない知恵です。

# 油の温度の見分け方

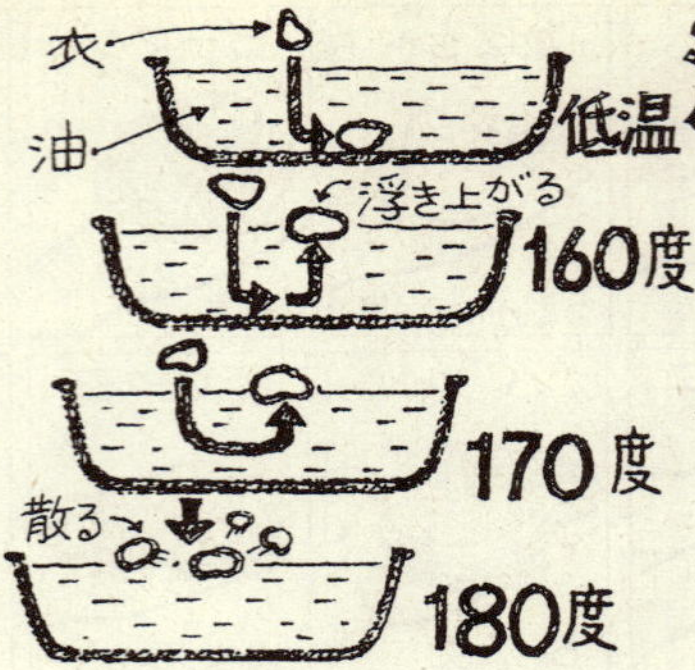
衣
油
低温
浮き上がる
160度
170度
散る
180度

## ◆油の温度を見分ける目安は

温度の見分け方は、衣を一しずく油の中に落としてみて、鍋底まで沈むなら低温、沈んですぐに浮き上がるようなら160度、中ほどまで沈んで浮き上がれば170度、落としたとたんに表面で散るようなら180度。

また別の方法として、新しい水けのない割箸を鍋に入れてみて、油がパッと箸をつたって上がってくるなら180度、ジュッと細かい泡が上がったら170度、泡がポツリポツリ上がるときは160度です。

## ◆衣をつける前の材料の扱い方

材料は、衣をつける前に必ずふきんで水けをとっておきましょう。

水けがあると油がはねたり、衣が密着しません。

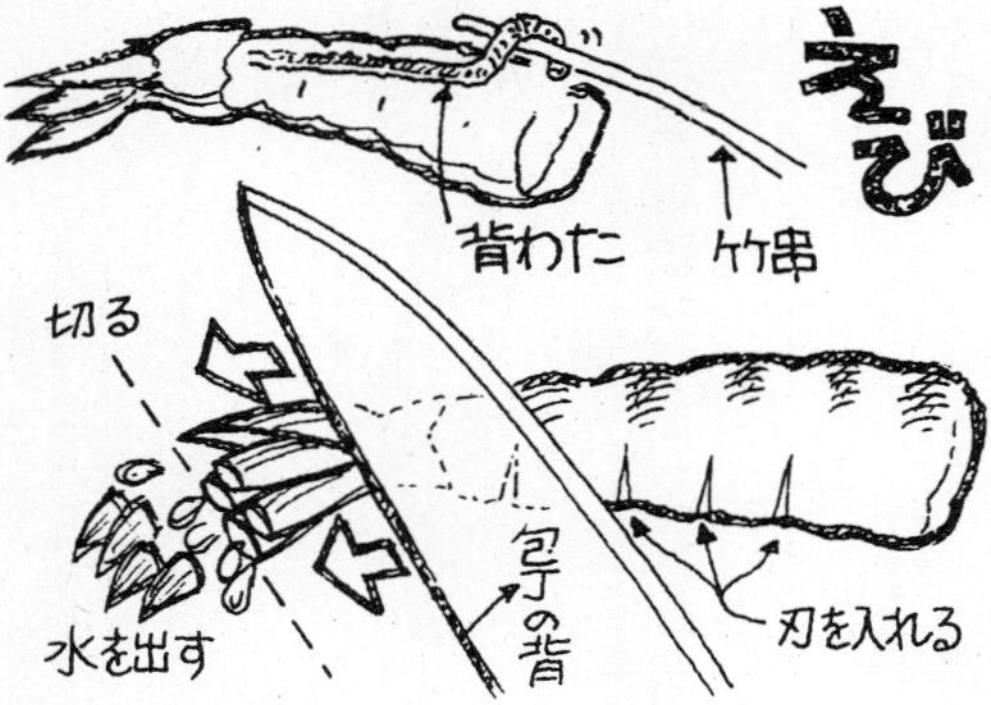


食べるとき衣がツルッとはがれるのは、これが原因です。

また、揚げものにとりかかるとき、万一に備えて、手近に青菜を置いておき、油に火が入ったときは、青菜を油鍋に投げ込めば油の温度を発火点以下に押さえるといわれてきました。しかし、危険な場合があるので、鍋を覆うくらいの蓋を用意しておきましょう。

### ◆えびを揚げる場合

えびは殻をむいてから、背を曲げて竹串で背わたを引き抜き、腹側に数か所切り目を入れておきます。

大事なのは尾びれの扱い方で、先を少し切り落として包丁の背でしごくように水を出しておくことです。えびの尾びれは袋状になっていて、水をためこんでいますから、そのまま揚げると油がはねます。

### ◆一回に揚げる材料の量は

揚げる材料によって油には〝適温〟があります。もっとも適温でも、一度にドッと材料を入れたら、油の温度は下がってベトついた揚げものになってしまいます。

だいたい、油の表面の半分くらいまでが、一度に入れても大丈夫な材料の量なのだと考えておきます。

もしも、ベトついて揚がったら、油の温度を上げて〝二度揚げ〟をすれば、味は少々落ちますが、急場はしのげます。

### ◆揚げる材料の適温

野菜の素揚げには150〜160度、一般的な揚げものや天ぷらは170〜180度、カツレツ

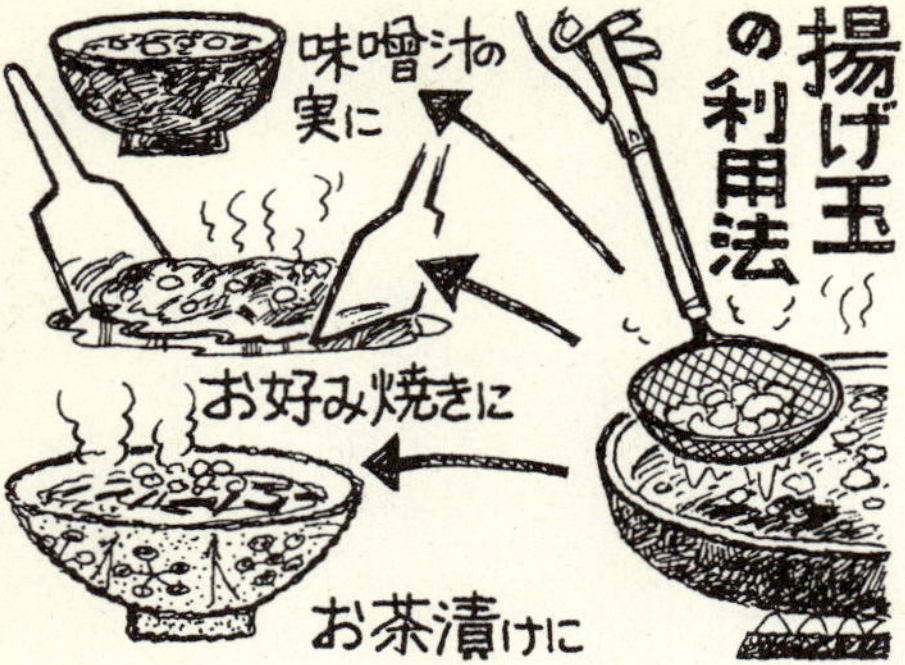
揚げ玉の利用法
味噌汁の実に
お好み焼きに
お茶漬けに

やコロッケには180度前後がよいと覚えておきましょう。190度以上は高すぎ、揚げものには不向きです。

はじめに野菜類、次に白身の魚、終わりに青身の魚や肉を揚げると、油の中に材料のにおいがつかないので、それぞれの材料の持ち味どおりに揚げられます。油を疲れさせるいかやかきは、最後に揚げたほうがよいのです。

◆天ぷらに適した油は

天ぷらには、どの油を使うかは好みにもよりますが、ごま油とサラダ油を混ぜた油で揚げるのがおいしいですね。サラダ油にごま油を3～5割混ぜると、ごま油の風味が生かせて、しかも、カラリと揚がるのは、油ぎれの悪いごま油の欠点を、クセのないサラダ油が補うからです。

## ◆揚げ油の使い分け

揚げ油の使い分けも知っておいてほしいことです。天ぷらには、ごま油、サラダ油、いわゆる天ぷら油などの植物性の油脂が適しています。フライは、ラード、ヘットのような動物性の油脂で揚げてもよいのです。

私の知り合いの板前さんは、「とんカツを揚げるのには、ラードとサラダ油を混ぜた油がいい。混合の割合は、春と秋は半々、夏はヘットを少々加え、冬はサラダ油を多めに混ぜますよ」と、話してくれました。

## ◆油が疲れたら油をつぎ足す

揚げものを続けていると、どうしても油に疲れが出て、カラッと揚がらなくなります。油に勢いがなくなり、汚れや粘りが出てくるのです。

いか
1枚め
2枚 皮をむくのよ!
熱湯にくぐらす
2枚め
乾いた布でしごきながら

こんなときは新しい油をつぎ足すとよいのです。最初の油の4分の1くらいをつぎ足してやれば、再びきれいに揚がります。

◆揚げ油の再利用

一度揚げものに使った油は、疲れてはいますが、材料のうまみが充分にしみ込んでいるので、捨てるにはもったいないですね。

冷めたらこして、冷暗所に保存しておいて、早めに炒めものに使うことです。

◆いかは2枚の皮をむく

よく、いかははねやすいといいますが、いかには2枚の皮があります。ですから、表面の1枚をむいただけで揚げると、もう1枚の皮の内側の水分が油はねを起こして、調理をする人が火傷をしたりします。

表面の皮は手で引っぱってすぐに取れますが、もう1枚透明な皮がついています。いかをサッと熱湯にくぐらせてから、乾いたふきんでしごくようにすると、この皮もきれいに取れます。そのうえで切り目を入れて、小麦粉を薄くまぶしてから衣をつけて揚げます。

### ◆かきに衣をつけたら和紙の上に

かきフライの衣は、揚げる直前につけますが、衣をつけた後、和紙の上に数分間ねかせておいてから揚げると、衣がはがれません。

### ◆ポテトコロッケの揚げ方

ポテトコロッケは、ポテトがまだ熱いうちに形をととのえて、高めの温度（170度）で揚げるのがコツです。

ポテトが冷えてから形をととのえると、揚げて

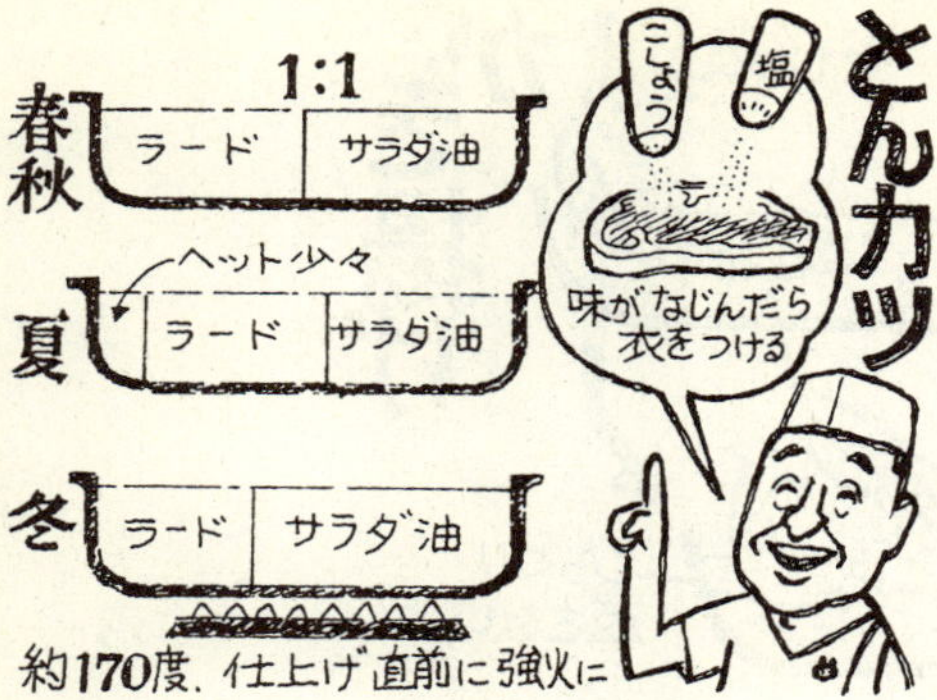

とんカツ
こしょう
塩
味がなじんだら衣をつける
1:1
春秋
ラード
サラダ油
ヘット少々
夏
ラード
サラダ油
冬
ラード
サラダ油
約170度、仕上げ直前に強火に


いるうちに油がしみ込んで割れますし、いもくさくなります。

◆魚を揚げるコツ

小さな魚は衣を薄くして、油は高温（１８０度）で短時間に揚げるのがコツです。

大あじ、さばなど大きな魚は包丁で切り目をつけて、熱を通しやすくしておいて、二度揚げをすることです。

最初は低温（１６０度くらい）で揚げて熱を中まで通し、二度めに高温（１７０～１８０度）で表面に焦げ目がつくように揚げます。

◆フライに小麦粉をまぶす理由

フライやカツレツは、あらかじめ材料に小麦粉をまぶしてから、卵、パン粉をつけて揚げます。

小麦粉をまぶすのは、水けを取って、材料と卵、

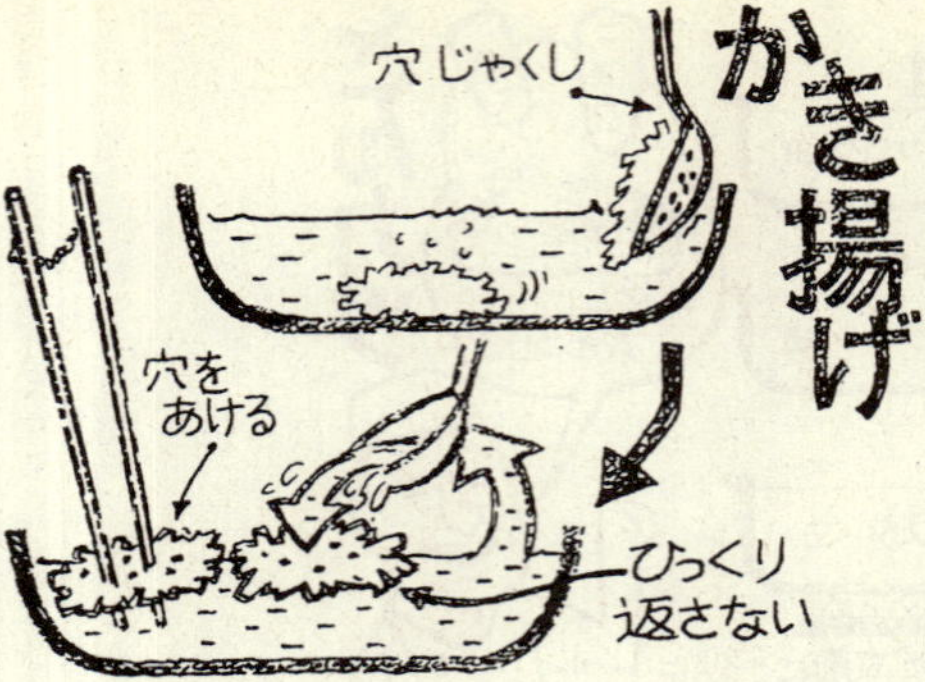


パン粉がよくくっついて揚がるようにという工夫です。

◆とんカツは仕上げに強火に

とんカツは、はじめは１７０度くらいで揚げて、仕上げる直前に火を強めるのがコツです。油切れがよくなりますし、さっぱりとした仕上がりになります。

豚肉に塩、こしょうをして、すぐに衣をつけて揚げるというのはいけません。調味料、香辛料がなじむまでしばらく待ってから、衣をつけます。

◆かき揚げは穴じゃくしを利用

かき揚げは、ややかための衣をまぶして、穴じゃくしで鍋の縁から入れます。浮き上がってきたら、菜箸で穴をあけて火の通りをよくし、ひっくり返さず上に油をかけるように揚げると、形のくずれがなくきれいに揚がります。

◆フライドポテトを揚げるコツ

フライドポテトは、あらかじめじゃがいもを塩水で半ゆでにしておき、水けを取ってから揚げます。初め七、八分目まで揚げておき、食べる直前に高温の油で軽くパリッと揚げなおすのです。二度揚げがコツです。

## 卵料理のコツ

昔はよく病気見舞い、産後のお見舞いというと、卵を12個ぐらい箱に詰めてお届けしたものなのです。それほど、卵は滋養にいいと重宝がられたのです。

いまでは卵のありがたさは、少しばかり違った受け取り方になってきましたが、物価という面か

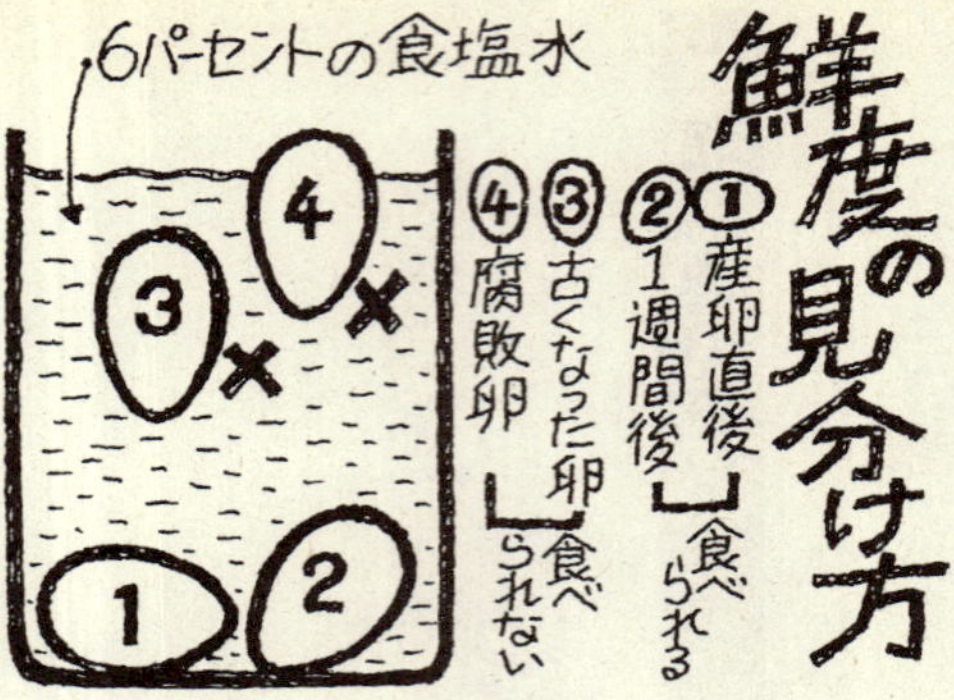
鮮度の見分け方
6パーセントの食塩水
①産卵直後
②1週間後
食べられる
③古くなった卵
④腐敗卵
食べられない
4
3
1
2

ら見ても卵は優等生です。

この20年間の卵の値段をざっと振り返ってみても、他の物価と比べたら値上がり率はぐっと低いのです。栄養価の高い動物性たんぱく質源として、卵がよく使われるのも当然なのです。料理法がわりに簡単なのも助かりますよね。

### ◆卵の鮮度の見分け方

私の若いころには卵・鶏肉の専門店に行くと、卵を電灯に透かして新鮮度を確かめてから客に売ってくれたものですが、もうこんな光景は見られませんね。

いまは生産者側が〝洗卵機〟を使って卵を洗ってから出荷します。卵を洗うと鮮度が落ちますが、鮮度は多少犠牲にしても、衛生を重視するということでしょうか。

ですから、私たちとしてはよく売れている店で

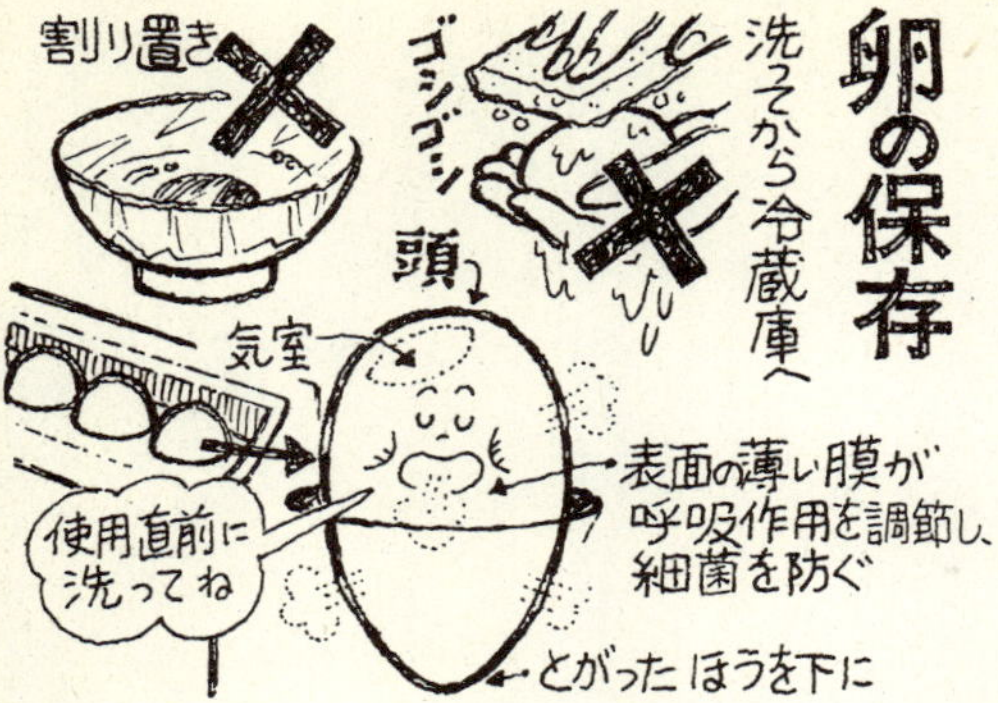
卵の保存
洗ってから冷蔵庫へ
ゴシゴシ
割り置き
頭
気室
表面の薄い膜が呼吸作用を調節し、細菌を防ぐ
使用直前に洗ってね
とがったほうを下に

買うほうが、新鮮な卵にあたる率は高い、ということになります。特売日だからと必要以上に多量に卵を買うのはやめたほうがよいのです。

　買うときの目安は次のとおりです。

①殻の表面がつるりとした卵より、ざらざらしてつやのないものが新しい。

②日光や電灯に透かして、中が明るく感じられる卵が新しい。

③耳元で振ってみて音のしない卵が新しい。

また、割ってみて、卵黄の盛り上がりの大きいものが新しいのです。

　6パーセントの塩水（およそビール大ビン1本分の水に塩40グラム、つまり大サジ2杯と小サジ2杯）につけると、沈んで横になってしまうのが新しい卵、浮いてくるようなら古い卵なのですが、卵は生きものですから、時間がたつと変化するもの、と知っておきましょう。

## ◆卵の保存方法

保存するとき、卵を洗ってから冷蔵庫に入れるなんて、わざわざ腐りやすくするようなものです。卵の殻の表面には薄い膜があって、呼吸作用を調節したり、細菌が入るのを防いでいるのですから、それを二度も洗い落とすとなると、卵は死んでしまいます。

汚れが気になるなら、使用直前に洗ったらよいのです。同じ理由で、卵の割りおきを使うのもいけません。割ると鮮度が急激に落ちますから。

冷蔵庫の棚に並べるとき、とがったほうを下にすると持ちがよいというのはご存じですね。

生産者の呼び方では、卵の丸いほうを「頭」といいますが、「頭」を上にするのは空気が入っている気室がそこにあるからで、下にすると呼吸作用が妨げられて鮮度が落ちやすいのです。卵は「頭」

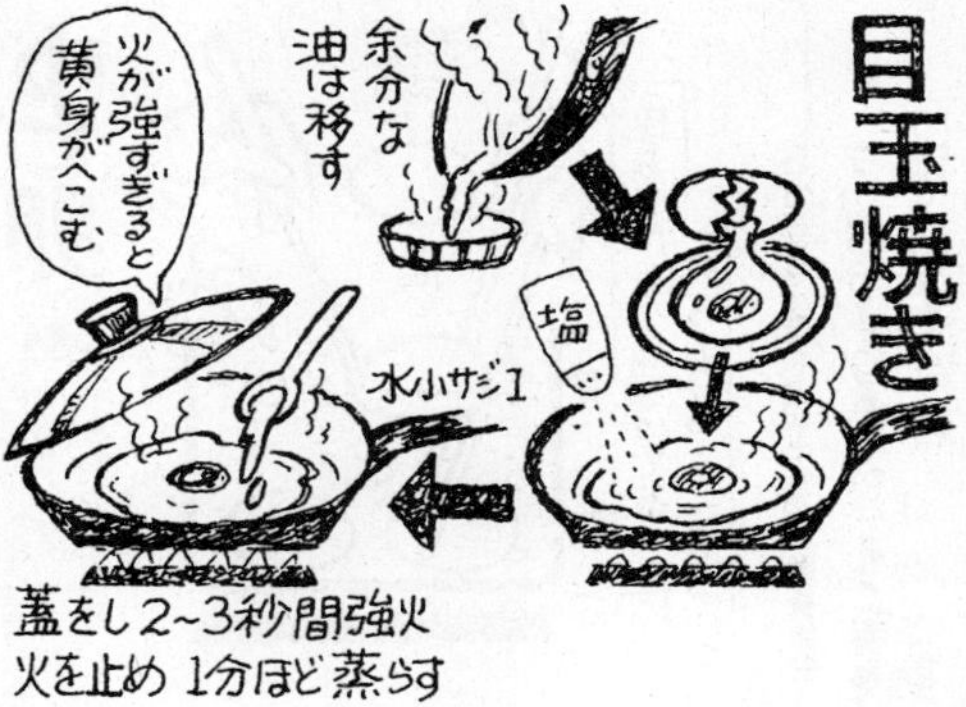
目玉焼き
塩
余分な油は移す
水小サジ1
火が強すぎると黄身がへこむ
蓋をし2~3秒間強火
火を止め 1分ほど蒸らす

を上に、とがったほうを下に保存しましょう。

## ◆上手に目玉焼きを作るコツ

目玉焼きは、だれにでも簡単にできそうなのに、形よく、焦げ目が少なく、ふっくらとはなかなか焼けません。ちょっとした工夫がいるのです。

まずフライパンに油を引いて、全体に油が回ったら余分の油は別の器にとります。卵は器に割ってから、フライパンに流し込み、軽く塩を振ります。そして、1分ほどたったころに水（卵1個あたり小サジ1杯分）を入れて、蓋をして2～3秒間強火にしたら火を止めて、そのまま1分ほど〝蒸らす〟のがコツです。

黄身にふっくらと白い膜がかかって、目玉焼きの下の部分も焦げつきません。火が強すぎると、黄身がへこみますから注意しましょう。

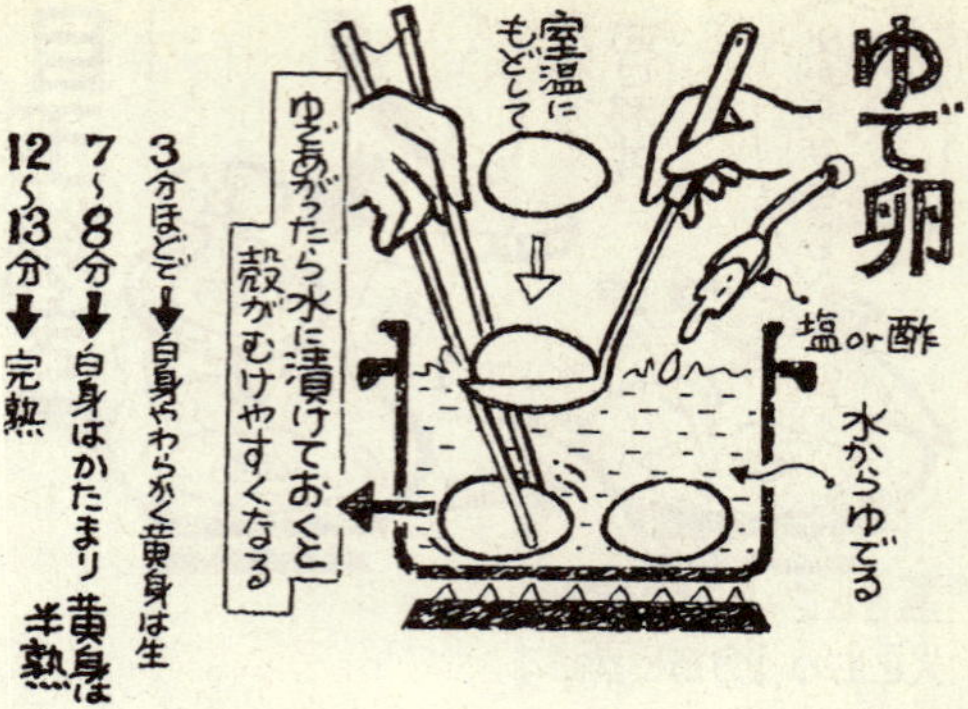
ゆで卵
室温にもどして
塩or酢
水からゆでる
ゆであがったら水に漬けておくと殻がむけやすくなる
3分ほどで↓白身やわらかく黄身は生
7〜8分↓白身はかたまり黄身は半熟
12〜13分↓完熟

## ◆ゆで卵を作るコツ

ゆで卵を作るのに、冷蔵庫から取り出した卵を急に熱湯に入れて殻が割れてしまい、卵白が流れ出したという失敗をしたことはありませんか。

こんなときはお湯に一つまみの塩か数滴の酢を入れると、卵白が早くかたまって、流れ出るのを防ぎます。

上手なゆで卵は、卵をあらかじめ室温に戻しておいて、水からゆでるのです。おたまの上にのせて、卵を静かに入れるのですが、先ほどのように塩か酢を水に加えておくと安心です。

そして、お湯が沸騰するまで、卵をお箸で時折転がすと、黄身が端っこになったりしません。

3分ぐらいで白身はやわらかく、黄身は生のままの状態、7〜8分で白身がかたまって黄身は半熟です。12〜13分で完熟ですから、好みによって

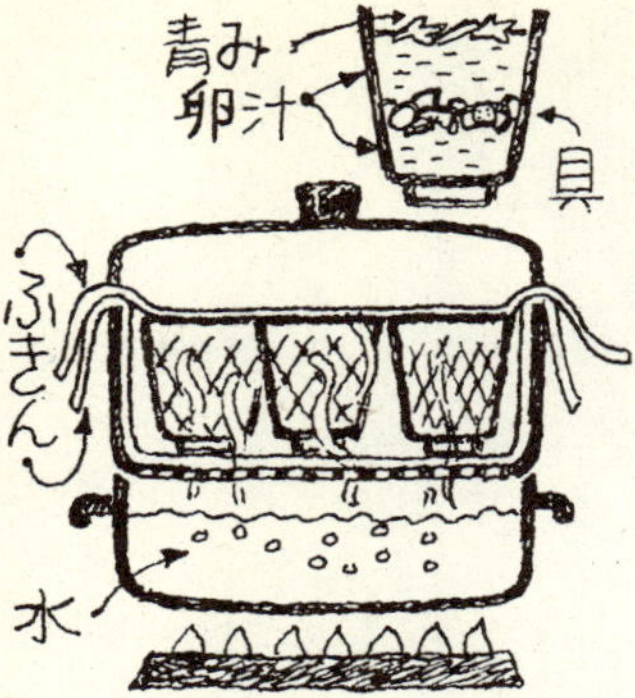


# 茶碗蒸し

時間を加減しましょう。

ゆで上がったら水につけておくと、殻はたやすくむけます。特にうずらの卵は熱湯で３分間でゆで上がりますが、すぐ水に冷やさないと殻がむきづらくなります。

## ◆おいしい茶碗蒸しの作り方

おいしい茶碗蒸しは、全体がお豆腐みたいにかたまって、口の中でとろける感じですね。こんな茶碗蒸しを作るために、私は、卵３個（１５０cc）にだしを加えて８００ccにすると、公式として暗記しています。

だしは、塩と醬油を各小サジ１杯、みりん小サジ１〜３杯、酒大サジ２分の１杯で味つけします。

具は、少なめがおいしく、材料はそぎ切りなど食べやすく切り、３本指でつまんだ量の塩、酒小サジ１〜２杯で味つけしておきます。醬油は具が黒っぽくなるので使いません。

次に、蒸し器に1カップ半の水を入れて強火にかけ、湯気がたったら、ふきんを敷いてその上に材料を入れた蒸し茶碗を置きます。このとき、茶碗の蓋はしません。その上にまた別のふきんをかぶせて、蒸し器の蓋をするのです。

はじめ3分は強火、次の14～15分は弱火で蒸します。弱火にしてから約10分後、うっすらと膜ができたら、上に置きたい具をのせるのです（下に沈む具は最初の卵汁と一緒に入れておきます）。みつばなど青みのものは、火を止めてからでよいのです。火が強すぎると、茶碗蒸しにすがたって、失敗します。

下のふきんは蒸し上がった茶碗蒸しが取り出しやすいように、上のふきんは蒸気が水滴になって落ちて、表面に穴があくのを防ぐためのものです。

失敗してボコボコに穴があいても、薄いあんを

かければ目立ちません。４分の１カップの澄まし汁に水溶き片栗粉少々でとろみをつけ、茶碗蒸しの上にかけます。

◆澄んだかき玉汁の作り方

かき玉汁は、ややもすると濁ったものができますね。濁らせないコツは、澄まし汁が沸騰してから弱火にし、鍋の20～30センチ上からよく溶いた卵を、菜箸１本に伝わらせるか、穴じゃくしで静かに流し込むことです。

このとき片栗粉（小サジ１杯）を水（小サジ２杯）で溶いたものを、卵を流し込む前に入れて、とろみをつけておけば、濁らないかき玉汁ができます。

◆プレーンオムレツの作り方

プレーンオムレツは、卵の黄身と白身が、ざっと混ざる程度にほぐしておくのがコツです。

1人分で卵2個、バター大サジ1杯、塩、こしょう少々を用意します。卵は焼く直前にボウルに割って、白身と黄身がざっくり混ざるほどにほぐし、軽く塩、こしょうを振って、牛乳か生クリームで味のコクを出しておきます。

フライパンを強火にかけて焼き、次にバターを溶かしながらまんべんなく回したら、一気に卵を流し込みます。

卵が少しかたまり始めたら、手早く大きくかき混ぜて、全体を半熟状態にして形をととのえます。このときに底の面をかき回さないことです。

形をくずさずに上手に焼くために、私はオムレツ専用のフライパンを用意しています。

肉や野菜を焼くフライパンと同じものだと、表面にどうしても傷がついていますから、オムレツが焦げやすくなります。

使い終わったら、軽く油を拭き取るだけです。

## ご飯料理のコツ

ご飯はカマドで炊いたものがおいしい、とお年寄りは懐かしがりますね。でも、いまは、ガス、電気の自動炊飯器でご飯を炊く家庭が大半です。昔を懐かしがられてもしかたがないとも思われますが、おいしいご飯を炊く方法がないわけではないのです。

### ◆炊飯の段階

炊飯は次の３段階に分かれます。

①前処理（洗米、ひたす、水加減）
②加熱（温度上昇期と沸騰期）
③後処理（蒸らす）

中でも大切なポイントは、①の水加減と、③の

お米の買い方
7〜10日分ずつ買う
約7カップ
=
米
1キロ
米びつは
日に干す

蒸らし方でおいしく炊けるかどうかの分かれ目になります。

◆お米は正確に量る

お米は正確に量ること。計量カップにお米をギュッと詰めたりしないで、カサッと入れて、表面は必ず平らにならして量ります。手で横にすり切る方法がよいでしょう。

◆お米の賢い買い方

お米は少量ずつ、家庭の必要量に応じてこまめに買うのがコツです。

いまなら、1キロ（約7カップ）のお米が「1人の7日分」と考えて、家庭の人数分の1週間から10日分をまとめて買うとよいでしょう。

米びつは糠がつきやすく、糠が腐ると、お米もまずくなります。お米を入れ替えるうちに、3〜

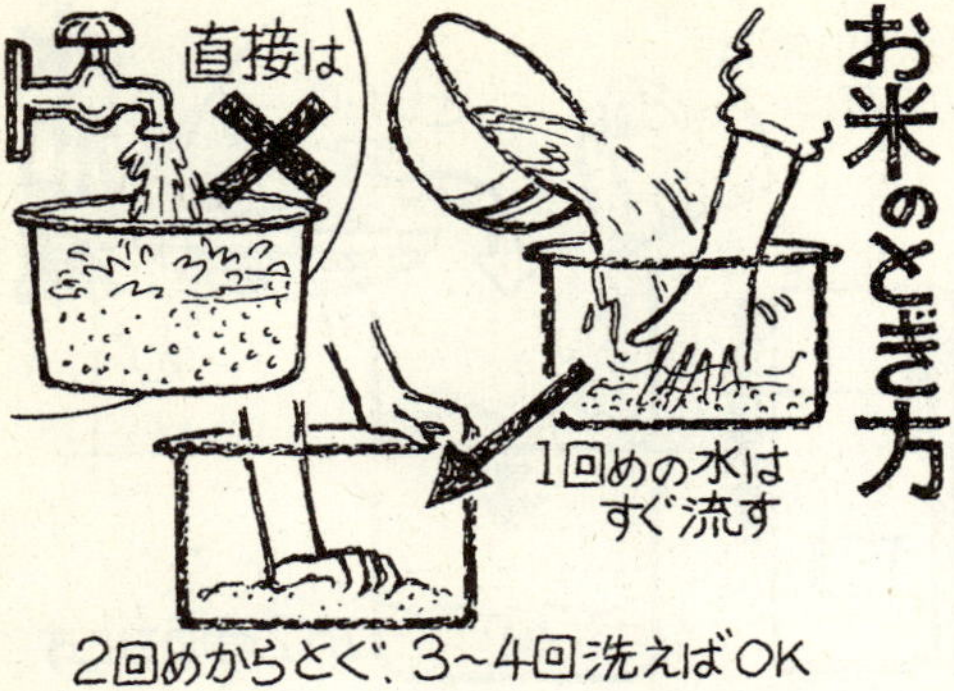
お米のとぎ方
直接は×
1回めの水はすぐ流す
2回めからとぐ、3〜4回洗えばOK

4回に一度は米びつを洗い、日に干しましょう。

私の幼いころは、穀象虫《こくぞうむし》が出て、お米がひび割れてしまうので、縁側に新聞紙を広げて虫のついたお米を干したものでした。

## ◆お米のとぎ方

お米をとぐ大きな目的は、米粒の表面についている細かな糠を洗い落とすことです。

昔は、シャキシャキと音をたててお米をとぎました。いかにも炊事が始まったというような、耳に快い音でしたが、これは昔のお米はきれいに糠が取れていなかったからなのです。

いまは、精米法が進んだので、「とぐ」というよりも「洗う」という言葉がピッタリです。

力を入れてゴシゴシととぐと、栄養分も逃げます。水道の水を流しっぱなしでとぐのもやめましょう。なぜかというと、勢いよく出る水を糠が吸

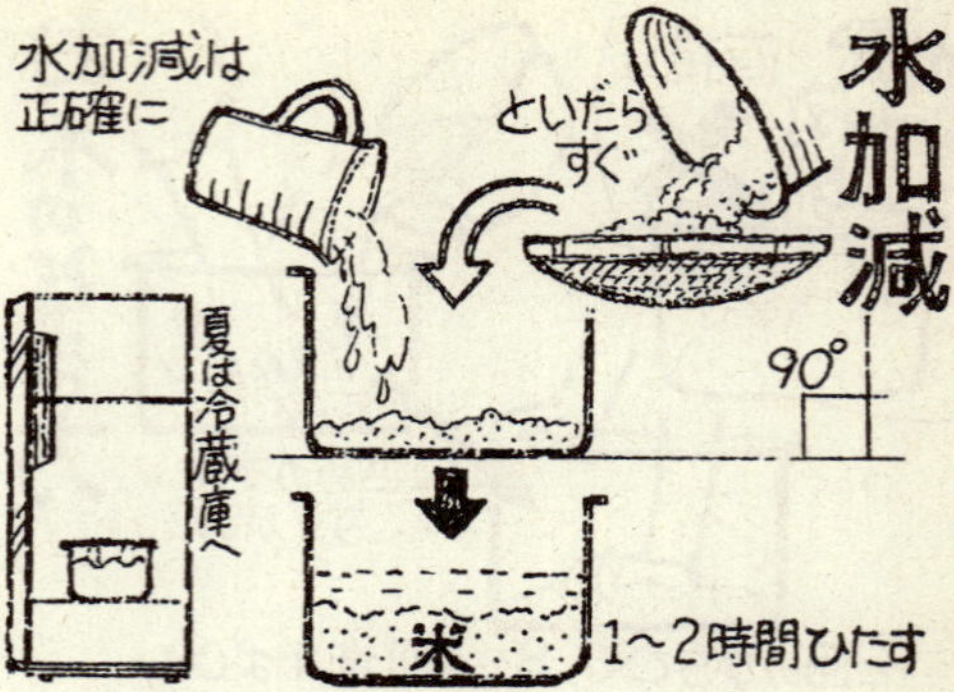
水加減
水加減は
正確に
といだら
すぐ
90°
夏は冷蔵庫へ
米
1〜2時間ひたす

い込んで糊のようになり、かえってお米の表面から離れにくくなるからです。

ですから、水は鍋かボウルにくんでおいて、これをお米の中に入れて手早く洗います。この方法を繰り返し、水を取り替えて洗うのがおいしく炊くコツです。

最初は、なるべくたっぷりの水を加えて、手早く2〜3回かき回して水を捨て、新しい水に替えます。「1回めはサッと、2回めからとぐ」と覚えてください。お米は1回めの吸水量が特別に大きくて、次からはそれほどでもないのですから、お米に汚い水を吸収させる心配はないのです。3〜4回水を替えると糠は流れ去ります。

## ◆お米をひたす時間は

ふっくらとしたご飯は、米粒の芯にまで、充分に水けが含まれた状態で炊くからなのです。です

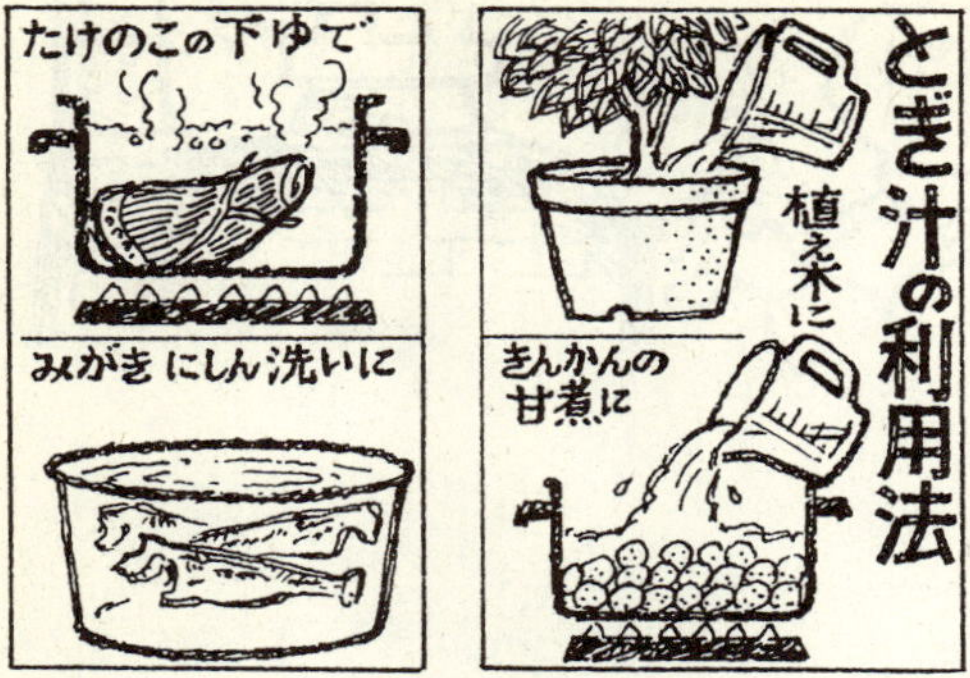
とぎ汁の利用法
植え木に
たけのこの下ゆで
きんかんの甘煮に
みがきにしん洗いに

から、お米を洗ってすぐに火にかけるのはよくありません。

　お米は炊く2時間前にといで、水の量をきちんと量った中にひたしておき、米粒の芯にまで充分に水をしみ込ませておきます。

　なお、この吸水は水温の影響を受けます。冬には2時間必要となりますが、夏なら1時間でも大丈夫だという専門家のお話です。

　昔は、前の晩にお米をといで朝までおいたものでした。冬ならば、それでもよいのですが、夏には、こうした方法をとると、腐敗してしまうため、冷蔵庫に入れておいて、朝炊くようにしたほうがよいそうです。

## ◆米の古さに合った水加減

　昔は、お米の水加減を、「新米は米と同量か1割増し」「春から夏にかけてのお米は2割増し」「古

米は３割増し」としていました。
しかし、いまのお米の水加減は、「新米は米の量の２割増し」「春から夏にかけての米は３割増し」「古米は３割以上」がよいようです。
お米をといだら、ザルにあげてサッと水けをきってから、水平な場所にお釜を置き、お米を入れ、適当な水加減をします。

## ◆カマド炊きの手順

ご飯の場合には、「炊く」といいます。熱調理の基本操作には、「煮る」「蒸す」「焼く」「揚げる」という四つの操作がありますが、「炊く」というのは、「煮る」「蒸す」「焼く」の３操作を組み合わせた特殊な調理法といえるのだそうです。

よく、「炊く」というのは、米を煮て、蒸すのだと思われがちですが、「焼く」操作が加わらないと、ご飯にならないということです。

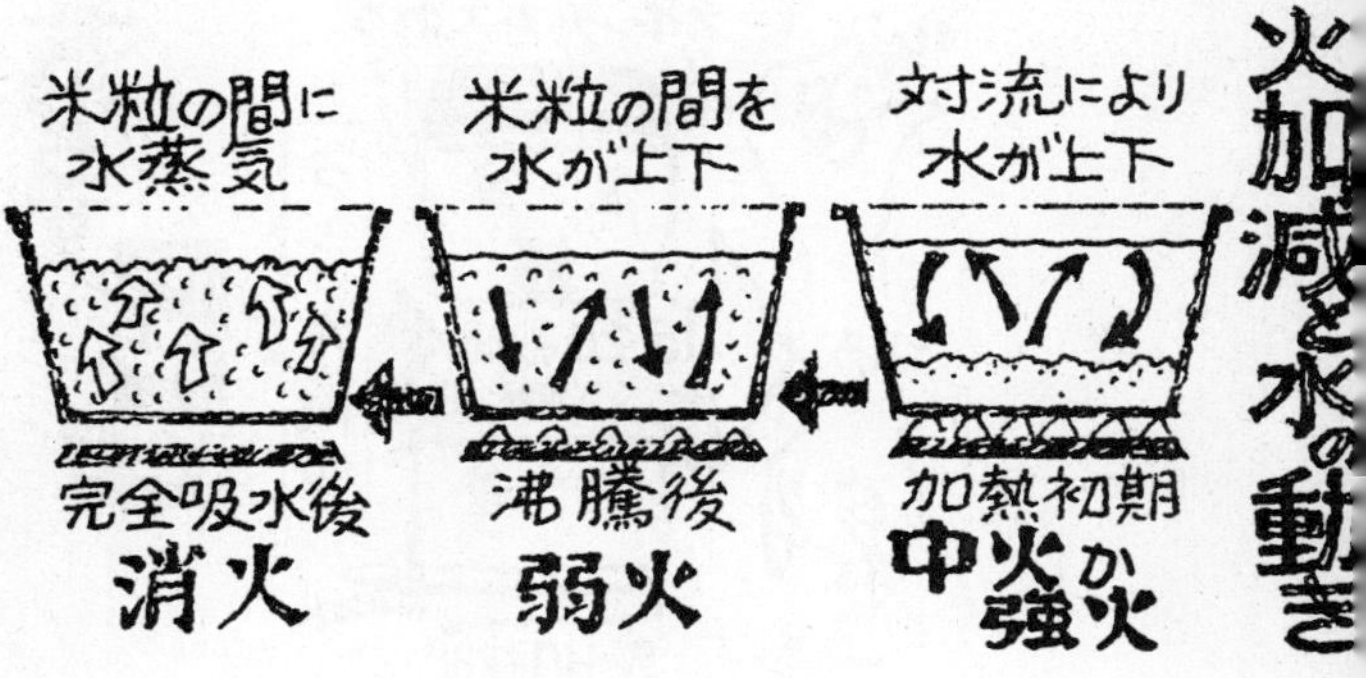
火加減と水の動き
対流により水が上下
加熱初期
中火か強火
米粒の間を水が上下
沸騰後
弱火
米粒の間に水蒸気
完全吸水後
消火

まず、加熱を始めてしばらくは温度の上昇が目的ですから、中火か強火で加熱します。このときは、水は対流により上下しています。

昔から、「始めチョロチョロ、中パッパ」といわれましたが、これは昔の薪炊飯《まきすいはん》では、どうしても最初から勢いよく炊けなかったため、薪の炎の様子をこうたとえたわけです。しかし、実際は、始めからパッパと勢いよく加熱して沸騰までもっていくことが必要なのです。

次に、米粒に充分に吸水させ、中まで煮えた状態にするために、沸騰したらある程度火を弱めて、ふきこぼれを防ぎ、米粒のすきまを水がむらなく上下するようにします。

次に、水はほとんどなくなり、米粒のすきまは蒸気の通路になってその跡が穴のように残ります。このころ、火をいっそう弱めて蒸気が全部上にふき上がるようにし、底が焦げつかないようにしま

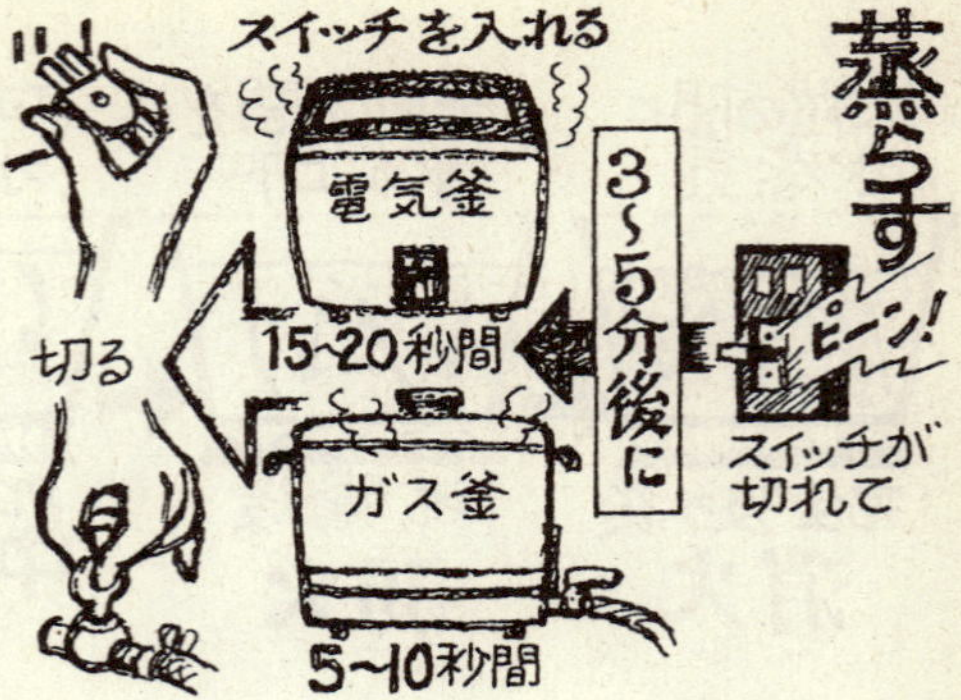
蒸らす
スイッチを入れる
電気釜
15~20秒間
3~5分後に
ピーン！
スイッチが
切れて
切る
ガス釜
5~10秒間

す。このところが「焼く」という操作です。

以上が昔の人のやったカマド炊きの理屈です。

## ◆ご飯の蒸らし方

いまの自動炊飯器では、こういう細かい火加減の調節はできませんが、スイッチが切れてからの蒸らし方いかんで、充分においしく炊けます。

途中で蓋を取ると、蒸らしは不充分になります。それで、昔の人は「赤子泣くとも蓋取るな」といったのです。

自動炊飯器の場合も、炊き上がりスイッチが切れてから、すぐ蓋を取ってはいけません。

しかし、このままでは、カマド炊きのように「焼く」操作が加わらないので、水分の多いご飯になりやすい欠点があります。

そこでこの欠点を補うために、スイッチが切れてから3~5分後に、電気釜なら15~20秒間、ガ

蒸らし終わったら

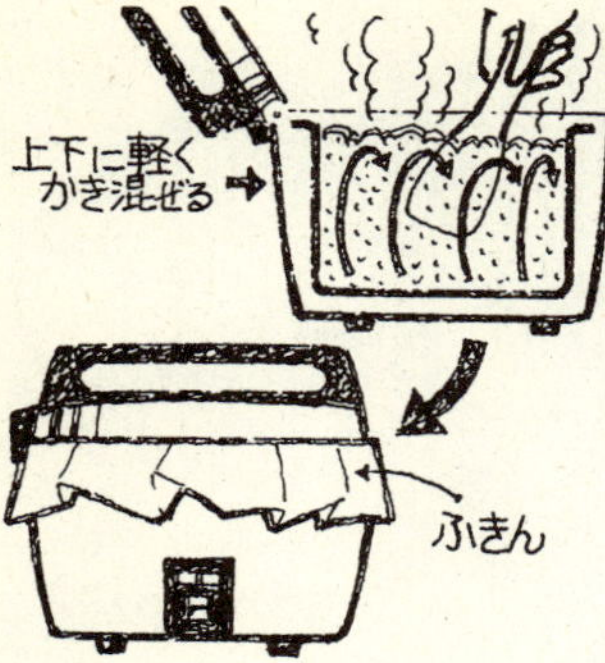


ス釜なら５〜10秒間、もう一度スイッチを入れて、その後で蒸らします。うっすら焦げ目がついて、味はカマド炊きに劣りません。

### ◆今風おひつの作り方

ご飯の蒸らしはあまり長く続けていると、蓋をしたままなので蒸気の逃げ場のない状態ですから、しだいに温度が下がり、結局は水滴がたまって水っぽいご飯に逆戻りします。

これを昔の人は「釜返《かまがえ》り」といいました。

そこで、蒸らしがすんだら蓋を取って、しゃもじで軽くかき混ぜ、余分な蒸気をとばしてから、水分を吸収しやすい木のおひつに移して、乾いたふきんを蓋にかませたものでした。

いまでは、おひつは使われませんが、ご飯を上下に軽くかき混ぜて、底の水分を抜いてから、ふきんを二重にして蓋にかませておきます。これで、湯気が逆戻りせず、ご飯がベトつきません。

簡単な〝今風おひつ〟を作るわけです。

◆銘柄米

私はあまり銘柄米にはこだわりませんが、一応お米の産地をあげましょう。

秋田県南部の本荘由利地区のササニシキは、寿司米として好評です。新潟のコシヒカリは、米に粘りとこしがあって、冷めても味が落ちないと評判です。宮城のササニシキは、味と香りに人気があり、福島県の会津ササニシキは、早場米として9月ごろから出回っています。山形のササニシキは粒がそろって味がよいので、味つけ米として他の米にブレンドされることが多いということです。しかし、銘柄米ばかりを買う必要はありません。においの強い米は、よく洗うなどの工夫をすれば、おいしく仕上げることができます。

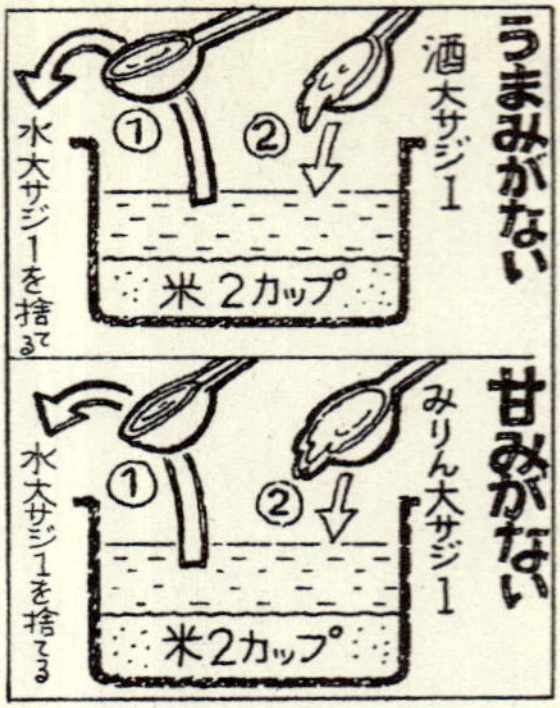

◆うまみのないお米には

うまみのないお米には、お酒を加えてみます。米（2カップ）に酒（大サジ1杯）で結構おいしくなります。

このとき大切なのは、水加減で、加えるお酒の分だけ、水を減らして加減しておきます。

◆甘みのないお米には

甘みのないお米には、みりんを入れてみます。米（2カップ）にみりん（大サジ1杯）の割合が適量です。このときも、水加減から、加えるみりんの分量を減らしておきます。

◆つやのないお米には

つやがなく、パサつくお米には、お米の中にサラダ油を入れます。適量は米（2カップ）に対し、

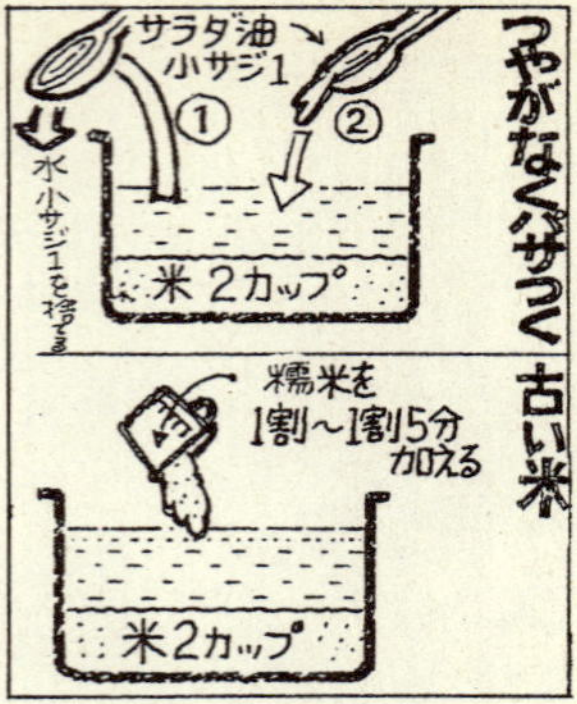


サラダ油（小サジ1杯）を加えます。

少しも油っぽくならずに、ご飯につやが出ます。もちろん、加えるサラダ油の分量分の水を減らした水加減をすることが大切です。

◆ひどくまずいお米には

どうしようもなくまずいお米には、酒、みりん、サラダ油を組み合わせて加えてみます。適量は、各自の好みでいろいろ試してみて見つけるしかありません。

◆古いお米には

古いお米には、糯米《もちごめ》を加えて炊きましょう。米の1割から1割5分の糯米を一晩水につけてから加えてみると、案外しっとりとした味に仕上がります。

水加減は、古米に合った普通の水加減（3割増し）にすればよいでしょう。

## □糠漬けのコツ

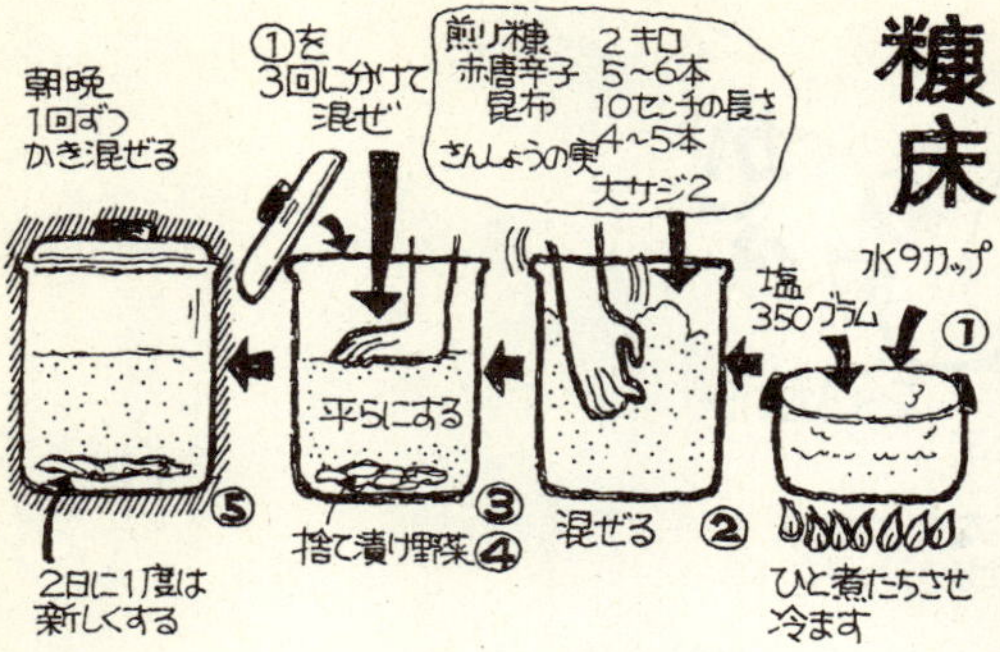
糠床
水9カップ
塩
350グラム
①
ひと煮たちさせ
冷ます
煎り糠　2キロ
赤唐辛子　5~6本
昆布　10センチの長さ
4~5本
さんしょうの実
大サジ2
混ぜる　②
①を
3回に分けて
混ぜ
平らにする
③
捨て漬け野菜④
朝晩
1回ずつ
かき混ぜる
⑤
2日に1度は
新しくする

食卓に季節の新鮮な野菜を漬け込んだ糠漬《ぬかづ》けを出せるには、よほどの根気と、家族への思いやりが必要です。

おいしい糠床《ぬかどこ》は、祖母から母へ、そして娘に嫁にと引き継がれてきたもので、それぞれの家庭の味が感じられますね。

［糠床の作り方］

材料　煎《い》り糠（2キロ）、塩（350グラム）、水（9カップ）、赤唐辛子（5～6本）、昆布（10センチ長さ4～5枚）、さんしょうの実（大サジ2杯）、捨て漬け野菜（大根、かぶの葉、キャベツの外葉など）

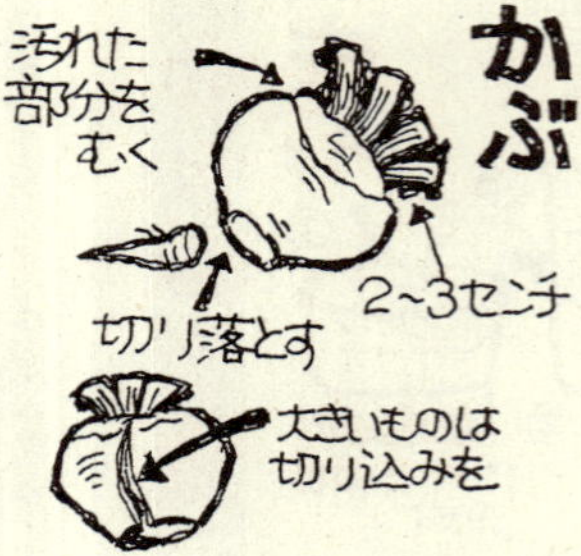


作り方

①ホウロウ鍋に水と塩を入れて一煮たちさせ、塩を溶かし、冷ましておきます。

②容器に糠、赤唐辛子、昆布、さんしょうの実を入れてよく混ぜ合わせます。

③②に①の塩水の一部を入れ、底から混ぜ、残りの塩水をさらに2回くらいに分けて注ぎ入れ、手でもみ込むように混ぜます。

④捨て漬け野菜（200グラム）を底のほうに入れ、表面を平らにしてよくたたきつけ、蓋をしておきます。

⑤朝晩1回ずつ、底のほうからよく混ぜ、捨て漬け野菜を2日に一度は取り出し、野菜の水けを糠床の中に絞り、よくかき混ぜて新しい捨て漬け野菜を入れます。

これを2週間くらい繰り返すと、ざらついていた糠床がしっとりと手ざわりもよくなり、味も香りもよくなります。

もし捨て漬け野菜の水分で床がやわらかくなりすぎたら、煎り糠（半カップ）と塩（小サジ1杯）の割合で加えて、もとの床のかたさに戻すようにします。糠床の容器は、直射日光が当たらず、風通しのよい涼しい場所に保管しましょう。

### ◆材料の下ごしらえと食べごろ

糠漬けは、床汁《とこじる》のうまみを材料に吸い込ませて食べるもので、漬け込み時間が食べごろに関係します。

もちろん、材料や時期によって違います。

材料にはほとんどの野菜が使えますが、色よく漬けるには、新鮮な野菜を使うことです。

具体的に材料の下ごしらえと食べごろを説明しましょう。

■かぶ——葉を2～3センチつけて切り落とし、

みょうが、しょうが
ガーゼ

なす、きゅうり
へたを上に
塩をふって
もむ

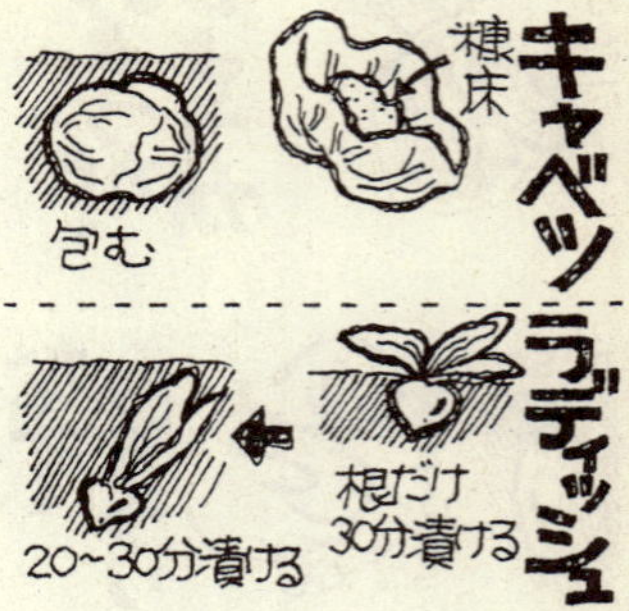


葉つきのまわりの皮の汚れた部分をむき、細い根先を切り落とします。

大きいものは中央に縦に深い切り込みを入れて、6〜10時間漬けます。

葉は、そのまま漬けると床が水っぽくなるので、風干しにするか、サッと熱湯に通して水けを絞ってから漬けます。5〜6時間の浅漬けもよいのですが、私は1〜2日漬けた古漬けのほうがおいしいと思います。

■みょうが、しょうが、しその実など——これら小さいものは、床の中にまぎれてしまうので、ガーゼに包んで漬けると便利です。5〜10時間。

■キャベツ——大きな葉には糠床を一握り包んで漬けると、早く味がなじみます。また、外葉をつけた芯の部分を丸ごと漬けておき、漬かった葉からむいて食べるとよいでしょう。これは2〜3時間漬けましょう。

# 手入れ方法

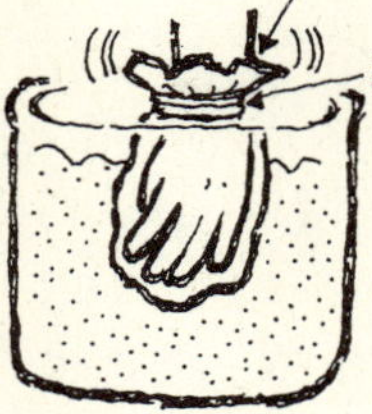


■なす、きゅうり——塩を振ってすり込んでから漬けると、早く、色よく漬かります。ヘタを上にして立てて、4～8時間漬けます。

■ラディッシュ——根だけを浅く漬けて、30分おいてから葉も漬けて、さらに20～30分漬けます。

これらのほかに、にんじん、かぼちゃ、青トマト、セロリ、ピーマン、大根、昆布など何でも漬けられます。ここにあげた食べごろは夏の場合で、冬は少し長めに漬けます。

## ◆糠床は上下によくかき混ぜる

床に空気を通すことで発酵がうまくいき、いやなにおいが出ませんので、漬けた野菜を出した後は、糠味噌全体が空気にふれるように上下によくかき混ぜます。

また、糠床は、温度が高いとわきやすい（白い泡が浮く）ので、夏場は、朝晩の2回、冬場でも

2日に1回は必ずよく混ぜておきましょう。手が糠味噌くさくなるのを嫌う方は、ポリ袋を手にはめ、手首に輪ゴムをして止めてから混ぜれば、手が汚れずにおいもつきません。

## ◆漬けたら床をよく押さえる

重《おも》しをしない漬けものですから、床をしっかり押さえて、床と野菜を密着させることで圧力をかけます。野菜を漬けた後は表面を手のひらでよく押しつけ、平らにしておきましょう。

そして、漬け終わったら、容器の縁についている糠をぬれぶきんできれいに拭き取ります。毎回、きれいにしておかないとカビの原因になります。

## ◆夏場の手入れ法

真夏の日中に部屋を閉めきって外出するような場合は、きつく絞ったふきんを糠床の表面にぴっ

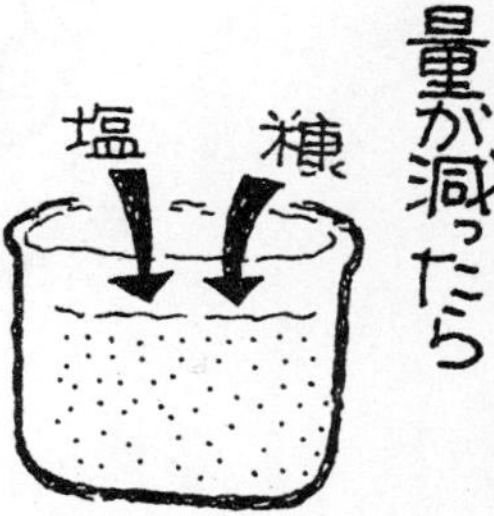


たり貼りつけ、蓋のかわりにきつく絞った厚手のタオルを二重にしてかぶせておきます。

適度に空気を通しておくと、蒸れることがなく、虫がわいたり、においを悪くすることがありません。帰宅したらすぐに全体を混ぜて手入れをしましょう。

◆糠床の味が変わったら

古漬けを床に長く残しておくと、どうしてもすっぱくなります。ふだんから古漬けをこまめに取り出すことが大切ですが、味が変わってしまったら、辛子粉と煎り糠、塩を適度に加えてよくかき混ぜ、２〜３日は野菜を漬けずに上下を混ぜることだけして床を休ませましょう。このとき、酸味があまりにも強いようでしたら、重曹を少し加えて酸味を中和させる方法があります。

また、においが悪くなったり、虫がついた場合

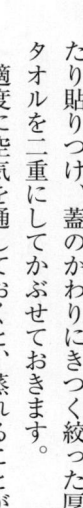

# 水っぽくなったら

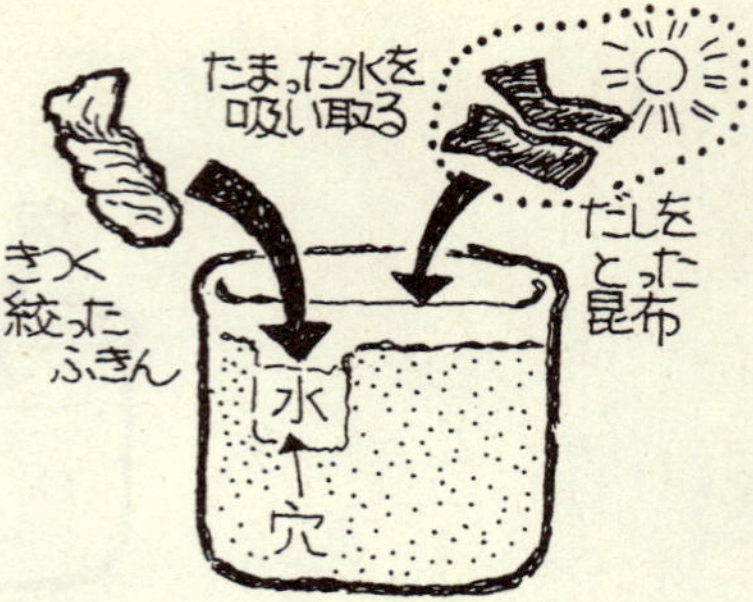


は、その部分を取り除き、糠と塩を足します。

床を作るときに加える赤唐辛子やさんしょうの実は、風味をよくするばかりでなく、虫よけにもなります。

## ◆糠床が水っぽくなったら

水けを含む生野菜を漬けますから、次第に水っぽくなります。

少しの水けには、だしをとった昆布を日に当ててカラカラに乾かしてから、やわらかくなった床に入れると、昆布が水分を吸い取ってくれます。もちろん、漬けた昆布もやや古漬けにすると、とてもおいしく食べられます。しかし、入れっぱなしにしておくと、昆布がとろけてしまい、かえって床をいためることがありますから、適当な時期に取り出すことが大切です。

さらに水がたまってきたら、市販されている水

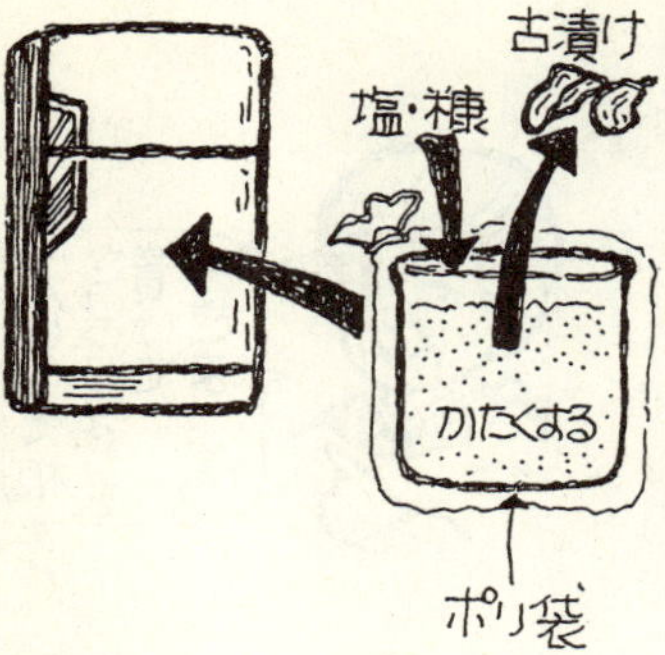


留守にする場合

取り器を入れておくとよいのですが、これが手に入らなかったときは、床にコップを差し込んで床に穴を作ります。

しばらくするとその穴に水がたまりますから、きつく絞ったふきんを丸めてその穴に入れ、水分を吸い取ります。私は、専用のスポンジを用意して、これに水けを吸い取らせています。

ただ、床の水分には、うまみがあるので、あまり神経質になって取り除くと、おいしさがなくなってしまいます。

糠床の量が減ったときには、糠と塩を加えます。このときの量は、糠床の味にもよるので一概にはいえませんが、加える煎り糠の5パーセントほどの塩を加えるのが一応の目安でしょう。

## ◆家を留守にする場合

旅行などで家をあけ、糠床の手入れができない

にんじん・大根
きゅうりなどを
漬けて
おきましょう

場合は、床に残っている古漬けを取り出し、塩と糠を足して少しかたくし、二重のポリ袋に入れて冷蔵庫に保存しましょう。

ポリ袋の空気をよく抜いて、口元をきちんと止めておけば大丈夫です。このとき、古漬けにしておいしいにんじん、大根、きゅうりなどを漬けておけば、帰宅したときにおいしくいただけます。

# 直伝

# 料理を引き立てる包丁づかい

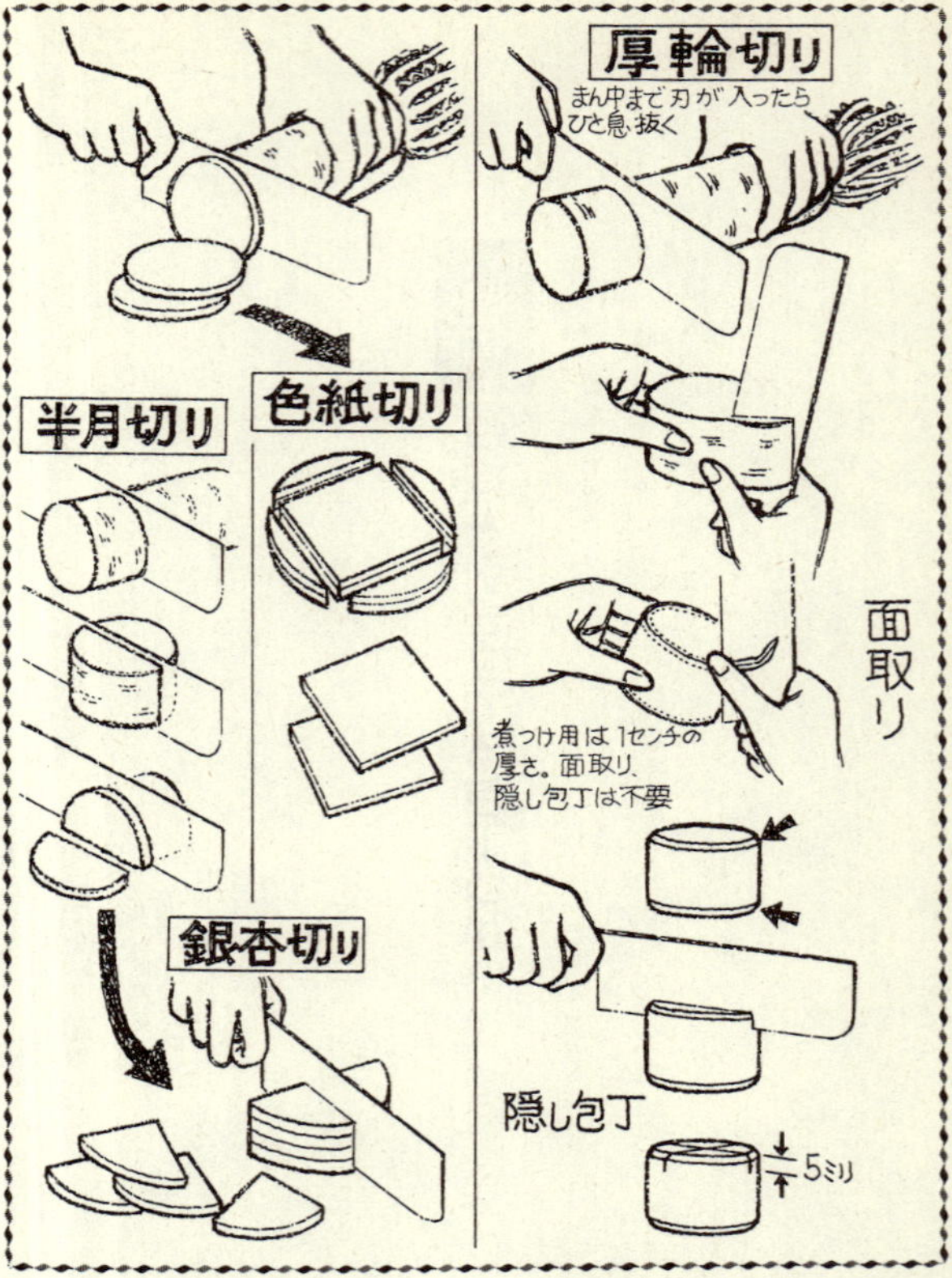

厚輪切り
まん中まで刃が入ったら
ひと息抜く
半月切り
色紙切り
銀杏切り
面取り
煮つけ用は1センチの
厚さ。面取り、
隠し包丁は不要
隠し包丁
5ミリ


半月切りは、まず縦に二つに切ってから輪切りの要領で切る。
色紙切りは、お雑煮のお椀の下に敷いたり、イクラなどおつまみをのせる台に利用する。

おでん、ふろふき用には、5センチの厚さがよく、繊維がかたいので面取りをし、隠し包丁を入れる。盛るときには、隠し包丁の刃目を下にして盛る。

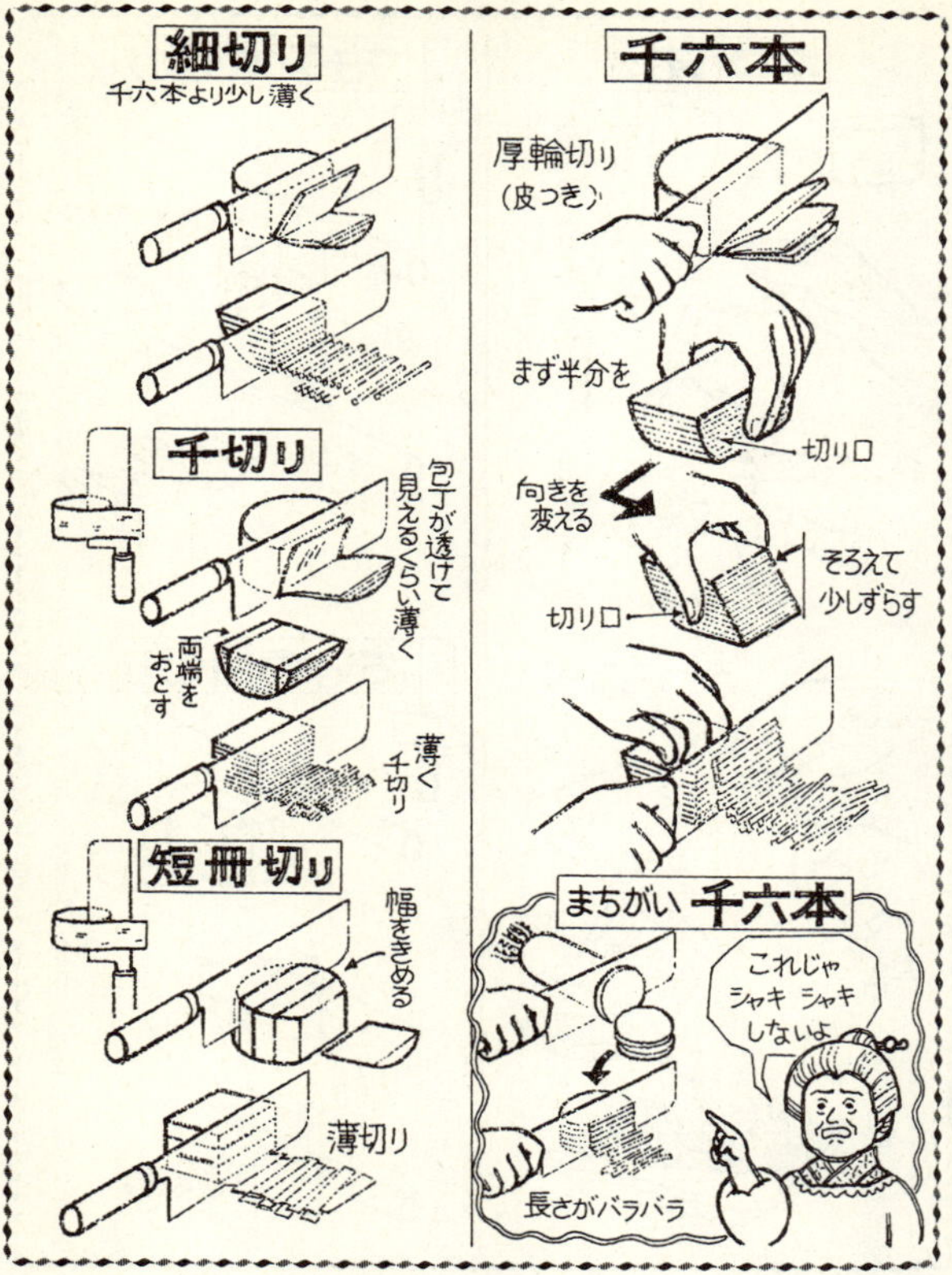
細切り
千六本より少し薄く
千切り
包丁が透けて見えるくらい薄く
両端をおとす
薄く千切り
短冊切り
幅をきめる
薄切り
千六本
厚輪切り
(皮つき)
まず半分を
切り口
向きを変える
そろえて少しずらす
切り口
まちがい千六本
これじゃシャキ シャキしないよ
長さがバラバラ

細切りは、千六本より薄く、繊維にそって切る。千切りは、細切りより薄く、包丁が透けて見えるくらいにし、繊維にそって切る。短冊切りは、切れ端ははずすこと。

味噌汁の実に用いる千六本は、縦に薄く切って、切り口の向きを変え、繊維にそってマッチの軸くらいに切る。こうしないと、歯ざわりが悪く、シャキシャキしない。

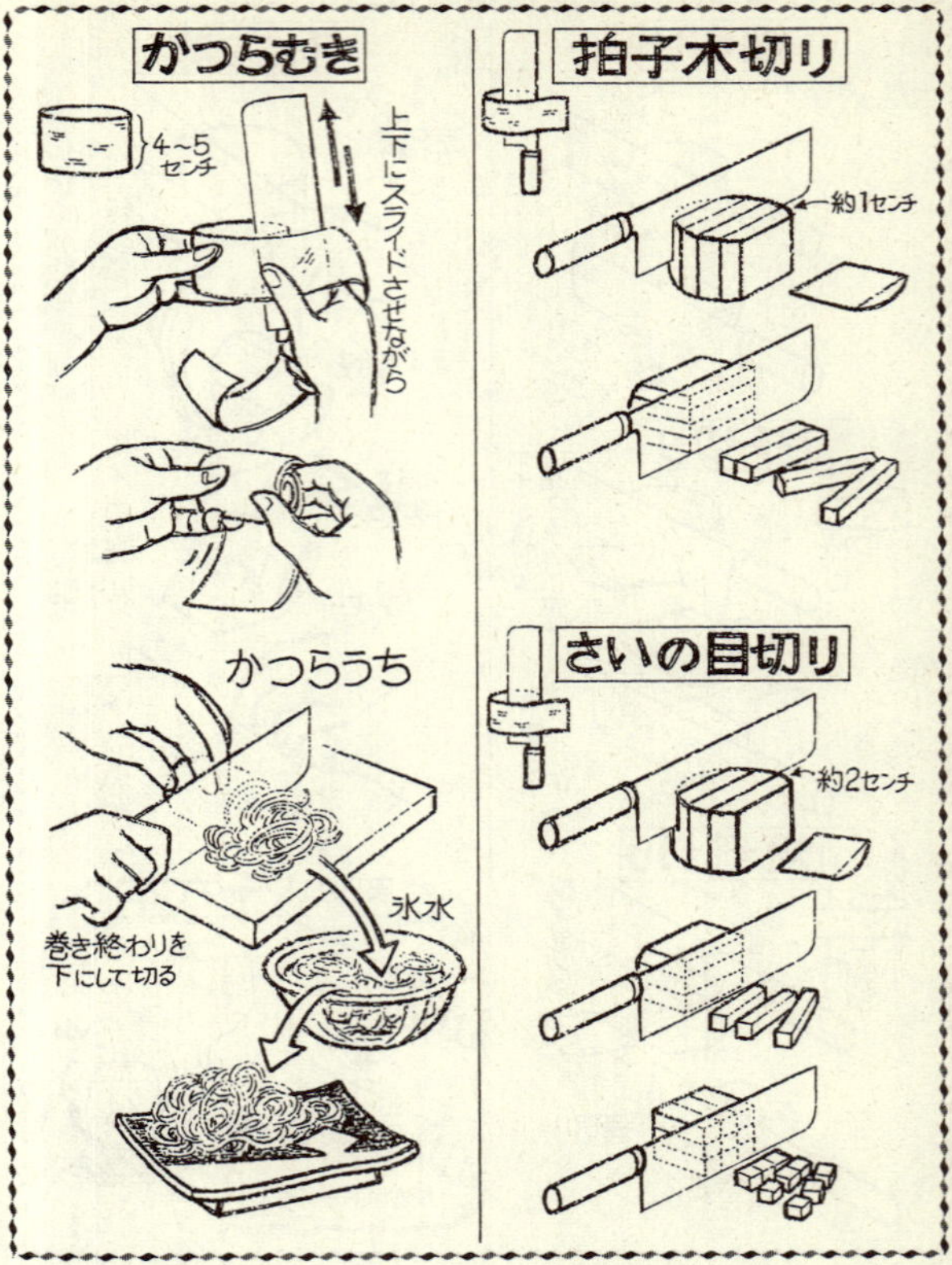
かつらむき
4～5センチ
上下にスライドさせながら
かつらうち
巻き終わりを下にして切る
氷水
拍子木切り
約1センチ
さいの目切り
約2センチ

包丁の刃を、立てるようにして、上下させ、親指が刃にくっついたら離しながら切る。かつらむきをグルグル巻き、巻き終わりを下にして切り、刺身のつまとして利用。

拍子木切りは、急ぐときの煮ものに利用できる。これを長くすれば、スティックサラダ用。さいの目切りは、立方体にするため、長さをきちんとそろえることが大切。

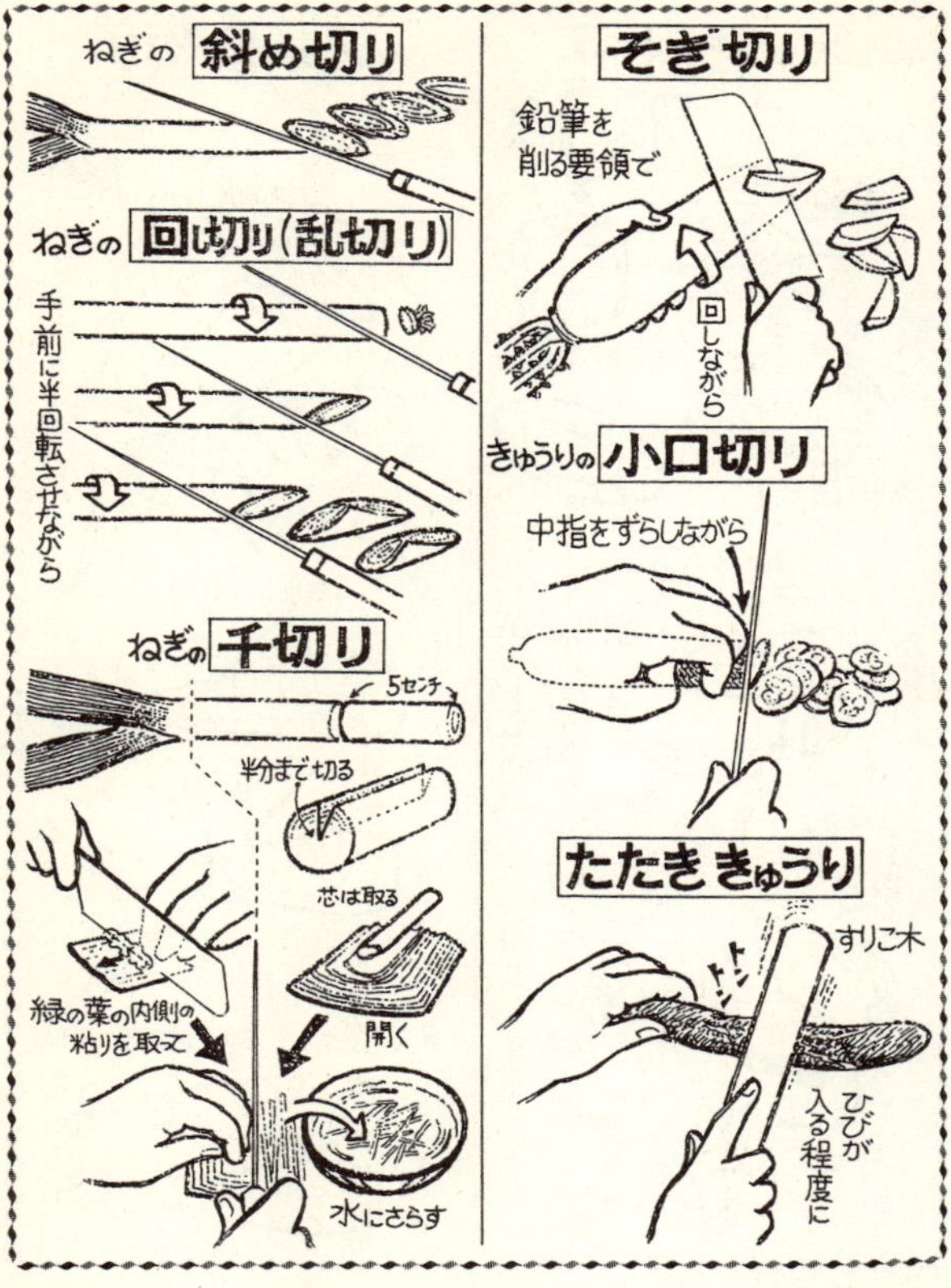
ねぎの 斜め切り
ねぎの 回し切り(乱切り)
手前に半回転させながら
ねぎの 千切り
5センチ
芯まで切る
芯は取る
開く
緑の葉の内側の粘りを取って
水にさらす
そぎ切り
鉛筆を削る要領で
回しながら
きゅうりの 小口切り
中指をずらしながら
たたききゅうり
すりこ木
トントン
ひびが入る程度に

ねぎの斜め切りは、すき焼きや味噌汁に歯ごたえを持たせたいときに適している。ねぎの青い部分を千切りにするときは、内側のネバネバしているところを取り除く。

そぎ切りは、鉛筆を削る要領で、左手に持った大根を回しながら切る。小口切りは、厚みを平均的にし、包丁の腹を中指で支え、ずらしながら切るのがコツ。

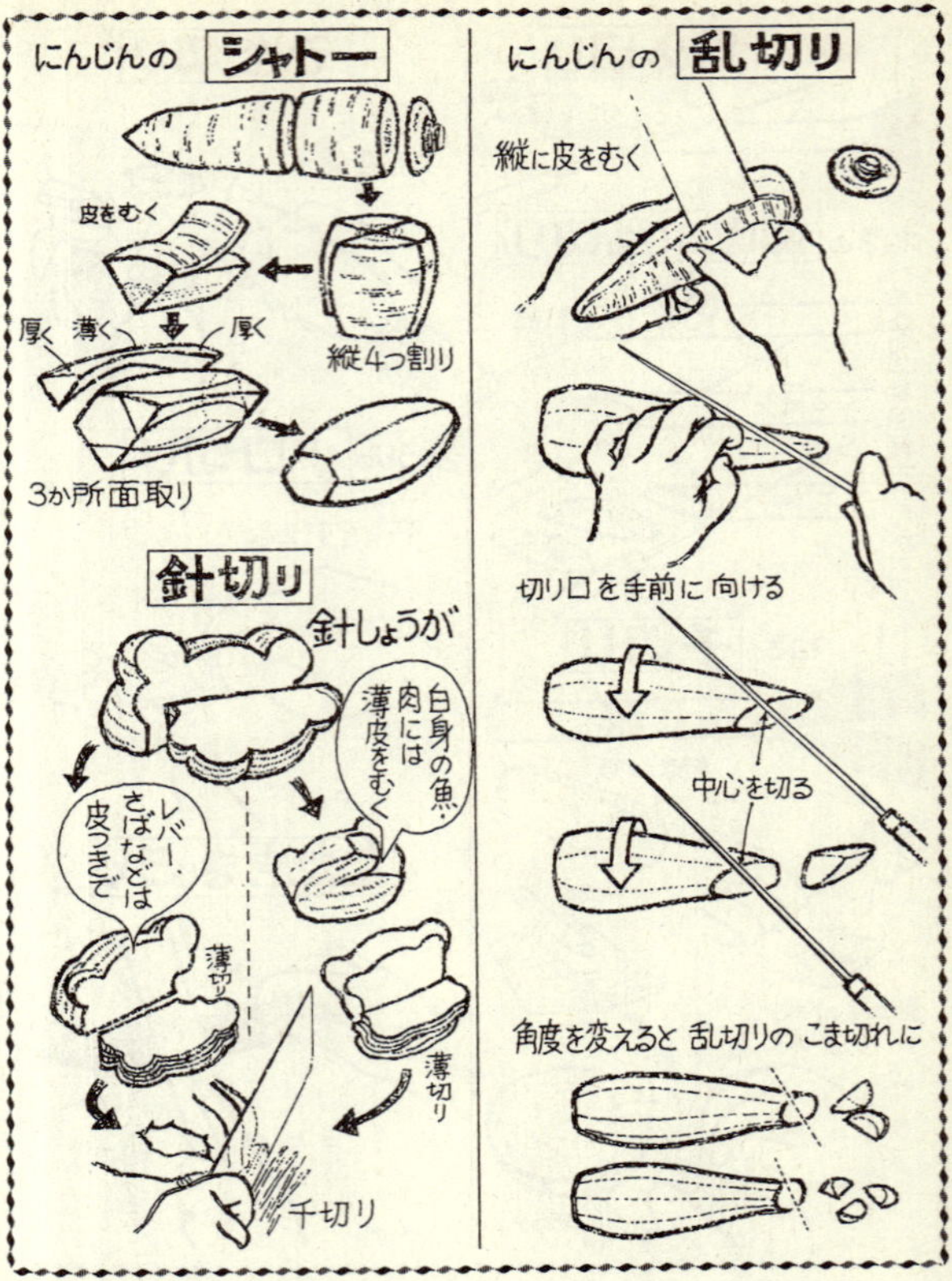

にんじんの シャトー
皮をむく
厚く 薄く 厚く
縦4つ割り
3か所面取り
針切り
針しょうが
白身の魚・肉には薄皮をむく
レバー、さばなどは皮つきで
薄切り
薄切り
千切り
にんじんの 乱切り
縦に皮をむく
切り口を手前に向ける
中心を切る
角度を変えると 乱切りの こま切れに


洋風料理のつけ合わせに使うシャトーは、始めは皮をむかないこと。針しょうがは、千切りの細かいものをさす。レバー、あさり、青魚を煮るときは、皮つきのまま切る。

にんじんの乱切りは、仕上がりをきれいにするために、皮は縦むき。手前に切り口を向け、切り口の中央に刃を入れると形がそろう。糠漬け、和風の煮ものは細かく切る。

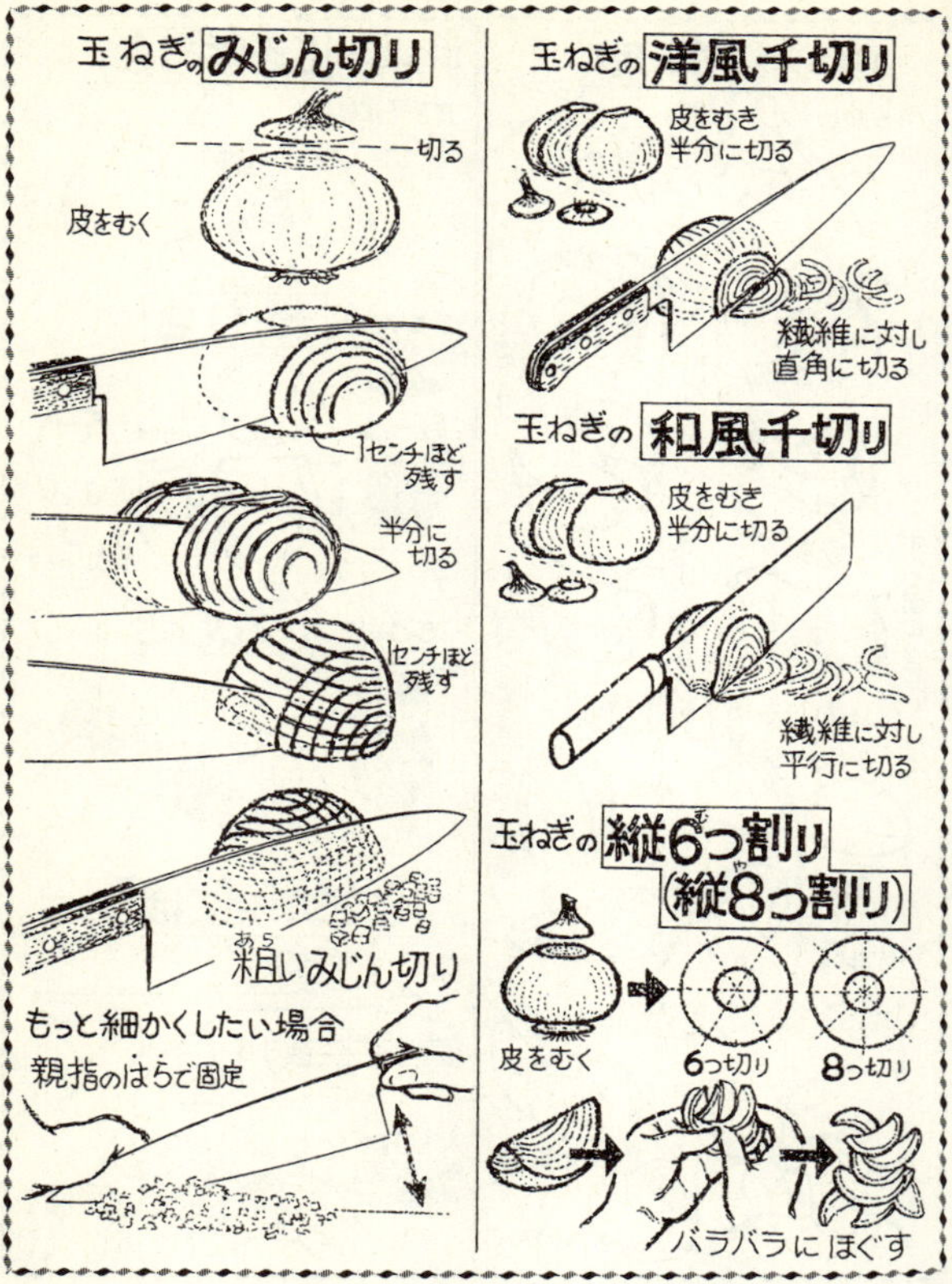

玉ねぎの みじん切り
切る
皮をむく
1センチほど残す
半分に切る
1センチほど残す
粗《あら》いみじん切り
もっと細かくしたい場合
親指のはらで固定
玉ねぎの 洋風千切り
皮をむき半分に切る
繊維に対し直角に切る
玉ねぎの 和風千切り
皮をむき半分に切る
繊維に対し平行に切る
玉ねぎの 縦6《む》つ割り
(縦8《や》つ割り)
皮をむく
6つ切り
8つ切り
バラバラにほぐす


玉ねぎのみじん切りには、洋刃を使用。切り目を、縦に全体に入れれてから半分に切ること。細かいみじん切りにしたい場合は、左手で包丁を押さえ、ジャンプさせる。

玉ねぎの皮をむくときは、根のほうからむくこと。スライスには、洋風千切りを。料理の本に出てくる炒めもの用、縦六つ（八つ）割りに切ってからほぐすことをさす。

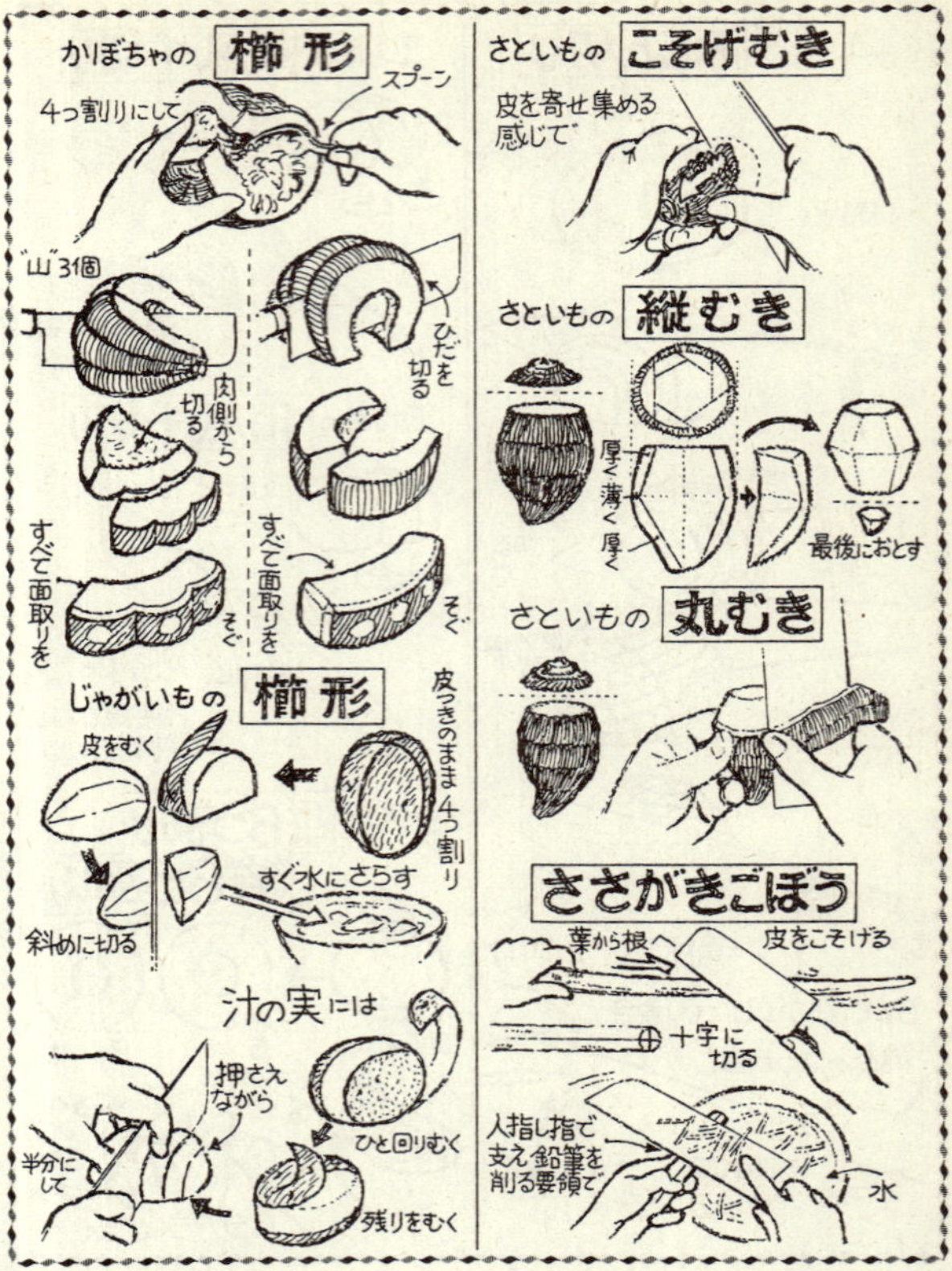

かぼちゃの 櫛形
スプーン
4つ割りにして
"山"3個
ひだを切る
肉側から切る
すべて面取りを
そぐ
すべて面取りを
そぐ
じゃがいもの 櫛形
皮つきのまま4つ割り
皮をむく
斜めに切る
すぐ水にさらす
汁の実には
押さえながら
半分にして
ひと回りむく
残りをむく
さといもの こそげむき
皮を寄せ集める感じで
さといもの 縦むき
厚く
薄く
厚く
最後におとす
さといもの 丸むき
ささがきごぼう
葉から根へ
皮をこそげる
十字に切る
人指し指で支え鉛筆を削る要領で
水


かぼちゃの種は、スプーンで取り除く。じゃがいもは、皮つきのまま四つ割りにし、りんごの皮をむくように皮をむき、でんぷんが多いのですぐ水にさらすこと。

縦むきは、始め厚く、中央に向かって薄く切っていくこと。丸むきは、いもの形にそってむく。ささがきごぼうは、十字の包丁目を入れておくと、一度に多く作れる。

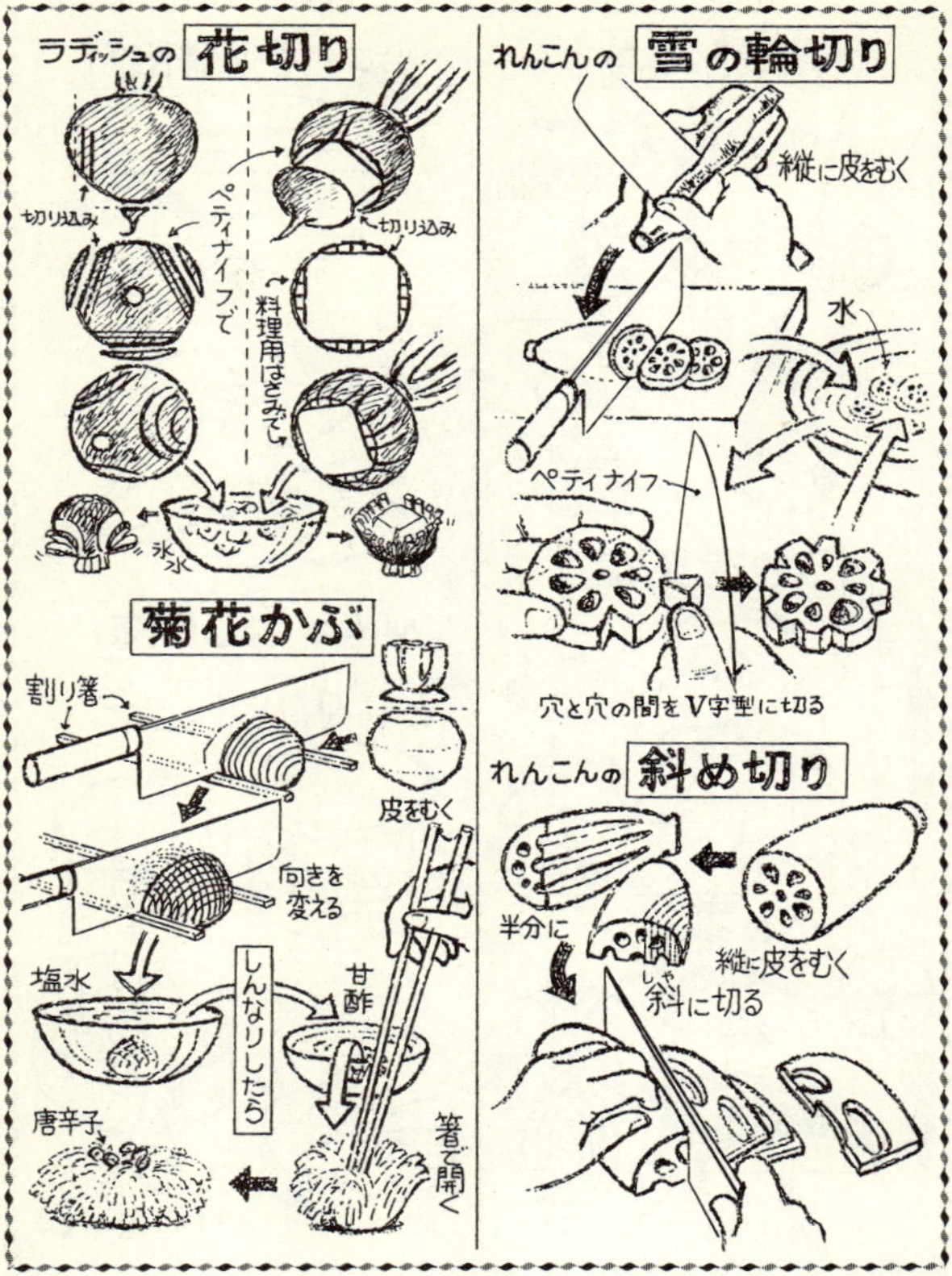
ラディッシュの
花切り
切り込み
ペティナイフで
切り込み
料理用はさみで
氷水
菊花かぶ
割り箸
皮をむく
向きを変える
塩水
しんなりしたら
甘酢
唐辛子
箸で開く
れんこんの
雪の輪切り
縦に皮をむく
水
ペティナイフ
穴と穴の間をV字型に切る
れんこんの
斜め切り
半分に
縦に皮をむく
斜《しゃ》に切る

花切りには、ペティナイフと料理用ばさみを使用するときれいに仕上がる。菊花かぶで、割り箸を利用するのは、下まで全部切ってしまわないため。

れんこんの皮は、縦にむき、くぼんだ箇所の残りの皮は切ってから、取り除く。切った端から水につけるのは、変色を防ぎ、アクを抜くため。

茶せんなす
軽く包丁を入れ
へたを取る
切り目
ころがしながら
ひねる
押す
うさぎりんご
縦8つ割り
切り目
取る
ペティナイフ
塩水へ
木の葉りんご
縦8つ割り
ずらす
切る
塩水
かまぼこの
手綱《たづな》結び
切り目
端を通す
両方に引く
にんじんの
ねじり梅
皮つきのまま輪切り
型で抜く
包丁は①②の順で

茶せんなすは、ヘタを落としてから、なすを左手で回しながら、包丁の刃の先端で切り目を入れる。大きななすより、小なすのほうが揚げた後、きれいな仕上がりに。

手綱結び、ねじり梅とも、お節料理によく用いる飾り切り。こんにゃくを煮るときにも手綱結びをよく用いる。飾り切りには、ペティナイフを使用するとよい。

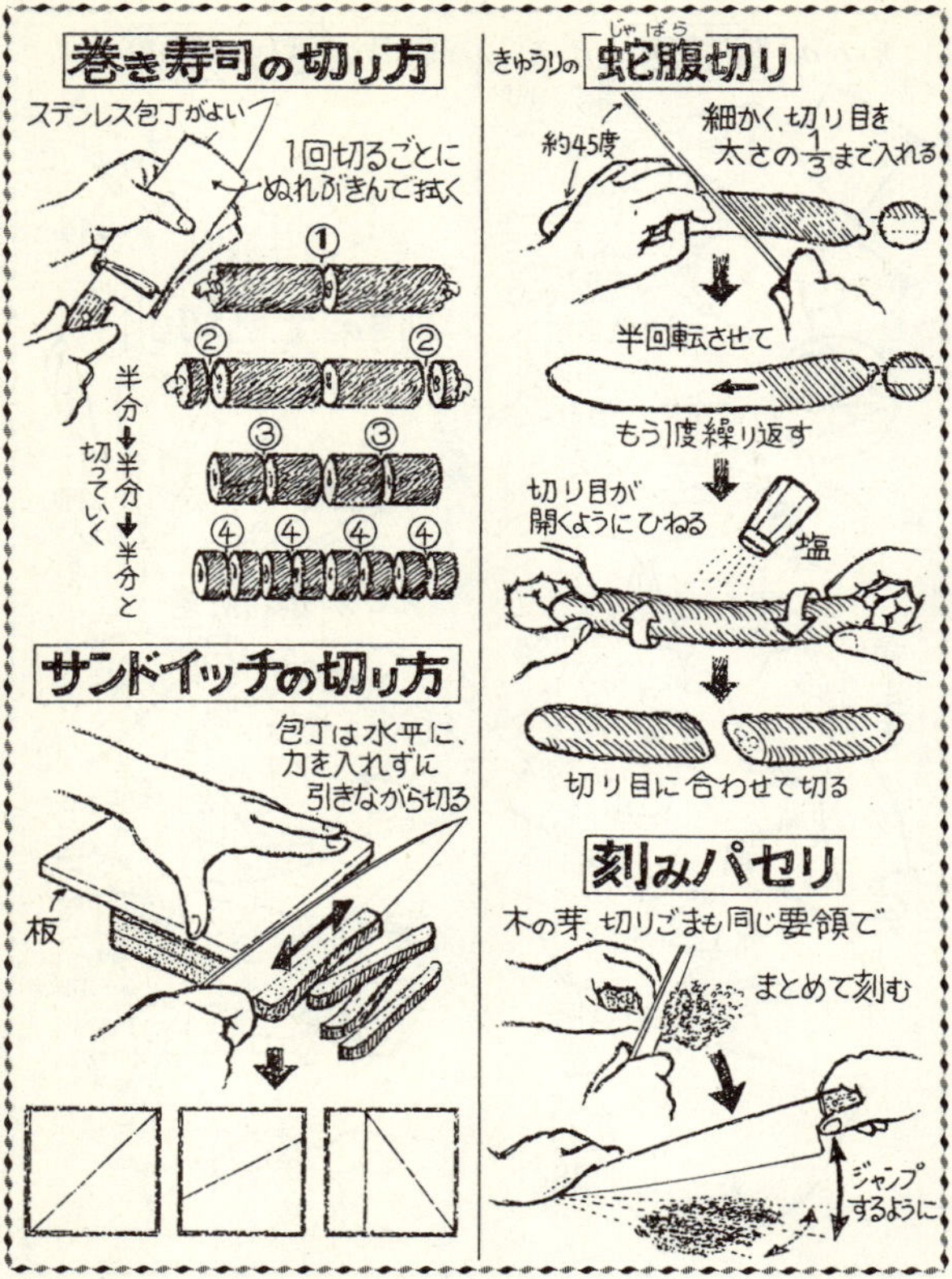
巻き寿司の切り方
ステンレス包丁がよい
1回切るごとにぬれぶきんで拭く
①
② ②
③ ③
④ ④ ④ ④
半分→半分→半分と切っていく
サンドイッチの切り方
包丁は水平に、力を入れずに引きながら切る
板
きゅうりの蛇腹《じゃばら》切り
約45度
細かく、切り目を太さの1/3まで入れる
半回転させて
もう1度繰り返す
切り目が開くようにひねる
塩
切り目に合わせて切る
刻みパセリ
木の芽、切りごまも同じ要領で
まとめて刻む
ジャンプするように

巻き寿司は、切る前や切るたびに刃全体をぬれぶきんでぬぐうこと。包丁の先端に近いほうを巻き寿司の向こう端に切り込み、引きながら切り、次に押し出すように切る。

パセリは、洗い、ふきんで水けを拭きとってから、まとめて左手で押さえて粗く刻む。次に、刃先の位置を変えず、包丁の柄を左右に動かすと、細かく、早く刻める。

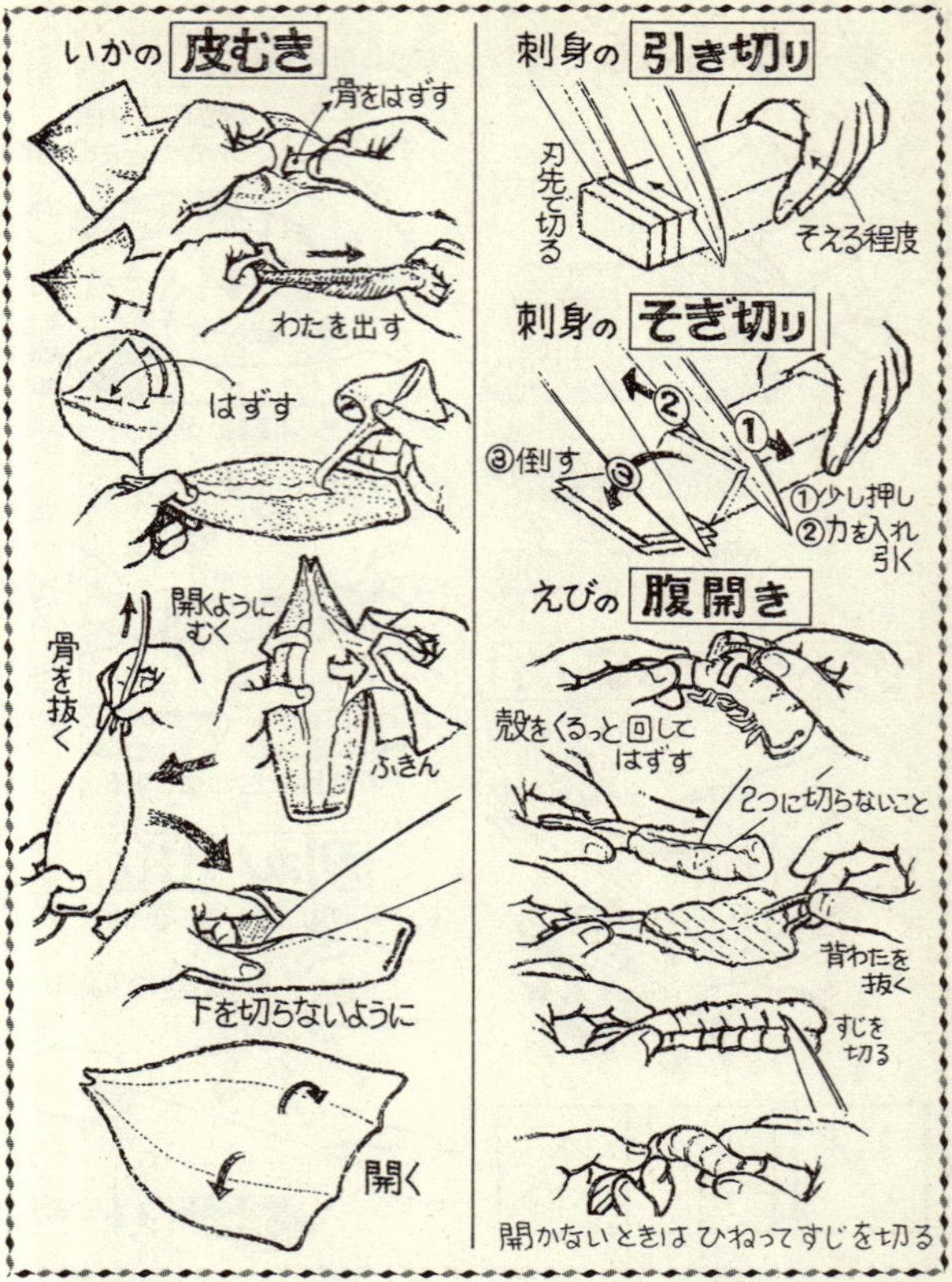
いかの 皮むき
骨をはずす
わたを出す
はずす
開くようにむく
骨を抜く
ふきん
下を切らないように
開く
刺身の 引き切り
刃先で切る
そえる程度
刺身の そぎ切り
③倒す
①少し押し
②力を入れ引く
えびの 腹開き
殻をくるっと回してはずす
2つに切らないこと
背わたを抜く
すじを切る
開かないときはひねってすじを切る

いかのわたを抜く場合、つけ根の骨を取っておくと、スーッと取り出せる。また、皮をむくときは、滑りやすいので、ふきんを使用するとよい。

刺身を切るとき、女性の指先は温かいので、刺身の両端に指をそえる程度でつかまないこと。えびをきれいに開かせるためには、二度切り込みを入れ、すじを取ること。

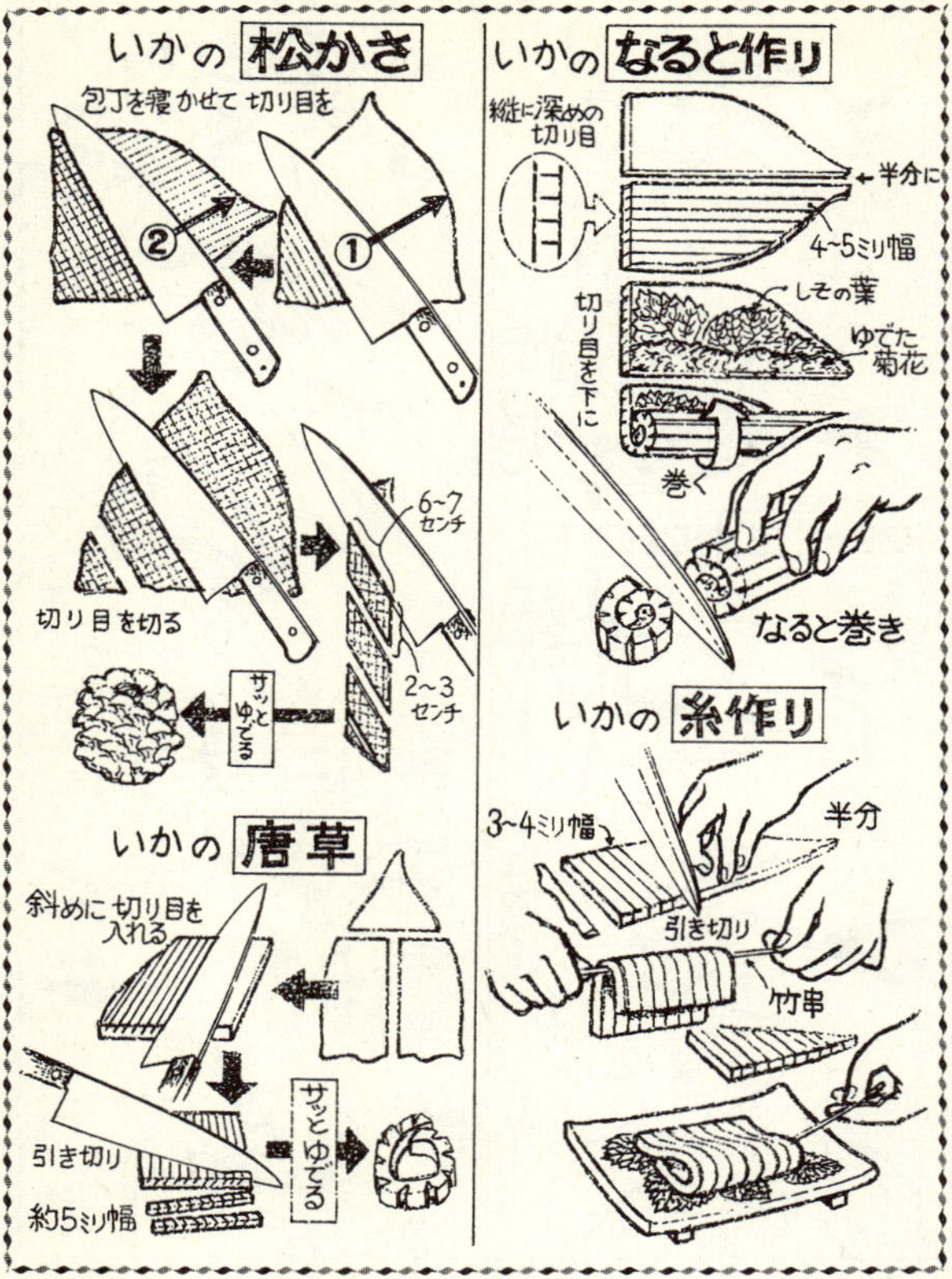
いかの松かさ
包丁を寝かせて切り目を
②
①
切り目を切る
6~7センチ
2~3センチ
サッとゆでる
いかの唐草
斜めに切り目を入れる
引き切り
約5ミリ幅
サッとゆでる
いかのなると作り
縦に深めの切り目
半分に
4~5ミリ幅
しその葉
ゆでた菊花
切り目を下に
巻く
なると巻き
いかの糸作り
3~4ミリ幅
半分
引き切り
竹串

八宝菜に使ういかの松かさは、刃を寝かせて切り目を入れ、90度回転させてから、同じ要領で切り目を入れ、いかをもとの位置に戻し、切り目の線にそって切る手順。

いかはつけ醤油がつきにくく、かたく、滑りやすいので、切り目を入れて刺身にするのがコツ。糸作りは、刃先をまな板につけ、手元を浮かせて引き切りにする。

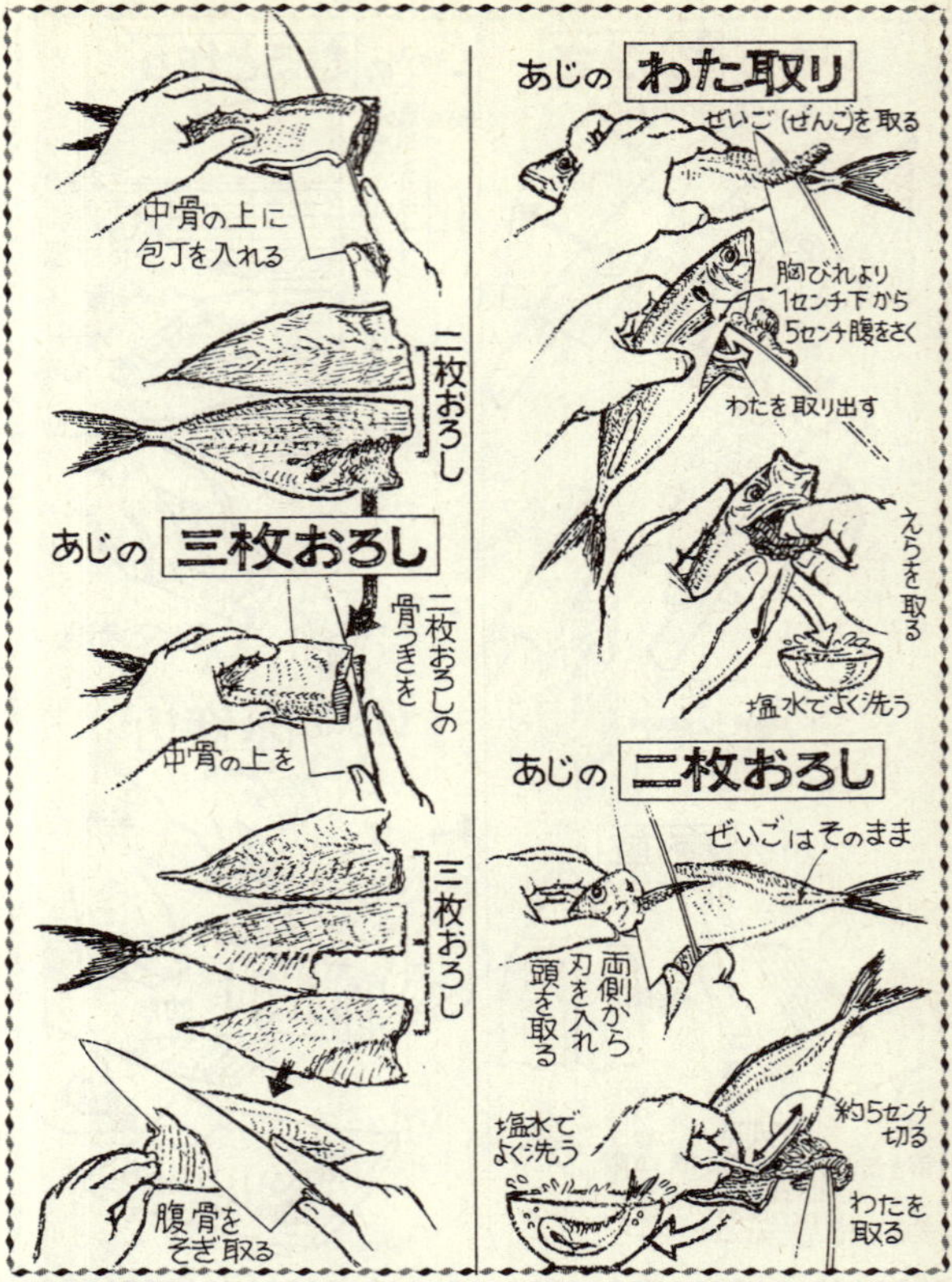
あじの 三枚おろし
中骨の上に
包丁を入れる
二枚おろし
二枚おろしの
骨つきを
中骨の上を
三枚おろし
腹骨を
そぎ取る
あじの わた取り
ぜいご（ぜんご）を取る
胸びれより
1センチ下から
5センチ腹をさく
わたを取り出す
えらを取る
塩水でよく洗う
あじの 二枚おろし
ぜいごはそのまま
両側から
刃を入れ
頭を取る
約5センチ
切る
塩水で
よく洗う
わたを
取る

中背の上に包丁を入れて切ると二枚おろし。マリネ、たたき、酢のもの、天ぷらには三枚おろしにする。塩を振ると、身がひきしまるので、皮をひき離しやすい。

えらは、えら蓋の下へ人差し指を入れて引っぱると取れる。
二枚おろしは、ぜいごを取らなくてもよい。頭を落とし、わたを除いたところで塩水で洗う。

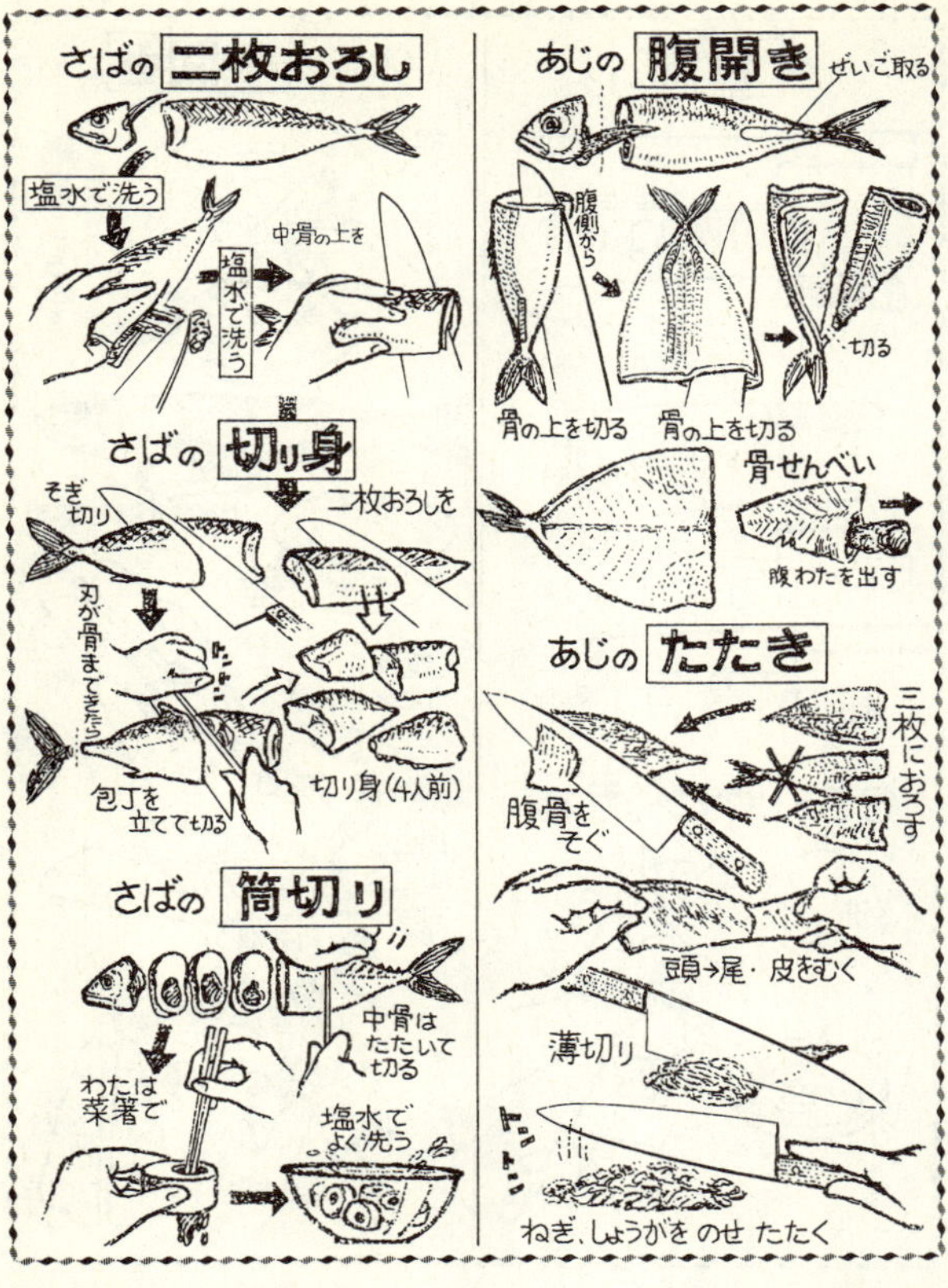
さばの二枚おろし
塩水で洗う
中骨の上を
塩水で洗う
さばの切り身
そぎ切り
二枚おろしを
刃が骨まできたら
包丁を立てて切る
切り身(4人前)
さばの筒切り
中骨はたたいて切る
わたは菜箸で
塩水でよく洗う
あじの腹開き
ぜいご取る
腹側から
切る
骨の上を切る
骨の上を切る
骨せんべい
腹わたを出す
あじのたたき
三枚におろす
腹骨をそぐ
頭→尾・皮をむく
薄切り
ねぎ、しょうがをのせ たたく

さばの切り身は、塩焼き、しょうが煮用で、揚げてからカレーソースをかけてもよい。筒切りは、中骨まで刃が入ったら、左手で包丁に力を入れて切る。煮つけによい。

天ぷら、手作りの高級干物には腹開きを。干物の場合は、骨つきのまま使用。わたを取って、焼いてから、スープを作ったものを「骨湯」という。お澄ましに利用。

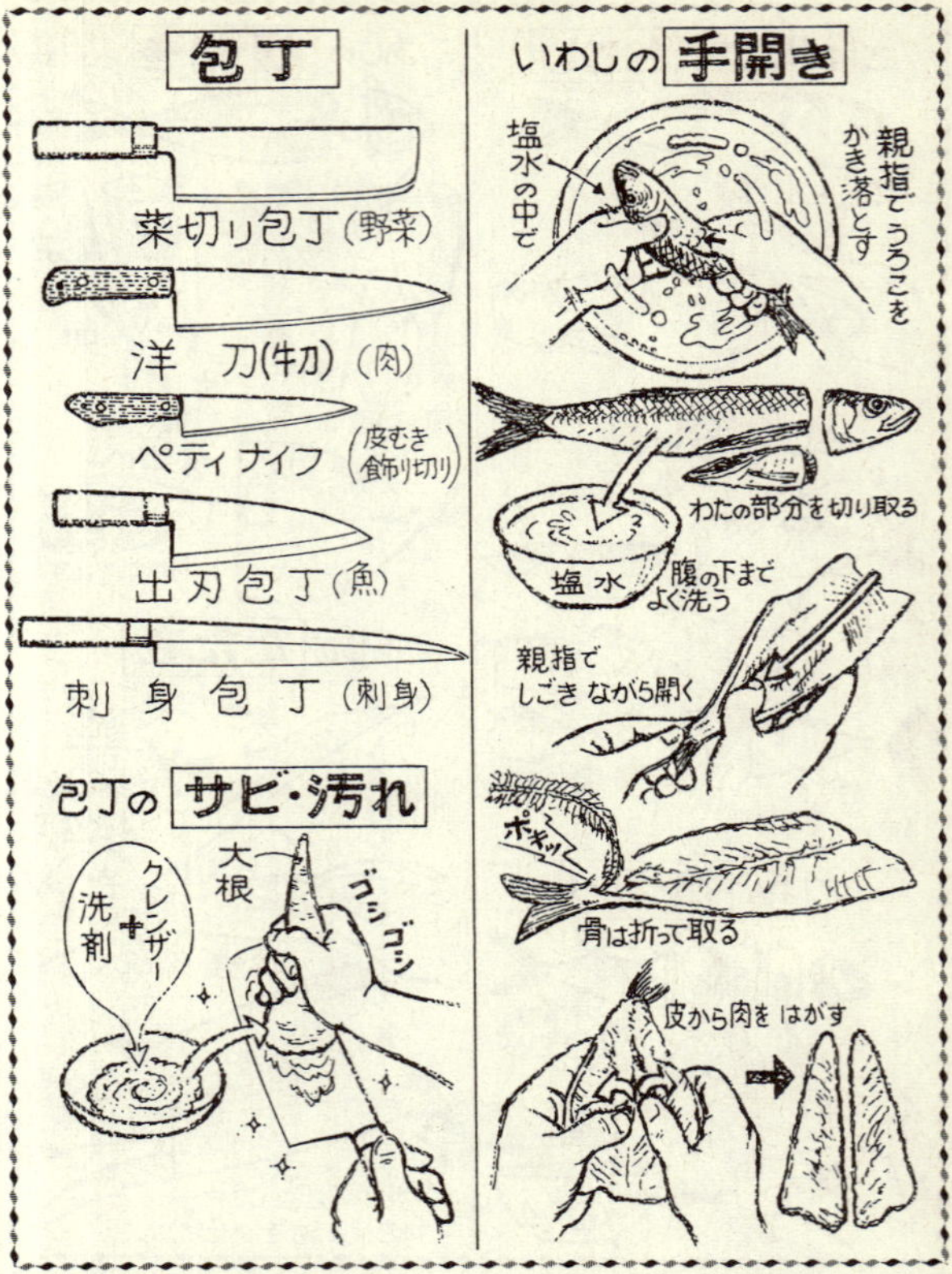
包丁
菜切り包丁(野菜)
洋　刀(牛刀)(肉)
ペティナイフ (皮むき 飾り切り)
出刃包丁(魚)
刺身包丁(刺身)
包丁のサビ・汚れ
洗剤
+
クレンザー
大根
ゴシゴシ
いわしの手開き
塩水の中で
親指でうろこをかき落とす
わたの部分を切り取る
塩水
腹の下までよく洗う
親指でしごきながら開く
ポキッ
骨は折って取る
皮から肉をはがす

包丁は、家庭用には上図の５本をそろえておくと便利。サビ・汚れ落としに使う大根には適度の水分があるため磨きやすい。きゅうり、にんじんなどの芯も利用。

尾から頭にかけて、塩水の中で親指を動かすと、簡単にうろこが取れる。つみれ、酢のもの、ぬたに使うときは、背びれの下に親指を入れると、皮がはがれやすい。

# 2章

# ムダなしアイディア料理と安くておいしい食品の選び方

昔と違い、現代は、衣食住のすべてに季節の移り変わりを反映させることは、むずかしくなってきました。野菜をとってみても、促成・抑制栽培などで食卓の季節感は失われてしまいそうです。

でも、その季節ごとに出盛りになる「しゅん」のものには、なんともいえない新鮮さ、味のよさがあり、栄養的にも、「しゅん」のものがいちばんすぐれています。

## おいしい野菜の選び方

### [野菜選びのポイント]

祖母や母は、こう教えてくれました。野菜を買うには、

①季節のものを選びなさい。

②形にはとらわれないこと。味は変わらないのに

形のよいものほど値は高い。

③はやっているお店で買いなさい。回転が早いから新鮮で値も安い。

④天気や気温によっても、売れる野菜、安い野菜は違うから、一とおり見てから選ぶこと。

　いまでもこれを実践していますが、つくづくうまいことを教えてくれたと思います。

　それぞれの野菜を選ぶときのポイントをあげてみます。

**キャベツ**　キャベツは、昔は「球菜《たまな》」「甘藍《かんらん》」と呼ばれました。

　春秋2回とれますが、春先のキャベツはビタミンも多くて生で食べるのによいのです。葉がきれいな緑色で、やわらかいものを選びましょう。

　夏から秋のキャベツは、即席漬け、糠漬けにもおいしいものです。下の切り口を注意して買いま

しょう。真っ白でみずみずしいのが新しく、古くなると切り口が黒ずんできます。

祖母がよく八百屋さんでやっていたのですが、キャベツを指で押してみて「中がぶくぶくしているのはよくない」というのです。巻きが悪いと虫もつきやすく、いたみも早いということでしょう。ただ、新キャベツの時期は、巻きが多少ゆるくても、サクサクしたものでもかまいません。

**さといも**　さといも選びの決め手も、さといもの切り口の色です。白ければ、味はよいといえます。

茶色の点がついているのは、出来の悪いさといもか、貯蔵中に凍ったものです。皮をむいたものも店に出回っていますが、皮つきを買うほうが経済的で、味もよいのです。

**もやし**　白くてシャキッとしているのがよいもや

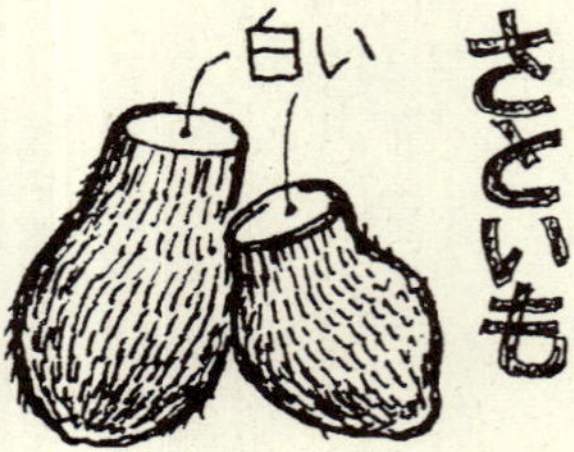

し。日がたつと変色します。めんどうでも、洗う前にひげを取り除くと、口当たりがよくなり、格段においしくなりますよ。

たまにもやしを水につけたままにしているのを見ますが、水溶性ビタミンが失われますから、感心できません。ビタミンCを失わないように、もやしは調理前に、たっぷりのお湯にサッとつけ、急いでザルにあげます。

**なす**　なすはもともと中国のものだそうですが、品種改良で何十種類とふえたのです。

夏の野菜だったのにいまは年中あります。しかし、おいしいのは初夏から秋にかけてです。

秋なすは味がよいから嫁に食べさせないという「秋茄子《なすび》は嫁に食わすな」という諺《ことわざ》はご存じでしょう。これには、からだを冷やして毒だから、お産をする嫁にはよくないというもう一つの解釈もあ

ります が……。

皮肌にヘタの形が白くはっきりついて、ヘタのトゲが痛く、皮がやわらかく、つやがあるのが新鮮ななすです。

かぼちゃ「かぼちゃは割重《わりおも》、なすは割軽《わりがる》」と昔からいいました。

かぼちゃは大きさのわりに重いものがよい品で、なすは大きさのわりに軽いものがよいのです。祖母が、八百屋さんの店頭で、かぼちゃを手のひらにのせて重さを試すようにしていた光景を思い出します。

また、「かぼちゃぼちゃんこ、なすながす」とも教わりました。

同じたとえで、「かぼちゃは水に入れると、ボチャンと沈むくらい重いほうがよい。なすは浮いて流れるくらいのものがよい」ということです。

かぼちゃ
爪がたたない
栗の実のようにしまったもの
沈む
なす
皮やわらかくつやがある
トゲが痛い
白くはっきり

また、かぼちゃの皮に爪をたててみて、「爪がたたないくらいがよい」とも、祖母から教わりました。昔の人は覚えやすいように、うまい表現をするものです。

**白菜**　白菜は、かたく巻いていて芯《しん》の開いていないもの、葉に弾力があってきれいに葉先が縮れているのがよい品です。切り売りでも芯が盛り上がったものは避けます。

春もの（4〜5月）は、特に葉のみずみずしさが新鮮の度合いで、秋、冬もの（10月〜3月）は特に黒い星のあるものを避けることです。

**ねぎ**　主に東日本に出回っている根深《ねぶか》ねぎは、茎が直径2センチくらいの太さによくしまって、白い部分が長いもの（約30センチ）ほど良品です。が、夏もの（7〜9月）は、多少細いものがよい

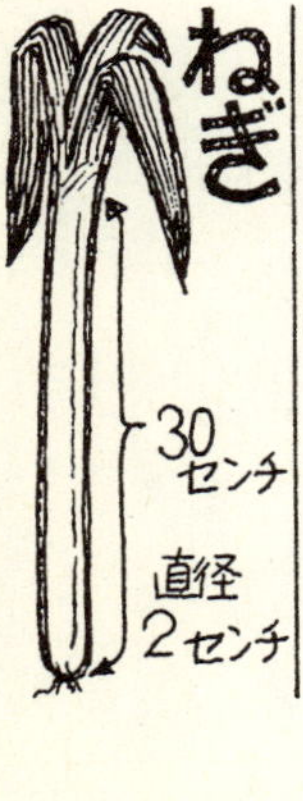

といわれます。

洗いねぎは、乾いてかさかさになったり、葉先が枯れているものはよくありません。泥つきのねぎを買ってきて、土に埋めて保存するのも、買いおきの一方法です。

**きゅうり**　最近は、きゅうりもたくさんの種類があって、選ぶのに大変です。このごろは、イボの白いものも出ていますが、「イボの白いきゅうりは、やわらかくて味はよい」と八百屋さんが教えてくれました。

春から初夏にかけてのきゅうりは、緑が濃く皮が薄くて身のしまったもの、表にイボのあるもの、白い粉をふいているものが新鮮です。

夏もの（7～9月）には腹の白いものがありますが、これは品質には関係ないようです。ただひょうたん型などあまり変形のものは味がよくあり

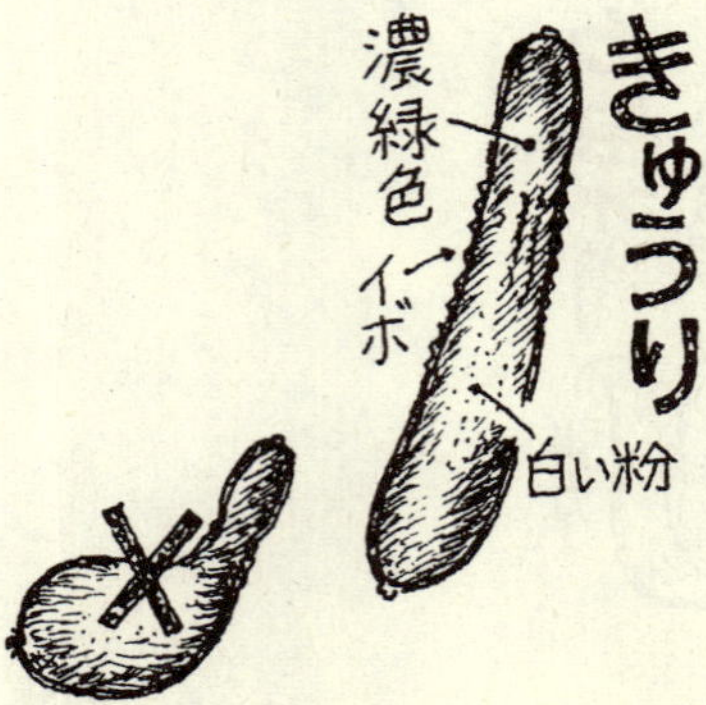

ません。

**大根**　大根は1本の中の各部分によって、使い方にもいろいろあります。昔から「葉つきのほうは辛みが少ないから大根おろし、まん中の太さのそろった部分は煮ものに、先っぽは辛いので味噌汁の実かそばの薬味」といわれたものです。覚えておくと便利です。

また、大根のやわらかい葉はビタミンAをたくさん含んでいます。葉っぱも調理に使いたいもの。なるべく葉つき大根を買いましょう。

買いおきの大根に、すが入っていないかどうか、私の母は「葉の茎を折ってごらんよ。その茎にすが入っているようなら大根にもすがあるんだから」と教えてくれましたが、そのとおりです。

すが入るということは、中のペクチン質のすきまを埋めている働きが衰える大根の老化現象なの

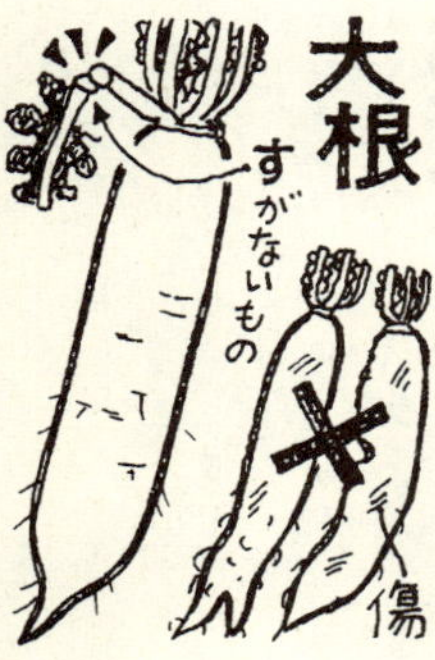

です。ですから、ビタミンの含有量も少なくなって、煮ても筋っぽくおいしくないのは当然ですね。
また、二股になった大根とか、形がひどく悪い大根は調理の際、扱いにくいので避けます。味もよくありませんよ。表面が凸凹していたり、傷があったり、勢いのないひげ根があったりする大根は、やはりあまりおいしいとはいえません。

**うど**　うどの根元が赤緑色のものは一般にかたいようです。よいうどは節《ふし》が間のびせず、肌に傷のないつやのある白さのものです。

**さやえんどう**　さやえんどうはえんどうの若ざやを食しますが、在来種は、別名「絹さや」と美しい名前で呼ばれており、つまむと衣《きぬ》ずれのような音がします。
一般的には、さやがそろって傷やしみのないも

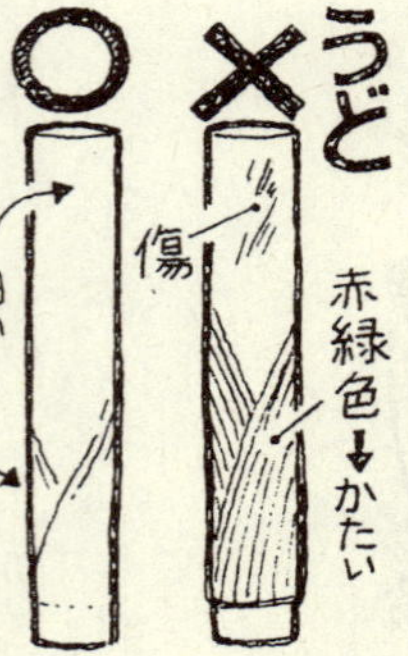
うど
×
○
傷
白い
赤緑色
かたい

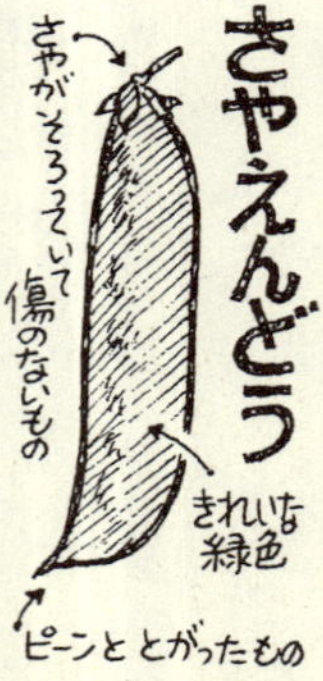
さやえんどう
さやがそろっていて傷のないもの
きれいな緑色
ピーンととがったもの

の、とがった部分がピーンとして緑色のきれいなものが良質です。古くなると、先がしなびてしわがより、全体に張りがなくなってくるので簡単に判別できます。

また、さやえんどうの筋を取るとき、無神経に先をつまないで、とがった部分をきれいに残すようにすると形が美しくなります。

**いんげん**　いんげんは、緑が濃くて、曲げるとポキッと折れるくらいのものが新鮮です。長さ、形がそろったものがよろしいです。皮に黒い斑点が出ているようなものは、古いものです。

**枝豆**　さやの緑色が濃く、茎にびっしり密生して実がよく入った、まるまるとしたものを選びましょう。ことに、うぶ毛がちりちりしている枝豆は新鮮でおいしいものです。

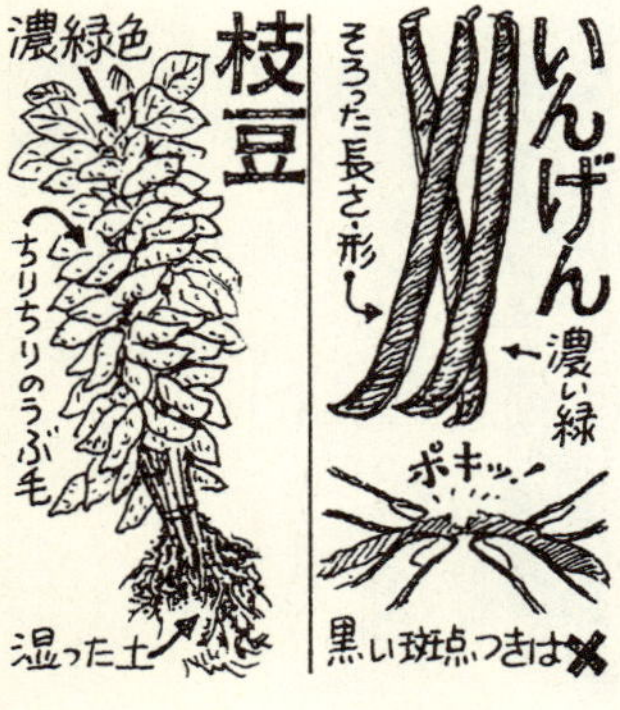
いんげん
そろった長さ・形
濃い緑
ポキッ！
黒い斑点つきは✕
枝豆
濃緑色
ちりちりのうぶ毛
湿った土

さやが黄緑がかっていたり、実が熟しすぎているのは古い枝豆で、豆もかたすぎます。

お店によっては、根つきのものも売っていますが、これは土の乾き方で鮮度を見分けましょう。

また、枝豆はあまり消化がよくありませんから、子供には一度にたくさん食べさせないことです。

## 魚、果物、調味料の選び方

生鮮食品を扱う店の中には、午前中は、前日の残りを中心にして売っていることもありますね。新しい荷が出そろい、店内に品数がそろう午後2時ごろを見はからって買い物をするのがお得です。また、店員さんと親しくなれば、なにかと好都合です。

### ◉魚はえらで選ぶ

新鮮な一尾魚は、目が澄んで、つやがあり、えらが鮮紅色で全体に弾力に富んでいるものです。

しかし、「さばの生き腐れ」と昔からいわれているように、見た目には新鮮でも、実際には傷みが進んでいる場合もあります。ですから、えらに注意することが大事です。

魚は、えらから変質してきます。新しいうちは、鮮紅色であったものが、時間が経過するにつれて茶褐色や黒みを帯びて縮みます。ついには、えらが傘の骨のように開いてしまうものなのです。

切り身の魚を選ぶなら、切り口の肉がしまって包丁目のたったもの、つやがあり、赤身、白身とも表面に弾力性のあるものを選びましょう。皮と身との境目がはっきりせず、乾いているのは避けることです。

魚
生き生きした目
ピーン
つや
ピーン!
○
えら
鮮紅色
×
茶褐色 or 黒色

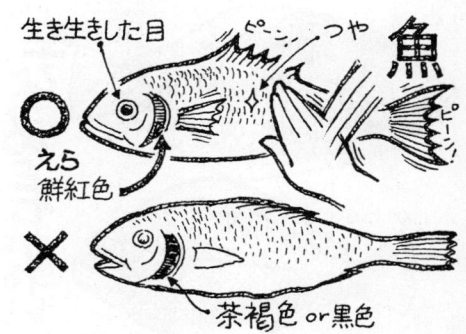

## ◉さんまは尾のつけ根の色で

魚のしゅんは産卵前で、脂がのっておいしいというのが第一です。それに栄養があり、産卵のために沿岸近く集まって大量にとれるので、値も安い利点もあります。特にさんまは、尾のつけ根が黄色みを帯びているのが脂のよくのった証拠です。ただし、おなかまで黄色になっているのは、脂やけしていますから避けましょう。

## ◉左ひらめに右かれい

ひらめとかれいはよく似ているので、なかなか見分けにくいものです。そこで、昔から「左ひらめに右かれい」という表現で区別しています。

これは、両者とも両目が頭のどちらかに片寄ってついているので、目を上のほうにして置くと、体全体が左に向くのがひらめ、右に向くのがかれ

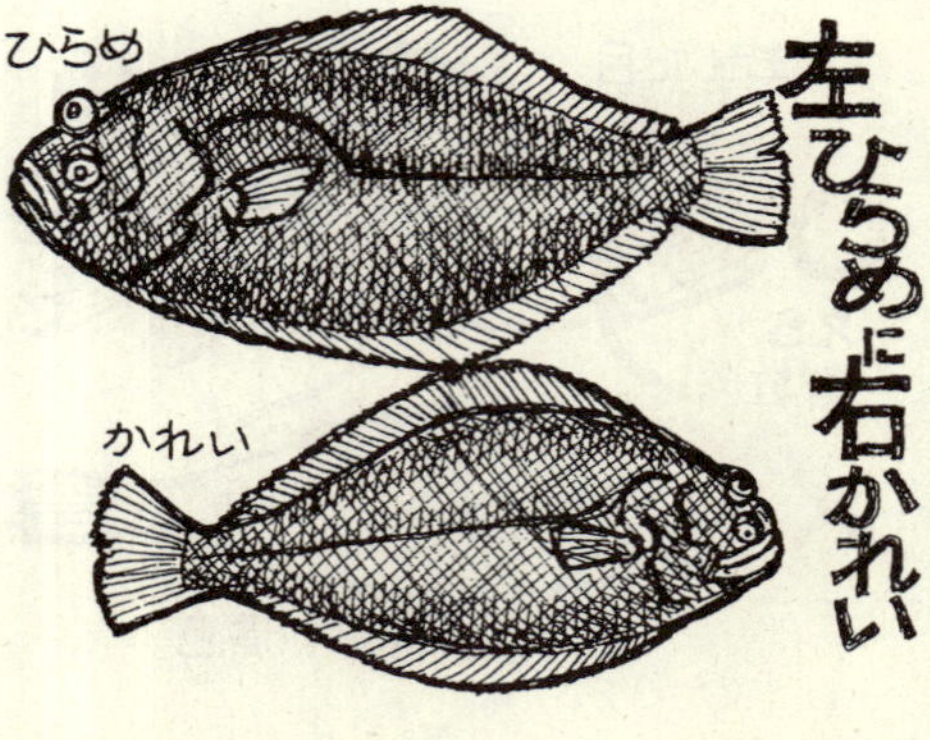

いと見分けなさいということなのです。

## ◉貝類を選ぶには

かきのむき身は、色が乳白色で青みがあり、全体につやがあってふっくらとして、さらにふちの黒いものを選ぶとよいのです。古くなると、身がやせて黒ずんできます。

はまぐり、あさりなどの殻つきは、生きているものを選ぶことです。

祖母は、貝と貝とを軽くたたき合わせて音を聞いて確かめたものです。

「死んだ貝の音は濁って聞こえる。生きた貝の音は明るく澄んだ、ピーンという金属音のものね」と、これは祖母のいいぐさでした。

あさりは春先がおいしく、しじみは冬から春にかけてです。

寒しじみは「中風の薬」とも、昔はいわれまし

た。

## ◉柑橘類はヘタの裏を見る

「みかんのよし悪しは、ヘタの裏で見よ」

みかんにかぎらずレモン、グレープフルーツなど柑橘類はすべて、これがあてはまります。ヘタを取ってみて、裏が緑色だったら新鮮な柑橘類です。

また、おもしろいことに、ヘタに刻まれている線の数を数えると、みかんの袋数がわかるのです。

お子さんを相手に、

「ママが、このみかんの袋がいくつあるか、当ててみましょうか」

などと試してごらんなさい。お子さんはビックリしますよ。

## ◉香味用柑橘類はあばたのあるもの

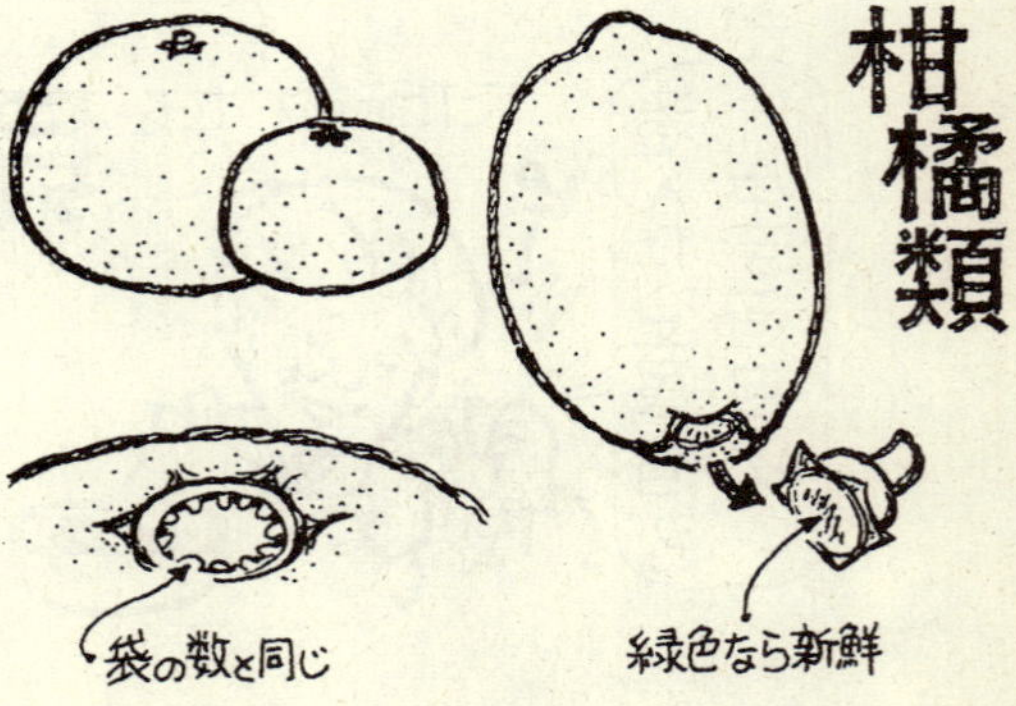

すだち、かぼす、柚子《ゆず》、だいだいといった香味用の柑橘類は、あばたがあるものほど汁けが多く、使いよいものだと昔からいわれます。

## ◉すいかは手で軽くたたく

すいかは、手で軽くたたいてみます。ボーンと低くはねかえる音がするのが甘いすいかです。私の母など、店先でよくやっていたものです。

## ◉ぶどうは房の元の部分で

ぶどうは、房の元の部分の一粒を食べてみて甘ければ、全体が充分に実って甘いぶどうです。ぶどうは房の先端から、つまり、元から遠いところから次第に実っていくものですから。

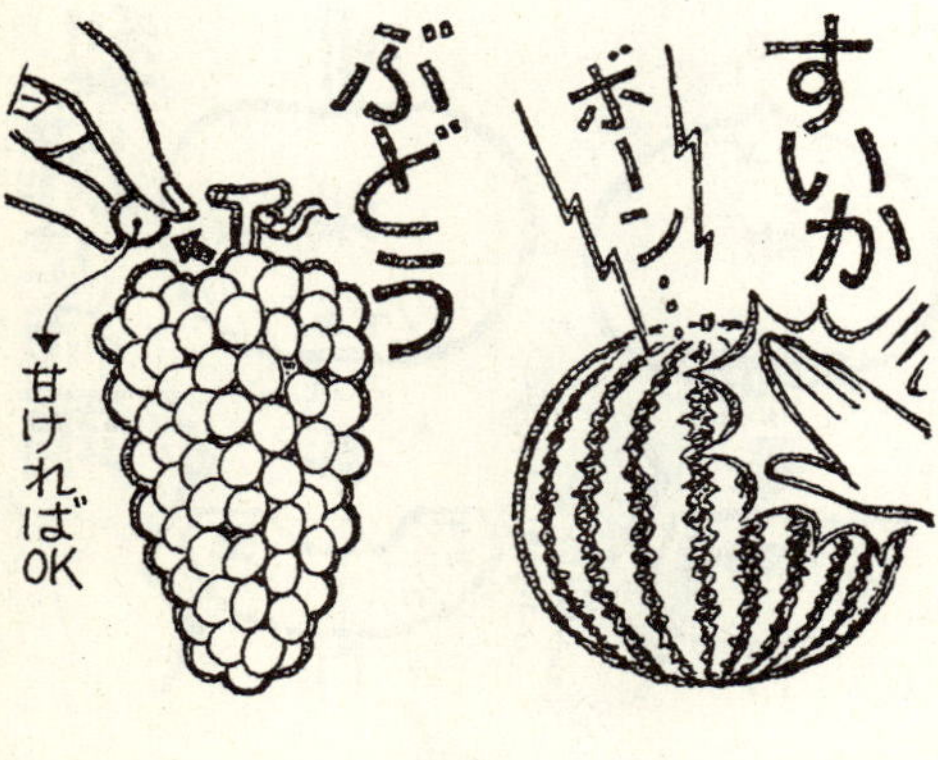

## ◉梨尻に柿頭

「梨尻に柿頭」というのも覚えておくと便利ですね。

梨の甘みはお尻の部分に多く含まれていますから、柄（果梗《かきょう》）のついた頭のほうから食べていけば、甘みがだんだん増すわけです。

柿は梨と違って、頭のほう（柱頭・ヘタがついていないほう）に甘い味が集中しているのです。

梨、柿ともに姿、形がきれいで張りのあるものがおいしいようです。

## ◉バナナは食べるときを考えて

バナナは「店先に並べられてからもまだ生きている」などと私の母がいっていましたが、熟し方がほどよく進行するという意味でしょうね。

つまり、すぐ食べるなら完熟バナナ（皮が完全

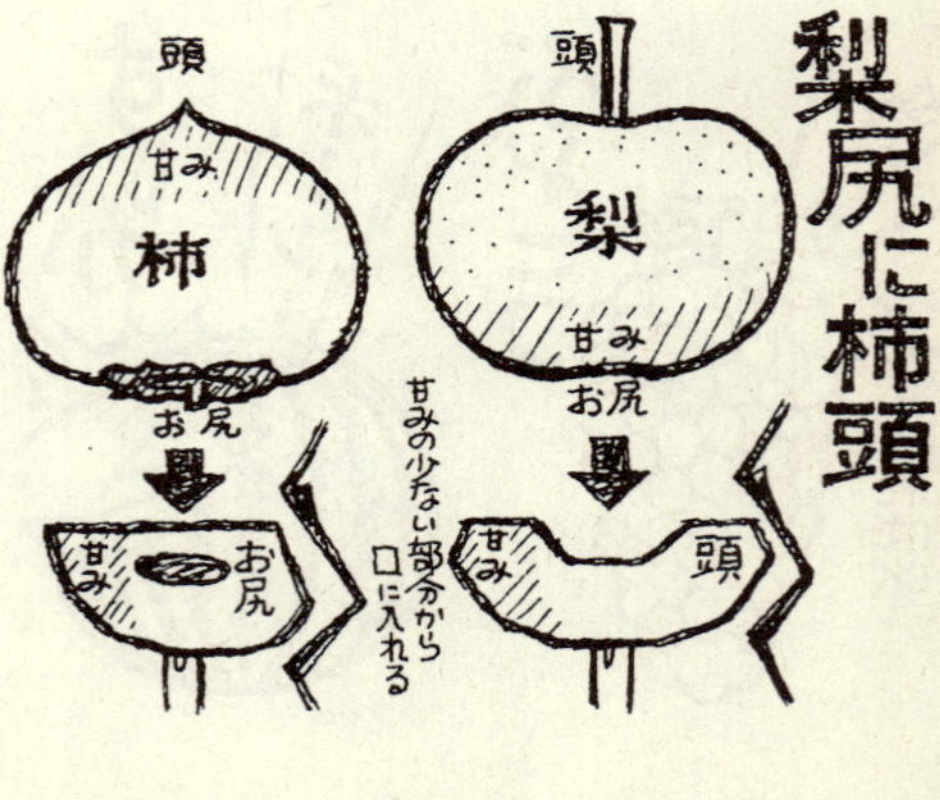

梨尻に柿頭
頭
梨
甘み
お尻
頭
甘み
甘みの少ない部分から口に入れる
頭
甘み
柿
お尻
甘み
お尻

に黄色で、茶色の点もある）がいちばんですし、七分熟バナナ（皮のまん中あたりが黄色く、両端はまだ緑のもの）は煮もの、揚げものに利用するとよいでしょう。

もちろん、そのまま常温で2～3日おくと、デザート用の完熟バナナとなり、食べごろです。

**［醤油は1か月で使いきる量を］**

昔は、

①少量を舌の上にたらしてみて、塩辛くなく味にまるみのあるもの

②日光に透かしてみて、明るく透きとおり、赤い色をしているもの

③皿に受けて傾けると、長く跡をひくもの

などがよい醤油と教わりました。

また「手の爪に一滴たらしてごらん、爪の上できれいな玉になるよ」と、よい醤油の見分け方を

教わったものです。昔はビン詰めの醤油よりも、量り売りが多かったので、こんな選別法が伝わったのですね。

いまなら口に合った銘柄を見つけて、

①製造年月日の新しい品

②あけたら1か月ほどで使いきれる容器のものを買うことです。

容器の口をあけて2か月もたつと味も香りも変質して悪くなりますから、気をつけましょう。

また「濃い口」「薄口」と、醤油は2種類は必要ですね。濃い口は、香りやうまみを生かして、たれ、つけ醤油、煮もの、汁ものに、薄口は色が薄いので、素材の持ち味を生かす煮もの、汁ものに使います。

## ◉味噌は目で買わず舌で買う

昔の味噌は全部粒味噌でしたから、毎朝、人数

分だけをすり鉢ですって使ったものでした。

近ごろでは、できるだけ手間がかからないようにと、だし入りの味噌も出回っていますが、私はいまだに、「溶けにくいくらいの味噌がよい味噌よ」と祖母が教えたのを信じています。

少量ずつ、2～3種類の味噌を買ってみて、味噌の香りが口の中に残るものを選ぶことです。味噌は「目で買わずに舌で買う」ことをお忘れなく。

## ◉米は少量ずつ精米したてを

お米の命は「粒のつや、張り、形」なのです。精米した日から少しずつ味が落ちて、1週間後あたりからグーンと下降線は急になる、とお米屋さんはいいます。

昔は「お米の一升買い」を貧しさの代名詞にしていたのですが、味からいうと、お米は少量ずつ精米したてのものを買うほうがおいしいわけです。

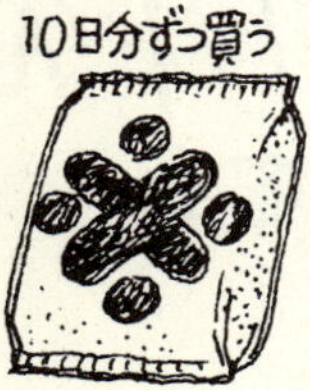

## ◉手延べそうめんは1年越しを

ごく細い手延べそうめんは「1年越しのものがよい」といいますが、これには理由があります。

そうめんの製造過程で油を加えて小麦粉を細く引き延ばしますが、この油が、1年越しのそうめんだとほどよく抜けて乾燥もよく、歯ごたえが違うからです。

逆に作りたてのものは油くさく、やわらかすぎます。

## ◉干ししいたけは笠の裏側を見る

干ししいたけは、笠の裏側が黄色みがあって白っぽいもの、これが上等品です。

また、香りのよいしいたけは、笠の部分を人差し指で押してから、鼻に近づけるとパーッと広がるように香りがこぼれ出ます。

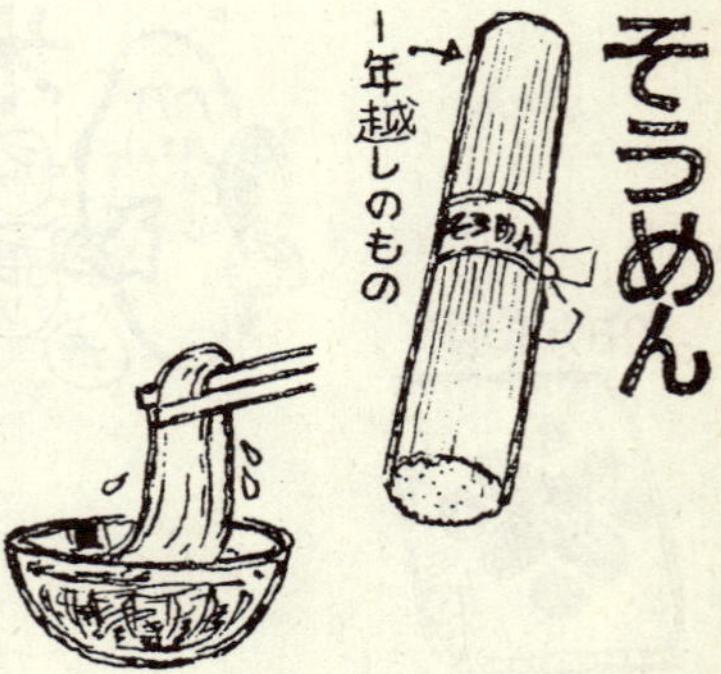

この方法で香りを判定してみましょう。

## ◉かつお節は2個をたたく

かつお節は、拍子木のように二つを合わせてたたいてみることです。良質のものはカーンと澄んで余韻のある音がしますよ。それに血合いの少ない、重みのあるものがよい品です。

かつお節は、「よく乾いた1年めのものが味がよく出る」ともいいます。

乾きが充分でないと、ゴツンと鈍い音がしますし、削っても黒い色で、良質品の透明な赤みがありません。2～3年ものは乾きすぎ、音に余韻がないのです。

## ◉お茶は細長いものほど上等

お茶の選び方もむずかしいですね。

外見でなかなかわかりにくいのですが、つやが

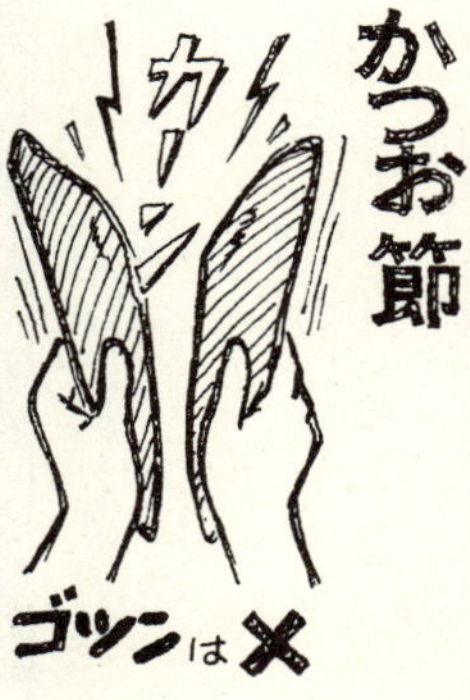

あり、濃い緑色をしていて、よりがきいてかたくしまっているもの、細長いものほど上等なお茶です。お茶は湿気を吸いやすく香りも逃げやすいものですから、好みのお茶を見つけ、少量ずつ買って、1週間分くらいを小さな茶筒に移して使うのがよろしいですね。

## ■うまみを生かす洗い方

お料理の出発点は「洗う」という仕事からです。食品を洗うことは、安全のためばかりでなく、色や味もよくするのです。昔は、泥つきの野菜が普通だったので、家の前の小川や共同井戸で土を洗い落としてから、家の流しで丹念に洗ったものでした。

### ◉大根、かぶはタワシで

昔は、藁縄《わらなわ》を利用して、大根、かぶなどをこすり洗いをしたことを思い出します。いまは農薬の心配もあるので、タワシでていねいに洗いましょう。

## ◉枝豆はすり鉢でもむ

枝豆は、すり鉢に入れて、もんでから、水で洗うと、枝豆のうぶ毛が取れておいしくなります。また、水の中で両手をこすり合わせるように、もみ洗いしてもよいのです。

## ◉さといもはポリ袋に入れて

さといもは、ポリ袋に水と一緒に入れて外からゴシゴシやると泥が落ちます。さらにザルにあげて流しっぱなしの水で充分に洗い、少しおいて、よく水けをきります。こうして皮をむけば土も残らず、手がかゆくなりません。

## ◉きゅうりは板ずり

きゅうりは、糠漬けなどにするなら、よく水で洗うだけでよいのです。イボのあるきゅうりは、口当たりも、見た目も悪いので、「板ずり」をします。まな板の上に、きゅうりを置いて塩少々を振り、そこできゅうりを両手でゴロゴロ軽く転がします。そして水洗いです。

緑が濃く皮のかたいきゅうりは、熱湯にサッと入れると、口当たりもやわらかくなり、色も冴えます。

## ◉レタスは蛇口で直洗い

レタスは、芯のまわりに親指をさし込み、レタスを回すようにすれば簡単に芯は取れます。切り口を両手で少し広げるようにして、水道の水を直接切り口に当てて洗うのがコツです。

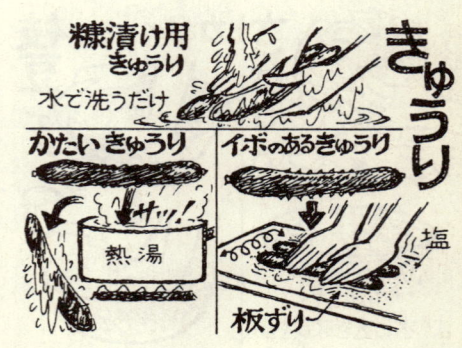

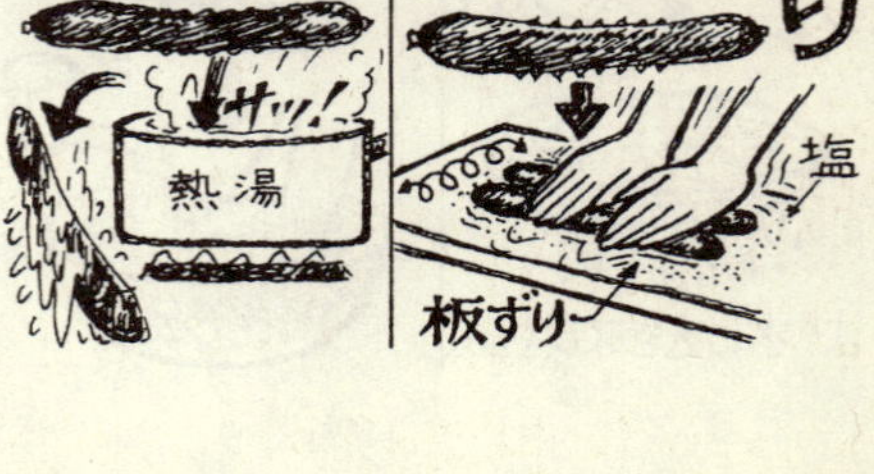

葉のすみずみにまで水を当てますが、水きりは、ふきんにくるんでパッパッと大きく振ります。サラダの味をよくするには、この水きりが大切です。

## ◉青菜は調理直前に洗う

ほうれん草、春菊、小松菜、サラダ菜は、たっぷりと水を入れた洗いおけで、まず葉先を振り洗いしてから、次に、根の部分を特にきれいに洗います。

調理する直前に洗ったほうが栄養が逃げません。

## ◉カリフラワーは小房に分けて

カリフラワー、ブロッコリーを洗うには、「花のほうを下にして薄い塩水に30分ほどつけよ」と教わりました。ゴミや虫が浮き上がるからというのですが、このごろのものは虫が少ないので、小房に分けて振り洗いすればよいようです。

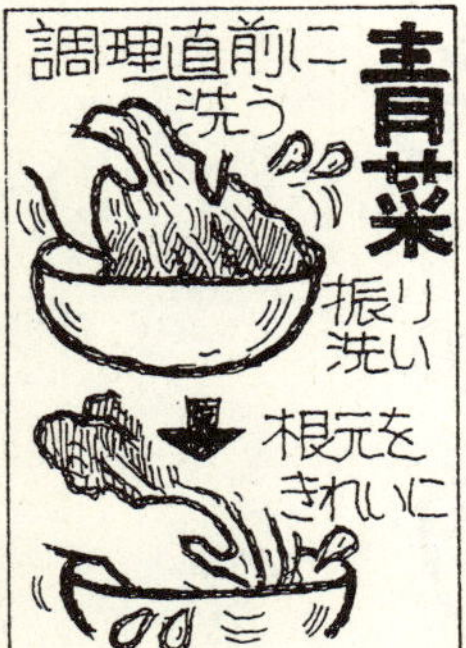


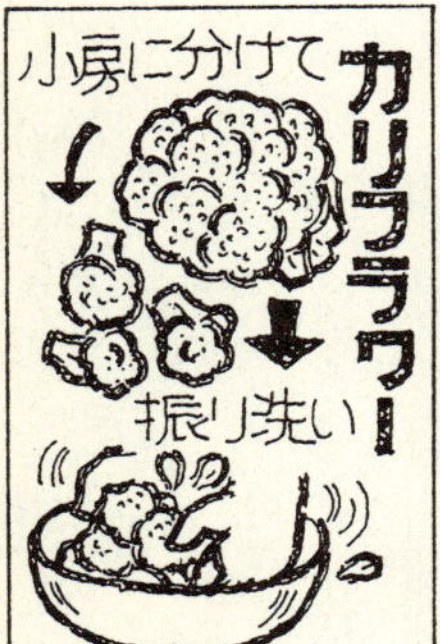

## ◉梅酒用青梅はふきんで拭く

梅酒にする青梅は、焼酎やウイスキーに漬けるのですから、神経質になることもありませんし、梅は水を嫌うので、ふきんで拭くだけでよいのですが、水で洗ったものはよく水けを取ってください。

ヘタは、つま楊枝をひっかけるようにすると簡単に取れます。

## ◉いちごはヘタをつけたまま

いちごのヘタの部分をちぎってから水で洗う人が多いようですが、これはいけません。

いちごは、ヘタをつけたまま濃いめの塩水で手早く振り洗いするほうがよいのです。

洗う前にヘタを取ると、食べるときに水っぽくなります。塩水で洗うのは、洗浄効果とともに甘

みを増すためです。

## ◉レモンは塩をまぶして水洗い

レモンは塩を軽くまぶしてもみ、その後、水洗いしましょう。こうすると、皮の細胞の中の香りや色が外に引き出されます。

レモンを皮ごと使うときは、特にきれいに洗うことです。

## ◉そうめんはもみ洗い

そうめん類は、細く延ばすために材料に油が入っています。ですから、ゆでた後、何度も水を替えながら、軽くもみ洗いをして油のぬめりを除くことが大切です。

一方、そば、うどん、冷や麦は、ゆでた後、サッと水洗いするだけでいいのです。

◉生しいたけはサッと洗う

生しいたけ、しめじは、見た目以上に汚れていますが、洗いすぎはいけません。笠の上からポンポンとたたいてゴミを払い落とし、水の中で手早くサッと洗います。

えのきだけは、根元のほうを水でサッと洗うにとどめます。一般にきのこ類は、笠に水が入るので、手早くすることが大切です。また、水きりがよくないと料理が水っぽくなります。

◉まつたけはふきんでぬぐう

まつたけは、香りを珍重するものですから、気くばりが大切です。石づきも、金属製の包丁でなく竹べらでそぎ落とし、指先に、かたくしぼったぬれぶきんを巻いて、ぬぐうようにして汚れを取りましょう。

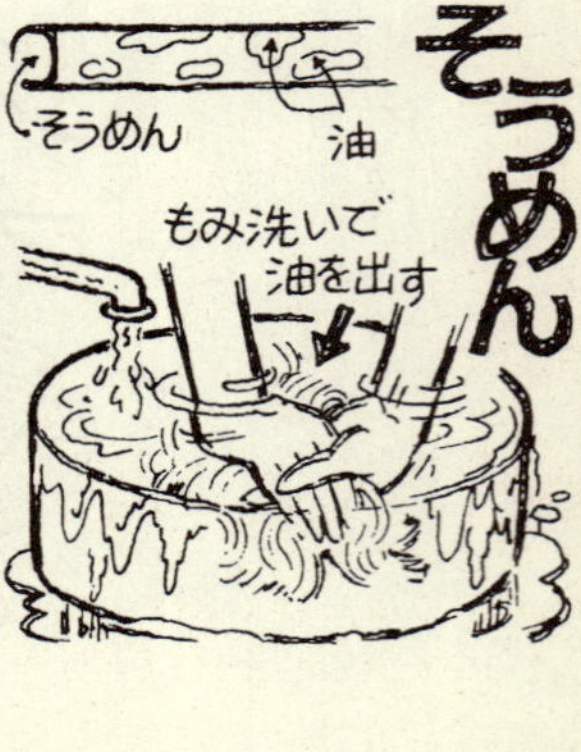

強くこすって、表面の黒い皮までむいてしまっては、大切な香りが逃げてしまいます。

◉油揚げは油抜きをする

油揚げ、厚揚げは、調理の前にサッと熱湯をかけるか、ゆがいて、余分な油を取っておきます。油っぽさがなくなり、煮るとき味がしみやすくなります。

◉切り干し大根はもみ洗い

切り干し大根は、たっぷりの水の中で、軽くもみ洗いをしてから、もどします。

このもどし汁をとっておき、煮るときにだしに加えると、切り干しの風味が生きてきます。

◉魚は切り身にしたら洗わない

切った肉や魚の表面には、凹凸が多くて汚れや

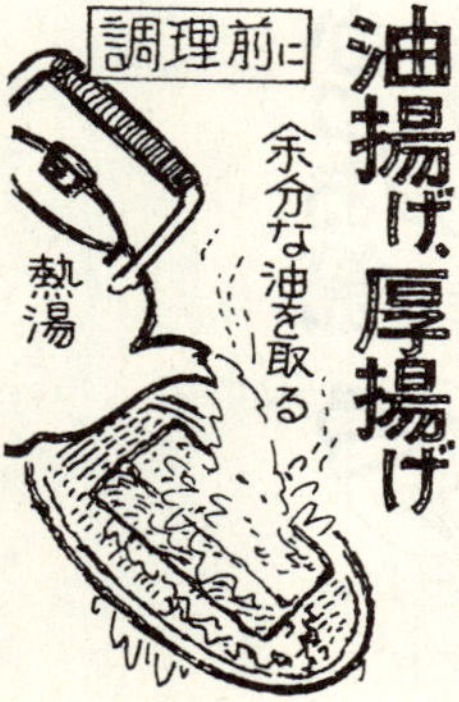

細菌もつきやすいのですが、水で洗うとせっかくのうまみが溶け出してしまいます。

肉は加熱することによって殺菌をするので洗いません。

魚はうろこ、わたを取ったときに、手早く流水で洗って水けを拭き取ります。包丁やまな板にいたるまで充分に清潔にしてから、おろしたり、切り身にしたりします。

## ◉かつお節はぬれぶきんで拭く

かつお節を、使い始めにタワシで洗う人がいますが、かえって生ぐささが出ますし、保存にもよくありません。ぬれぶきんで表面の汚れを拭けばよいのです。

## ◉夏の刺身の「洗い」と「湯洗い」

夏向きの刺身には、「洗い」という調理法があり

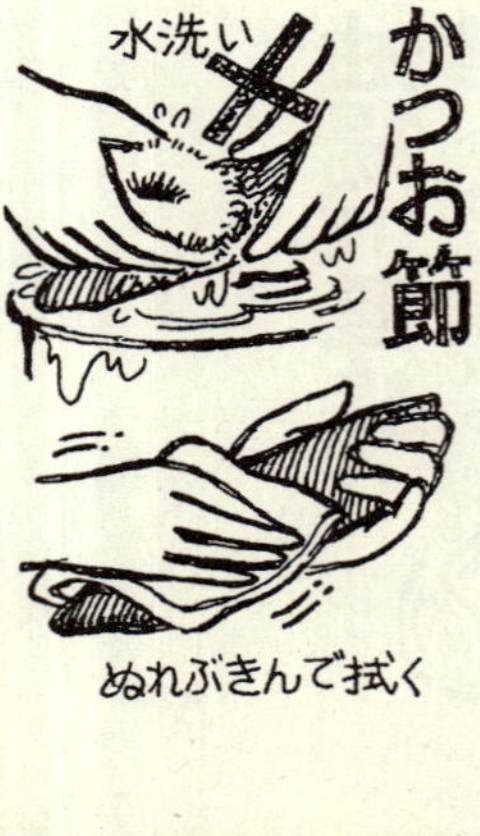

ます。鯉、鯛、すずきなど、ごく新鮮な魚を、糸造りや薄切りにしたものを、氷水の中で、振り洗いし、チリッと身を縮ませます。こうすると、脂肪が洗い流されて、さっぱりとした味になります。

また、氷水のかわりに、熱湯の中でサッと振り洗いし、冷水にとって手早く冷やす方法もあり、これを「湯洗い」といいます。

## ◉海水の魚は塩水で洗う

魚や貝類を洗うのは、おもに表面のぬめりを取り除くのが目的です。ぬめりはもともと魚の体の表面を保護するためにあるのですから、簡単に水洗いしたくらいでは取れない場合、塩水で洗うと取れます。


海水魚は、うろこ、わたを取る前に海水程度の濃さ（３パーセント）の塩水で洗うとよいのです。

貝のむき身はザルに入れて、塩水の中で振り洗

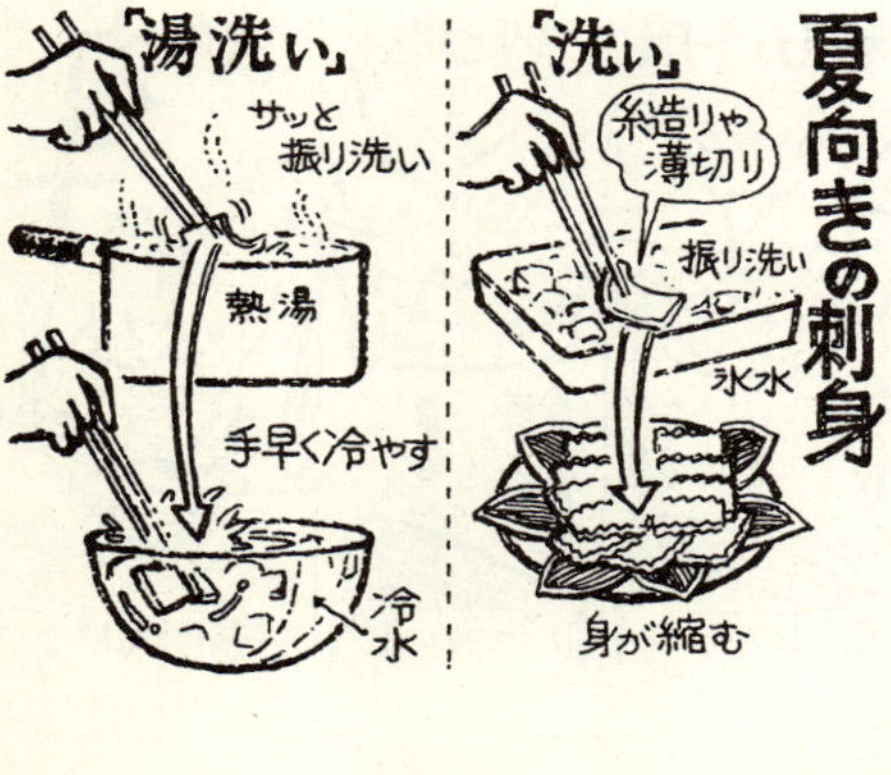
夏向きの刺身
「洗い」
糸造りや薄切り
振り洗い
氷水
身が縮む
「湯洗い」
サッと振り洗い
熱湯
手早く冷やす
冷水

いをします。淡水魚は、真水で洗うとよいといわれています。

## ◉「七度洗えば、いわしも鯛の味」

いわしも生で食べるなら「七度洗えば、いわしも鯛の味」というのだそうです。

新鮮ないわしを、何度も洗って血抜きをすると、いわしもまるで鯛の味だ、という海辺の人のたとえです。

とはいっても、洗いすぎはいけませんよ。せっかくの鮮度やうまみまで逃がしてしまい、逆効果です。

## ◉酢がき用かきは大根おろしで

むき身のかきは、ザルにとって塩を一つかみ振り、洗いおけの水の中で振り洗いをします。最後に、流水で仕上げ洗いをします。

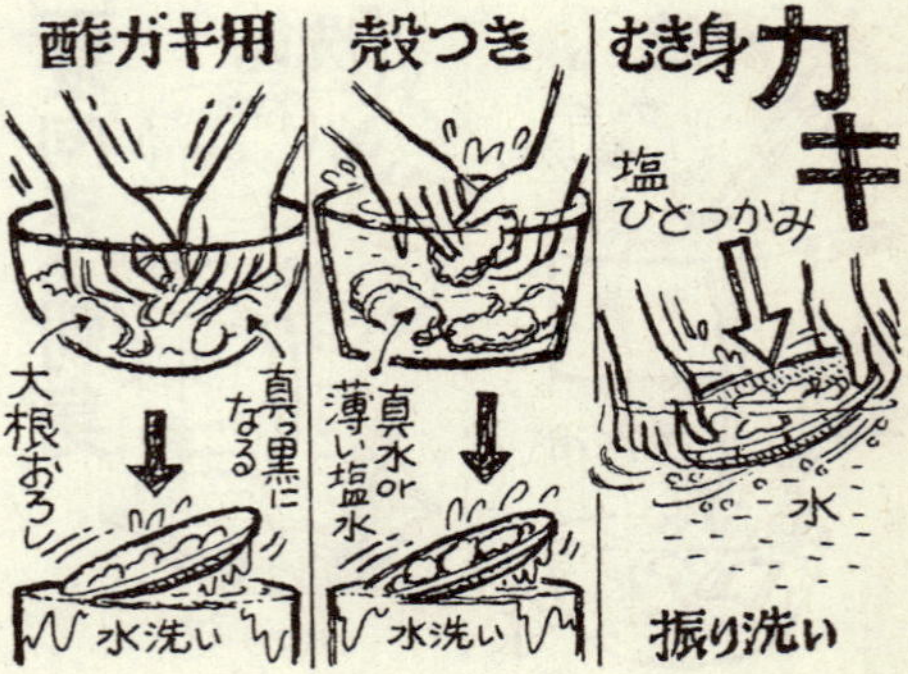

殻つきのものは、真水か、ごく薄い塩水で、ていねいに洗いましょう。

酢がきなど、見た目を特にきれいにしたい場合は、ボウルに大根おろしを入れ、その中で軽くもみます。驚くほど、大根おろしが真っ黒になりますよ。最後はザルにあげて水洗いします。

## ◉レバーは血抜きが肝心

豚や牛肉のレバーの薄切りは、もみ洗いをして、ザルに入れたまま、数回、水を替えます。

かたまりは、たっぷりの水か牛乳に3～10分間さらした後、切ってからもう一度水洗いをすれば、きれいに血抜きができ、くさみも消えます。

## ◉若鶏は熱湯で洗う

最近の若鶏は、脂肪が強すぎるので、水炊きをするときは、次のような洗い方がよろしいのです。

たっぷりの熱湯に鶏の骨つきぶつ切り肉を入れ、表面の色が白くなったら、すぐに、たっぷりの氷水にとって、サッと洗い、もう一度先の熱湯に入れ、煮たったらすぐ氷水にとります。

こうした肉を水炊きにすると、余分な脂肪分が取れ、しかも肉がしまっておいしくなります。

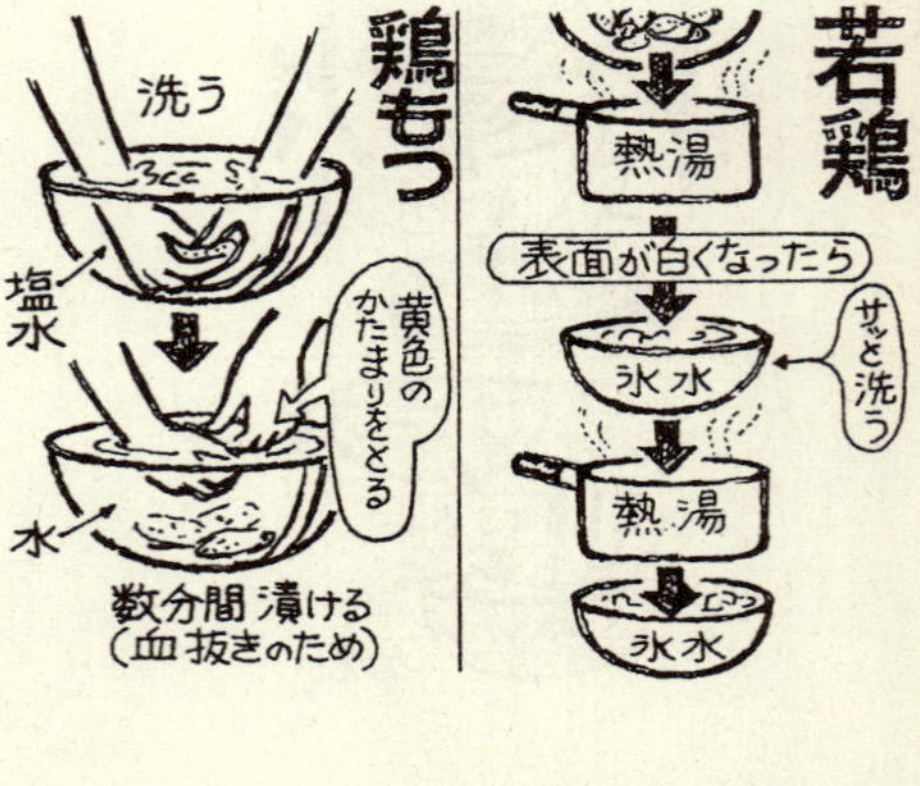

若鶏
熱湯
表面が白くなったら
サッと洗う
氷水
熱湯
氷水
鶏もつ
洗う
塩水
黄色のかたまりをとる
水
数分間 漬ける
(血抜きのため)


### ◉鶏もつは塩水で洗う

鶏もつは、塩水でザブザブとよく洗ってから、血抜きのため数分間水につけておきましょう。

最近の鶏もつは、脂肪が多く、黄色のかたまりがいっぱいついていますから、水につけておく間に取るとよいでしょう。

### ◉えびを洗うときは

殻つきのえびは、串で背わたを抜いてから、水洗いをします。冷凍のむきえびは、きれいに見せるために塩辛くしてありますから、洗った後も塩抜きのために30分間は水につけます。

この間、5〜6回は水を替えましょう。

## 鮮度を保つ食品の保存法

買ってきた材料の鮮度を落とさないように保存して、ムダなく使いきるように工夫するのも、毎日の主婦の仕事です。そのために知恵を働かせる人と、そうでない人とでは、家計に差が出てきます。それに、何にもまして、野菜類などは生きものですから、大事に扱ってやれば、新鮮さはずいぶんと長い期間保てます。

野菜の保存のポイントは、いかに水分の蒸発を防ぐかにあります。大根、にんじんなどの根菜類は、切り口をラップでくるみ、全体をぬれ新聞で包んで、風通しのよい場所に置きます。

また、パセリ、セロリ、ピーマン、玉ねぎ、せりなどの香味野菜が残ったら、ざっと刻んで広口のビンに酢漬けにしておきましょう。野菜の香りを含んだ酢ができます。

昔はこれを「ため酢」と呼んだのですが、いまでいえば即席のベジタブル・ビネガーでしょうね。フレンチドレッシング、魚のから揚げなどに合わせます。

食品ごとの保存法を覚えておきましょう。

**ほうれん草、小松菜**　湿らせた新聞紙で包み、段ボール箱に入れて冷暗所に置き、ときどき霧吹きをしてやるだけでもずいぶんと長もちします。

私の母は、洗ったほうれん草をかめに入れ、ぬれぶきんをかけては保存していました。

**白菜**　2～3枚の新聞紙にくるんで、台所の隅な

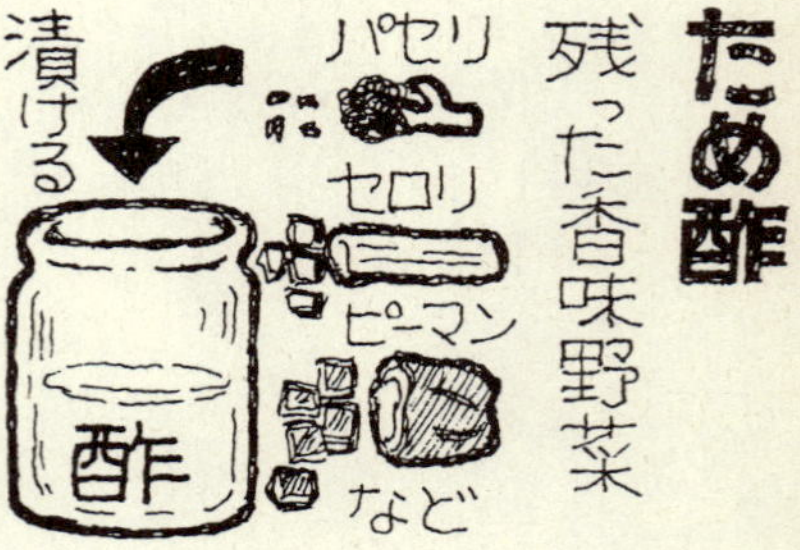

どの冷暗所にたてかけておくだけでも1か月は大丈夫です。

切り残しでも、ポリ袋にしまって、冷蔵庫の野菜室に入れておけば、1週間はもちます。

**青いトマト**　野菜の保存には、日に当てないでおくことが一般的なのですが、若くて青いトマトは例外です。

ザルに入れ、日の当たるところに置いて熟《う》れさせるとビタミンCも増します。

**長ねぎ**　洗わないで風通しのよいところにたてかけておきます。これだけで大丈夫、ずいぶん長もちします。

きれいに洗ってしまった長ねぎは、新聞紙で包み、同じようにたてかけることです。

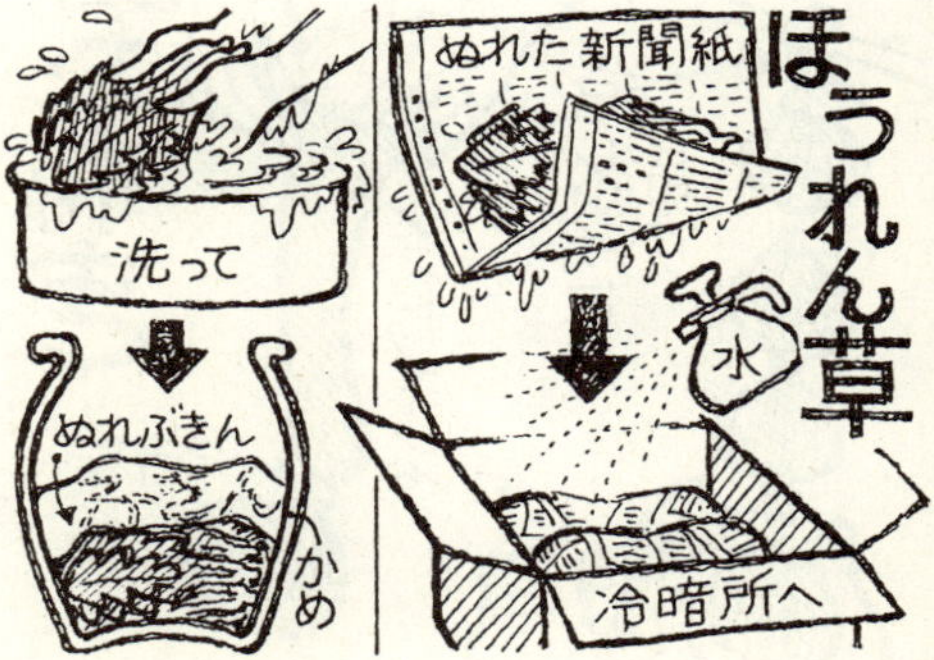

**キャベツ**　表面の水けを乾いたふきんで拭き取ってから新聞紙に包みます。保存するうちに新聞紙は湿ってきますから、こまめに取り替えることが必要です。

芽キャベツは外葉を取らずに、ぬらした新聞紙で包んで、涼しいところに置くと、日もちします。

**パセリ**　パセリは水洗いをし、水を入れたコップに、生け花のように必ず水切りをしてからさしておけば大丈夫、新鮮です。部屋が暖かかったら、コップにさした上からポリ袋で覆い、冷蔵庫の扉に入れておくと、4～5日は新鮮です。水にぬらしたままボウルの中に放置したりすると、すぐにダメになるので注意しましょう。

**玉ねぎ**　風通しのよい涼しいところに保存しましょう。直射日光は避けます。古いストッキングを

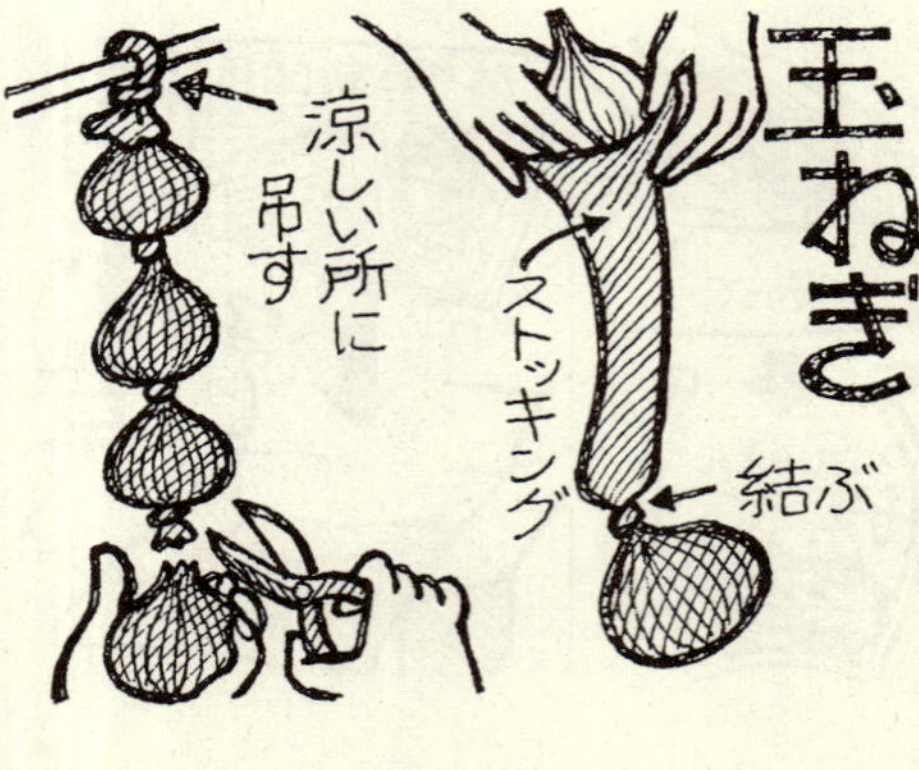

よく洗って、その中に玉ねぎを1個入れては結び目を作り、何個かを〝干し柿〟のようにして吊しておく方法もあります。使うときは、下から順に切り落としていけばよいのです。

**クレソン**　パセリ同様に水切りをして、コップにさしておくか、ポリ袋に入れて空気が入ったまま（ふくらんだまま）冷蔵庫に入れておけば大丈夫です。

**レタス**　レタスは切り口に水を含ませた綿を当てて、ラップで包んで冷蔵庫に入れておきます。

**じゃがいも**　じゃがいもは、そのままでも摂氏15度くらいの常温なら充分に保存できます。発芽しやすい春からは、なるべく早く使い切りましょう。

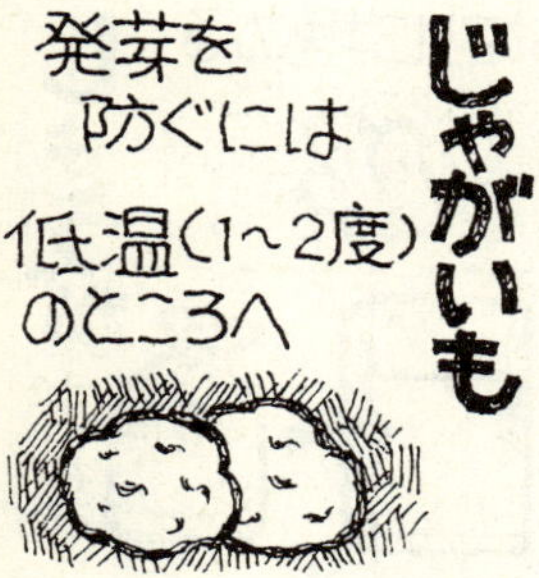
じゃがいも
発芽を
防ぐには
低温(1〜2度)
のところへ

**しょうが**　しょうがを使おうとしたら、ひからびていた、という失敗はありませんか。

しょうがは砂に埋めておくと、かなり長い期間保存できるのですが、砂がなかったら、ポリ袋に入れて冷蔵庫にしまいます。このときポリ袋には穴をあけておくことを忘れないでください。

**パン**　パンは、すぐにカビがはえますね。だから、一度に食べ切れない分はポリ袋に入れて、冷凍室でフリージングすれば10日は大丈夫です。

**餅**　餅の保存方法は、昔から「水餅」が有名です。カビのはえる前に、たっぷりと水を張った容器に餅をつけ、蓋をして冷たいところに置きます。水はこまめに取り替えることです。昔ながらの「水餅」は、ずいぶんと餅を保存できるものです。

カビは餅の表面の粉につきやすいので、粉をよ

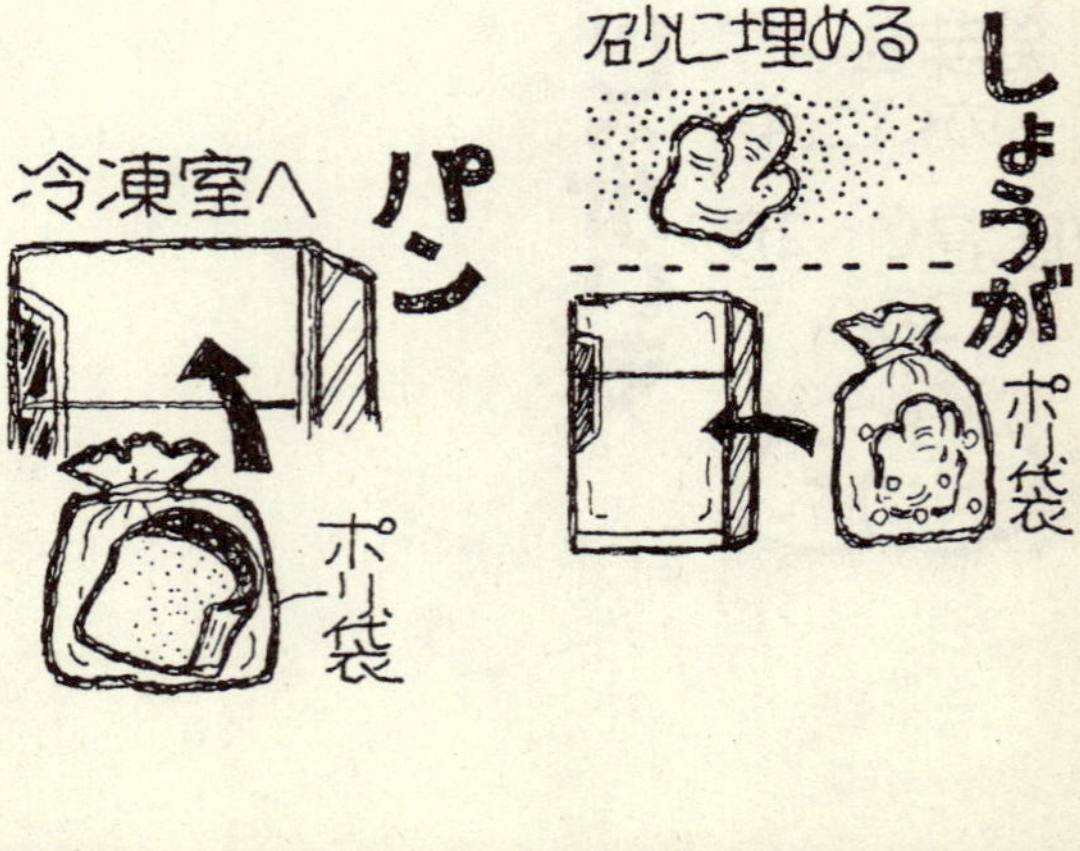

く払って、ぬれぶきんで包み、冷蔵庫に入れておくだけでも、カチカチにならずカビもはえません。このとき、焼酎か日本酒を霧吹きに入れて吹きかけておけば、カビは防げます。昔は、米びつの中にしまったりしたものでした。

**味噌**　味噌の白いカビは無害といわれますが、やはり風味が落ちます。昔は瀬戸物のかめに入れて、しゃもじでペタペタとたたいて平らにしてから、表面が空気にふれないように油紙をかぶせて冷暗所に置いたものです。いまは、冷蔵庫に入れて保存します。ときどき、全体をかき混ぜて、きちんと詰め直すことも大切です。

**揚げもの油**　揚げものに使った油は、揚げカスが入ったままにしておくと、いたみも早いものです。熱いうちにこし紙などでこします。金属製の油こ

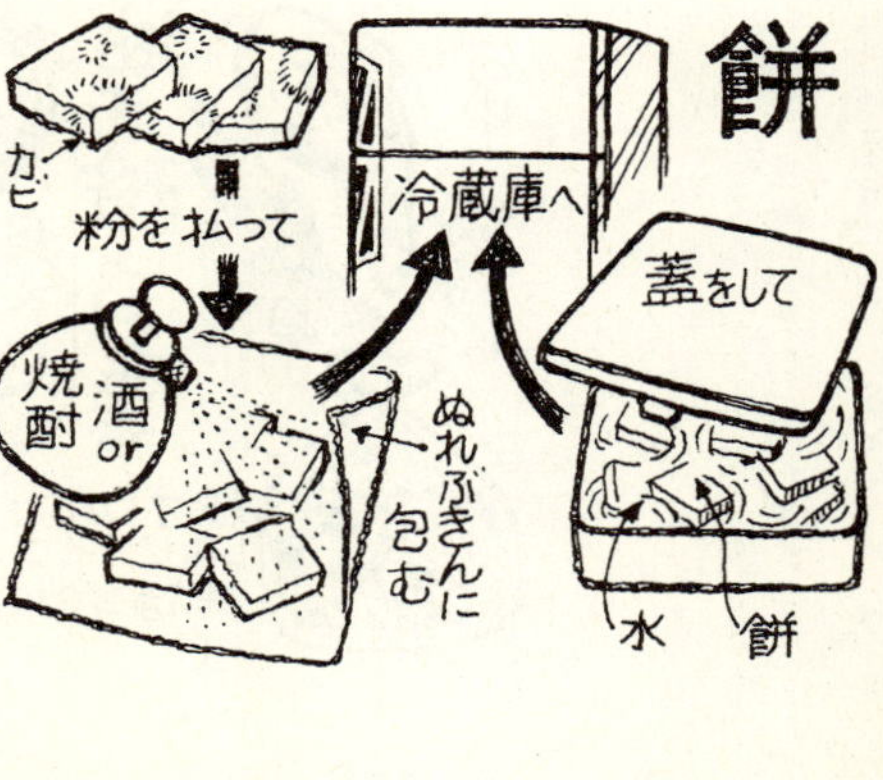

し器に入れておくより、ビンにとっておくと変質しにくいのです。

私は、一度使った油、二度使った油、とビンを区別しておいて、二度使った油はフライパンに塗ったり、炒めものに使ったりして早く使い切るように工夫しています。どうしても油を捨てなければならない場合は、庭に穴を掘って流すか、紙やボロ布にしみ込ませて燃えるゴミにします。台所の流しにそのまま流すと、流しがつまりますから、絶対に流してはいけません。

**醤油**　醤油は、直射日光を避け、冷暗所に貯蔵し、なるべく早く使い切ります。

**かつお節**　かつお節を長く保存したいと思ったら、湿気に気をつけることです。新しいタワシで表面をこすってから日本酒で拭いて、直射日光で乾か

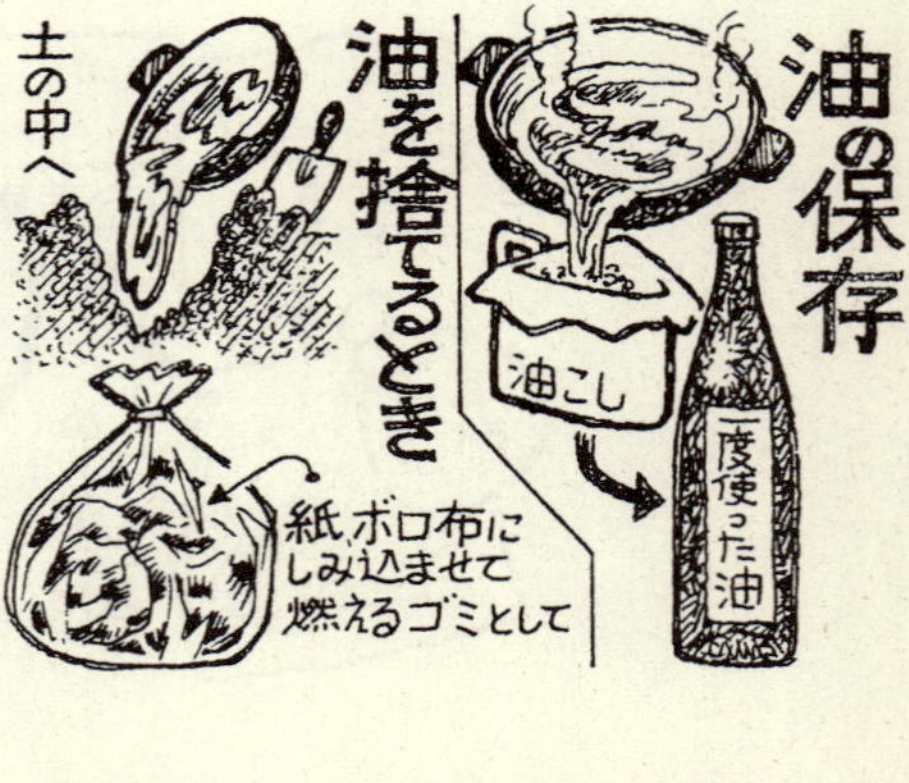
油の保存
油こし
一度使った油
油を捨てるとき
土の中へ
紙、ボロ布にしみ込ませて燃えるゴミとして

し、みかんが入っているネット袋などの網に入れてぶらさげておくのも方法です。

　また、昔は新しい藁灰《わらばい》の中に、よく干したかつお節を埋めたものでした。

　そのほか、アルミ箔、セロハンにきっちり包んで、冷蔵庫に入れておいても、半年はもちます。

**缶詰**　缶詰は保存食品のチャンピオンですが、一度開缶したら意外に腐りやすいものです。ですから、できるだけ早く食べるのがいちばんですが、もし残してしまったら、缶から中身を出して蓋つきの陶器類か、プラスチック容器に移して冷蔵庫に保存しましょう。

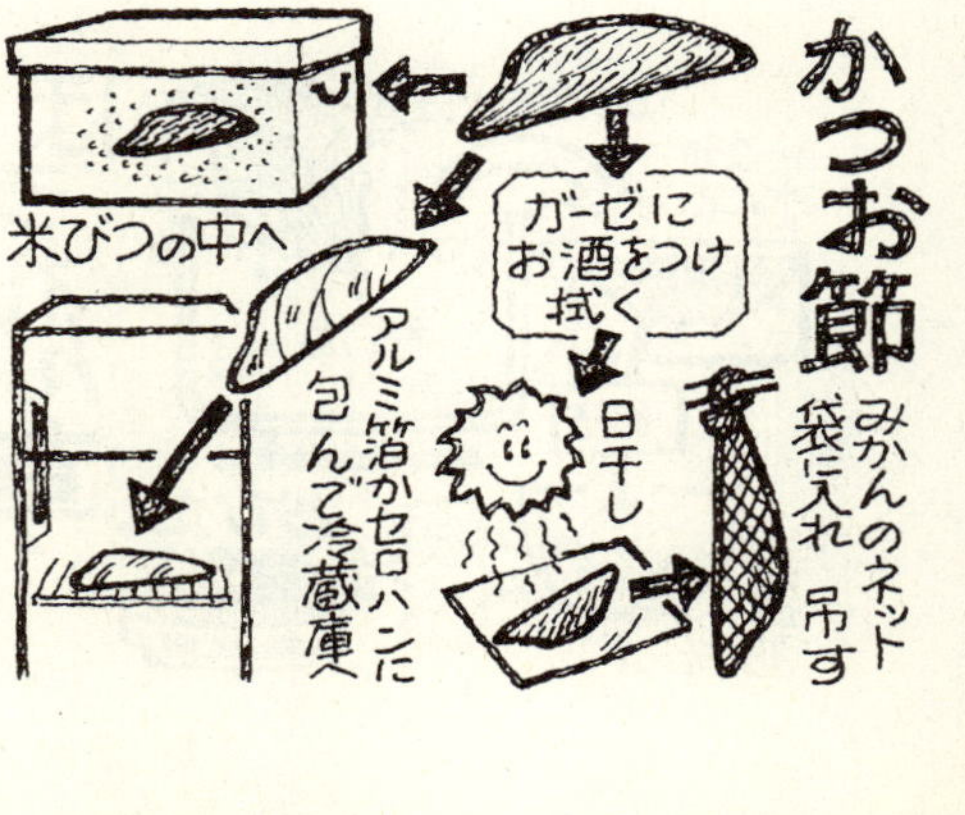
かつお節
みかんのネット袋に入れ吊す
ガーゼにお酒をつけ拭く
日干し
アルミ箔かセロハンに包んで冷蔵庫へ
米びつの中へ

## ■上手なアクの抜き方

野菜や山菜のアクは、あまりに強いと不快な味になりますが、多少のアクはまたその野（山）菜の独特の持ち味でもあるのです。アクの強すぎるものは、「アク抜き」をしてから調理します。

**ほうれん草**　鍋に水を沸騰させ、ほうれん草を根のほうから入れます。たっぷりのお湯でゆでましょう。ゆで上がったら水にとり、1～2分さらしてから絞ります。ゆですぎると、ビタミンCが失われます。

〈おひたしをおいしく作るには〉〝醬油洗い〟をしておくことです。ゆでたほうれん草を一度絞ってから、醬油を少しかけてもう一度絞り、適当な大きさに切ってお皿に盛るとシャキシャキして水っぽくなりません。

**よもぎ**　たっぷりのお湯に塩少々を加えてサッとゆでて、冷水に20～30分さらします。途中で一度

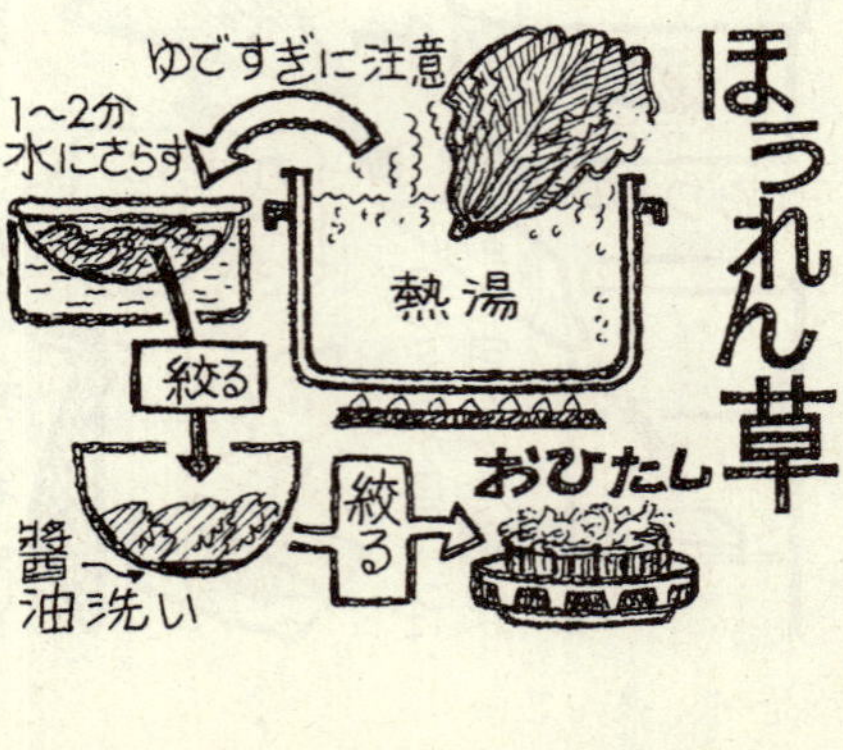
ほうれん草
ゆですぎに注意
1～2分
水にさらす
熱湯
絞る
絞る
おひたし
醬油洗い

水を替えます。30分以上になると香りが消えますから、注意しましょう。

**〈よもぎだんご〉** ①ゆでたよもぎは、包丁で細かく刻んでおきます。白玉粉（大サジ2杯）と水（大サジ1杯）を混ぜ合わせます。

②上新粉（1カップ）に、塩（小サジ4分の1杯）、砂糖（大サジ2杯）、熱湯（半カップ）を箸で混ぜてから、手でよくこねて、①を加え混ぜます。

③耳たぶほどのかたさになったら、2～3センチ大にまるめて蒸し器で蒸します。

**せり**　水せりはそのままで使えますが、野ぜりはアクが強いので、必ずゆがいてから10分間は、水にさらしましょう。

また、5月のせりは、よく形の似た毒ぜりがまぎれこんでいたり、蛭《ひる》の産卵期なので、食べてはいけません。

**たらの芽**　よく天ぷらにしますが、このときは洗うだけでアク抜きはしません。おひたし、ごま和えには、沸騰した湯でゆでて水にさらすだけでアクは取れます。

**〈たらの芽のごま和え〉**　たらの芽10個につき、ごま（大サジ3杯）をすり鉢ですり、醤油（大サジ1杯）、砂糖（大サジ1杯）、だし（小サジ1杯）を加えて、ゆでたたらの芽を和えます。

**たんぽぽ**　ゆでてから水に20分ほどさらしましょう。アクが取れます。なるべく若い葉を使うとおいしいですね。

黄花はサラダや三杯酢によく用います。サラダに使いたいときは、酢水でゆでるとよいのです。

**〈たんぽぽのくるみ和え〉**　くるみをすりつぶし、塩、砂糖、醤油、だしで味を調《とと》え、ゆでたたんぽ

たらの芽
ごま和え、おひたしのときは
熱湯
ゆでる
水にさらす

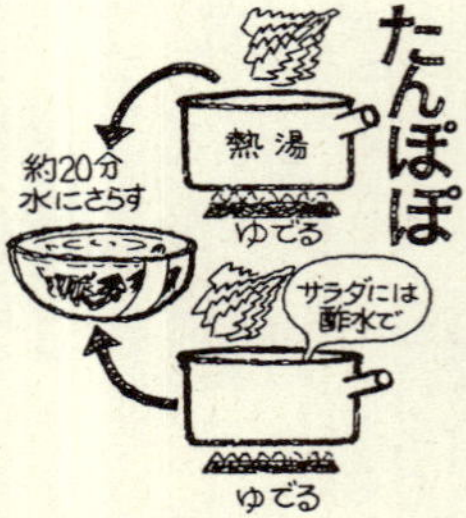
たんぽぽ
熱湯
ゆでる
約20分水にさらす
サラダには酢水で
ゆでる

ぽの葉、茎、花を和えます。

**菜の花**　たっぷりの熱湯に塩少々を加えてサッとゆで、冷水に5分ほどさらすと、アクが取れ、色もきれいになります。

**〈菜の花の辛子和え〉**　醬油、みりん、辛子、だしを混ぜて、水けをきった菜の花を和えます。

**ふきのとう**　天ぷらや汁ものにはそのままで使いますが、つくだ煮にするときは必ずゆでて、30分間は水にさらしてアクを抜きましょう。

**〈ふきのとうのつくだ煮〉**　ゆでたふきのとうは細かく刻み、油で炒め、醬油、酒、みりんを同量ずつ入れて、汁けがなくなるまで煮つめます。

**ふき**　ふきを15センチの長さに切って、まな板にのせ、塩を振って、手のひらで転がすようにして

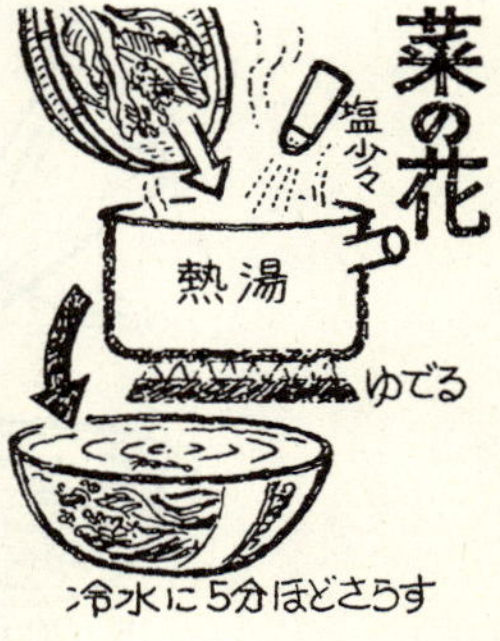

板ずりをします。熱湯に入れ、しんなりする程度にゆでて水に15～20分さらします。それから皮をむいて調理します。

あまりに苦みの強いふきは、ゆでるとき少量の重曹《じゅうそう》を加えて、一度ゆでこぼしてから、あらためて新しい水でゆでると、アクは抜けます。

〈ふきとなまりの煮つけ〉だしに調味料（みりん、塩、砂糖、醤油）を煮たて、なまり節、ふきを加えて一煮たちしたら火を止め、そのまま冷ましながら味を含めます。

**わらび**　昔は火鉢の灰、藁灰《わらばい》を使って、わらびのアクを抜いたものです。が、いまは灰がなかなか入手できませんから、重曹を使いましょう。

水（5カップ）に重曹（小サジ1杯）の割でよく煮たて、わらびを入れて蓋をしたまま一晩おきます。翌日、何回か水を替えて洗います。これが、

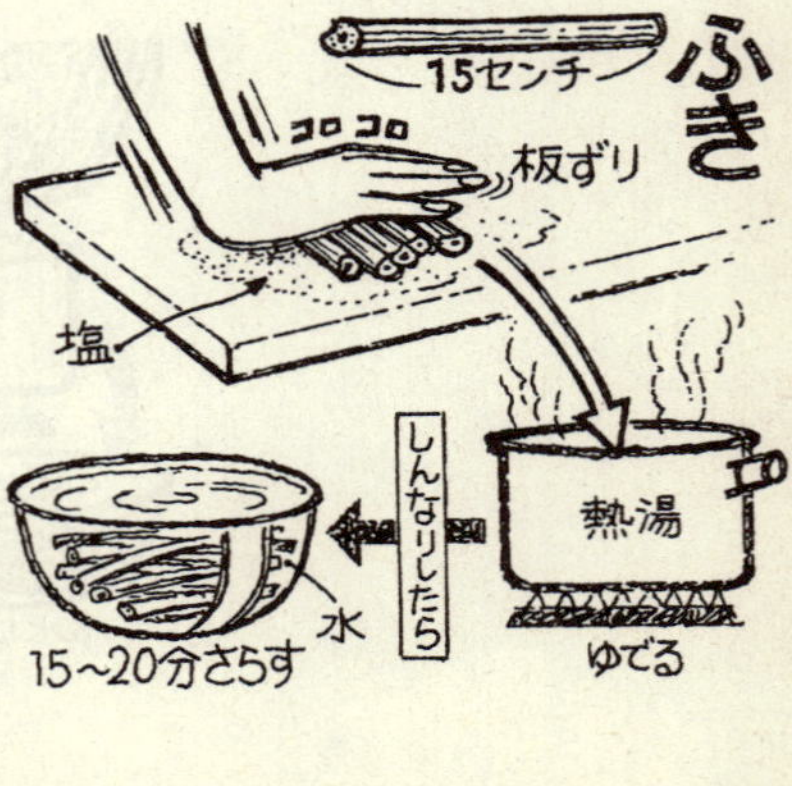
ふき
15センチ
コロコロ
板ずり
塩
熱湯
ゆでる
しんなりしたら
水
15～20分さらす

ゆでわらびで、〝水煮〟として売られているものは、この状態のものです。

昔は、大きな容器にわらびを入れ、灰を多めにかけてから、煮たった湯をたっぷりとかけ、落とし蓋をして一晩おいて、水洗いをしてから使っていたものです。

**干しぜんまい**　サッと洗ったぜんまいを鍋に入れ、水をたっぷりと加えて強火にかけ、煮たったら火を弱めて、さらに2分間ゆでて、火を止めます。ゆで汁につけたまま、一晩おきます。

**たけのこ**　掘りたてのものはその必要もありませんが、買い求めたものは、すぐにゆでることです。「糠と赤唐辛子《とうがらし》を一緒に入れてゆでるとよい」といわれますが、糠の脂肪がたけのこの甘みを増し、やわらかにしてくれるのです。赤唐辛子は、たけ

わらび
水
重曹
小サジ1
5カップ
よく煮たて
蓋をして
ひと晩おく
何回か
水洗い

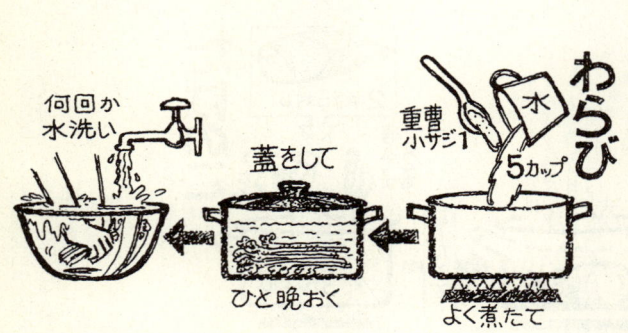

のこのえぐみを取るためです。糠にかわって、米のとぎ汁の濃いものか、米粒を使ってもよいのです。

たけのこの皮は外側を2～3枚はがし、頭のほうを5～6センチ斜めに切り落とします。斜めの切り口から縦に1本皮に切り目を入れておきます。

たけのこ2キロに対して、水（5リットル）、糠（1カップ）、赤唐辛子2本を鍋に入れ、煮たてます。煮たったら弱火にし、1時間ゆでます。次に、ゆで汁が冷めるまで放置しておき、水でよく洗います。熱いうちに水で洗うとアクが取れません。

**うど**　たっぷりの水につけておくのがいちばんです。酢水につけてもよいのですが、アルミ鍋を使うなら、先に水を入れ、酢を後から入れないと、酢で鍋がいたみます。

ホウロウのボウルか陶器の丼に、酢（大サジ1

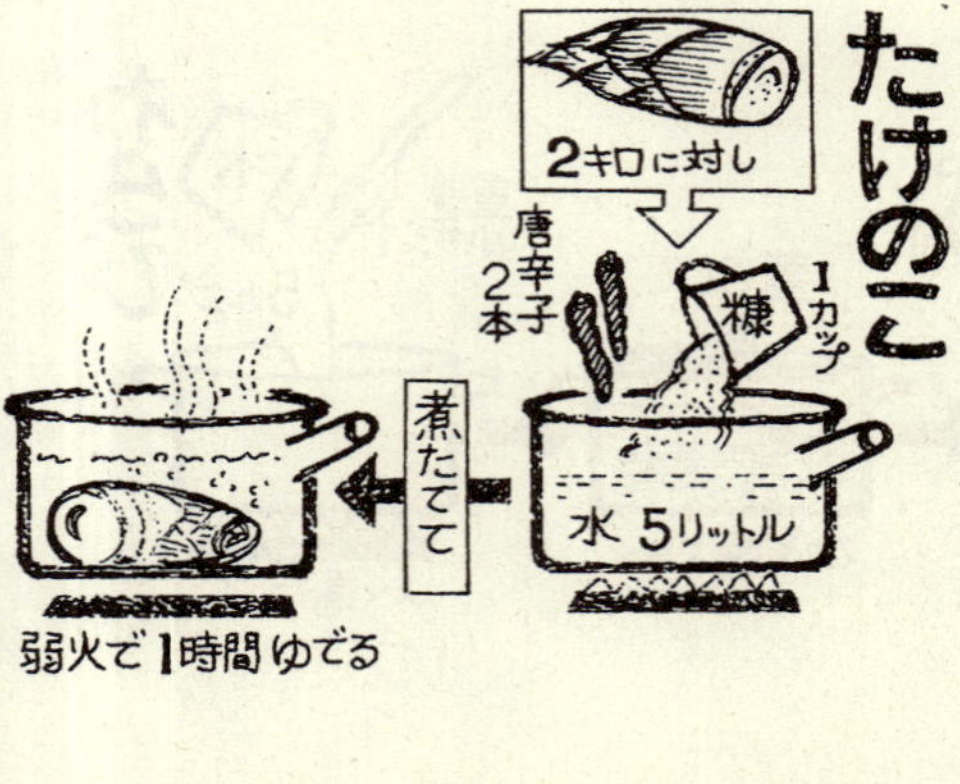

杯）、水（2カップ）を入れてよく混ぜ合わせ、うどは皮を厚めにむいて、この酢水に入れます。ただし、5分間でよいのです。長くつけすぎると香り、風味がなくなります。

昔から、「うどの大木」と、体が大きくてあまり役に立たぬ人の悪口に使いましたが、一方では「うどの皮は大名にむかせろ」ともいったのです。あまり皮を薄くむくとアクが残るので、大らかに厚くむけ、ということでしょうか。

**〈うどのきんぴら〉**　厚くむいた皮も捨てずにたっぷりの水でアクを抜いて細切りにし、フライパンで油炒めにします。みりん、酒、醬油で好みの味つけをします。炒めすぎないのがコツです。

**れんこん**　切るはしから水につけるだけで大丈夫。真っ白に仕上げたかったら、酢水に10分くらいつけておきましょう。

熱いうちに
水洗いすると
アクが取れないよ！
冷めるまで放置

**パセリ**　つけ合わせにちょっとつける場合は、水洗いだけでもよいのですが、パセリを刻んで料理の上に散らしたりするのなら、必ずふきんに包んで水の中で4～5回もみましょう。
　水にきれいな緑の汁が出ますが、この中にアクは溶け出しているのです。

**ごぼう**　皮の部分に独特の香りがありますから、皮は軽くこそげるくらいがおいしい食べ方です。

　切ったら、すぐに、米のとぎ汁につけてアクを抜きます。ゆでるときもこのとぎ汁を使います。酢水（水1リットルに酢大サジ3杯の割合）につけても、15分くらいでアクは抜けます。香りを味わう生ごぼうの料理とか油炒めに使うときには、酢水でのアク抜きがよいようです。

　米のとぎ汁、酢水を用意しなくても、皮を軽く

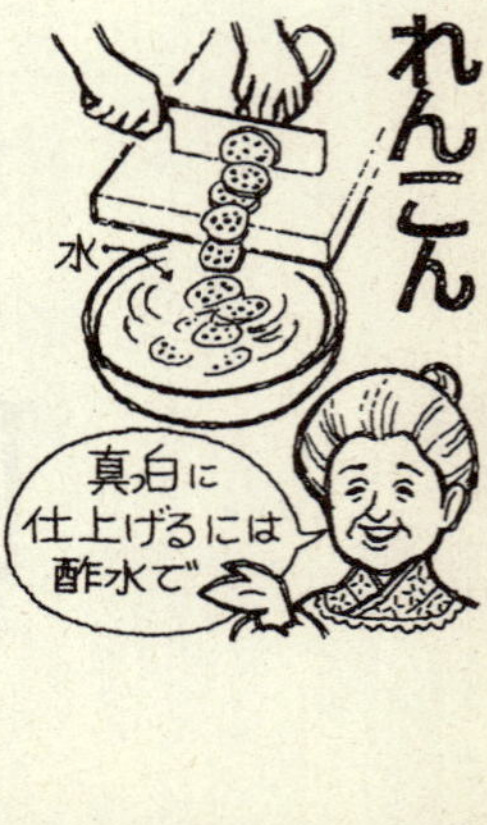
れんこん
水
真っ白に
仕上げるには
酢水で

パセリ
ふきんに
包む
水
4～5回もむ

こそげてから、大きく切り、水につけます。

**赤じそ**　青じそはそのまま料理に使いますが、赤じそを梅干しの色づけに使うような場合、アク抜きが必要です。よく洗ってから、塩を振りかけて、手で2〜3分もんでアクを絞ります。これを繰返して汁けをきって、梅干しに使います。

**カリフラワー**　明治になってヨーロッパから入ってきた野菜です。水（2リットル）に対して塩（小サジ1杯）、小麦粉（小サジ山盛り1杯）をよく溶かし、火にかけて煮たったらカリフラワーを入れます。ゆですぎないこと、ゆでた後、水にさらすことが大切です。

小麦粉のかわりに、酢（大サジ1杯）かレモン汁（大サジ1杯）を入れてゆでてもよいのです。カリフラワーが白い色に美しく仕上がります。

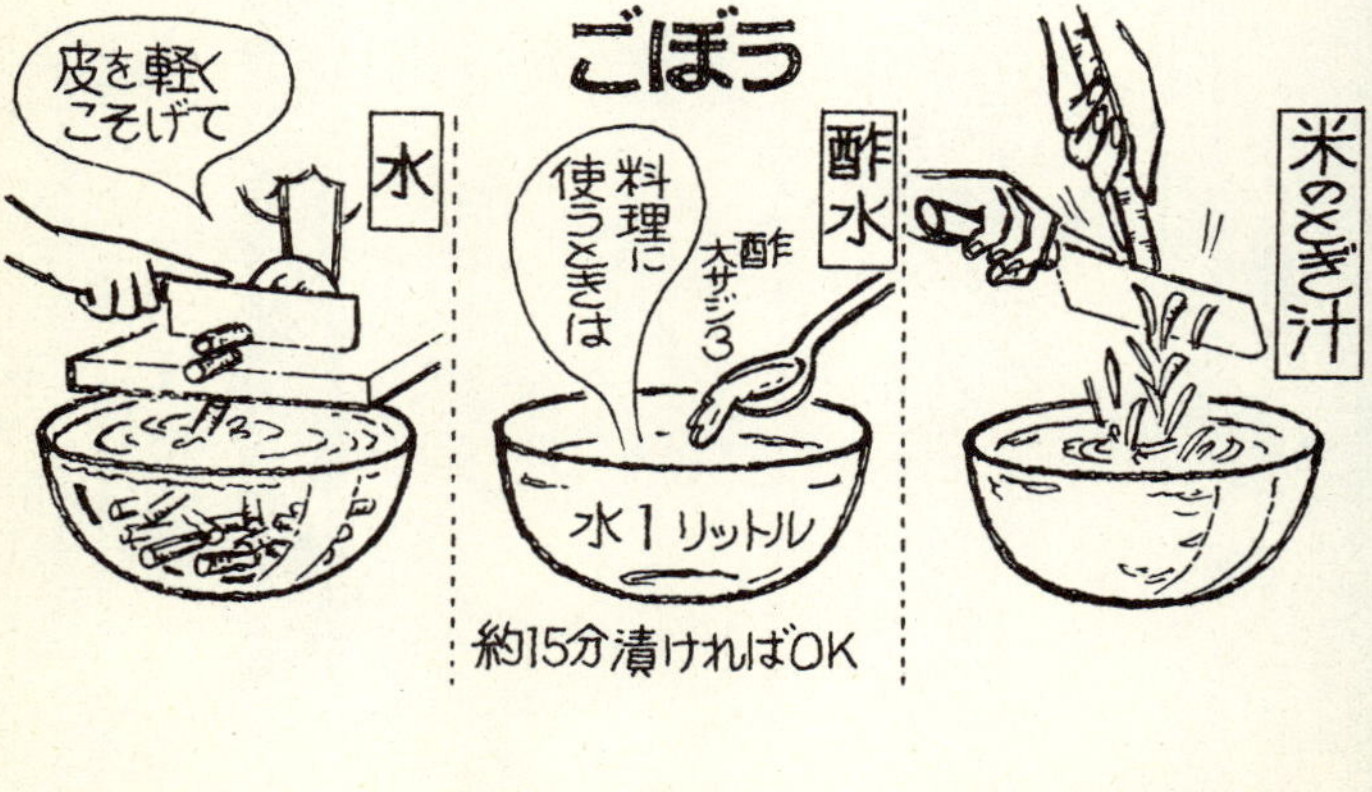
ごぼう
皮を軽くこそげて
水
料理に使うときは
酢 大サジ3
酢水
水1リットル
約15分漬ければOK
米のとぎ汁

酢やレモン汁を用いる場合は、ゆで上がってから、水にさらす必要はありません。

## 乾物類のもどし方

干しわかめ　種類が多く、産地によって乾燥の仕方もまちまちなようですが、選ぶには、形がそろっていて、すんなりと真ん中の筋が細く、つやがあり、暗緑色をした干しわかめなら大丈夫です。
　使う直前に水につけてもどしますが、つけすぎると、とろけたり、ぬめりが出るので、水につけて半分もどったかしらと思ったら、水からあげて、しばらくおくのがコツです。このくらいが、料理に使ってもおいしく、わかめの本当の味が味わえるのです。

ひじき　子供のころ、「ひじきを食べるとお金持ちになれる」といって、よく食卓に出ました。夫に聞いても「学生下宿の昼食にはいつも出てきたよ」と懐かしがります。

ひじきの選び方は、軸が細めで太さがそろい、黒くつやがあるものを選ぶことです。

砂やゴミを落とすには、ザルに入れ、何度も水につけて振り洗いをします。それから、15分間水につけてから使いますが、それでもかたい場合は、サッと2～3分ゆでてください。

**昆布**　一般に出回っているのは、「真昆布」「利尻昆布」「羅臼昆布」「三石昆布＝日高昆布」、それに「根昆布」などです。

肉が厚く色つやがよくて、両端のところに黄み、赤みがないものを選ぶことです。新しいものほどつやがよいのです。

水につけてもどしますが、手早くすること。長

干しわかめ
使う直前にもどす
漬けすぎに注意
半分もどしたら
しばらくおく

時間水洗いしたり、水につけっぱなしにしておくと、昆布の汚れとともにうまみが水に逃げます。
　また、戸棚の奥から、まっ白いカビが生えた干しわかめや昆布が出てきたなんてことはありませんか。母は、こんなときも捨てません。ボウルに濃い塩水（250ccの水に塩小サジ1杯半）を用意して、カビを洗い落とし、風通しのよい場所に吊しておいたものです。カラカラに乾けば、少し味は落ちますが、充分に食べられます。

**くらげ**　中華料理の前菜でよく出てきますが、色が均一で淡黄色をしているものが、よいくらげです。
　もどし方は、よく洗い、水につけて塩抜きをしますが、半日はかけないと塩は抜けません。時間がかかるのです。塩抜きができたら、刻んで湯通しをします。

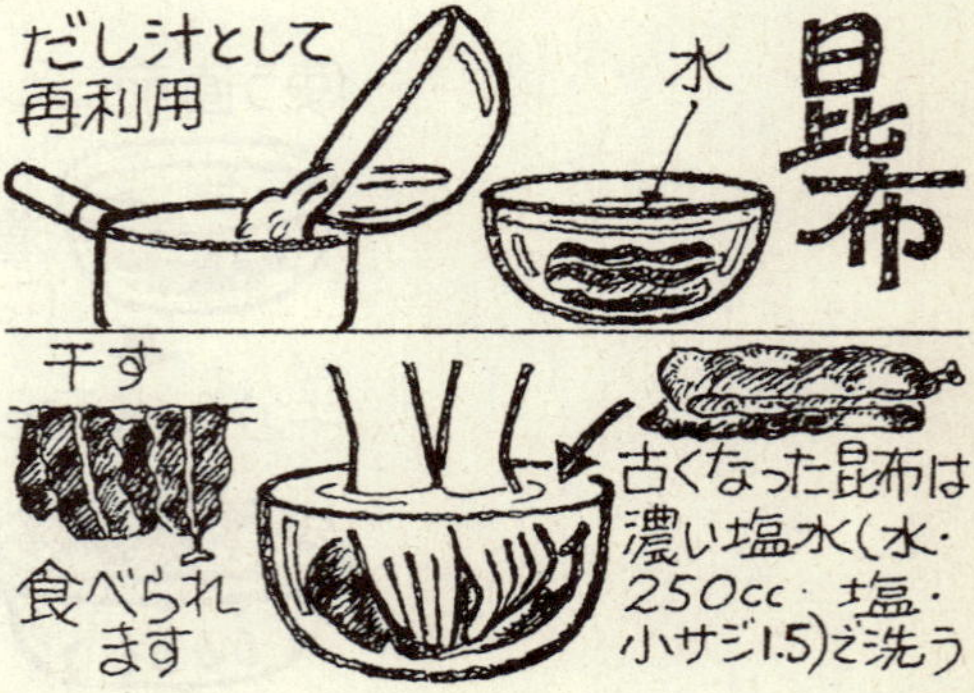
昆布
水
だし汁として
再利用
干す
食べられ
ます
古くなった昆布は
濃い塩水(水・
250cc・塩・
小サジ1.5)で洗う

他の方法として、サッと水洗いしてから、摂氏50度の湯に4〜5分つけると、チリチリになります。これを7〜8時間水につけて塩抜きをしてもどします。この間、水は数回取り替えます。

私もいろいろやってみたのですが、どうやら海水と同じ濃度の塩水（水250ccに塩小サジ1杯）にひたしておいてから、その後に真水で塩抜きをすると、わりに時間はかかりません。

**干ししいたけ**　〝どんこ〟と〝香信《こうしん》〟のちがいは、ご存じですね。〝どんこ〟は、肉厚で、丸みのあるしいたけ。〝香信〟は、肉が薄く軽いしいたけ。どちらも笠が褐色で厚みがあり、裏側はなるべく白く、軸は短いものが良質です。

もどし方は、普通、水につけてもどすと40分はかかります。その間に、しいたけのうまみが水に溶け出してしまいます。

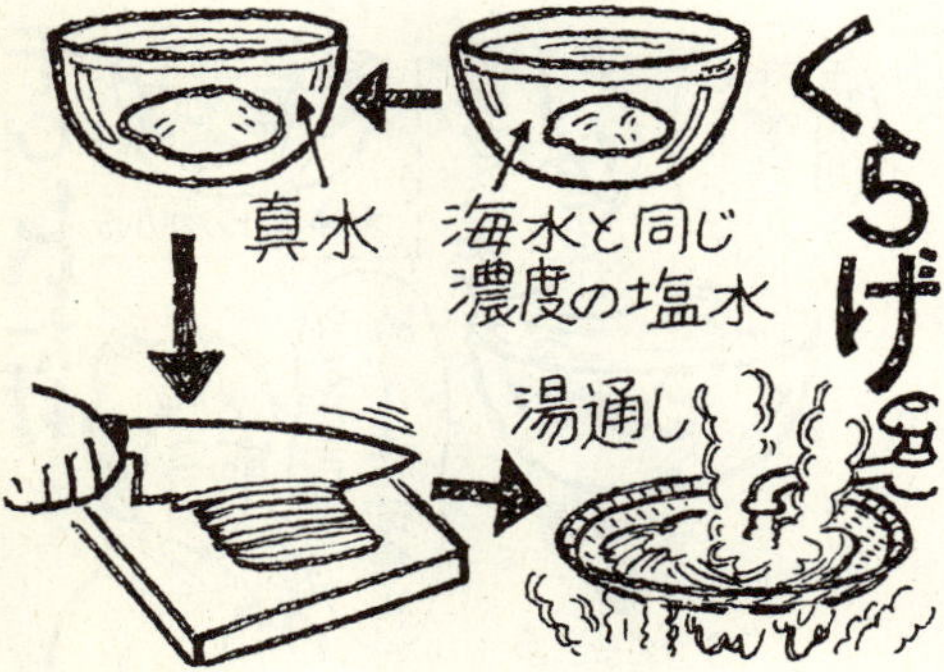

そこで、ぬるま湯に砂糖一つまみを加えた中でもどすと、10分間でもどります。私は、このもどし汁を味噌汁に利用しますが、なかなかけっこうなしいたけ風味になります。

**かんぴょう**　色が白すぎるものは、薬品が使われている心配があります。天日乾燥のかんぴょうは、クリーム色で、日がたつと赤みがかってくるものです。こちらのほうが、やはり風味があります。

もどし方は、まず塩もみしてから水でよく洗います。次いで、煮たった湯に入れて、やわらかくなるまでゆでます。塩もみのときの塩の量は、かんぴょう30グラムに対し塩小サジ1杯くらいの量がよろしいでしょう。塩もみすることで、もどりも早くなり、煮くずれもしません。

**高野豆腐《こうやどうふ》**　別名を「凍り豆腐」「凍《し》み豆腐」ともい

干しいたけ
水➡40分かかる
急ぐときは
ぬるま湯に砂糖よ
砂糖ひとつまみ
もどし汁は
味噌汁に
再利用
ぬるま湯
10分でもどる

います。豆腐を凍らせてから乾燥させたもので、冬の高野山（和歌山県）で初めて作り出されたから、「こうやどうふ」と呼ばれました。近ごろでは長野県の名産にもなっています。

クリーム色でむらがなく、きめの細かいもの、手のひらにのせて軽やかなものが良品です。製造日から半年過ぎたくらいまでが食べごろといわれています。

もどし方は簡単で、平らな器に摂氏50度のお湯をたっぷり入れ、高野豆腐を並べて、浮き上がってこないように落とし蓋をしておきます。しばらくして、高野豆腐を裏返しにして、充分に芯までやわらかにします。

次に、両手のひらに高野豆腐をはさみこむようにして、流水で濁りがなくなるまで洗います。洗い方は、軽く両手で押したり、ゆるめたりします。白い濁りは、充分に絞ります。

干し湯葉《ゆば》　自然色のものと、少し着色剤を加えたものがあるようです。干し湯葉は、大豆の豆乳を特殊な鍋で加熱して、表面にできる皮膜を、細い竹の棒ですくい上げ、乾かしたものなのです。５回か６回は皮膜がとれますか、やはり初めのものが色も薄くて高級品です。

もどし方は、料理の種類で少しずつ変わります。湯葉巻きなどに使うのなら、ぬれぶきんにはさんで、しばらくおくだけでよいのですが、汁の実、煮つけに使うのなら、水にもどしてやわらかにします。

黒豆　北海道の光黒《ひかりぐろ》大豆、丹波の黒豆、岩手の雁《がん》食豆《くいまめ》などが有名です。やはり11月末から出回る新豆のほうがおいしいでしょう。

よく乾燥していて色つやも粒もそろっている黒

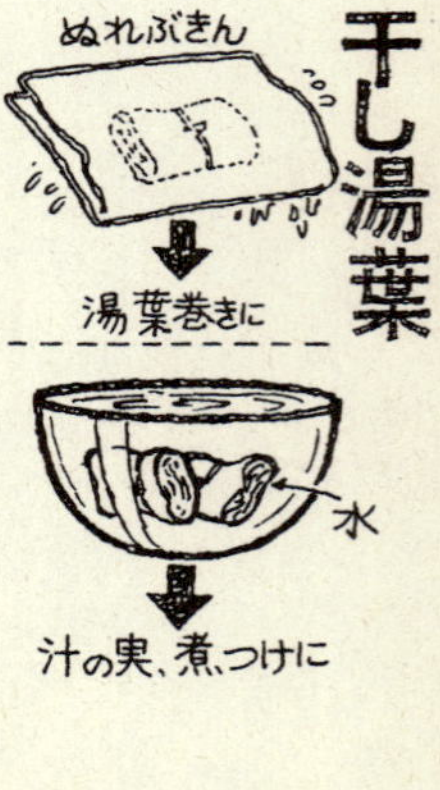
干し湯葉
ぬれぶきん
湯葉巻きに
水
汁の実、煮つけに

黒豆
よく洗う
充分に
ふやかして
使う
水
ひと晩漬けておく

豆を選ぶことです。もどすのは簡単で、よく洗ってから一晩水につけておき、充分にふやかしてから使います。

**みがきにしん**　全体に身につやがあり、肉が厚く、脂やけしていないものがよいのです。鮨やけというのは、必要以上に脂が表ににじんでいて、脂肪分の腐ったようなにおいがする状態をいいます。

もどし方は、生干しのものなら、1～2時間水につけた後、水洗いします。かたく干したものなら、昔は、一昼夜灰汁《あく》の中につけましたが、いまは米のとぎ汁に1～2日つけてから、包丁でこそいでうろこを落とします。このとき、重曹を一つまみ加えておくと、なおよいのです。

私も、「水だけならどうかしら」「熱いお湯でやったら」などと、いろいろ試みましたが、渋みが残ります。やはり、米のとぎ汁がいちばんです。

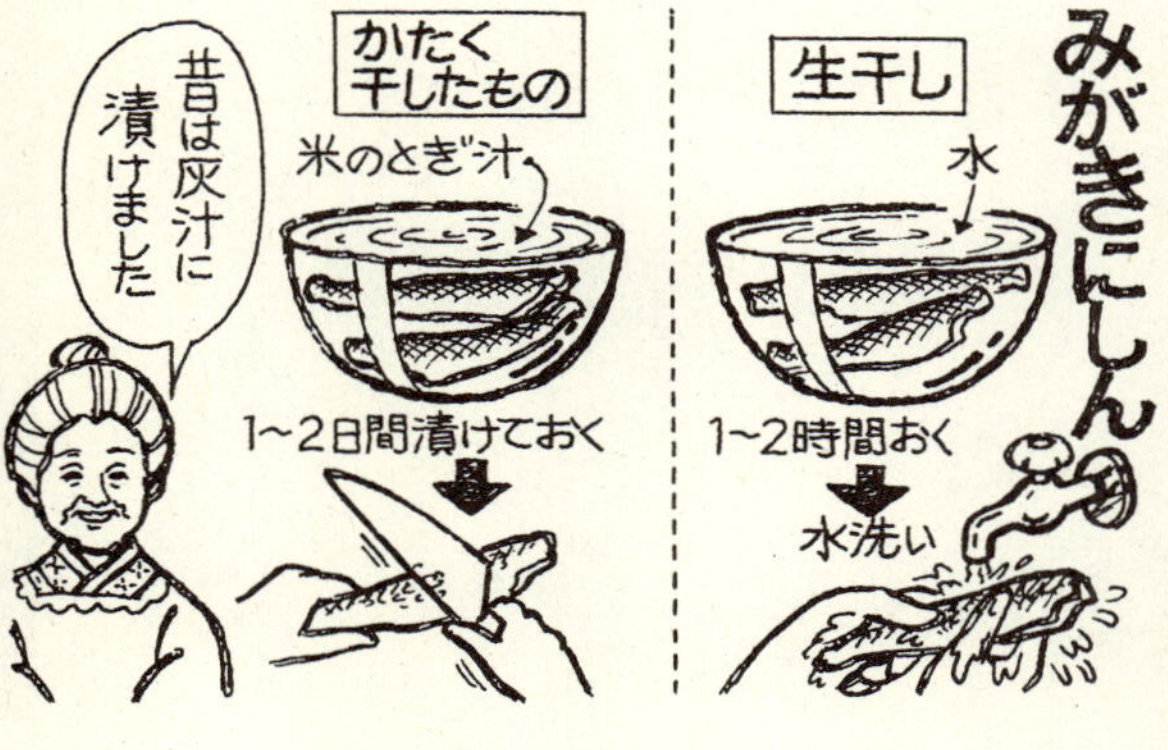
みがきにしん
生干し
水
1~2時間おく
水洗い
かたく干したもの
米のとぎ汁
1~2日間漬けておく
昔は灰汁に漬けました

## ■盛りつけのきまりとコツ

### ◉盛り方の基本は「向山前盛」

古くから日本料理の盛りつけには「向山前盛《むこうやまさきもり》」という教えがあります。器に料理を盛るときは、器の向こう側に主になる料理を少々高めに盛りつけ（「向山」）、手前には副になる料理を低く盛る（「前盛」）ことです。見た目が美しいというだけでなく、箸を使って食べるときにも、この盛り方は都合がよいのです。「向山前盛」の料理はスムーズにお使えるのです。

### ◉焼き魚の盛り方

焼き魚の盛りつけも、基本は、「向山前盛」です。魚の背のほうを向こうに、腹を手前に、つまり頭が左、尾が右にくるように盛ります。

添えものの大根おろしなどは、器の右手前に寄せてつけます。
切り身の魚も、この原則に従って、皮のついているほうを向こう側にします。
二つに切った魚は、頭《かしら》つきのほうを左手前に、尾を向こう側に盛ります。

### ◉かれいだけは頭を右に盛る

かれいだけは頭を右、尾を左に盛りましょう。なぜかというと、「左ひらめ右かれい」という見分け方があるように、ひらめとかれいは両目がどちらか片一方の頭に寄っていますから。かれいは頭を右にしたほうが、背が器の向こう側になるわけです。

### ◉盛りつけを考えて魚を焼く

焼き魚の表面がひどく焦げたり、くずれたりし

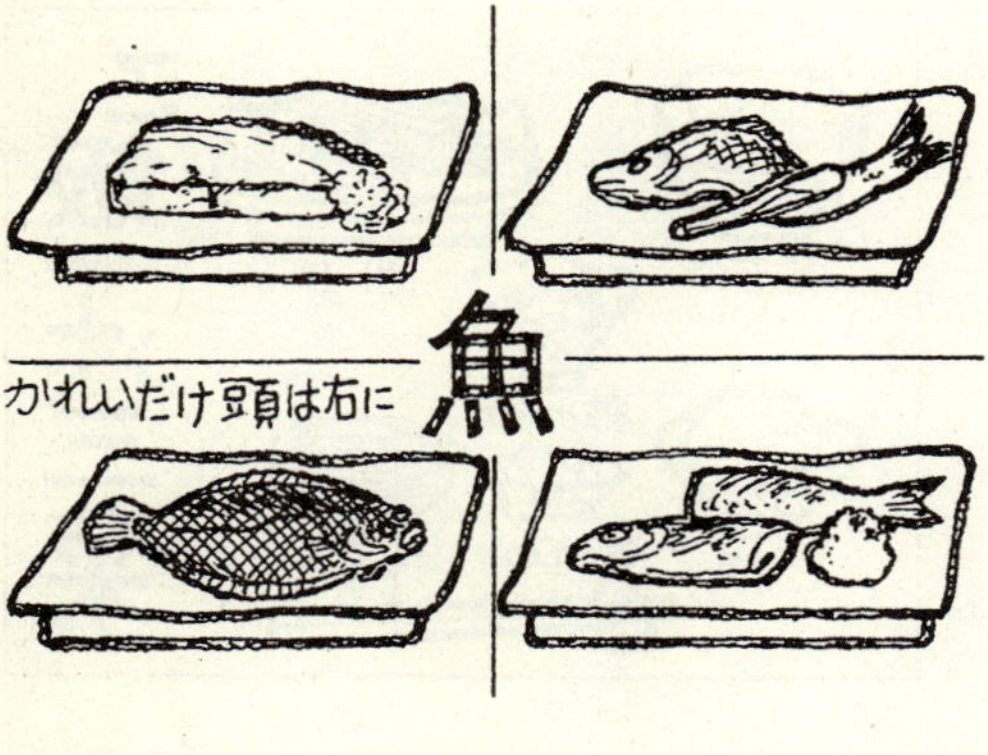

ていると、食欲も出ませんね。この焼きくずれを防ぐには、まず盛りつけを考えてから焼くことです。

盛りつけで表にするほうから先に焼けば、焼きくずれは少ないものです。後から焼く面のほうがどうしても脂肪も表に流れ出て、焼き上がりが汚れますから。切り身の魚も、表にするほうから先に焼けばよいわけです。

## ◉揚げものは和紙を敷いて盛る

天ぷらなど揚げものは、器の上に和紙を敷いて盛りつけます。

これは揚げものからにじみ出る油を和紙に吸い取らせて、カラリと揚がった揚げものをベチャベチャにしたり、油っぽくさせないための知恵です。ですから紙は、和紙にかぎります。洋紙は油を吸収しません。和紙の角をずらして

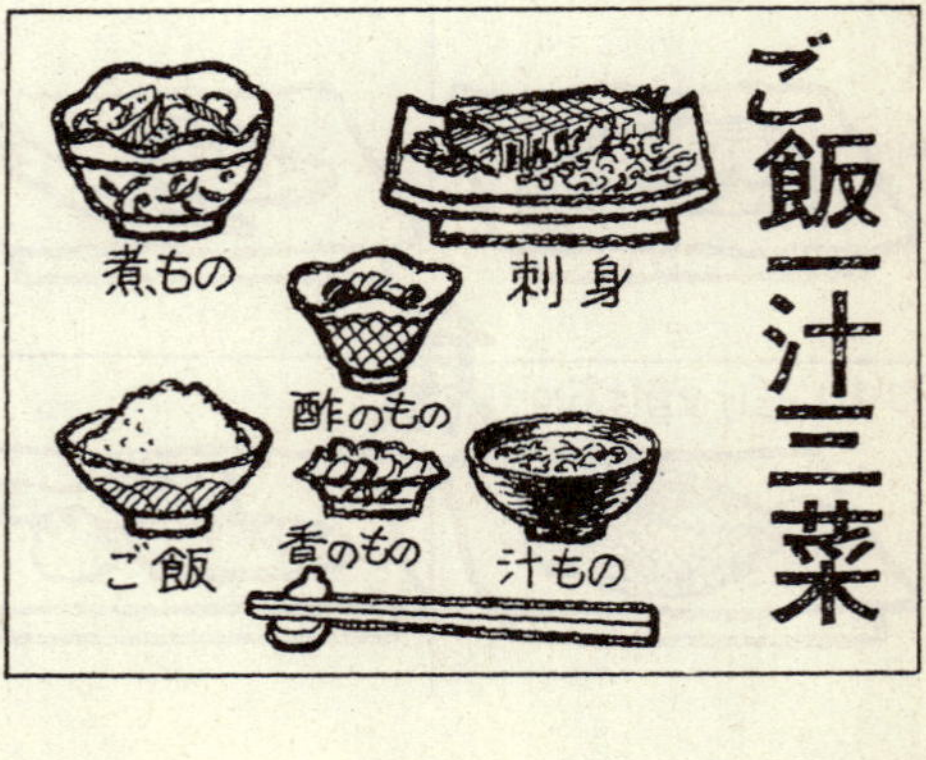

二つに折り、折り目を手前にして、器の上に敷きましょう。

なお薬味は、和紙の上に置かないで、器に直《じか》に盛りつけます。

## ◉ご飯は切るように盛る

ご飯にも盛りつけの工夫があります。

お茶碗によそう前に、しゃもじで「ご飯を切る」ようにほぐしておき、こねたりしないで軽くふんわりとお茶碗の八分目ほどよそいます。ギュウギュウ詰めの大盛りなど、見た目もよくないし、食べにくいものです。

しゃもじは「しゃくし」と同じことです。古くは「へら」とも「かい」ともいわれましたが、食べものの配分を司る権利を持つ、大変に重大な主婦の権限の象徴なのです。

主婦のことを「ヘラトリ」というのは、食べも

揚げもの

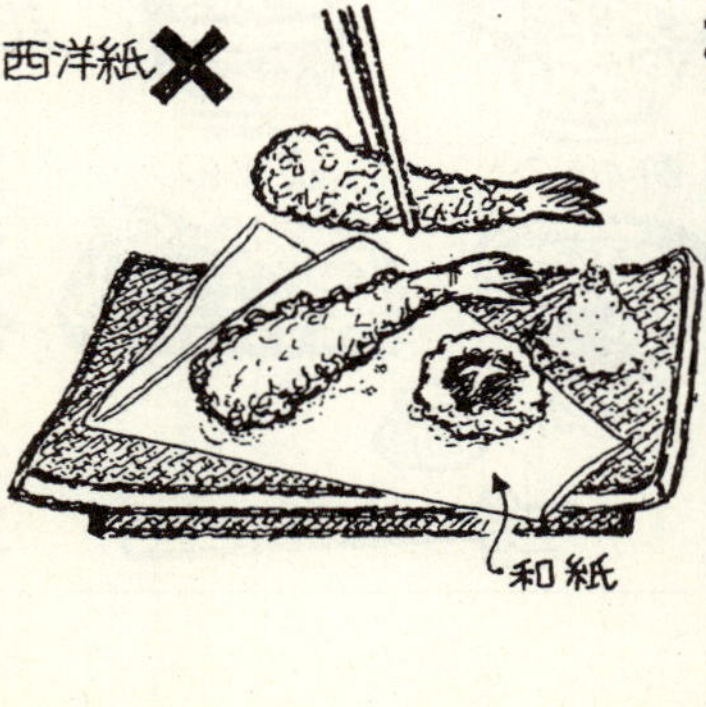

のを分ける権限を持つ人の意味で、いまでも地方に行くと「ヘラワタシ」「シャクシワタシ」といって、お姑さんからお嫁さんに、〝一家の主婦権〟を譲る風習が残っています。

ちなみに「ヘラかつぐ」というのは、お客さまの接待に料理が不足してまごつくことで、主婦の恥とされていました。

## ◉日本料理の献立は奇数に

昔から日本料理の献立は、「5品、7品、9品」と、奇数を縁起のよいものにしてきました。この際、ご飯、香のもの（漬けもの）は料理の数には数えません。

お客さまに出すには「量は少なめに、数は奇数でふやす」というのが喜ばれました。

たくあんなどは、三切れは「身切れ」、四切れは「死」につながるからと避け、二切れか五切れをつ

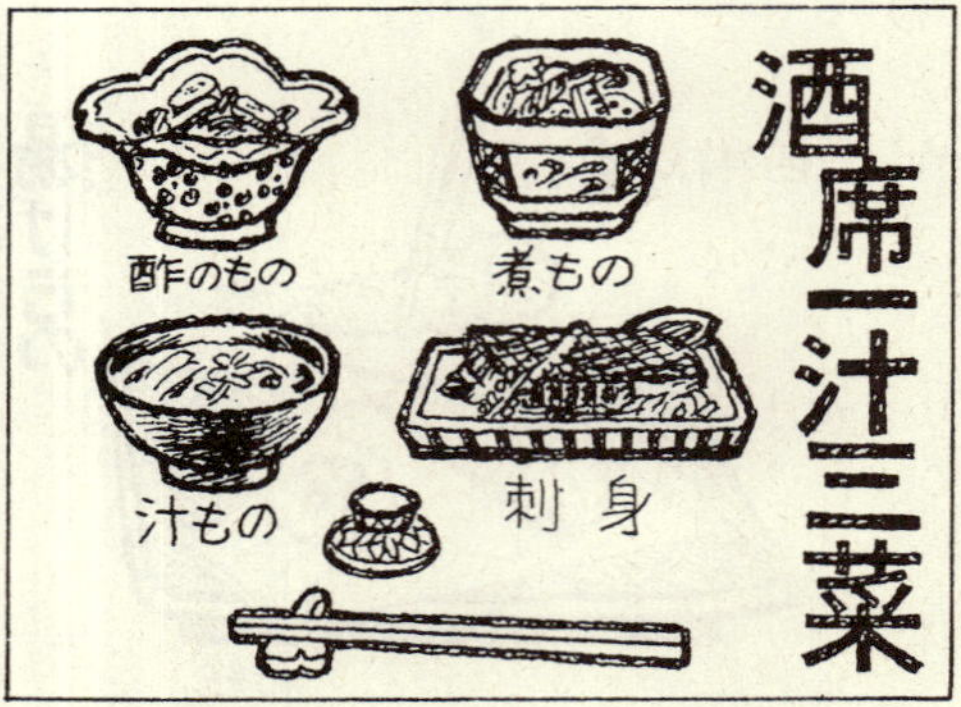

けます。

## ◉煮ものの盛り方

煮ものをお椀（お碗）に盛るには、主になるものを奥に、従になるものを手前からよりかからせ、全体を三角形になるように盛ります。

## ◉熱い料理は陶磁器より漆器に

熱い料理は熱いまま、冷たい料理は冷たいまま、お勧めしたいものです。

お味噌汁、お吸いものが冷めてしまっては味も風味もありません。和風料理で汁ものなどの器に、冷めやすい陶磁器を避けて、漆器を使うのは合理的ですね。

スープ皿をあたためておいたり、コーヒーカップをあたためるのはおいしくいただくための心遣いです。

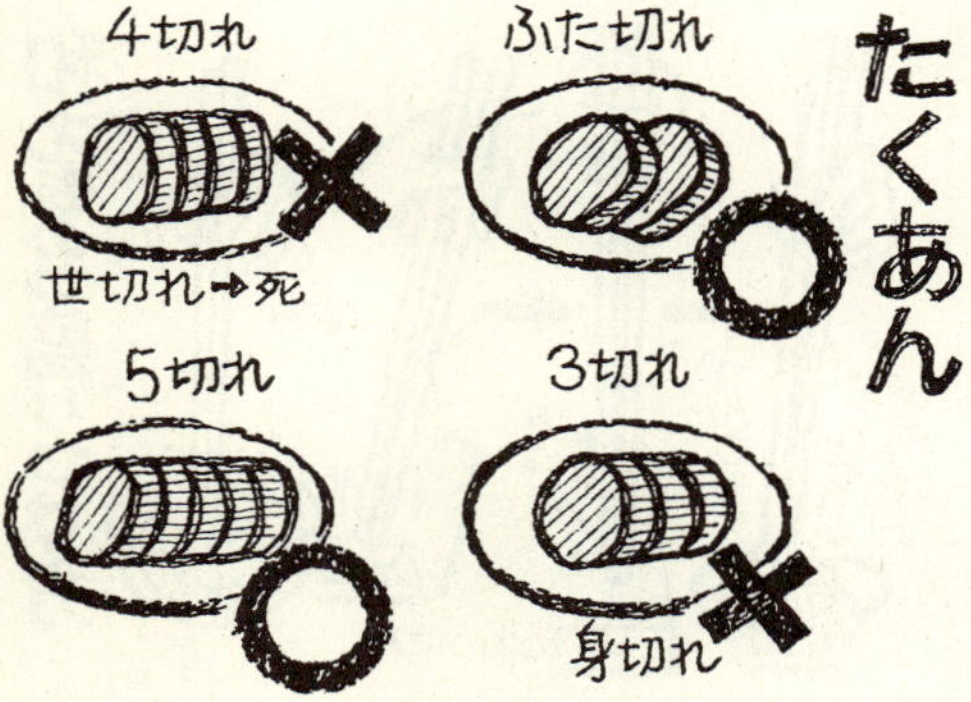

逆に、サラダなど冷たい料理の器が、なまあたたかかったりしたら困りものです。

## ◉和えものの盛りつけのコツ

白和《しらあ》え、ぬたなど和えものは、別名を「よごしもの」ともいいます。下手に盛りつけると、器も汚れ、見た目もおいしく映りません。

昔は「和えものは、つんもり、こんもり、きりっと」と、盛りつけのコツを教えましたが、意外にむずかしいものです。

水を入れた器、かたく絞ったぬれぶきんを用意しておいて、料理がくっつかないように、菜箸の先を水につけ、ふきんで拭きながら作業をします。

菜箸の先をそろえて（まな板でトンとついて箸先をそろえる）、箸を立てるように使って料理をはさみ、あちこち移動させないように器の位置を見定めて、そっと盛りつけます。

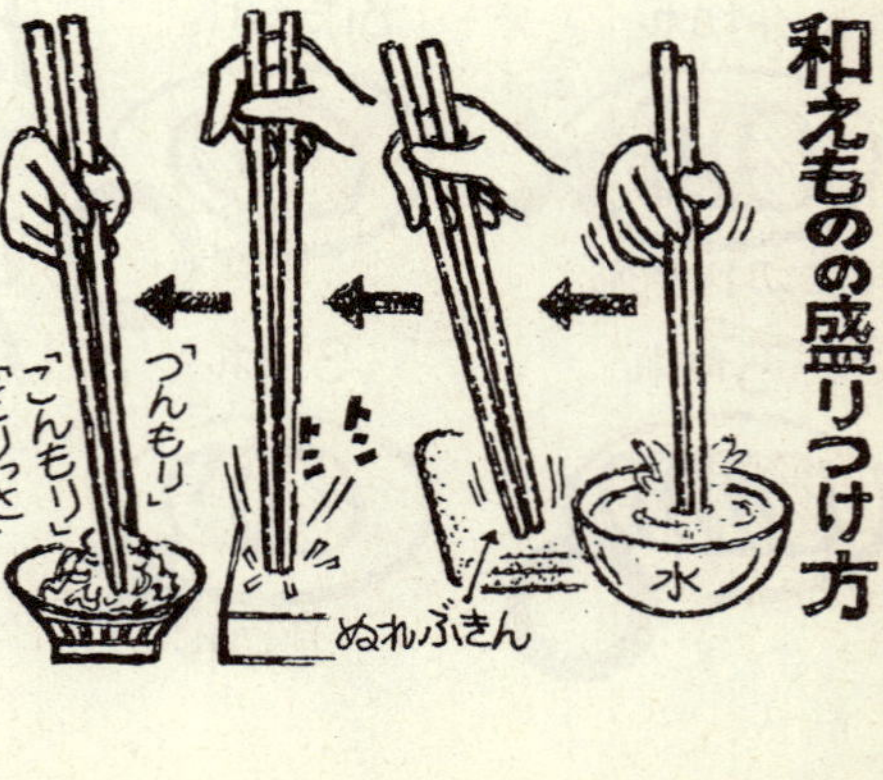

## ◉煮魚は木じゃくしを使って

煮魚など形のくずれやすいものは、左手に木じゃくし、右手に菜箸を持って、魚の下から木じゃくしですくい上げ、箸で押さえて盛りつけます。不器用な人は、はじめから鍋底に竹の皮やアルミ箔を敷いておいて煮ると、盛りつけが楽になります。

## ◉つかみにくいものに杉箸、割箸を

豆腐、さといも、そうめんなど、箸でつかみにくいものがたくさんあります。塗り箸などを使っていると、そそうのもとです。

ですから、盛りつけに都合のよい杉箸、割箸などを用意しておきたいものです。

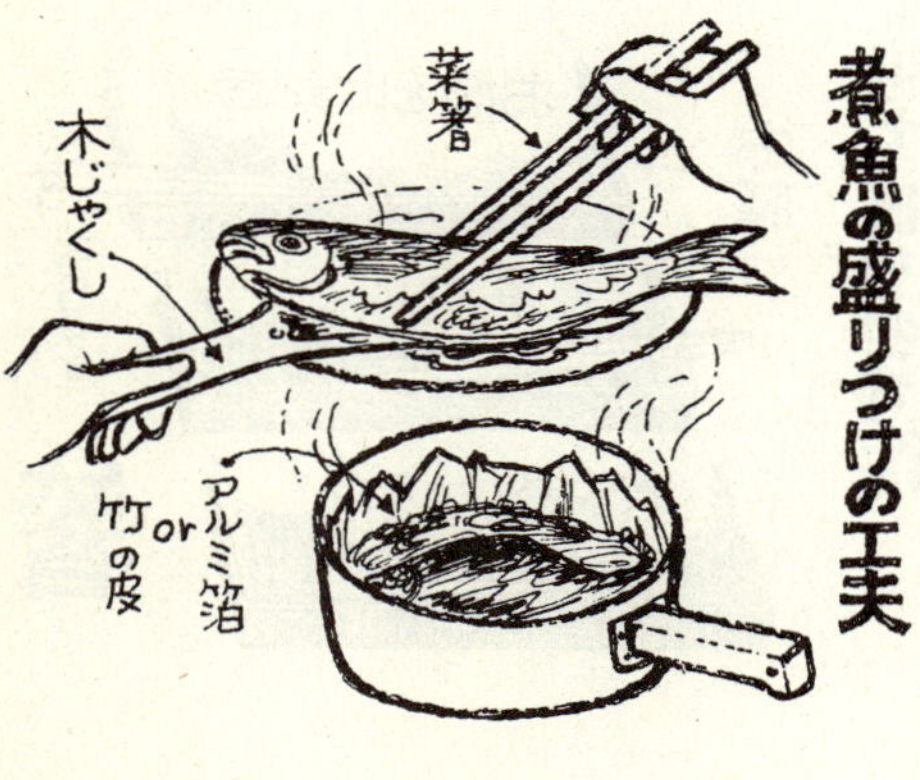

## ◉縁《ふち》のあるお膳の箸は外に出して置く

箸置きは、食卓、縁のないお膳に使うもの。口に入れるお箸の先を直接に食卓にふれさせないための心くばりです。

縁のあるお膳に箸置きをつけるのは感心しません。縁のあるお膳なら、箸の頭を指2本くらい（約3センチ）外に出してお膳の右縁にかけて、お客さまに出します。

お客の作法としては、食べている最中に箸を置くときは、箸先を少しお膳の外に出して左側の縁にかけて置きます。食べ終わったら、お膳の縁にかからぬよう、中央に置きます。

## ◉刷《は》け目《め》の器は横方向に

刷け目のある器にお菓子を盛ったり、あるいは天ぷらを盛ったりすることがありますが、刷けの

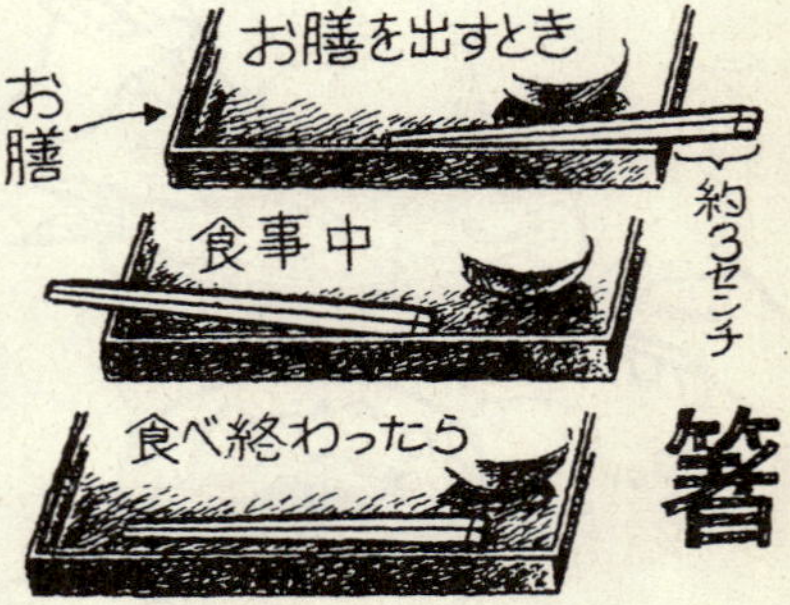
箸
お膳を出すとき
お膳
約3センチ
食事中
食べ終わったら

刷け目のある器
○
刷け目は横に
×

目が横方向に流れるように使うのが正しい使い方です。目がお客に向かって流れているのは、正しい使い方とはいえません。

曲げものの器、お盆などは、丸型のものならつなぎ目をお客の手前に、角型のものならつなぎ目を向こう側にするのが正しい置き方と昔から決められています。

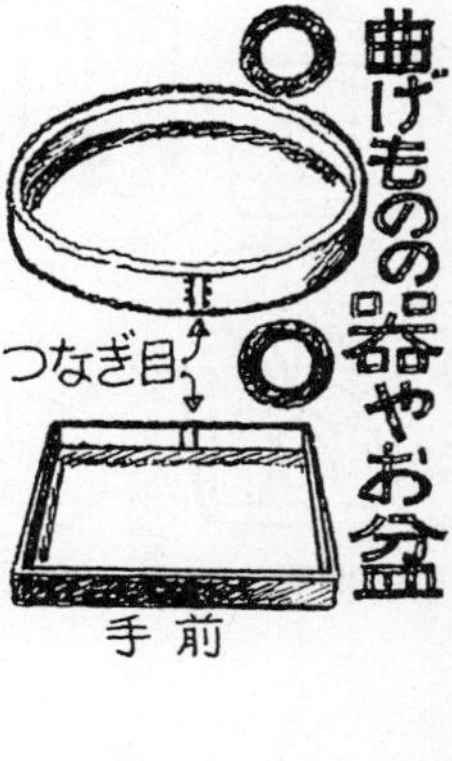


## ご飯メニューの失敗応急処置

### ◉ご飯がやわらかすぎた場合

ご飯がやわらかすぎた場合は次の方法をとります。

■平皿にご飯を薄く広げて、ラップをしないで電子レンジに1分ほどかけます。これでご飯の水分が抜けます。

■電子レンジがなかったら、メニューを変更しましょう。
クリームソースで和えてドリアにするのもよいでしょう。また、中華粥もよいですね。4人分なら、水（6カップ）に固形スープ（2個）を溶かし、残りものの肉、ハムなどを刻んで混ぜ、煮たてます。

酒と塩でごく薄めに味をととのえたら、この中にやわらかいご飯（4カップ）を入れて、弱火で10～15分煮ます。どんぶりに盛って、ねぎ、しょうがなどの千切りを散らしたら立派な中華粥になります。
■大皿の上にご飯を平らに広げ、ラップをかけ、冷蔵庫にしまい、翌朝あらためて蒸します。
■あるいは、やわらかすぎるご飯をお釜の中でいったん手早くかき回して、湯気をとばしてから、10分後くらいにもう一度スイッチを入れ、再び蒸

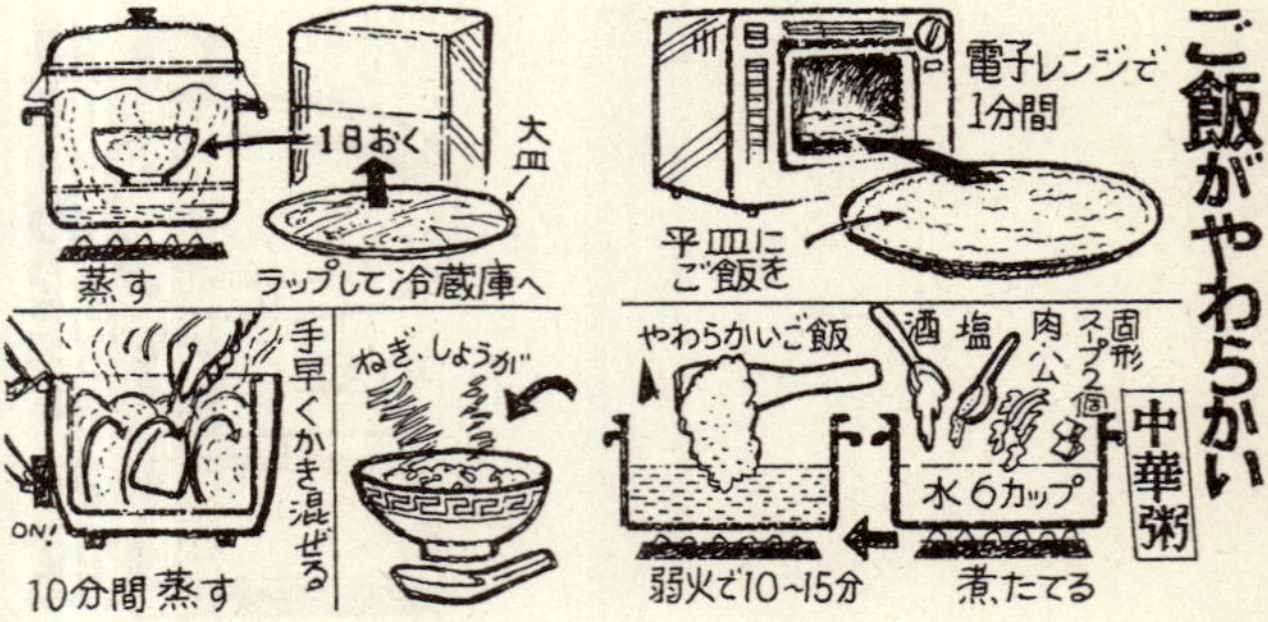

らしてみます。

### ◉蒸しご飯のくさみをとるには

蒸しご飯には「特有のくさみがある」などといいますが、たいていは残りご飯を冷蔵庫に保存している間に他の食べもののにおいがつくためです。ですから、ご飯は蓋つきの容器に入れてから冷蔵庫に保存することが第一です。昔は、蒸し器の水に一つまみの塩を加えて蒸して「くさみを消した」ものでした。

強い蒸気で短時間に蒸せるように火を強くし、塩少々を加えた水が充分に沸騰したときに、よくほぐしたご飯を入れ、蒸し蓋の下にふきんをはさんで蒸せば、くさみは残りません。また、蒸し上がったら蓋をすぐに取って余分な水分をとばすのもコツです。

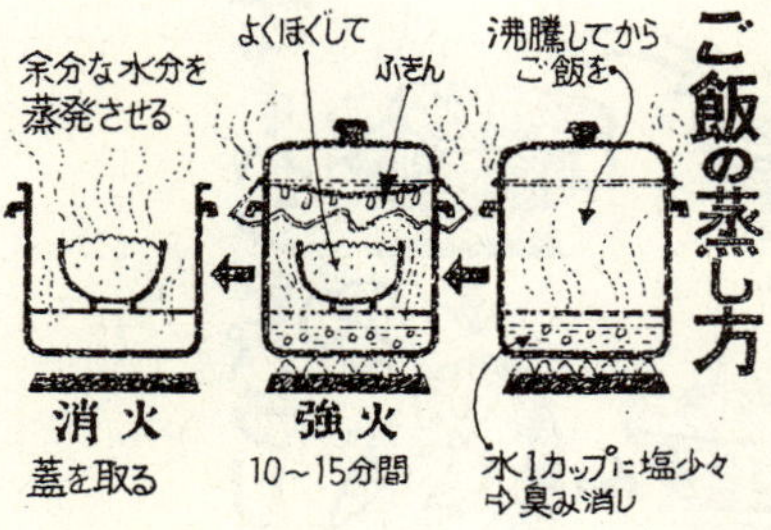
ご飯の蒸し方
沸騰してから
ご飯を
水1カップに塩少々
⇨臭み消し
よくほぐして
ふきん
強火
10〜15分間
余分な水分を
蒸発させる
消火
蓋を取る

## ◉炊き込みご飯の色を均一に

炊き込みご飯を、底ばかり濃い醤油色にしないために、まず、お米に合った水加減をし、そこから醤油など、加える調味料の分量分の水を捨てます。こうしないと水っぽい仕上がりになります。

この水加減に、調味料を加え、よくかき混ぜるのがコツです。醤油は、水より比重が大きいので、どうしても下に沈むからです。

## ◉チャーハンを作るコツ

チャーハンをパラリと仕上げるには、炒める冷やご飯をほぐしておくこと、具とご飯は別々に炒めてから合わせること、これがコツです。

具を炒めた鍋はいったん洗い、あらためてから焼きをしてから、油を熱し、充分になじんだところに、ほぐしたご飯を入れて、木しゃもじで切る

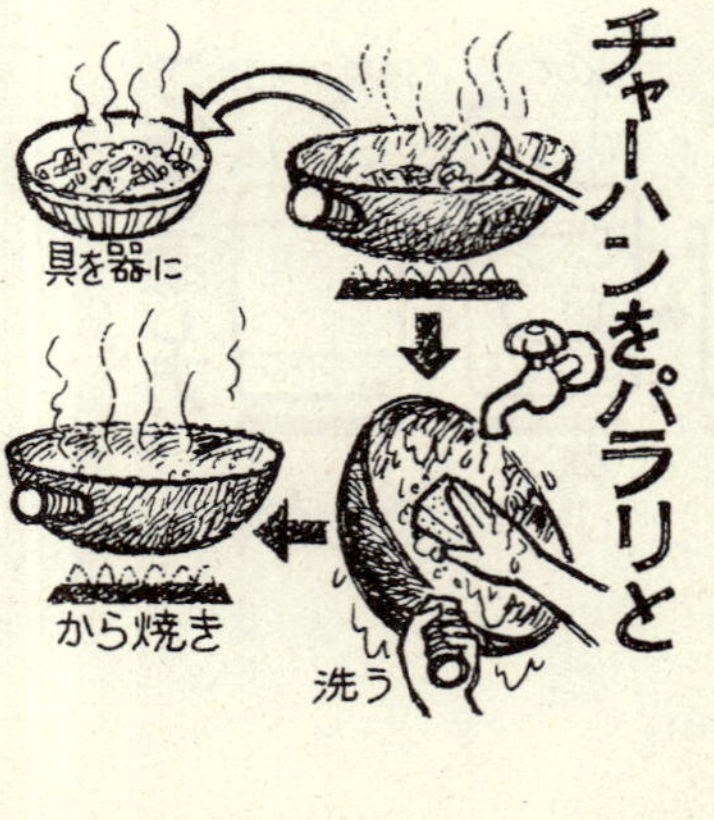

ように炒めます。それから、具を戻してサッと炒め合わせます。

ご飯が鍋にくっつきそうだからと、油を足したりしては油っぽくなるだけです。ご飯（4カップ）に油（大サジ3〜4杯）が適量です。

また、かたまってしまったご飯をほぐすとき、日本酒を杯に1〜2杯振りかけると調理は楽だし、風味もよくなります。

## ◉ご飯を湯洗いしてから雑炊に

雑炊《ぞうすい》をサラリと仕上げるには、材料にするご飯は炊きたて、冷やご飯、どちらでもサッと湯洗いすることと、絶対に煮すぎないのがコツです。

味つけしただしに、ご飯と具を入れて、煮たったら火を弱めます。

4〜5分で火を止め、すぐにいただきましょう。ぐずぐずしていると、ご飯がだしを吸ってふや

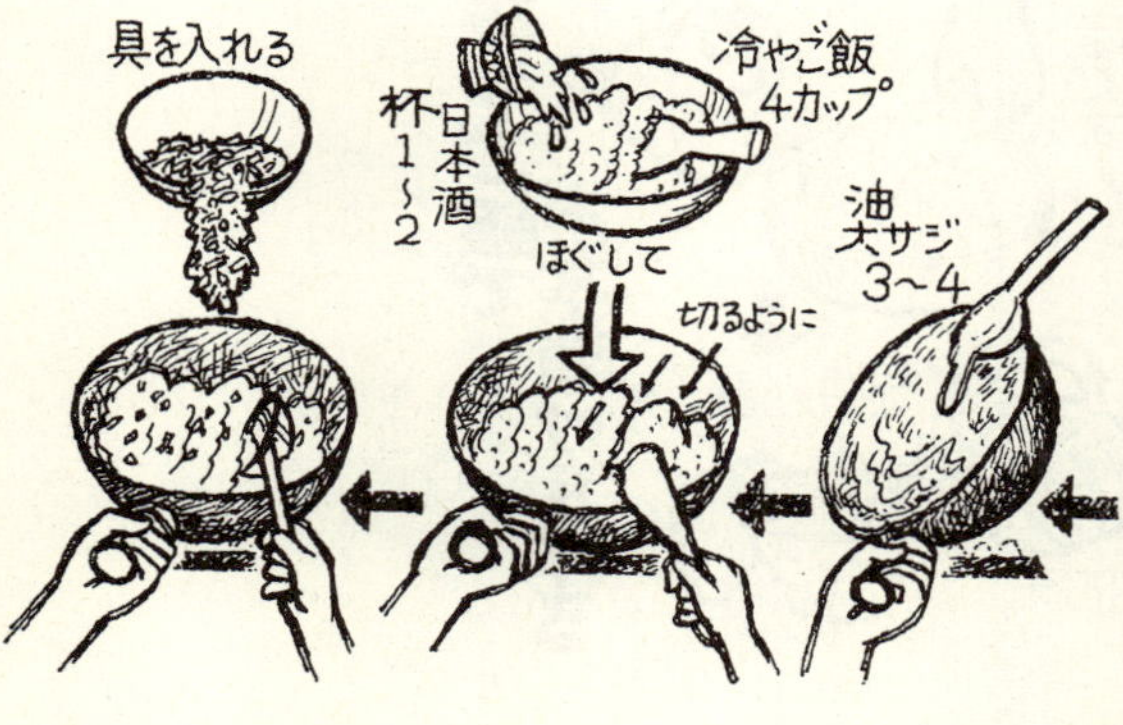
具を入れる
冷やご飯
4カップ
日本酒
杯
1〜2
油
大サジ
3〜4
ほぐして
切るように

けて雑炊の風味がなくなります。

## ◉雑炊がねばねばしたら

冷やご飯で作った雑炊がねばねばするときには、大根、にんじん（各少々）をすりおろして加え、少し煮てから彩りに、大根の葉、にらなどを刻んで振りかけ、醬油を少々たらします。

これで「野菜おじや」にするわけですが、おろした大根などが口当たりをサラリとさせるのです。

## ◉冷やご飯でお茶づけを作る場合

冷やご飯で作るお茶づけは、お茶をかけただけでは生ぬるくておいしくありません。

冷やご飯は、一度お湯で洗って、かたまりをほぐし、あたためてから別の茶碗に入れることです。そして、お好みの梅干し、鮭などをのせ、あたたかいお茶をかければ、おいしくでき上がります。

冷やご飯でお茶漬けを作る

◉多量のお米を炊く場合

いまでも、お店などで、お客が急にたてこんできたときにやっている方法ですが、湯炊きという昔ながらの方法があります。

まず分量の水をあらかじめ釜に入れ、沸騰させてから、そこへお米を入れて炊くのです。水から炊くよりはやわらかく、時間もかかりません。ちょっと味は落ちますが、急場の知恵なのです。

## ピンチを脱する失敗料理再生術

家事には慣れている、といっても、料理の失敗はあるものです。「あらっ、味が濃すぎたわ」とか、「焦げつかせてしまったわ」など、私も料理の失敗はしょっちゅうです。

ただ、転んでもタダでは起きないのが家事上手の条件ですね。失敗料理をみごとに再生することを考えるのが賢い主婦だと思います。

◉天ぷらの衣がはがれたら

天ぷらの形がくずれたり、衣がはがれてしまったら、思いきって天丼にすることです。天つゆ（だし4、醤油・みりん各1の割合）でサッと煮つめて、ご飯の上にのせてもよいでしょう。また、うどん、そばで、天ぷらうどん（そば）にしてみましょう。

◉かき揚げがバラバラになったら

かき揚げがバラバラになったら、卵とじに早変わりさせます。みつば、ねぎを添えて、天つゆを薄めたものを強火でサッと煮たて、中火にしてから卵でとじます。

天ぷらの形くずれ
天丼
天ぷらそば
うどんに
天つゆ

バラバラのかき揚げ
卵とじに
みつば
ねぎ
卵

### ◉煮魚の盛りつけの失敗には

かれいなどの煮魚がせっかくきれいに煮上がったのに、盛りつけに失敗して形をくずすことがよくあります。

こんなときは、煮汁にとろみを加えて、身くずれの魚をカバーすることです。煮汁が1人前大サジ3杯はあるように水を足してから、水溶き片栗粉（小サジ1杯）を加えて、とろみのあるつゆを作って煮魚の上にかけます。

### ◉煮魚の汁けがなくなったら

煮魚の汁けがなくなるほどに焦げつかせてしまったら、あわてて水を加えるというのはいけません。これでは焦げ味が全体に回ってしまいます。

まず、洗いおけに水を張って、煮魚の鍋をそれにつけて鍋ごと早く冷ますことです。充分に冷ましたら、包丁をそっと魚の下にさし込んでお皿にとります。

次に、別の鍋で水（大サジ4杯）みりん・醤油（各小サジ2杯）、砂糖（小サジ1杯）を急いで煮たてて、お皿の魚にかけます。熱い煮汁で冷めた魚もあたたまります。

## ◉煮ものを焦がしたら

煮ものを焦がした場合、あわてて鍋をかき回すことは禁物です。においを全体に移してしまいますから。

すぐに火を止めて、焦げていないところだけを別に移して煮なおすことです。

## ◉煮もの野菜が煮くずれしたら

煮くずれした野菜は、すり鉢でするか、まな板の上でへらでつぶして、天ぷらの要領で、衣をつ

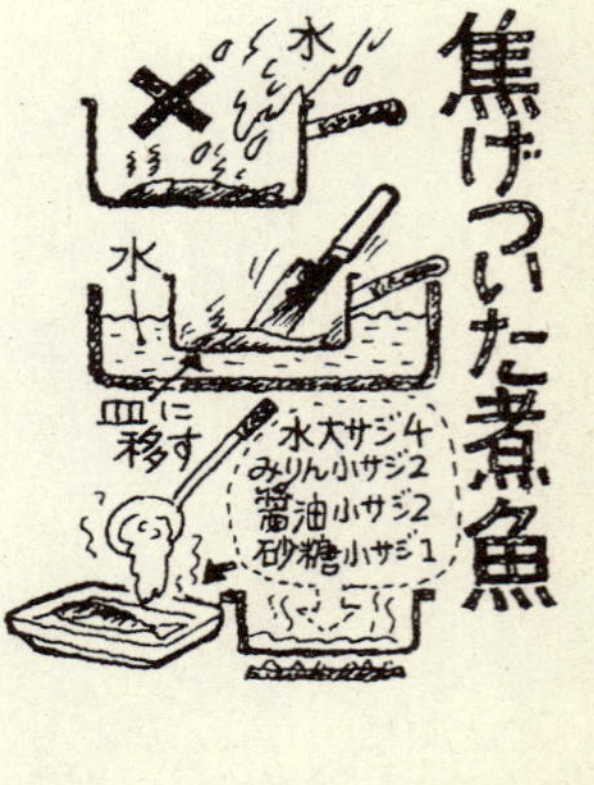
焦げついた煮魚
水
水
皿に移す
水大サジ4
みりん小サジ2
醤油小サジ2
砂糖小サジ1

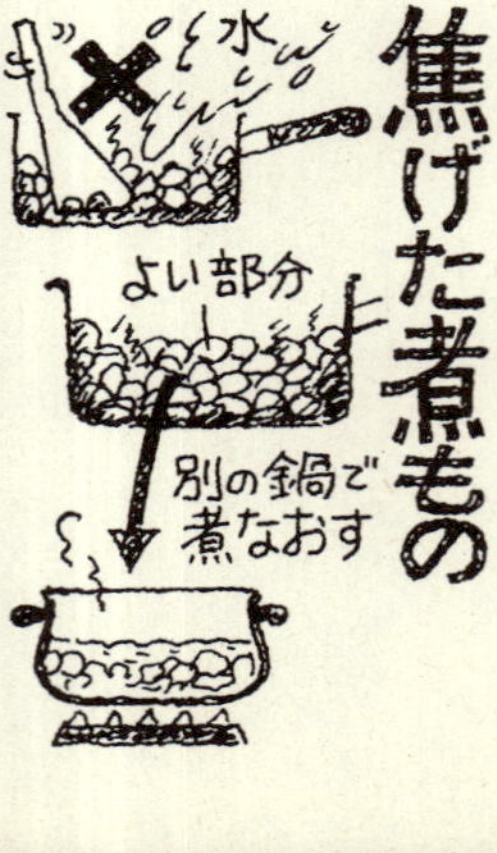
焦げた煮もの
水
よい部分
別の鍋で煮なおす

けて揚げものにするのも一つの方法です。

野菜に煮ものの味がついていますから、天つゆは必要ありません。

## ◉コロッケがパンクしたら

コロッケも揚げる最中によくパンクさせて失敗します。お子さんの食事なら、千切りキャベツなどの盛り飾りでカバーできます。

また、ソース、ケチャップなどを混ぜてフライパンで煮つめ、コロッケにかけてもよいですね。

揚げる途中で割れたコロッケは中身だけを取り出し、ハンバーグ型にまとめて、小麦粉をまぶしてポテトハンバーグに焼きなおすのも方法です。

## ◉味つけに失敗した肉は

味つけに失敗した肉は、細かく切り刻んで醤油、砂糖で炒りつけて、そぼろにしてしまいましょう。

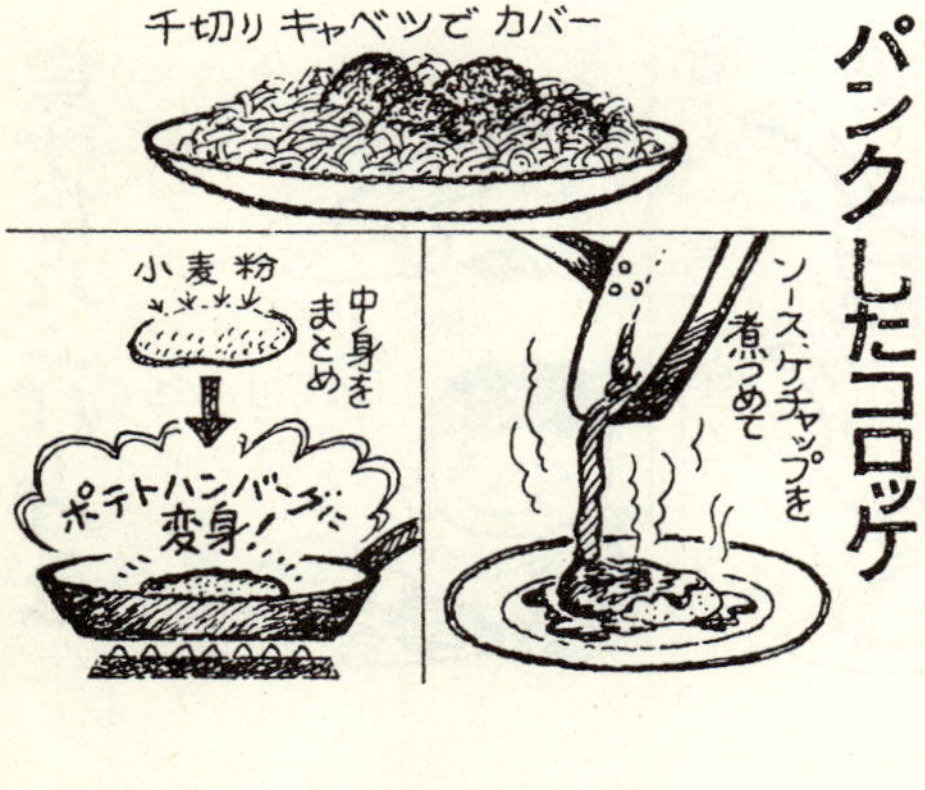
パンクしたコロッケ
千切り キャベツで カバー
ソース、ケチャップを煮つめて
中身をまとめ
小麦粉
ポテトハンバーグに変身!

肉は焼きすぎるとかたくなりますが、焼くときにワインを少し加えることで、かたさは防げます。豚肉のソテーなどは、ビールをパッパッと振りかけて焼いてみることです。

## ◉ハンバーグを焦がしたら

ハンバーグを焦がしたら、包丁でそこだけをそぎ除いて、目玉焼きとか、チーズなどを上にのせます。お子さんは、きっと喜びます。

ハンバーグが割れるのは、まとめ方が悪かったり、肉の脂分が出すぎるからなのですが、食パンに脂を吸い取らせながら焼く方法もあります。

割れたハンバーグは、ブラウンソースかホワイトソースを煮つめて濃いめにしてかけると、割れ目も気になりません。

## ◉カレー用野菜の煮くずれは

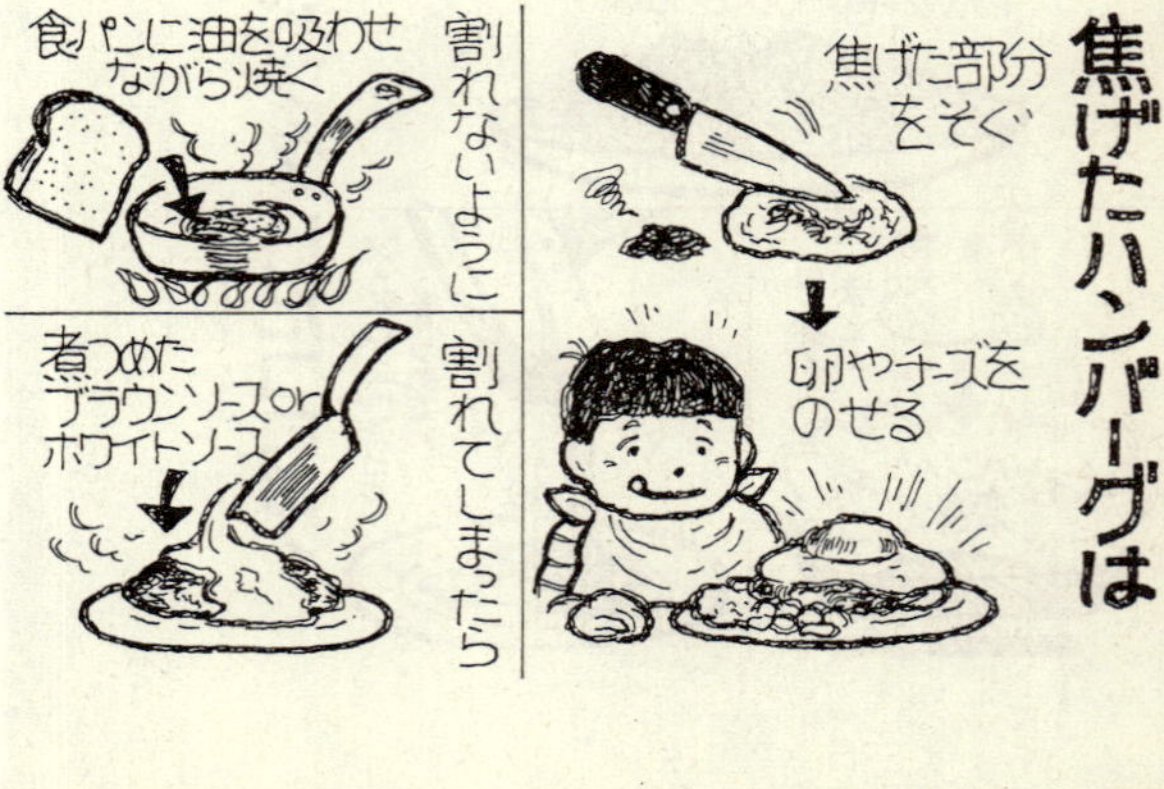
焦げたハンバーグは
焦げた部分をそぐ
卵やチーズをのせる
割れないように
食パンに油を吸わせながら焼く
割れてしまったら
煮つめたブラウンソースorホワイトソース

カレー用の野菜が煮くずれしてしまったら、別のお鍋で、そのカレー汁（2カップ）にヨーグルト（大サジ2杯）を加えて新しい野菜を煮なおして戻すことです。

## ◉和えものがやわらかすぎたら

白和えを作ったら、衣の水きりが悪くて和えものがやわらかすぎた、という経験がおありでしょう。こんなときは、白ごまをすって加えるか、甘い白味噌で逆に味をアップします。

## ◉酢のものが水っぽかったら

酢のものが水っぽすぎるのも困りますが、塩と砂糖で味つけしたいり卵を加えてみてください。水っぽさが消えます。

逆に、酢がかちすぎていたら、煮切りみりんか、日本酒（大サジ1杯程度）を加えてみましょう。

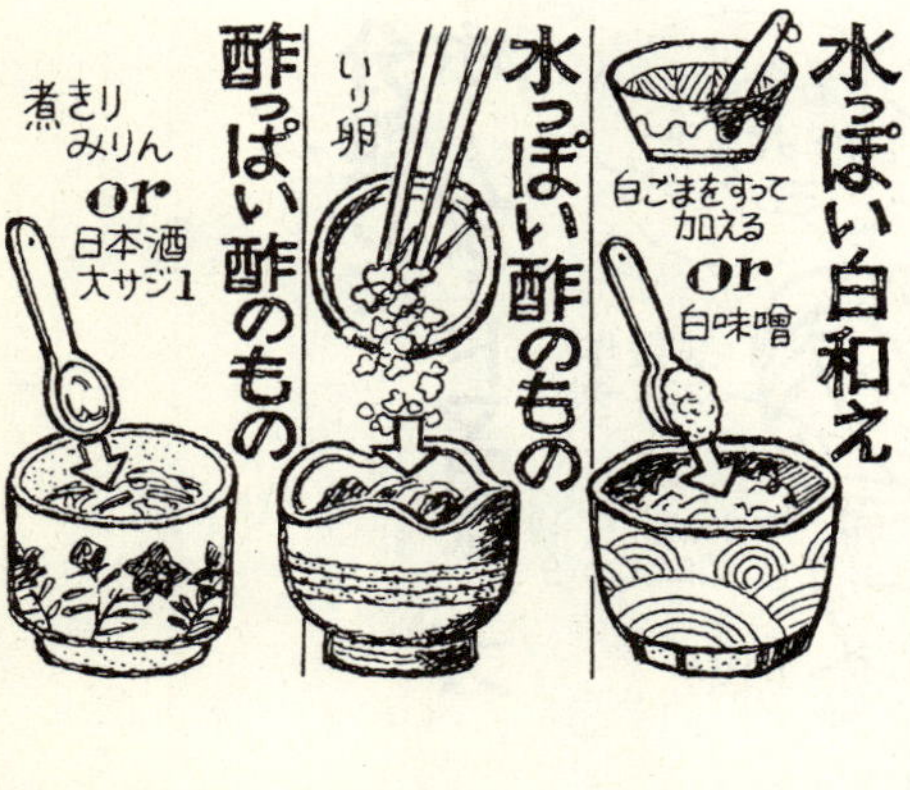
水っぽい白和え
白ごまをすって加える
or
白味噌
水っぽい酢のもの
いり卵
酢っぱい酢のもの
煮きりみりん
or
日本酒大サジ1

酢の味がまろやかになります。

## ◉厚焼き卵がくずれたら

厚焼き卵がくずれて形がまとまらなくなったら、溶き卵をかけて蒸せば大丈夫。まず、サラダ油を塗ったアルミ箔に厚焼きを置き、溶き卵1個分をかけて包み、湯気のたった蒸し器で弱火で3～4分蒸します。生の卵がつなぎの役目をして、丸い厚焼き卵ができ上がります。

## ◉手作りマヨネーズの分離には

ホームメードのマヨネーズを作る途中で、よく分離してしまうという話を聞きます。手作りのマヨネーズは、むしろ失敗後の〝やり直し〟の作り方のほうが味はよろしいみたいです。

酢少量に卵黄、調味料を加えて、泡立て器でよく混ぜながら、そこにサラダ油と酢を交互に少し

分離したホームメードマヨネーズ
最後まで作ってしまうそして・・・
失敗作マヨネーズ
少しずつ加えながら
卵黄1

ずつ加えて作っていくわけです。

　よく、油の量が多かったり、泡立てが充分でなくて、すぐに途中で分離して失敗しますが、とにかくすべての分量を混ぜてしまうことです。

　それから、新たに卵黄1個分をボウルに入れて、失敗したマヨネーズを少しずつ加えてかき混ぜていけば、簡単に分離はなおせて色もよくなります。

　マヨネーズは長時間おくと分離しますが、保存には冷やしすぎが禁物です。冷蔵庫のドアポケットにしまうようにしましょう。

## ◉塩味が濃すぎる塩辛は

　塩辛の塩味が濃すぎるとき、水で洗ってしまってはぶちこわしです。わたの味も逃げてしまいます。

　塩味がかちすぎると思ったら、お酒をちょっと入れて、全体を洗うように混ぜておくことです。

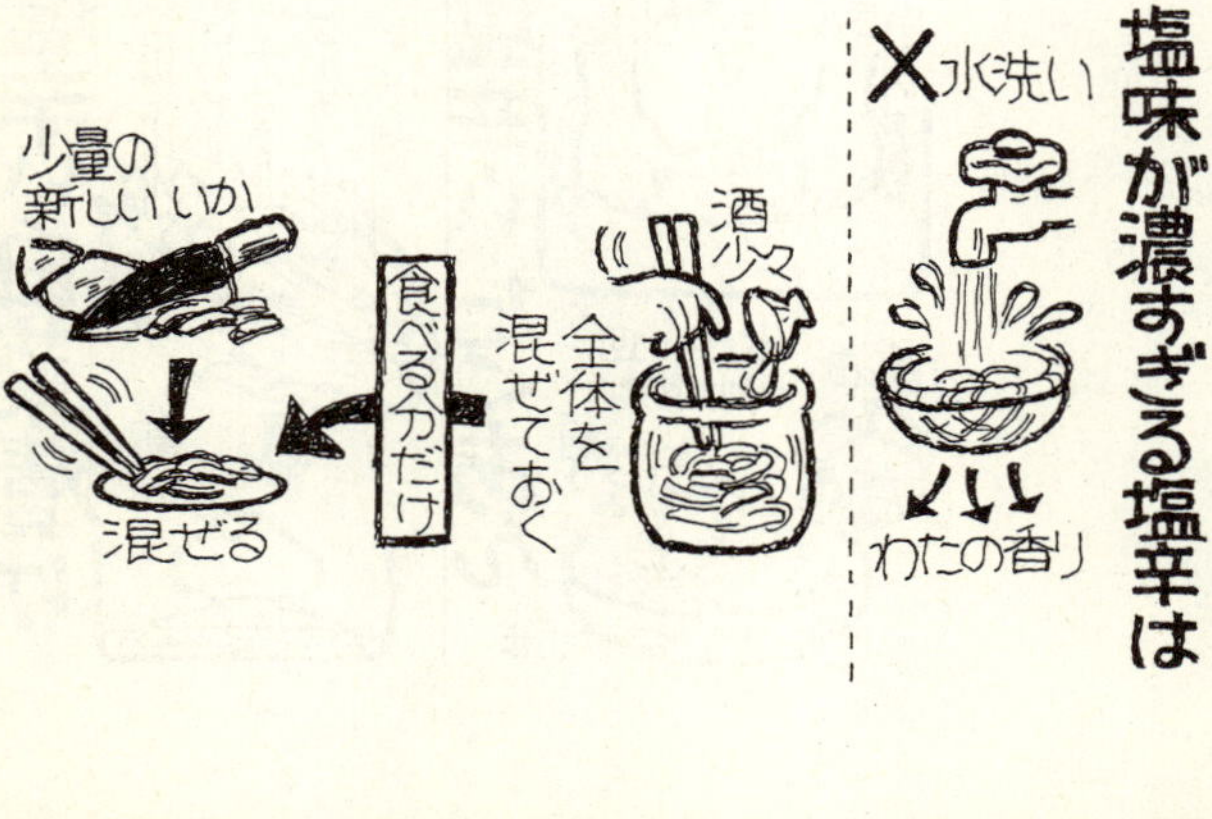
塩味が濃すぎる塩辛は
×水洗い
わたの香り
酒少々
全体を混ぜておく
食べる分だけ
少量の新しいいか
混ぜる

それで、食べる分だけをとって、少量の新しいいかを刻み、ふきんで水けをきって混ぜるとおいしくいただけます。

◉塩辛い白菜漬けには

白菜漬けの塩がかちすぎているなら、白菜1枚1枚の葉の間にみつば、かいわれ、柚子の皮、しその葉などをはさみこんで、重しをしておきます。短時間で〝違う漬けもの〟に変身します。

また、生の白菜を1～2枚ゆでて刻み、刻んだ塩辛い白菜漬けと混ぜて食べるのも一方法です。かつお節をかければおいしくなります。

白菜を株ごと薄い塩水につけて自然に塩けを抜き、新たにレモン汁、ごま油、酢、醤油などで味つけをするのも、捨てがたいおいしさです。

◉塩がきついたくあんは

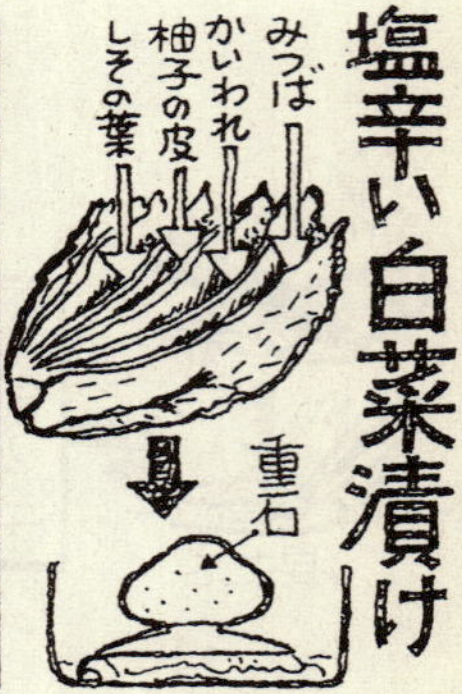

しょっぱすぎるたくあんは、1本を全部切ってふきんで包んで水につけ、ふきんごとキュッキュッと絞って、もみ洗いして塩抜きします。水は3〜4回取り替えます。

ただ、塩分とともに味が逃げてしまうので、削りがつお、ごま、醤油などで味つけして補いましょう。

## ■野菜くずで作るおいしいおかず

不況の折ですから、ケチケチ料理のお勧め、というとなんだかわびしい気もしますが、これもおばあちゃんの知恵なのです。

大根、じゃがいもの皮、かぶの葉、ほうれん草の根など、いつもは捨てていたものでも思いがけない料理ができるものなのです。

大根1本（1キロ）を例にとりましょう。その皮をむいて捨てたとしますね。なんと皮だけで5分の1（200グラム）にもなるのです。それを考えると、捨てるのは惜しいと思いませんか。

### ◉大根の皮の大阪漬け

大根の皮（200グラム）を縦に薄くむき、葉（2～3本分）はサッと塩ゆでにして水にとり、水けを絞ってから皮と合わせて細かく切ります。レモンの皮少々も細切りにして加えます。

以上の材料をボウルに入れて、塩（小サジ1杯）を加えてざっともみます。しんなりするまで約5分間ほどおいて、軽く絞って器に盛ればでき上がりです。

### ◉大根の皮のきんぴら

大根の皮は、なめらかで厚めにむいたものが合いますが、かたかったら横に千切りにすると、筋

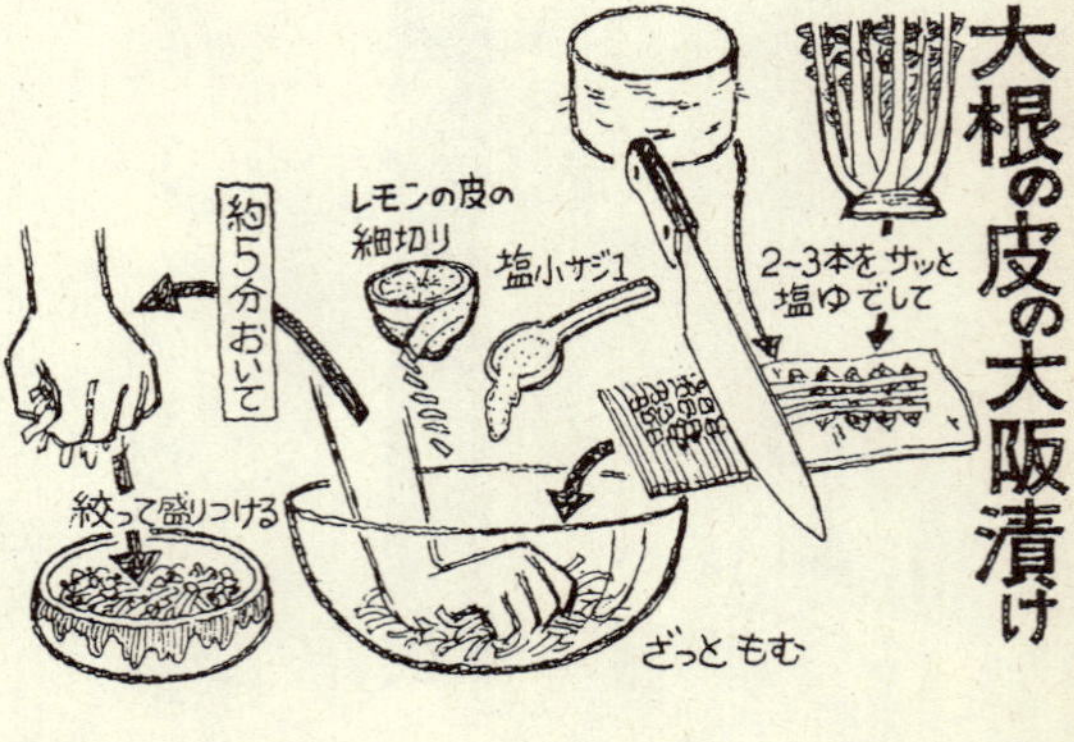
大根の皮の大阪漬け
2~3本をサッと塩ゆでして
塩小サジ1
レモンの皮の細切り
約5分おいて
ざっともむ
絞って盛りつける

が気になりません。普通なら皮（200グラム）は縦に細かく千切りにします。

鍋に油（大サジ2杯）を入れて熱し、千切りにした大根の皮を、中火で焦がさないように炒めます。しんなりしたら、赤唐辛子の小口切りを加え、醬油（大サジ2杯）、砂糖（小サジ2杯）、酒（大サジ1杯）を入れて火を強め、汁けがなくなるまで炒りつけます。ごぼうよりもシャキシャキした歯ざわりです。

## ◉皮つきにんじんと大根サラダ

にんじん（中くらいの大きさ2本）、大根（150グラム）を皮つきのまま千切りにします。

一方でフレンチドレッシング（サラダ油4分の3カップ、酢4分の1カップ、塩小サジ3分の2杯、こしょう少々）を作っておきます。

千切りのにんじんは、フレンチドレッシング（3

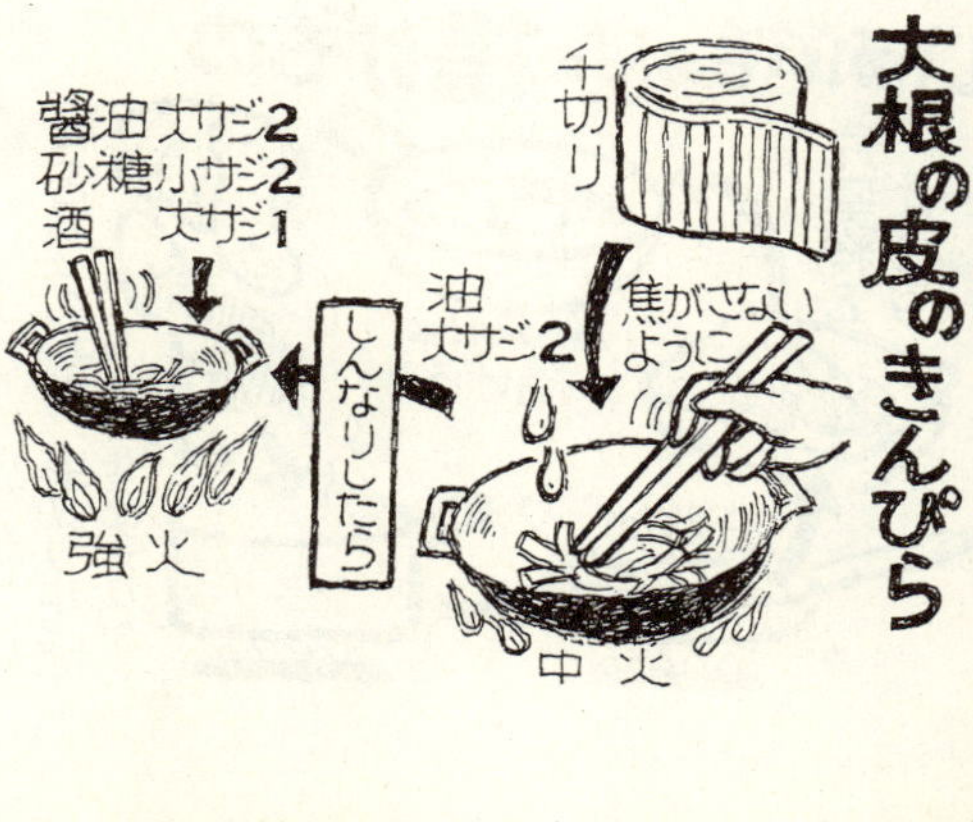

分の1カップ)、砂糖(小サジ2杯)に塩少々で和えます。

大根はフレンチドレッシング(3分の1カップ)に塩少々を加えておきます。

器にサラダ菜をあしらって、両方を盛り合わせると、とてもすばらしいサラダになります。

また食べる前に冷蔵庫で冷やしておくと、いちだんと食欲をそそります。

## ◉じゃがいもの皮の揚げもの

コロッケに似ているので、うちの孫の大好物です。

じゃがいも(3個)の皮をやや厚めにむいて、千切りにしてやわらかくゆでます。水けをきってから、サッと油で炒めて、好みの大きさ(コロッケ大)に丸めて片栗粉をまぶします。

次に160度くらいの油でカリッとするまで揚

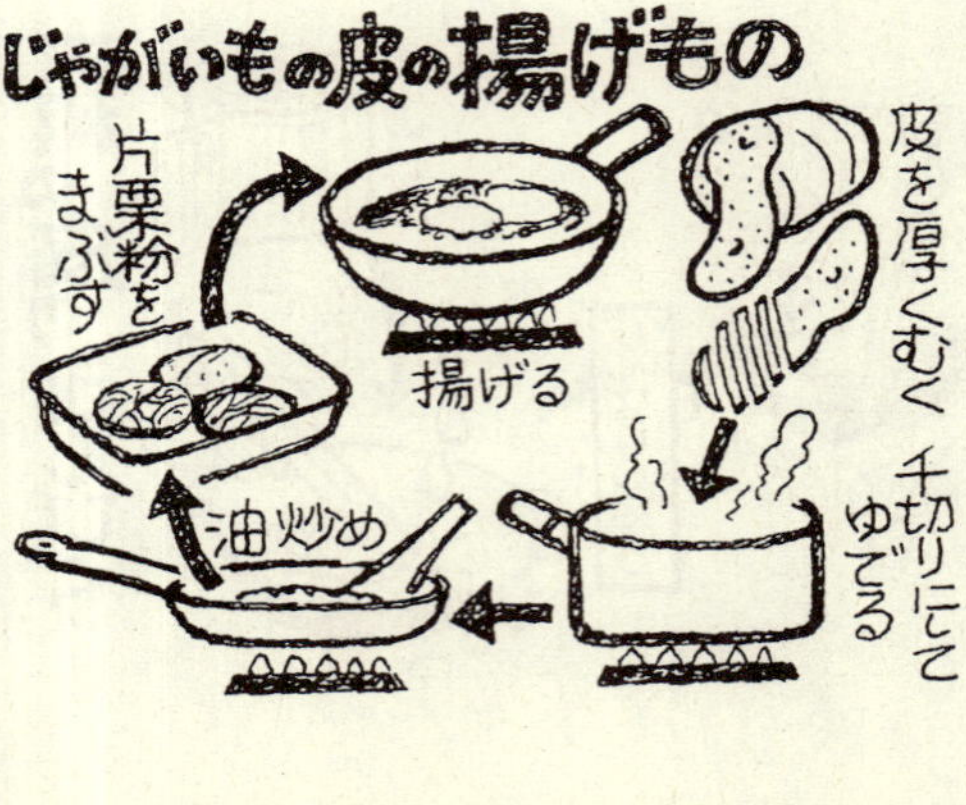

じゃがいもの皮の揚げもの
皮を厚くむく
千切りにしてゆでる
油炒め
片栗粉をまぶす
揚げる

げるのです。揚がったら好みに合わせて塩を振りかけて味をつけますが、本当に子供の喜ぶおやつになりますよ。

## ◉じゃがいもの皮のグラタン

先ほど同様に厚めにむいたじゃがいもの皮は千切りにして、ゆでてから油で炒めます。

次にすり鉢で白身の魚を2切れほどすりつぶし、じゃがいもの皮と混ぜ合わせます。魚のかわりに肉でもハムでも結構です。

これに市販のホワイトソース（1～1カップ半）、塩少々をよく混ぜてグラタン皿に盛り、オーブンで焼きます。

## ◉にんじんの皮の酢のもの

にんじん（1本）の皮は3～4センチの長さの千切りにして、熱湯をくぐらせてから水けをきっ

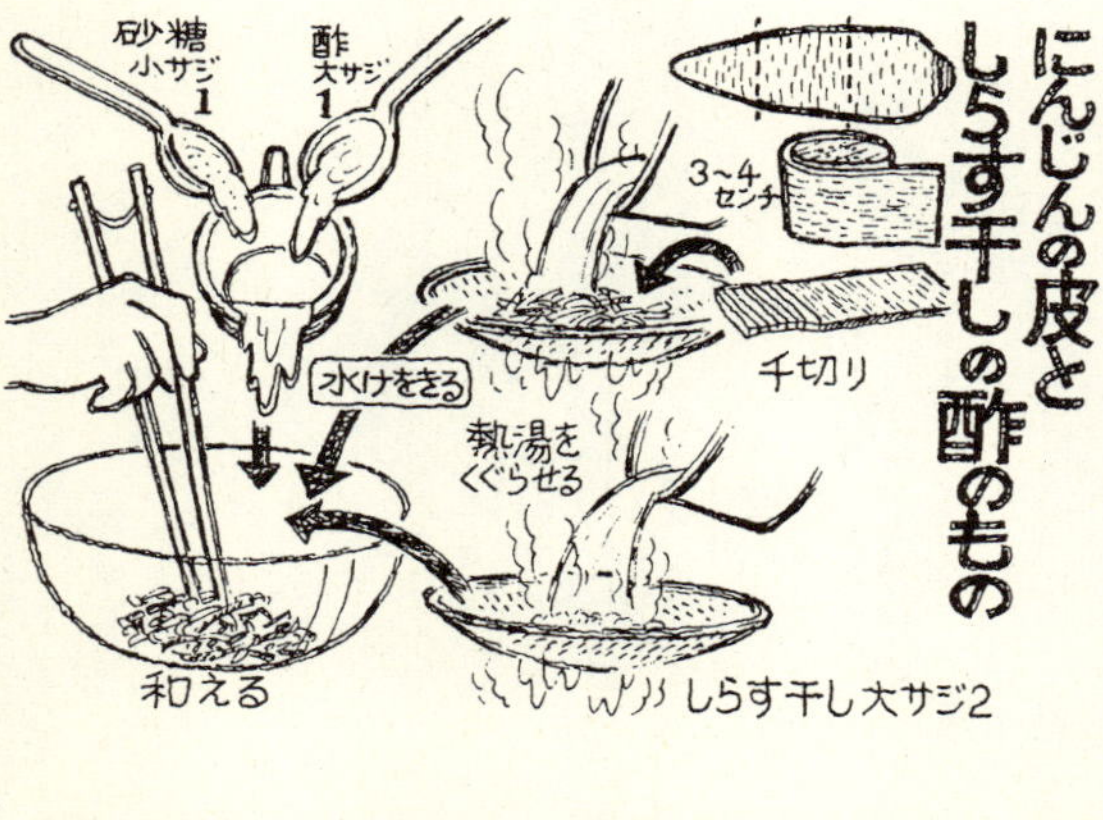
にんじんの皮としらす干しの酢のもの
3～4センチ
千切り
熱湯をくぐらせる
しらす干し大サジ2
水けをきる
砂糖小サジ1
酢大サジ1
和える

ておきます。

しらす干し（大サジ2杯）も熱湯にくぐらせておきます。

酢（大サジ1杯）、砂糖（小サジ1杯）をよく混ぜて、にんじんの皮としらす干しを和えればでき上がりです。

## ◉にんじんの皮の炒り煮

にんじん（1本）の皮は縦にむいて食べやすい大きさに切り、しらたきは熱湯で2～3分ゆでて水けをきり、適当な長さに切っておきます。

油（大サジ1杯）を熱して、まずしらたきを炒め、油がなじんだら、にんじんの皮を加えて、さらにひと炒めします。

次に、醤油（大サジ2杯半）、みりん（大サジ1杯）、砂糖（小サジ1杯）を入れて強火で味をからめます。

◉大根の葉そぼろ

大根の葉だけ（100グラム）をサッとゆでて細かく刻んでから、ふきんできつく絞ります。厚手の鍋で、この葉を炒るのですが、葉の青さを残すために、サッと炒りながら、鍋底をぬれぶきんで冷やす、この手順を繰り返すことです。途中で細かく刻んだ桜えび（20グラム）、塩（小サジ3分の2杯）を加え、最後に白ごま（大サジ3杯）を入れてでき上がり。

◉かぶの葉のごま味噌和え

かぶの葉（1把分）は塩ゆでにして水にとり、かたく絞って4センチほど切ります。次に、醤油少々を振って、もう一度絞り、ほぐしておきます。味噌（大サジ3杯半）、砂糖（大サジ2杯）、みりん（大サジ1杯）を弱火で練ります。白ごま（大

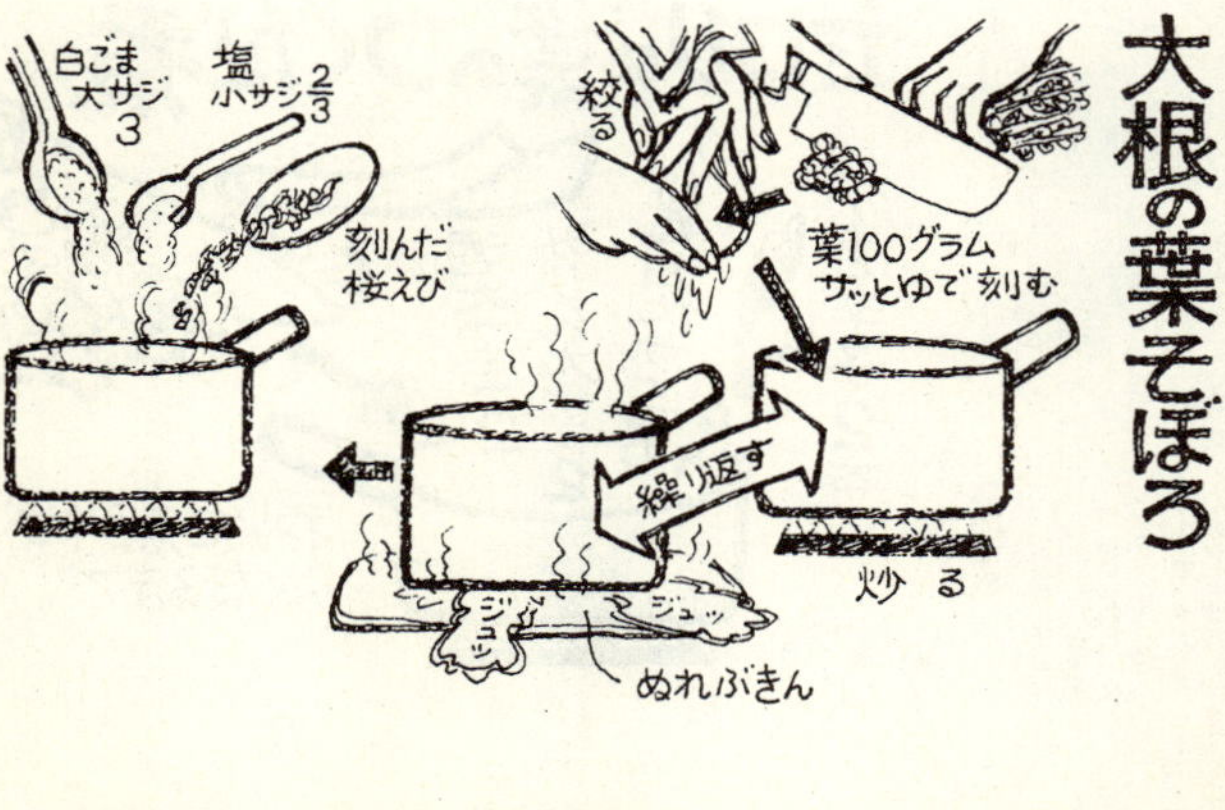
大根の葉そぼろ
絞る
葉100グラム
サッとゆで刻む
炒る
繰り返す
ジュッ
ジュッ
ぬれぶきん
刻んだ
桜えび
塩
小サジ2/3
白ごま
大サジ
3

サジ5杯）を炒ってからすり鉢で粗《あら》ずりして、練り味噌と混ぜます。これで先のかぶの葉を和えればでき上がりです。

### ◉セロリの葉のつくだ煮

セロリの葉（1株分、300グラム）は小枝も一緒にざく切り、別に赤唐辛子（2本）をちぎっておきます。

鍋にみりん（大サジ2杯）、酒（大サジ2杯）、醤油（大サジ6杯）を入れ、セロリの葉、赤唐辛子を加えて火にかけます。煮たったら弱火にして煮汁がなくなるまでゆっくり煮つめましょう。

つくだ煮は、冷蔵庫に保存し、3〜4日ごとに火を入れなおせば半月は持ちます。

### ◉ほうれん草の根のごま和え

ほうれん草の根（1把分）はゆでて、太いもの

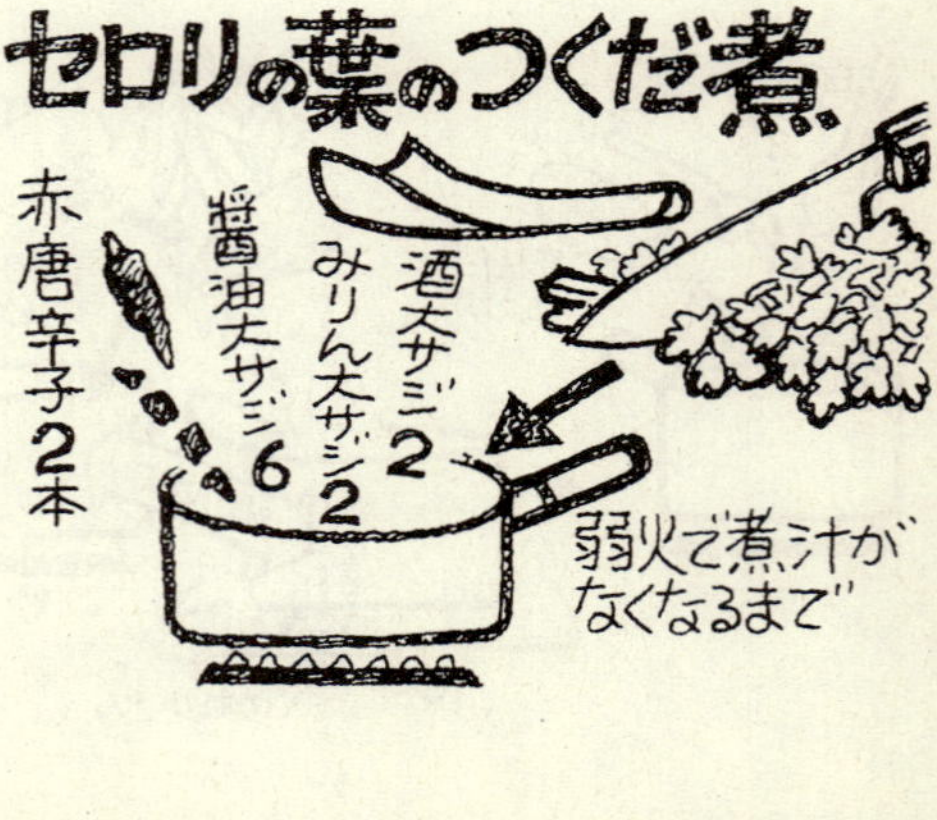

は根に包丁を入れ、二等分、四等分などに裂いて冷ましておきます。

黒ごま（大サジ2杯）をよく炒って粗ずりにして、砂糖（小サジ2分の1杯）、醬油（大サジ1杯）、塩少々を加えて、ほうれん草の根元を和えます。

## ◉せりの根のきんぴら

せりの根（12本）はよく洗って水けをきっておきます。ごま油（大サジ2分の1杯）を熱して、せりの根を炒め、砂糖（小サジ2分の1杯）、醬油（小サジ2分の1杯）を加えて煮つめます。

色はすぐに醬油に染まりますが、香りは残ります。

## ◉たけのこ団子

たけのこの根元の部分（150グラム）をゆでてから、おろしがねですりおろします。

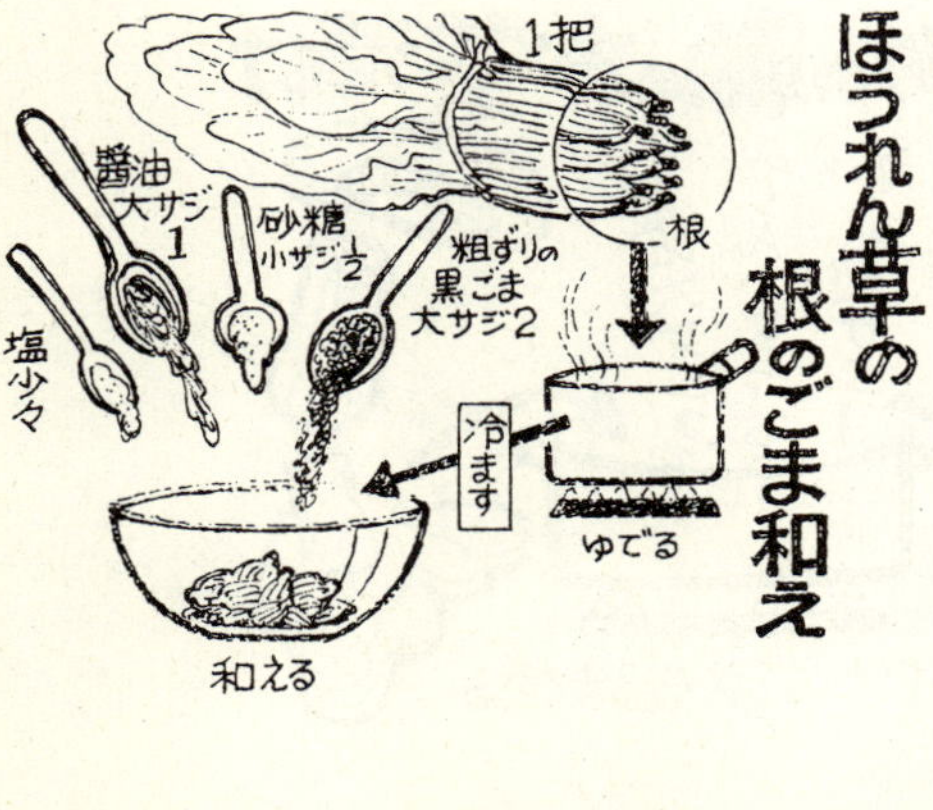
ほうれん草の根のごま和え
1把
根
醬油大サジ1
砂糖小サジ1/2
粗ずりの黒ごま大サジ2
塩少々
冷ます
ゆでる
和える

卵（2分の1個分）、片栗粉・小麦粉（各大サジ1杯半）、塩（小サジ3分の1杯）をすりおろしたたけのこによく混ぜて、梅干し大に丸めてからサッと揚げます。

次にだし（2分の1カップ）、醬油（大サジ1杯）、みりん（大サジ1杯）を煮たて、揚げたたけのこ団子を入れて1～2分煮るとでき上がりです。

かたいたけのこも、すりおろしてありますし、味つけもしてあるので、〝肉団子〟だと思っていただけます。

## ◉生しいたけの軸とにらの春巻き

生しいたけの軸（12個分）は石づきを削って細く裂いておきます。にら（3分の1把）を4センチくらいに切って、ボウルにしいたけの軸と一緒に入れ、醬油（大サジ2分の1杯）を加え、よく混ぜて10分間ほどおきます。

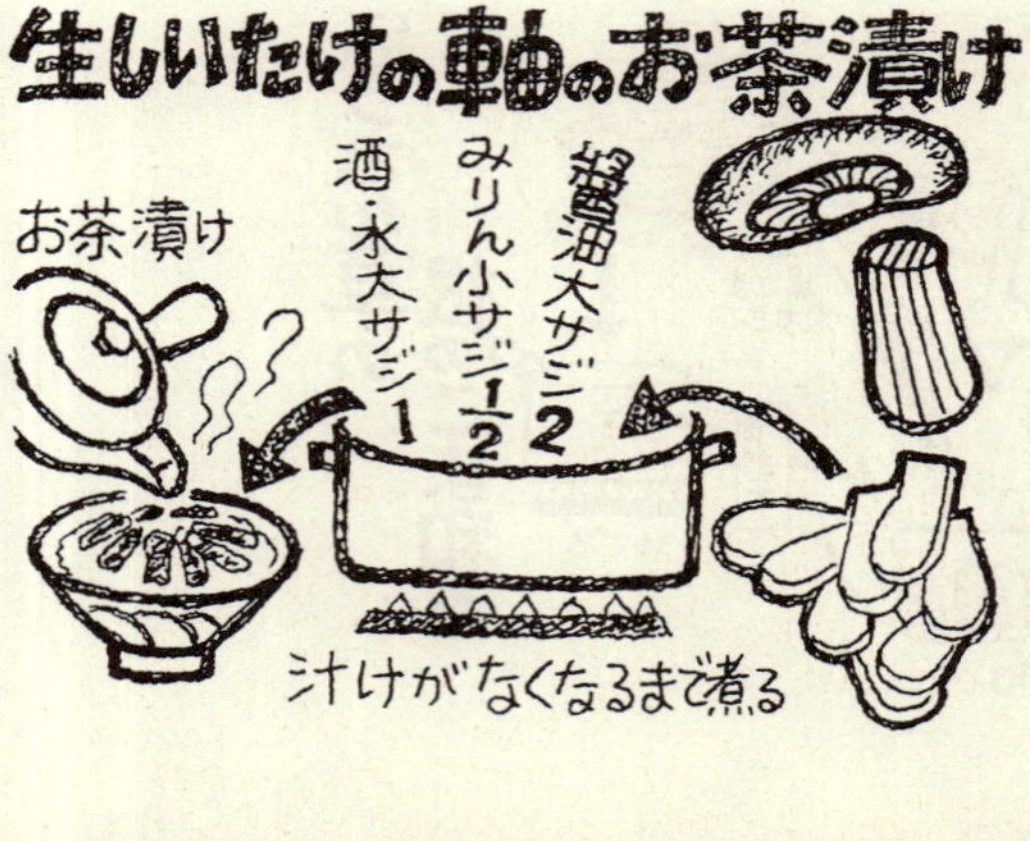
生しいたけの軸のお茶漬け
醬油大サジ2
みりん小サジ1/2
酒・水大サジ1
お茶漬け
汁けがなくなるまで煮る

これを市販のワンタンの皮にくるんで、高温の油で揚げるのです。

### ◉生しいたけの軸のお茶づけ

生しいたけの軸（3個分）を前項と同様に裂いて、醬油（大サジ2杯）、みりん（小サジ2分の1杯）、酒・水（各大サジ1杯）を煮たてた中に入れ、汁けがなくなるまで炒りつけます。炊きたてのご飯の上にのせて、お茶づけに。

## 秋を彩る菊料理

9月9日は重陽《ちょうよう》の節句、また菊の節句（節供《せっく》）ともいいます。昔の中国では奇数を陽数としていましたから、9が重なる9月9日を、邪気をはらって「長生きができますように」と祈り、祝ったのです。

この日は、中国では菊の花を浮かべたお酒を飲んで、厄よけに小高い丘や山に登る「登高《とうこう》」という風習があります。節句は本来は節供《せちく》（供具《きょうぐ》）のことで、「神や仏に食物を捧げて祭る日」の意味です。ですから、元日はお節《せち》料理、3月3日は草餅、5月5日はちまき、7月7日は団子、9月9日は菊酒や、ぐみを供えてお祭りをしてきたのです。

中国では古くから百薬の長として、菊花をひたしたお酒が不老長寿の妙薬とされました。

東京以西の土地で食用にする菊は、たいていが黄色の菊ですね。紫の菊のことを東北では〝もってのほか〟、新潟では〝おもいのほか〟と呼びますが、土地の人は好んで菊を食べます。季節になると、各地の八百屋さんやスーパーにも出回りますから、お試しください。

## ◉菊の花の下ごしらえ

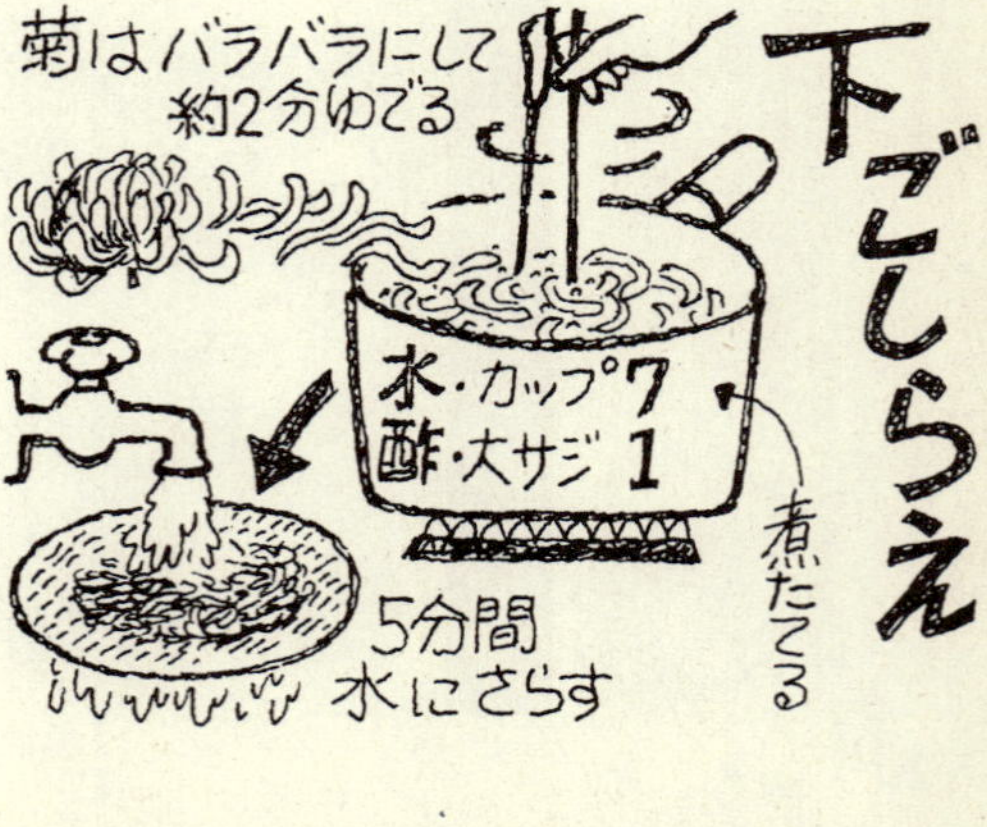
下ごしらえ
菊はバラバラにして
約2分ゆでる
水・カップ7
酢・大サジ1
煮たてる
5分間
水にさらす

菊料理を口にすると、暑い夏が去って秋になったんだわ、と感じるから不思議です。

下ごしらえからお教えしましょう。

花びらだけ摘み取って、大きな鍋に水（7カップ）、酢（大サジ1杯）を入れて煮たてた中に入れます。そして、菜箸でかき混ぜながら、花びらが透きとおるまで約2分間ゆでます。ザルにとって、ゆで汁をきってから5分ほど水にさらします。

菊料理には酢がつきものですが、花びらの色を冴えさせるためなのです。また、アクや苦みの強いものもあるので、酢を大サジ2杯にふやしたり、水にさらす時間も20分くらいに長くしたりすれば、アクや苦みは取れます。

◉菊香ご飯

菊香ご飯（4人分の量）はお米3カップをしかける際に、普通の水加減から大サジ2杯分を少な

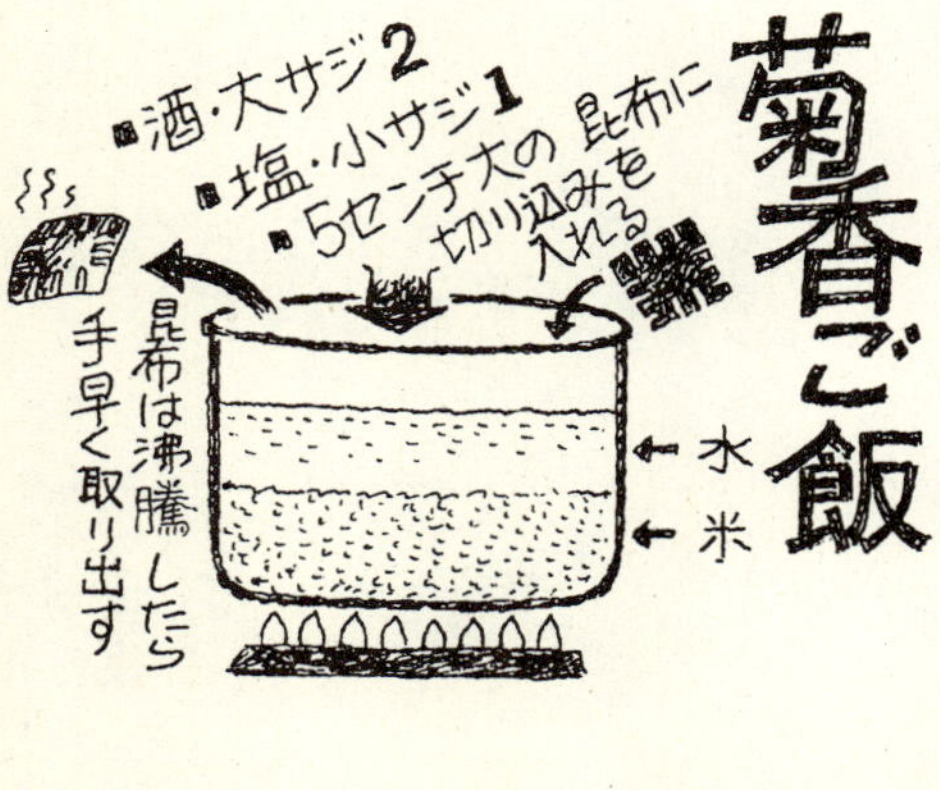
菊香ご飯
酒・大サジ2
塩・小サジ1
5センチ大の昆布に切り込みを入れる
昆布は沸騰したら手早く取り出す
水
米

くしておきます。かわりに酒（大サジ2杯）、塩（小サジ1杯）、昆布（5センチ大のものに切り込みを入れて）を加えて炊くのです。

昆布はお米が沸騰したら手早く取り出しますが、これは昆布のぬめりやにおいをご飯につけないためです。

炊き上がったら、ご飯を上下にかき混ぜながら、下ごしらえをしておいた菊（半パック）とゆでた銀杏《ぎんなん》を加えて、さっくりと混ぜ合わせます。

銀杏のかわりに、かにを使って紅色の彩りを加えた菊香ご飯も楽しいですね。

かには、冷凍ものでも缶詰でもよいのです。

100グラムほどの量を、軟骨をよく取り除いて身をほぐし、酢（大サジ2杯）、砂糖（小サジ2杯）、塩少々で味つけしておきます。炊き上がったご飯に菊の花びらをさっくりと混ぜ合わせてから、上にかにをのせると彩りはいちだんと映えます。

## ◉菊入りいかのなると巻き

私は、菊と青じそを使ったいかのなると巻きを酒のつまみに作ってあげて、いまの亭主を釣ったのですよ。

冗談はさておき、気のきいた菊料理の一つです。いかは、あまり肉の厚くないもので胴1ぱい、菊の花4個、青じその葉6枚を用意します。花の芯は苦いので花びらだけをむしり、前に述べた下ごしらえをしておきます。

いかは開いて薄皮をきれいにむき、表側に縦に5ミリ間隔の切り目を入れて縦半分に切ります。いかの切り目の入ったほうを下にしてまな板に横にして、菊の花半分、青じそ3枚をのせて、手前からかたく巻いていきます。

残り半分も同じように巻き上げて、小口から5～6ミリの厚さに切ってでき上がりです。

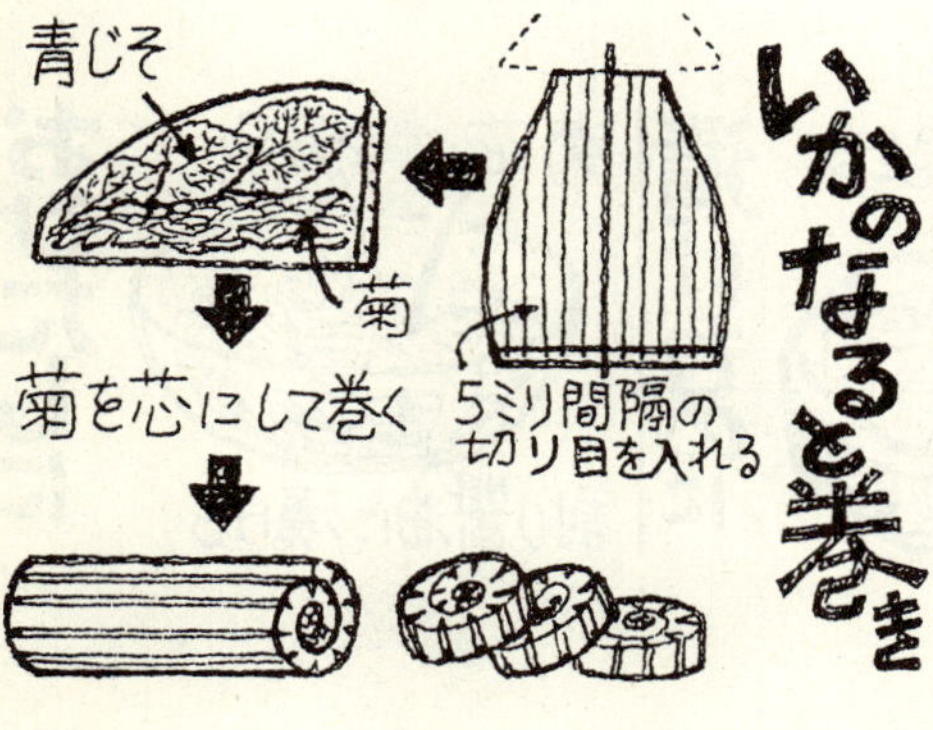

## ◉ちょっとした菊の使いみち

おひたしは、下ごしらえした菊を割り醬油（醬油をだし、酒、水で半分に薄めたもの）に漬けてでき上がり。

酢のものも、酢（大サジ4杯）、砂糖（大サジ1杯）、塩（小サジ3分の1杯）、水（大サジ1杯）の割合の中に菊を漬けて、重しにお皿などをのせておくだけです。

また、味噌汁ができ上がったら、それに菊をたっぷり浮かせてみるのも独特の味になります。

白菜、なす、きゅうりなどの漬けものに、菊を混ぜるのもオツなもの、食欲を刺激します。

## ◉菊の葉の天ぷら

天ぷらの青みには、青じそが代表みたいになっていますが、菊の葉は秋の季節感をグーンと盛り

おひたしに
菊花
割り醬油に漬ける
漬けものに
菊花を混ぜる

上げます。

葉は花に近いものを選んだほうがやわらかいのです。水洗いしてから、ふきんで水けを取って、葉の裏側にだけ衣をつけます。

天ぷらの衣は普通どおりに卵（1個）、水（1カップ）、小麦粉（1カップ半）でよいのですが、大事なことは、菊の葉を揚げるときの温度で、150度くらいの低温にすることです。

低温にして弱火で1分間くらいかけて揚げると、菊の葉はパリッとして、衣はうっすらと色づいた状態で揚がります。

# 3章

# 四季の暮らしを心地よくする工夫

## □夏を涼しく過ごす方法

昔は〝土用干《どようぼ》し〟といって、梅雨明けの晴れた日に衣類などの虫干しをするのは女性の大切な夏の家事の一つでした。それに畳を上げての虫干しも隣近所の家々がそろってやって、私たちの年配には懐かしい思い出です。

### ◆梅雨明けの畳の手入れ

畳は、生きものといわれていました。まるで呼吸をしているように、雨の日には部屋の湿気を吸い、晴れた日にはそれをはき出して、部屋の湿度をととのえるのにも役立っています。

ですから、年じゅう畳の上に絨毯《じゅうたん》を敷きっぱなしというのはまずいでしょう。畳が鼻や口をふさがれて、呼吸ができないといっているかもしれません。住む人の健康のためにも、畳の長もちのためにも、年に一度は虫干しすることが大切です。

畳の虫干しは梅雨明けがよいのです。畳を上げて充分に日に当てるのですが、表にあまり日が当たると、赤茶けてきますから、必ず裏を日に向けること。充分に日に当てたら畳を棒などでたたいてホコリを出し、から拭きをするのです。そしてかたく絞った雑巾で拭きます。熱いお湯で拭くと、畳表の変色が早くなりますから注意してください。266ページからの手入れ法も参照してください。

このごろは、青畳のよさが少し忘れられていますね。畳の座敷に青葉を通して日影がさし込んでくる光景などいうにいわれぬ清涼感があって、夏の風物詩だと思っていたのですが、近ごろはそれもな

かなかむずかしいことです。
せめてのこと、畳の上に敷いてある絨毯の暑苦しさから畳を開放してあげて、涼しさを満喫したらどうでしょうか。カーペットにしても赤、黄色などの暖色は見ているだけで暑いでしょう。カーペットを夏ゴザにするだけでも涼しいですね。

## ◆水簾で涼しさの演出

夕簾《ゆうすだれ》捲《ま》くはたのしきことの一つ　　篠原　梵

このような句があります。

夏は家じゅうの風通しをいっそうよくするために、部屋の間仕切り、襖《ふすま》、障子など、建具もはずしてしまって、簾をはめ込んだ戸に替えたり、軒先にも簾を吊

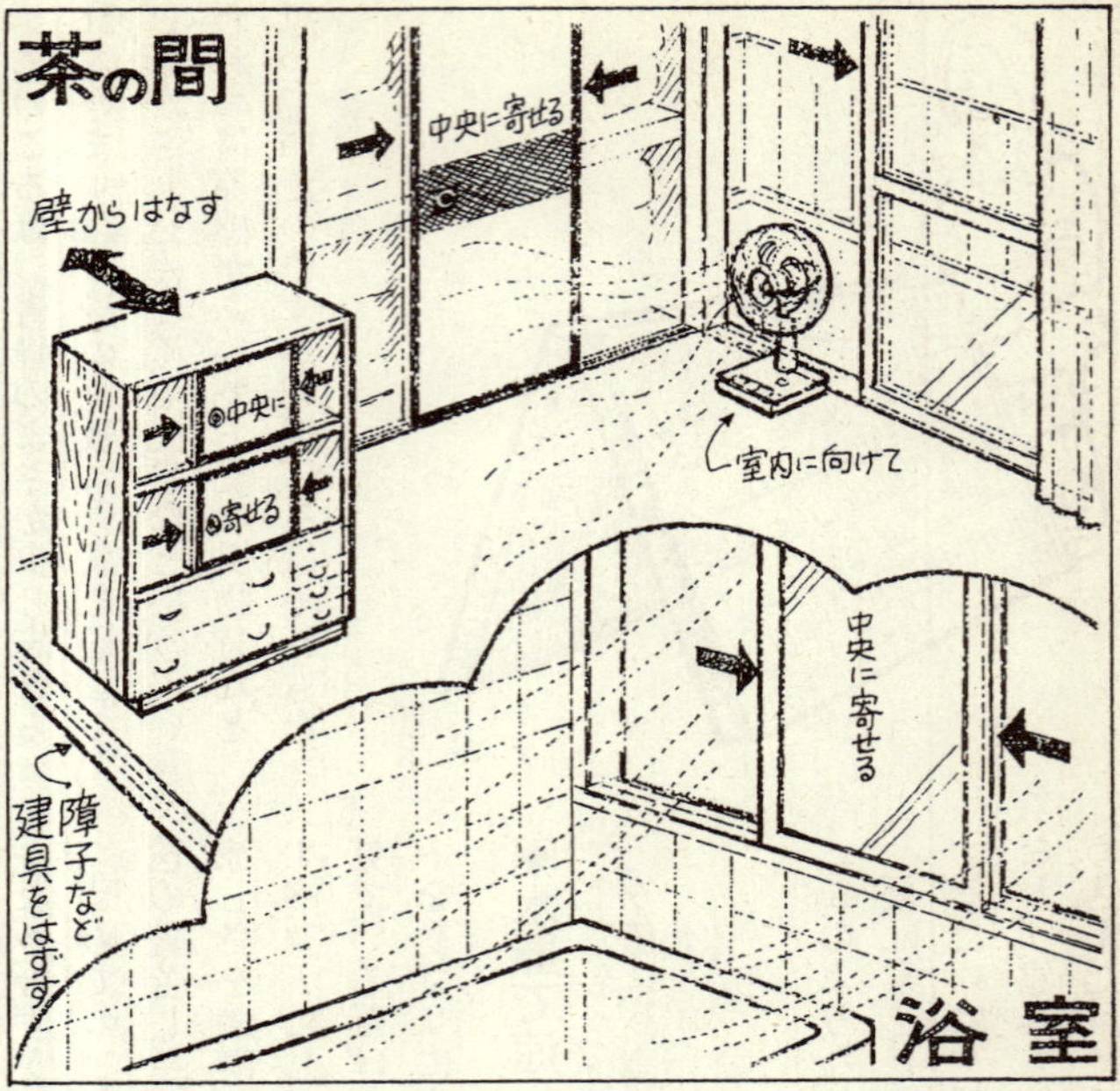
茶の間
中央に寄せる
壁からはなす
中央に
寄せる
室内に向けて
中央に寄せる
障子など建具をはずす
浴室

したものでした。簾は日本人が考えた〝涼しさの演出法〟です。すだれは簀《す》垂《だ》れ、つまり細い竹や蘆《あし》、荻《おぎ》などを編んで作っていたのです。

いまでは日覆いのためにビニール製の簾など、いろいろできています。

## ◆風の通り道を作る

涼しく暮らすにはクーラーがいちばんと考えられるかもしれませんが、家じゅうの風通しをよくするだけでたいへんに涼しくなるのです。

では、窓さえ開けておけば、風は通るかというと、これは間違いです。

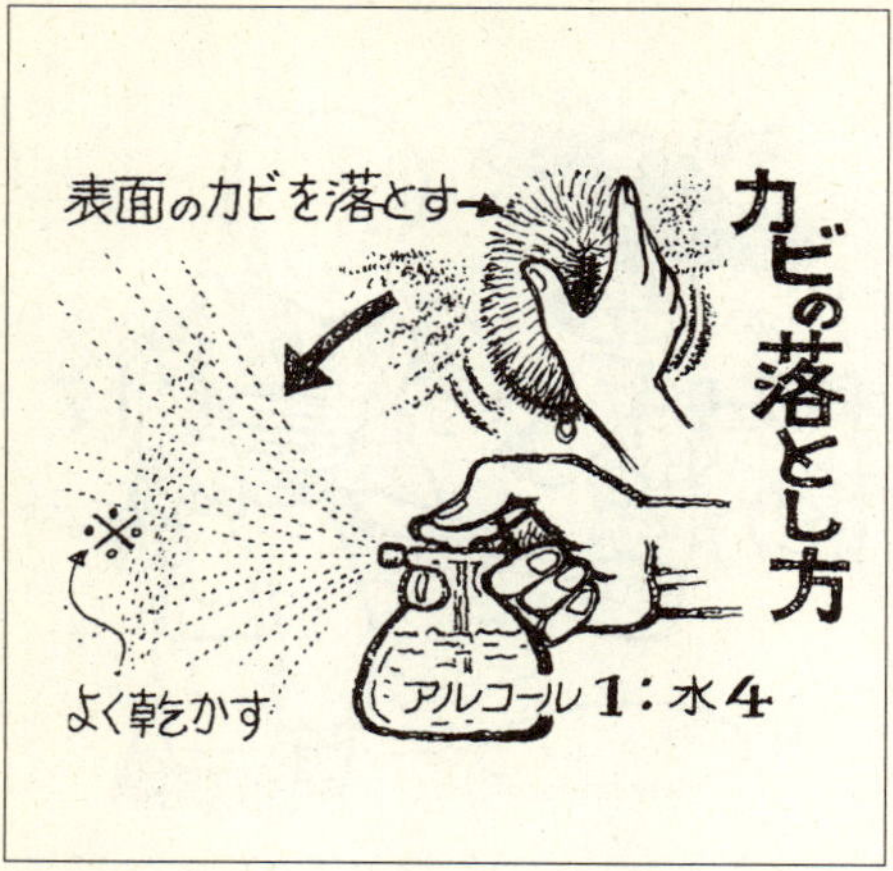


風が入ってくる道をつけたら、片方に通り抜けられるようにしておかないと、風通しはよくなりません。

ですから、夏の間は、茶の間や台所の間仕切りや建具など、できるかぎり取り払ってしまうとよろしいのです。

ハタと風が止まった日など、扇風機を窓際に置いて室内に向けて回しておけば、さわさわと空気が動いて、けっこう心地よいものです。

ついでに一日に1〜2時間は押し入れ、戸棚などの戸を中央に寄せて、通気をよくしておくことです。カビの発生を防げます。特に北側の押し入れの壁、タンスのうしろ、浴室の壁など、カビの生えやすいところは、通気が大切です。

できるだけ夏は風を当てるようにしま

しょう。

カビの落とし方にも工夫が必要です。まず乾いた布、ブラシ、タワシでこすって表面のカビを落とせるだけ取って、次にアルコール1対水4の割合の液を霧吹きで吹きつけるのです。その後は充分に乾かします。たいていのカビ菌はこれで殺せます。しつこいカビでもこの方法を2～3日おきに何度か繰り返せば大丈夫です。

## ◆打ち水の避暑法

涼しさの演出は夏の暮らしにとても大切なものなのです。昔の下町の住人は、よく軒先に〝軒しのぶ〟を吊して、毎朝水をたっぷりやっていました。いまは縁日でしか売っていないようですが、風鈴がついていて、そよ風でもチリンチリンと涼しげな音を出しました。

夕方の庭の打ち水も演出効果はありますし、また実際に涼しくもなります。

カンカン照りのときは、水をかけないことです。なぜかというと、暑さのために熱をもった蒸気となり、風があれば熱風となり、暑苦しいものです。

## ◆そばがら枕で安眠を

枕は昔から種類の多いことで知られています。いまはパンヤの枕がよく使われているようですが、私たちにはやはり〝そばがらの枕〟がいちばんです。

夏を前にした5月のころ、庭先に広げたゴザの上に、私たちは枕をほどいて中の〝そばがら〟を干したものでした。そばの実をひいた後に残る殻が〝そばがら〟で、枕の中身にはこのそばがらが最適なのです。何年かに一度は、このそばがらをゴザの上に広げて、日に干すのです。

頭の重みでこなごなになったものと、まだ形のしっかりしているものとをより分け、充分に干した後で、よいそばがらだけを枕に詰め、不足分は新しく足して適当なかたさに作り上げます。
この作業がすむと、ああ、今年の夏も近いわと感じたものでした。季節感を知らせる家事の一つでもありました。なぜ、そばがらがよろしいのか、それは寝たときに頭がうまく枕になじんで、熱がこもらないからなのです。またさらさらとした肌ざわりが気持ちよく、かたさの調節も自由にできますでしょう。頭《ず》寒足熱《かんそくねつ》というように、頭に熱を持たないほうが安眠できます。

## □夏ものをしまうひと工夫

### ◆一度着たものはすべて洗う

衣類は、汗の中の脂肪分が少しでも残っていると黄変してしまいます。一度しか着なかったものでも洗う必要があります。昔は、脂性の人の下着類など、熱湯で二度洗いしたもの。除菌を兼ねた知恵だったのでしょう。

糊づけしたまましまうと、変色、カビ、虫食いの原因になってしまうので、糊づけはしません。

### ◆ポロシャツは手洗いを

ポロシャツは手洗いをしましょう。編んであるので、回転式の乾燥機を使うと縮んでしまいますから、注意してください。

脱水機にかけてから、日に干します。しまうときは、折り目に包装紙を筒にして入れてたたんでおくと、折りじわがつきません。

## ◆浴衣は襟を粗く留めて洗う

浴衣《ゆかた》は襟がくずれないように、木綿糸2本どりで粗《あら》く留めてから洗い、よくゆすいで干します。

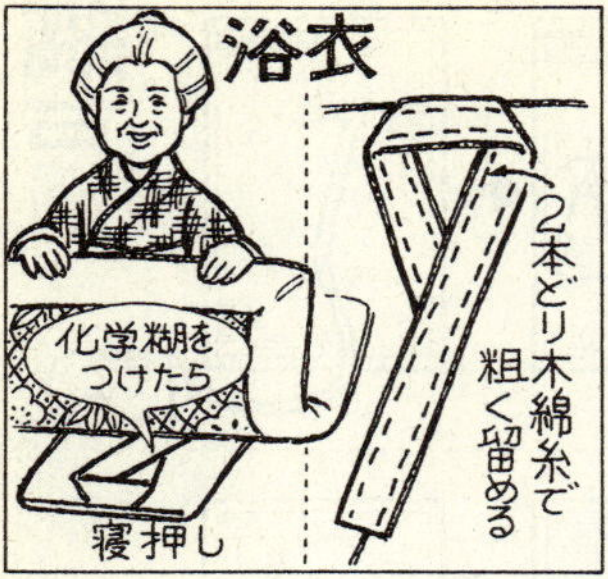


来年まで着用しないでしまう場合は、糊づけしないことですが、来年、糊をつけるのが面倒だという人は、化学糊をつけて、きちんとたたみ、ふとんの下に敷いて寝押ししておきます。
本来はアイロンをかければなおよいのですが、時間がかかりますから、寝押しですませてよいでしょう。

## ◆子供の服は裾をほどいて洗う

育ちざかりの子供の服は、すぐ丈が短くなってしまいますね。ワンピースやスカートの折り返しは、ほどいてからクリーニングに出します。

こうしておけば、来シーズンに着るとき、成長した子供の寸法に合わせて縫えばよいわけで、折り目がつかずとても便利です。

# 網戸

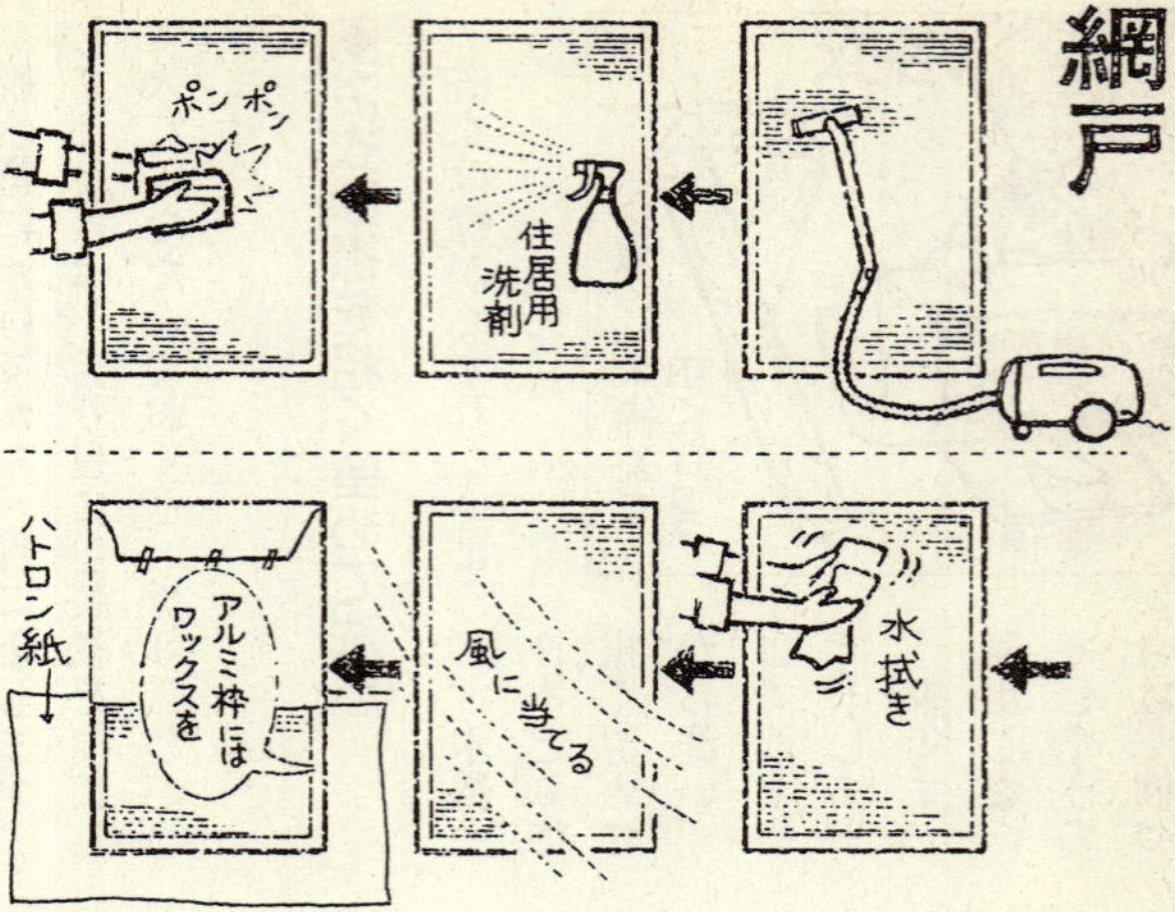


## ◆簾は防虫剤を入れてしまう

荒神《こうじん》ぼうきでよくホコリを払ってから、中性洗剤溶液をブラシにつけて洗います。あまり汚れていない場合は、水洗いだけでも大丈夫です。

縁どりのある高級品は、洗剤液をタオルにつけ、かたく絞って表と裏を何度も拭きましょう。このとき巻きながら拭くと、簾の側面まできれいに拭けます。

次に、水拭きし、洗剤分を取り除いてから、乾いた布でよく拭き、陰干しします。

しまうときは、新聞紙を筒にして巻き込みます。縁どりに絹地を使用してある超高級品、高級な竹製品は、新聞紙の筒の中に防虫剤を入れておくとよいでしょう。

収納場所は、湿気のないところを選びます。

## ◆網戸は掃除機でホコリを取る

網戸はホコリを吸いやすく、おまけに汚れも目立ちます。

まず両面に掃除機を丹念にかけ、ホコリを取り除きます。次に、霧吹きに住居用洗剤を入れて吹きかけ、乾いたスポンジ2個で網戸の両面をはさむようにして軽くポンポンとたたきながら、汚れを吸い取ります。

力を均等に入れないと網がたるむおそれがありますし、力を入れすぎると網目がゆるむので注意しましょう。あとは、水拭きして洗剤分を取り除き、風に当てて乾かしてから、ハトロン紙に包んでしまいます。

一年中使用する場合も、夏の終わりに一度掃除しておきたいものです。また、アルミ枠に金属網が張ってある網戸は、ホースの水を必ず上部から下部にかけて水洗いすると簡単です。乾いた後、アルミ枠に薄くワックスを塗り、よく磨き込んでおくことも大切です。

## ◆ブラインドは一枚ずつ拭く

ブラインドにたまったホコリは掃除機で吸い取ります。そして厚めの布に住居用中性洗剤を充分につけて、一枚一枚はさむように拭き取ります。

ブラインドは手を切りやすいので、台所用ゴム手袋をはめて作業します。最後

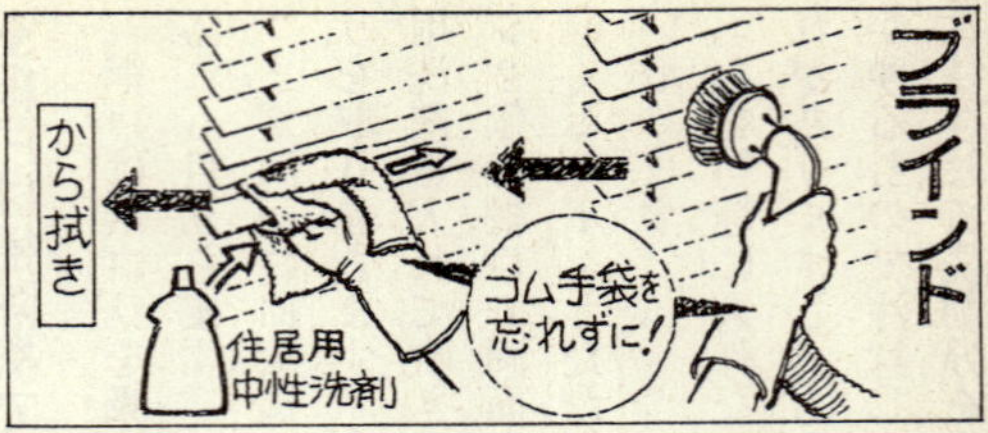


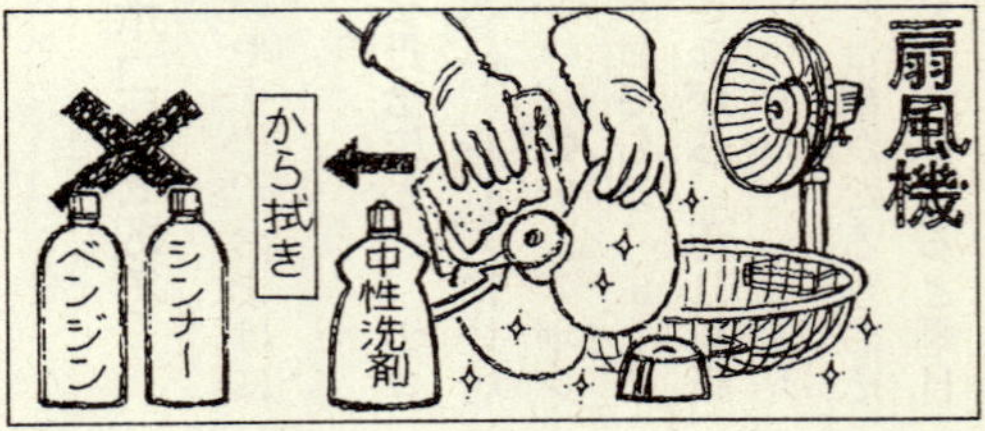


に乾いた布でから拭きします。

### ◆扇風機は分解して中性洗剤で

扇風機の取りはずせる箇所はすべて取りはずして、中性洗剤をつけた布で拭き取り、あとは洗剤分が残らないようにから拭きします。

シンナー、ベンジン類を使うとよく落ちるのではと思う人がいるようですが、プラスチックや金属の塗装面が変質するので、禁物です。

### ◆クーラーの本体は洗剤拭きを

エアフィルターをはずし、中性洗剤液でよく洗い、流水をかけます。水けをきって新聞紙2～3枚で包み、湿りけを吸い取らせ、風通しのよい場所に30分ほど

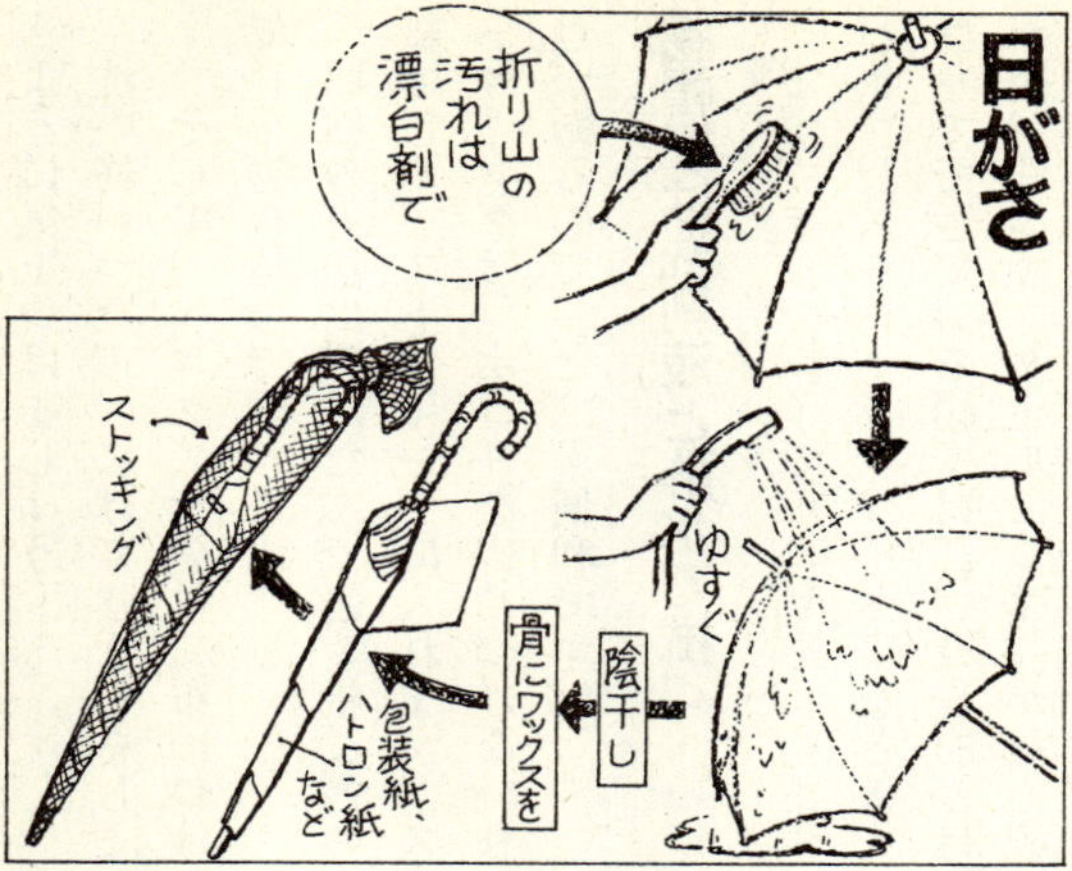
日がさ
折り山の汚れは漂白剤で
ゆすぐ
陰干し
骨にワックスを
包装紙、ハトロン紙など
ストッキング

置いてから本体に戻します。

本体の汚れは、洗剤拭きしてから、乾いた布で拭きます。私は、カーテンの残り布でクーラーカバーを作り、かけておきますが、ちょっとしたインテリアになります。

## ◆日傘はストッキングに収納

お風呂場に日傘を広げて、ブラシに中性洗剤をつけてこすり洗いしてからゆすぎます。

日傘の骨と骨の間を一つずつ丹念に洗っていけば傷つきません。折り山にはしみがつきやすいものですが、漂白剤を薄めて入念にこすり洗いすれば落ちます。このとき、色柄物には酸素系の漂白剤を用い、白いものには塩素系の漂白剤を使うように気をつけましょう。

洗い終わったら、広げて陰干しをします。そして、ワックスを少量、布につけて骨を磨き込んでおきます。

収納の方法は、たたんで包装紙などの紙で包み、ストッキングに入れます。ストッキングは、ホコリを寄せつけない利点があるので、とても便利です。

## ◆帽子は洗剤液と酢水で拭く

まずブラシで帽子のホコリを払います。パナマ、ストローラファイヤーなどの天然草でできている帽子は、ブラシをかけた後、洗剤液をタオルにつけ、かたく絞って拭き、あとは、酢水で拭きます。

木綿、麻、ポリエステル製の帽子は洗えますから、洗剤液をブラシにつけて洗い、化学糊を仕上げにつけてから乾かしますが、脱水機を利用する場合は、ツバを上にして入れ、20秒くらいの短時間で脱水することです。

アイロンをかけるときは、タオルを丸めてクラウンに入れ、形づくってからかけましょう。

## ◆海浜用具はパウダーをまぶす

浮き袋、ビーチマット、足ひれなどはよく水洗いし、塩分を取り除きます。油がついている場合は、中性洗剤液で洗い、よくゆすぎます。そして、陰干ししてから乾いた布で拭き、しまうときにベビーパウダーを少量まぶしてからたたみ、ハトロン紙など、無地の紙に包んで収納しましょう。

包装紙を使うときは、柄面がふれないように包まないと、模様が転写されてしまうので注意を。

水着、水泳帽は、35度のぬるま湯に洗剤を入れて押し洗いし、たっぷりの水でよくゆすぎ、陰干しにします。

プールで使ったものは、消毒薬の塩素が脱色の原因になるので、充分に洗うことが大切です。

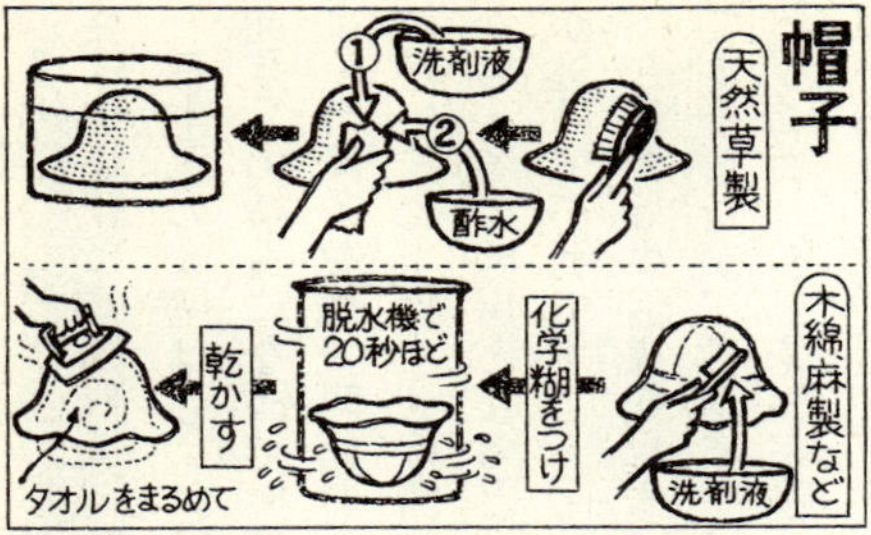
帽子
天然草製
①
洗剤液
②
酢水
木綿、麻製など
洗剤液
化学糊をつけ
脱水機で20秒ほど
乾かす
タオルをまるめて

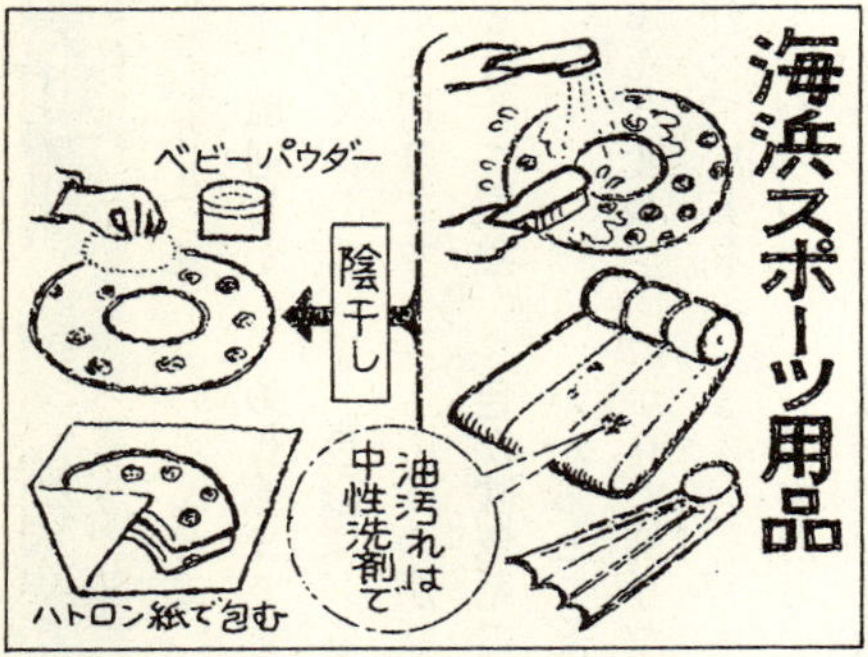
海浜スポーツ用品
ベビーパウダー
陰干し
油汚れは中性洗剤で
ハトロン紙で包む

## □冬を暖かく過ごす知恵

日本風の家屋は、どちらかというと〝夏向き〟の構造になっています。風通しがよく、障子や襖で間仕切りがしてありますが、それをはずせば開放的な造りですから、冬の暖房となると、どうしても熱が逃げて不利です。

今日では生活様式もずいぶんと変わってきましたが、日本家屋に住んでいる私たちには、冬を暖かく過ごす昔からの知恵があります。

### ◆室内を暖色系に模様替えする

暖房器具を入れれば、手っとり早く暖かくなるに決まっていますが、生活道具の色彩を変えるだけでも、心理的にはずいぶんと違います。色彩の感じは、ものの質感までも変えてくれます。

色彩は、冬には暖色系、夏には寒色系、というのが原則です。赤、オレンジ系の色が暖色系ですが、いくら見た目に暖かいからと、部屋中を赤やオレンジの色ばかりで飾りたてても落ち着きがなくなります。

ですから、カーペット、カーテンなどはベージュ系の中間色を使って、クッション、テーブルクロスなどの小物に思いきった暖色を使ってみましょう。配色を変えることで、部屋の暖かさは違ってきます。

毛糸で編んだもの、ざっくりとして暖

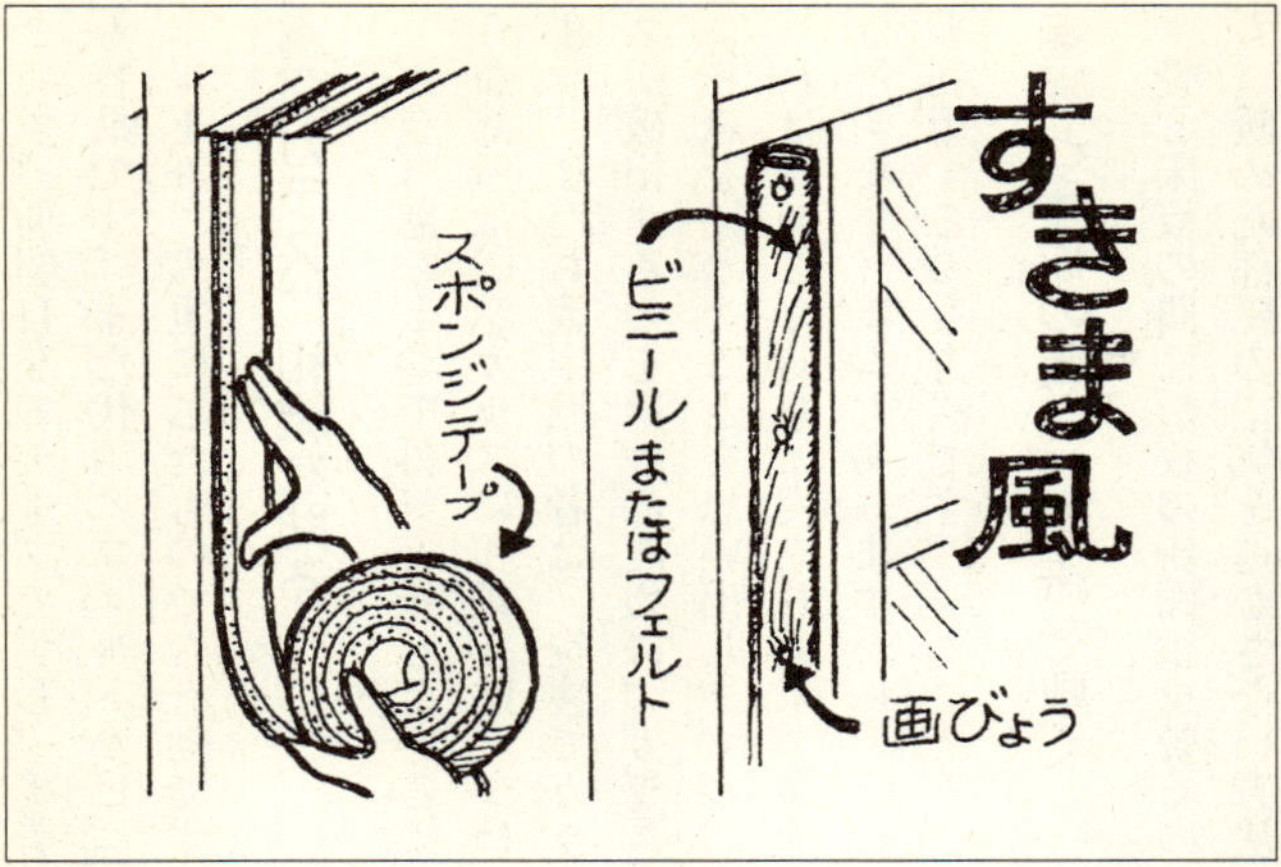


かい肌合いのウールなどが冬にふさわしい材質です。当然、白いレースのカバー、テーブルクロスなどは、寒々とした感じで冬には向きません。

## ◆すきま風を防ぐ方法

すきま風は、よほど立派な家に住んでいらっしゃれば別ですが、私たち庶民には秋から冬への季節の移り変わりを身近に感じさせるものです。懐かしいものでもあるのですが、暖房にはやはり大敵です。

天井板の合わせ目、ふし穴、柱と壁のすきまなどは、テープで目貼《めば》りをするだけで、簡単にすきま風は防げます。

柱と窓、柱と襖のすきま風は、市販のスポンジテープを柱に貼りつけて防ぐことです。伸縮自在のテープですし、接着も容易です。また代用にフェルトかビニールを五、六重にしたものでも有効です。

## ◆窓ガラスに和紙を貼る

ガラス窓ひとつで外気と接しているような部屋は、窓ガラスに和紙を貼りつけます。私たち戦中派の者は、空襲でガラスが破損するのを避けるために、ガラスに和紙を貼ったことを思い出しますが、これはけっこう防寒に役立ちます。最近は透明なフィルムもありますから、それを利用するのも方法です。

## ◆畳と床板の間に新聞紙を敷く

畳と床板の間に数枚の新聞紙を敷くのも、暖めた部屋の空気を逃がさない方法です。また見落としやすいことですが、本棚に並べた書籍は、部屋の湿気を吸って部屋の空気を冷やします。本棚にもカーテンを吊したほうがよいのです。

## ◆カーテンの防寒工夫

カーテンは、厚手の織り目の詰まった布地のものを2枚にして、丈も天井から床までいっぱいに吊せば防寒効果は充分です。この際、2本吊りのカーテンレールの上に幅6センチくらいの板をのせておくと、暖かい空気を逃がしません。

## ◆扇風機で暖気を送る

ストーブで暖められた空気は、室内の上方に上がります。ですから、扇風機を天井のほうに向けてゆるやかに風を送れ

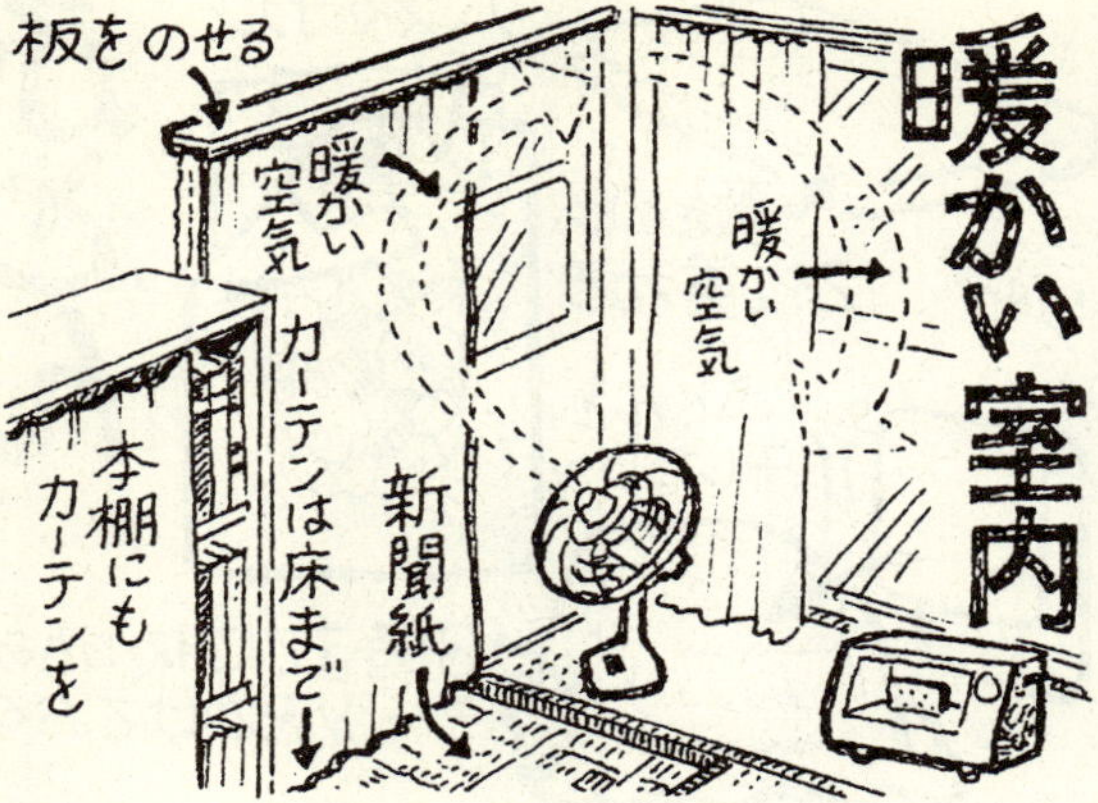
暖かい室内
板をのせる
暖かい空気
暖かい空気
カーテンは床まで
新聞紙
本棚にもカーテンを

ば、温風が下方に還流してきます。

## ◆反射ストーブの利用方法

反射ストーブは、一度、壁面に向けて壁を暖めておくことです。壁からの反射熱が利用できて、その後、ストーブの熱の効率のよい使い方になります。

暖房器具は風の入り口、窓のそばに置いたほうが効率的です。こうすると、すきま風を感じないですみます。

## ◆スリッパに唐辛子を入れる

雪の多い会津地方に戦争中疎開したことのあるお友達に聞いたことがありますが、藁《わら》靴はとても暖かいもので、足のしもやけ防止に大変よいのだそうです。

靴の爪先に唐辛子を入れておくと、凍

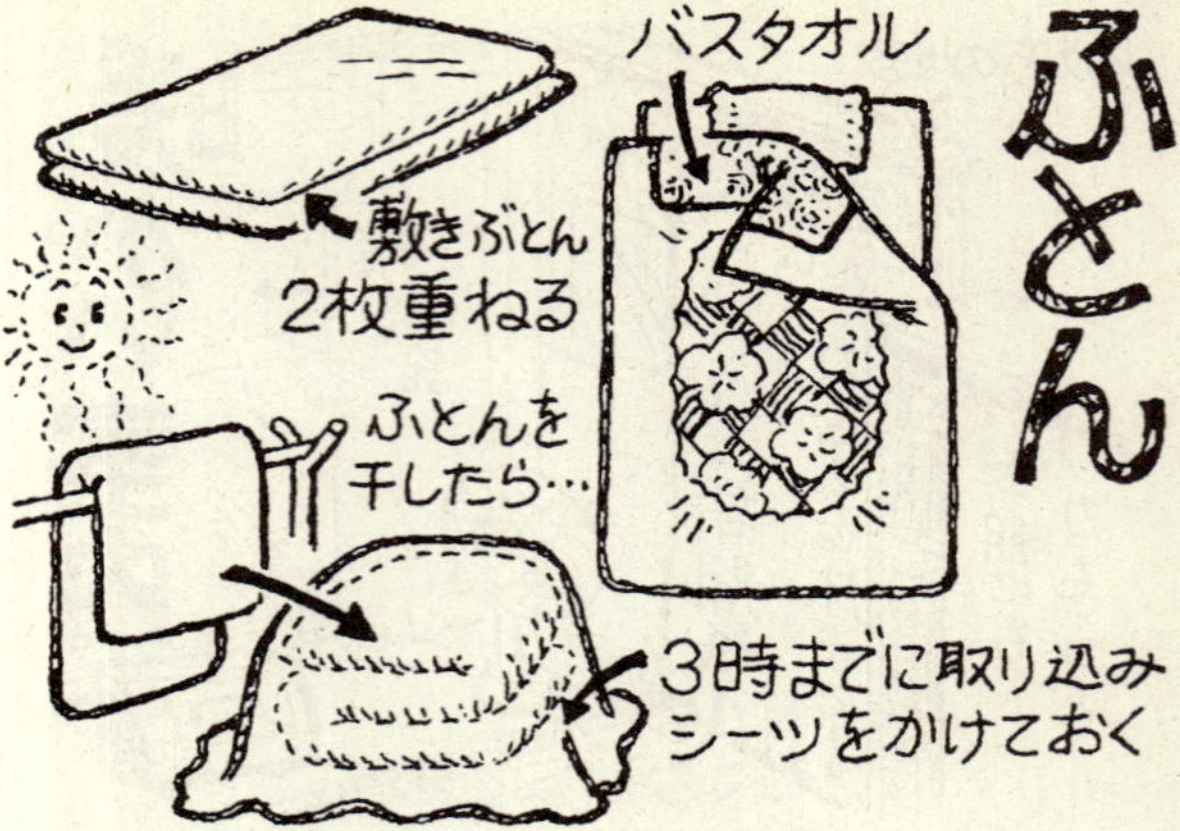
ふとん
バスタオル
敷きぶとん
2枚重ねる
ふとんを
干したら…
3時までに取り込み
シーツをかけておく

傷にかかりにくいものです。唐辛子の辛さが足の皮膚を刺激して血行を促すからです。新田次郎さんの小説『八甲田山死の彷徨《ほうこう》』にも、死をまぬがれた兵隊さんが、靴に唐辛子を入れ、油紙で足を守る光景が描かれていました。

わが家では冬のお客用スリッパの先に赤唐辛子を2〜3本ガーゼに包んで入れてあります。足が温まるといって好評です。女性は冷え症の人が多いので、家では厚手の靴下をはいて爪先にガーゼにくるんだ唐辛子を入れておくとよいでしょう。使う唐辛子は、普通、秋になって出回る赤唐辛子を乾燥させたものです。

### ◆寒い夜にねぎ味噌湯

寒い夜、ねぎを細かく刻み、かつお節

を削り、味噌を加えて熱湯をそそぎ、それをフウフウ吹きながらよく飲んだものです。わが家の祖母直伝《じきでん》という真冬の習慣で、そのまま床にもぐり込むと、体が温まって安眠できたものでした。いまでも思い出しては、時折やっています。

### ◆暖かい寝具作り

ふとんの襟もとにバスタオルなどを当てるのも工夫です。襟もとが暖かいと眠りやすいものです。敷きぶとんは、１枚よりは重ねたほうが暖かく眠れます。

それに、お天気の日は、こまめにふとんを干すことです。午後3時ごろには取り込んで暖かさを逃がさないように、上からシーツをかけておくか、すぐにたたむことです。

湯タンポは、もう過去のものかもしれませんが、昔は古セーターを再利用して「湯タンポの袋」を編んだものでしたが、雪国ではいまも使っていらっしゃるかなとも考えています……。

## 冬ものを上手にしまう

### ◆こたつぶとんは風呂場で洗う

化繊綿をキルティングしてあるこたつぶとん、こたつマットは自分で洗えます。

まずカバーをはずし、四つにたたみ、風呂場のすのこの上に置きます。

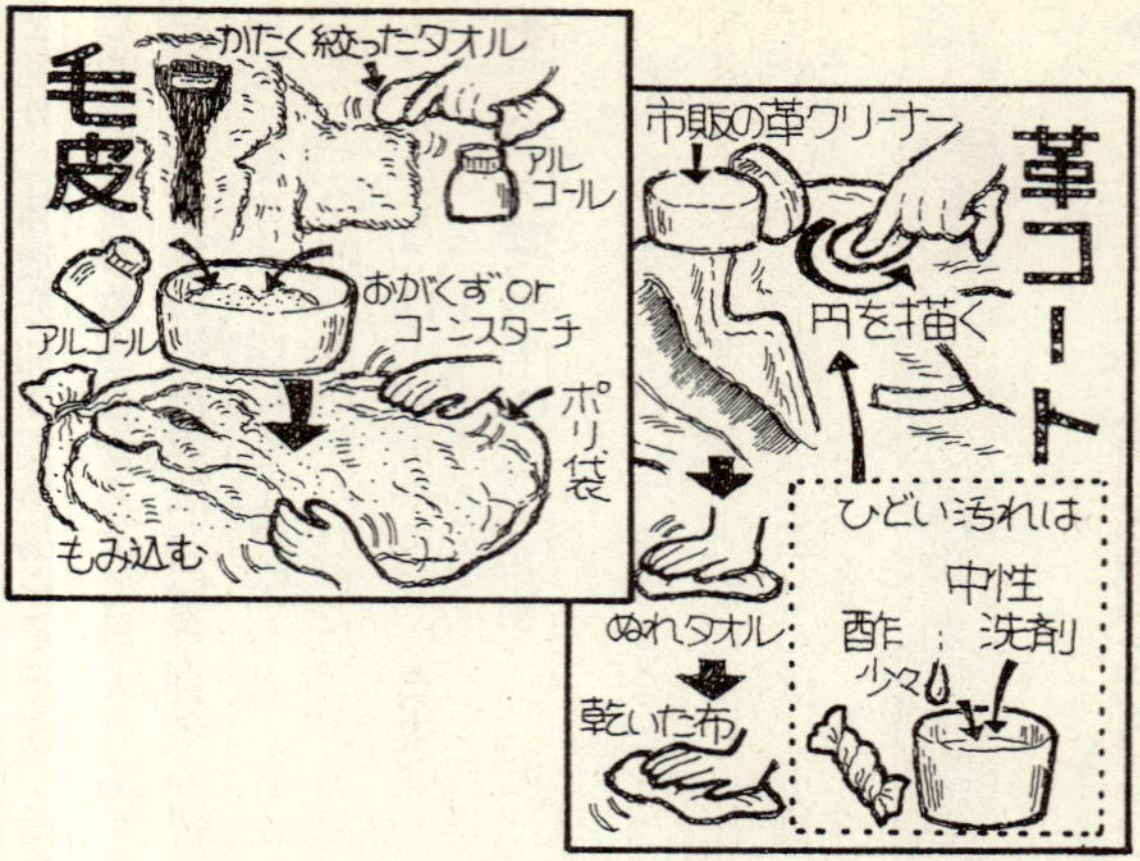
毛皮
かたく絞ったタオル
アルコール
アルコール
おがくず or コーンスターチ
ポリ袋
もみ込む
革コート
市販の革クリーナー
円を描く
ひどい汚れは
中性洗剤
酢少々
ぬれタオル
乾いた布

水10リットルに対して、弱アルカリ性洗剤を3分の1カップ加え、洗剤液を作り、ふとん、マットの上にかけ、足で踏み洗いします。そして、シャワーで水を充分かけ、足で踏みながら汚れた液を踏み出します。

◆革手袋は中性洗剤で洗う

革手袋も自分で洗えます。水1リットルに、キャップ1杯の中性洗剤を入れ、その中で革手袋を片手ずつ手にはめて洗います。

汚れがひどい部分は、ブラシでたたき洗いをすれば落ちます。ゆすぎは水でしますが、仕上げに酢を数滴加えた水の中でゆすぎましょう。

ゆすいだ後は、タオルで水けをよく取

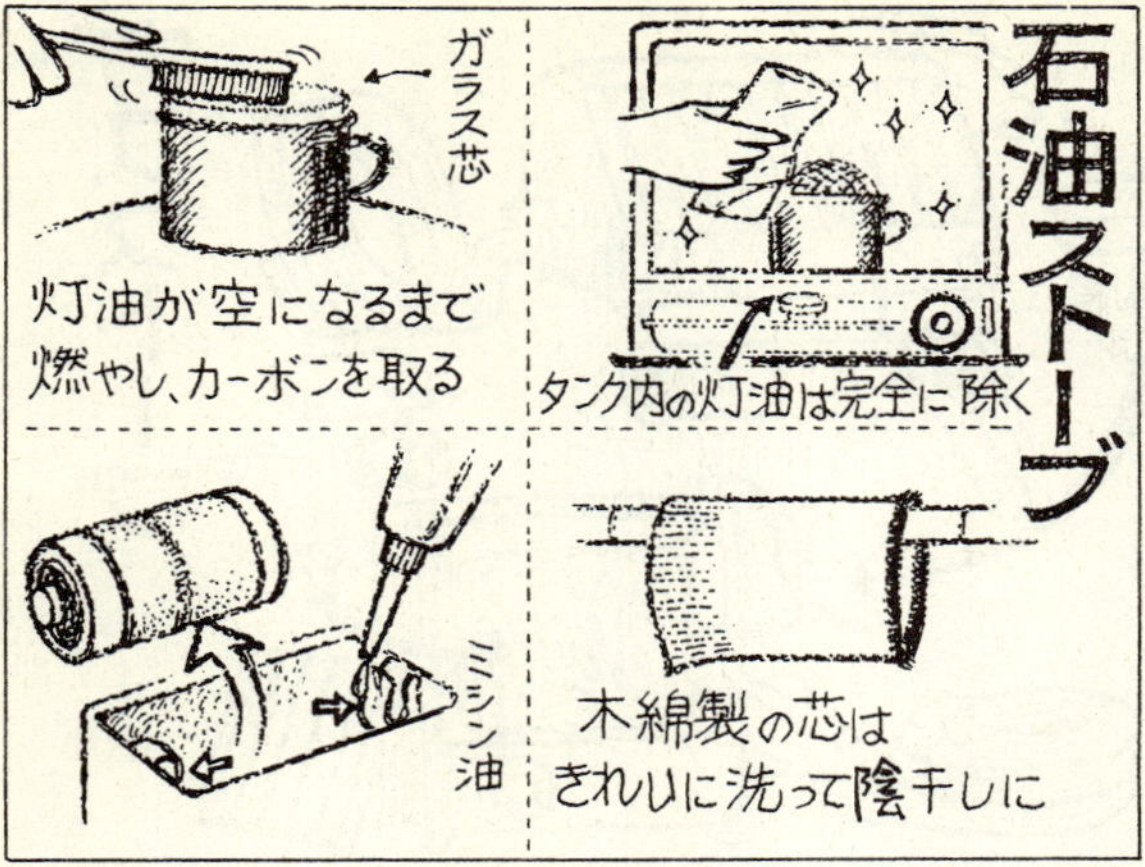
石油ストーブ
ガラス芯
灯油が空になるまで燃やし、カーボンを取る
タンク内の灯油は完全に除く
ミシン油
木綿製の芯はきれいに洗って陰干しに

り除き、陰干しにします。半乾きのときに、コールドクリームを塗っておくと、抜け出た脂肪分を補うことができます。

### ◆革コートは円を描きながら

革コートの汚れは、市販の革クリーナーを布につけて、円を描くように拭き取ります。ひどい汚れの場合は、中性洗剤液を布につけ、かたく絞り、同じく円を描きながら拭きましょう。このとき、中性洗剤液の中に酢をほんの少し加えておくと、色落ちがかなり防げます。あとは、ぬれタオルでよく拭き、洗剤分を取り除き、乾いた布でよく拭き上げます。

### ◆毛皮はおがくずをもみ込む

毛皮は、裾《すそ》のほうを持ってよく振ると、

ガスストーブ

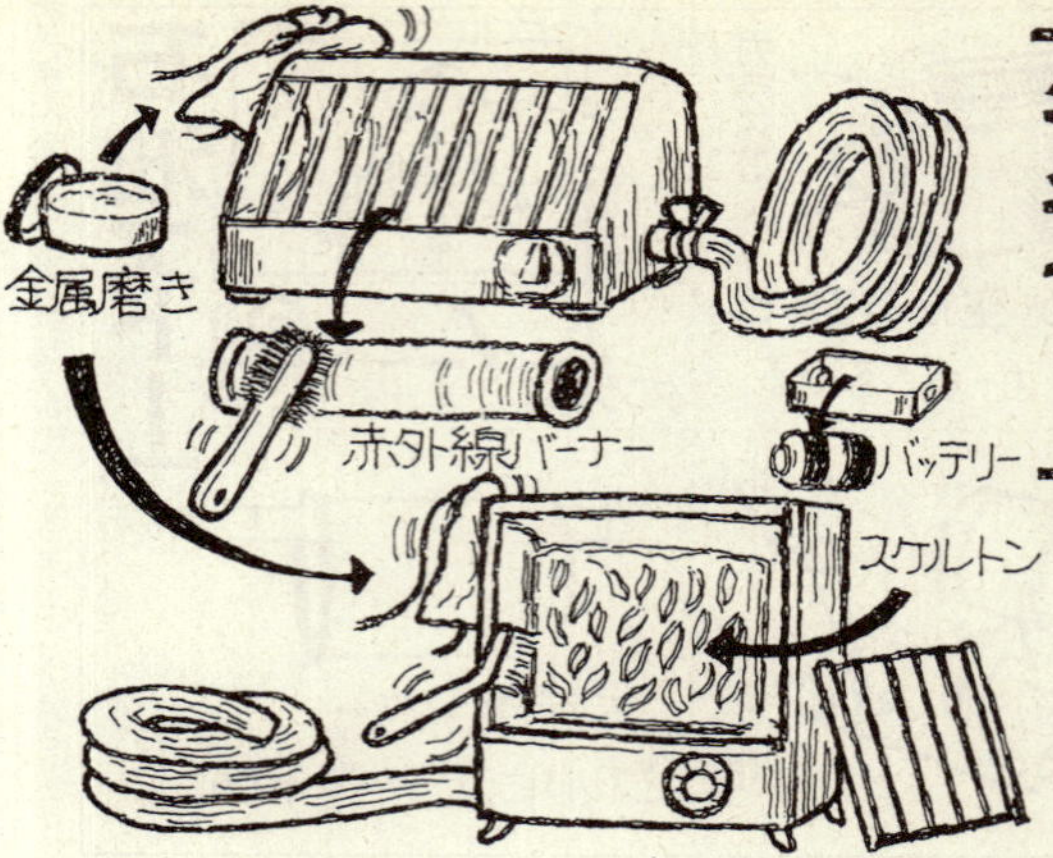


ホコリが取れます。襟や袖口の汚れは、水にぬらしたタオルをかたく絞り、アルコールをつけて拭きます。
ひどい汚れの場合は、おがくずかコーンスターチにアルコールをしっとりする程度混ぜたものを毛皮にもみ込みます。このとき、大きなポリ袋に毛皮を入れ、袋の中でもむと、おがくずやコーンスターチが散らばらずにすみます。
実際やってみると、コーンスターチよりもおがくずのほうがサラリと落ちますから、なるべくおがくずを手に入れて、行うとよいでしょう。

## ◆石油ストーブの手入れ方法

■外装部分や反射板の汚れは、金属磨きで丹念に拭いてから、から拭きします。

タンクの中の灯油は完全に除き、新しい灯油を少し加えてタンク内部をよくゆすぎ、きれいに洗っておきます。タンクの中に灯油を残したまま来年まで過ごすと、タンクがいたみ、穴があいてしまうので注意しましょう。

■石油ストーブの芯が木綿製のものは、芯をはずし、灯油をきれいに洗って陰干しにします。芯の寿命は、普通1シーズンですから、消耗していたら新しい芯と取り替えておくと、次に使用する際、便利です。

■ガラス芯の場合は、タンクの中の灯油がからになるまで火をつけて燃やしてから、芯の先端に付着しているカーボンをきれいに取っておきます。

■バッテリーは取りはずし、サビやすい部分には薄くミシン油を塗っておきます。

## ◆ガスストーブの手入れ方法

■外装部の手入れは石油ストーブと同様にします。

■素焼きのスケルトンは、歯ブラシでこすり、ホコリやすすを取り除きます。

■赤外線バーナーは取りはずし、ブラシで汚れを取っておきます。

■バッテリーは取りはずし、ゴムホースは大きめの輪にして巻いておきます。小さな輪できっちりとたたむと、ゴムホースにひびが入りやすいので注意しましょう。

## □手際のよい暮れの掃除と買い物

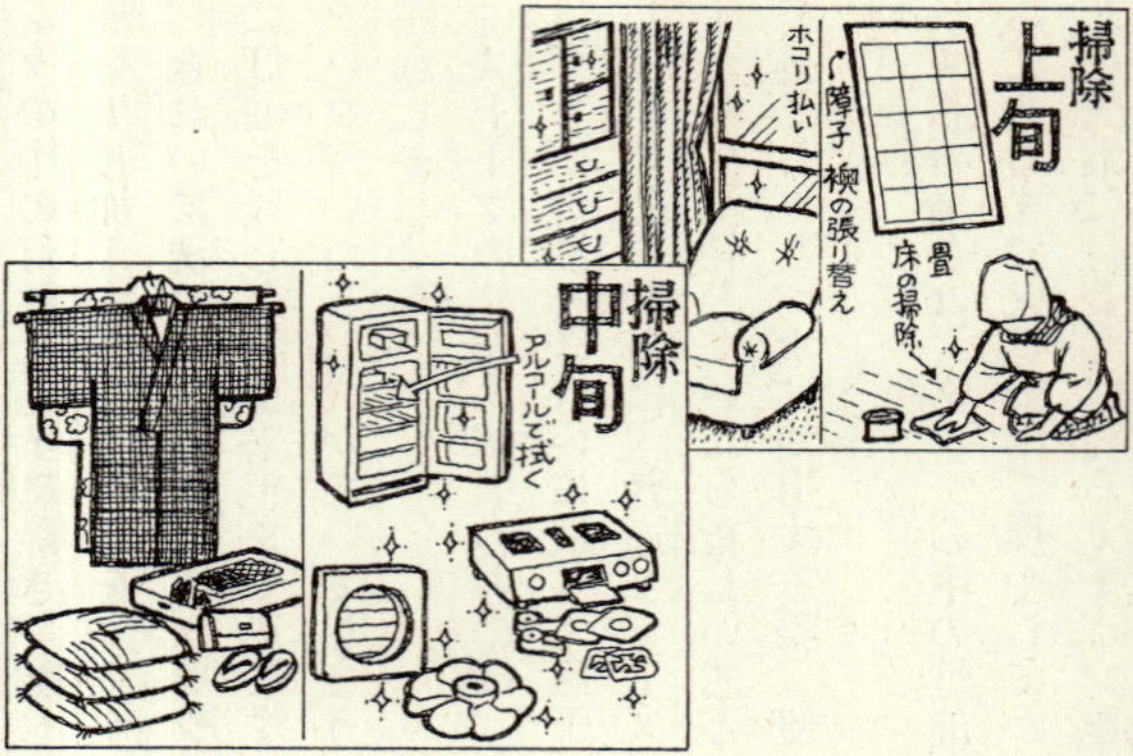


### ◆暮れの掃除のコツ

江戸時代のすす払いは、暮れの12月13日と決まっていたようで、昔の人はずいぶんと早くからとりかかっていたのです。タンスの引き出し、鏡台、裁縫箱、救急箱など、手近なもの、こまごまとしたものから先に片づけて、次第に、床、天井、壁など、高く、大きなところへ手を広げていくのが掃除のコツです。

### ◆上旬の掃除

■障子の張り替えは12月に入るとすぐにやりましょう。畳の掃除も上旬です。
■床の汚れを取り除いて、ワックスがけ

をして磨き込み、ガラス窓も上旬の手のあいた時間に磨きましょう。

■襖の修理も上旬にすませておきます。

■家具類の掃除、ソファー、カーテン、カーペットなどのホコリ払いも早めにします。

## ◆中旬の掃除

■冷蔵庫内の整理をします。残りものは早く食べてしまって、庫内をアルコールできれいに拭いておきましょう。年越し、正月用の食品を収納できるようにスペースをあけておくのです。

■台所の換気扇などは油がしみて、掃除に意外に時間がかかります。電気器具、ガス器具などと、日を決めて掃除しましょう。

掃除
下旬
玄関、台所
たたきの掃除
正月用 食器の用意
クレンザーで

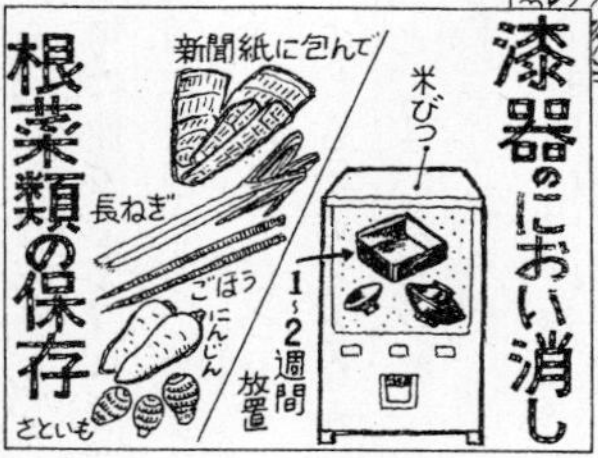
漆器のにおい消し
米びつ
1~2週間
放置
根菜類の保存
新聞紙に包んで
長ねぎ
ごぼう
にんじん
さといも

■来客用のざぶとんを出して日に干し、点検しておくのも中旬の仕事です。

家族の晴れ着の準備もこのころにすませます。防虫剤のにおい取り、ほつれ、しみなどの点検と、これも始めるとなかなか時間のかかることです。バッグ類、履き物の点検も忘れずに。

■夜など、ひと息つく時間に、はがき、便箋、封筒など通信用品をチェックします。

## ◆下旬の掃除

■ゴミ収集のそれぞれの最終日を調べておきます。

■お正月用の食器類を戸棚に用意します。ふだん使うお箸にしても、やはり新年から新しいものに替えると、気持ちがあらたまります。

神棚の古いお札《ふだ》は納め、注連縄《しめなわ》をはって御幣《ごへい》を飾ったものです。神棚の前に鏡餅を供えたり、仏壇に花やお供えものをするのは、暮れの28日と決まっていました。大晦日《おおみそか》に飾るのは〝一夜飾り〟といっていけないことにされていましたし、29日も九（苦）の日に通じ、不吉の日といわれていましたので、飾りものは28日にすませました。

## ◆上旬から中旬の買い物

■乾物類は上旬に買いましょう。

■調味料、缶詰などは中旬までに買いそろえます。

■大根、ごぼうなど根菜類も中旬に買います。長ねぎなどは泥つきのものを買っ

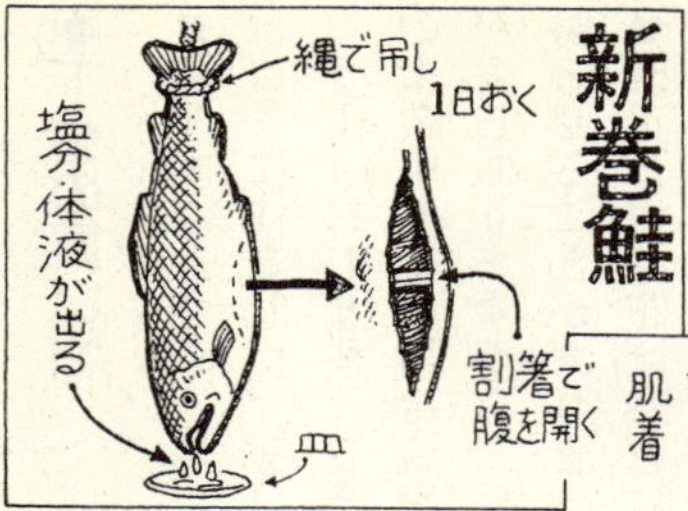
新巻鮭
縄で吊し
1日おく
塩分・体液が出る
皿
割箸で腹を開く

正月に身につけるものを用意
なにか一品は新しいものを
足袋
靴下
肌着

て、新聞紙に包んでおけば1か月は保存できます。

■昔は「正月に身につけるものは、必ず、何か一品は新しいものを」といったものです。

うちの夫は「母親がぼくに買ってくれるその新しい品というのが、毎年下駄《げた》ばかりでね。ときには別のものにしてくれないか、と母を恨んだものだ」と幼時を懐かしんでいます。

私は、足袋《たび》、靴下、肌着を用意しています。

■お屠蘇《とそ》用の漆器、汁椀などを買い求めるのなら、上旬のうちにすませて、米びつの中に入れたりして漆器特有のにおいを取っておきます。

### ◆下旬の買い物

■魚、肉などを専門店に頼む場合は、28日ごろに注文して、30日には配達してもらうようにします。ひき肉、鶏肉はお店の冷蔵庫と家庭用冷蔵庫とでは、温度差が少しありますから、早く買いすぎると腐らせることがあります。

■お正月用の花は28日に買うことです。それ以降になると、市場が閉まるので、高値になります。

■塩鮭も、あわてて早い時期に買うよりも、29～30日に買うほうが安くなります。

お歳暮にいただいた新巻鮭《あらまきざけ》は、塩がきつすぎるほどによく効いていますから、台所の桟《さん》に釘を打ち、鮭の尾についている縄で吊しておきます。このとき、鮭の腹に割箸を当ててすきまを作り、口元の下に受け皿を置けば、塩鮭の塩分は体液とともにポトポトと落ちてきます。

## 鉢植え・草花を育てる法

日常の生活に美しい草花があると、心の安らぎを覚えますね。

鉢植えを買うときは、鉢の底から草花の根が充分に張っているかどうかを確かめます。細いひげ根が見えるようなら、鉢いっぱいに根を張っている証拠ですから、丈夫に育ちます。

また、花が咲いてしまった鉢よりも、

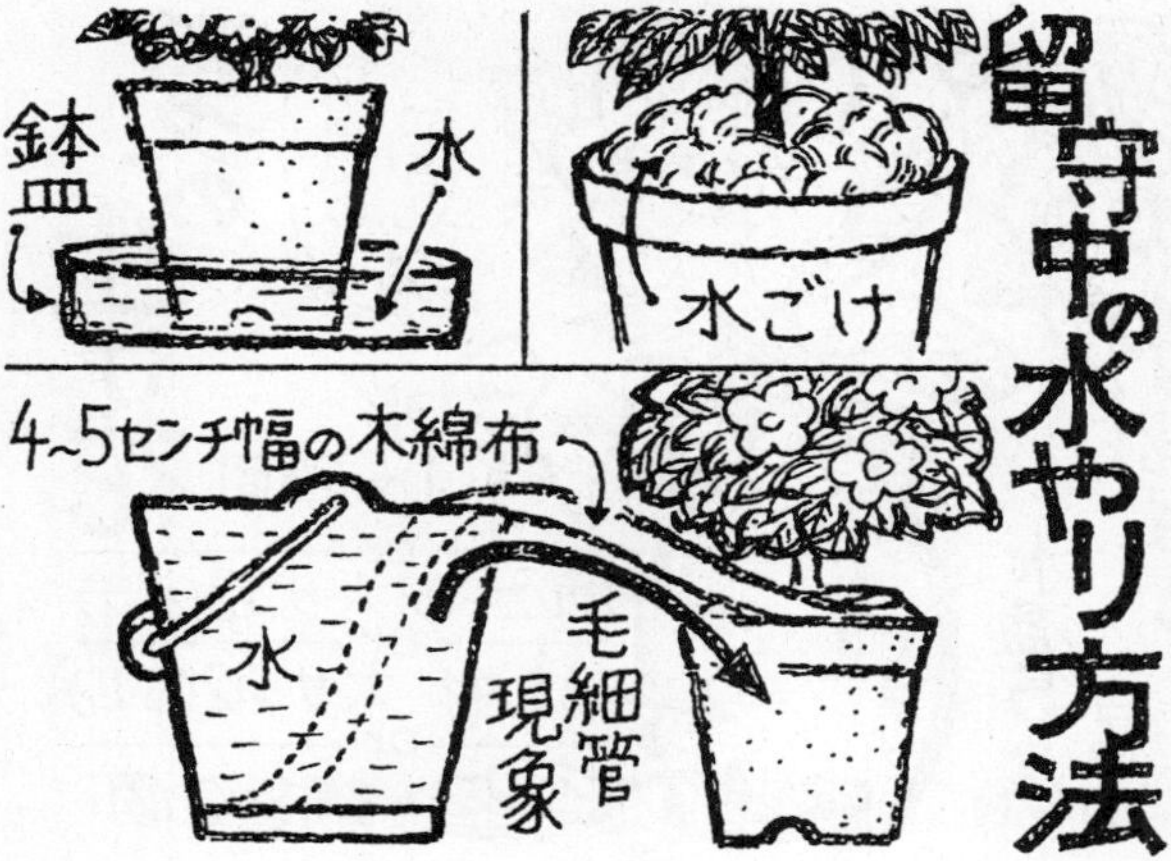
留守中の水やり方法
鉢
皿
水
水ごけ
4～5センチ幅の木綿布
水
毛細管現象

つぼみの多いほうが楽しみですね。茎や葉の背が高く伸びたものより、小さくまとまったものが長もちします。一般に、背高に伸びたものは、温室育ちで、温度の変化に弱いものです。

◆水やりの時間と量は

植木屋さんでは、「水やり3年」というそうです。草花の手入れで水やりはむずかしいのです。

ポイントは、鉢の土の乾燥状態を見て水をやるのですが、祖父がよく「夏の暑い盛りに水をやっちゃダメだよ」といっていました。日中に水をやると、一時、地温が低くなっても、すぐに水はあたたまって草花はうだってしまうからです。

朝8～9時ごろと、日がかげり始めた

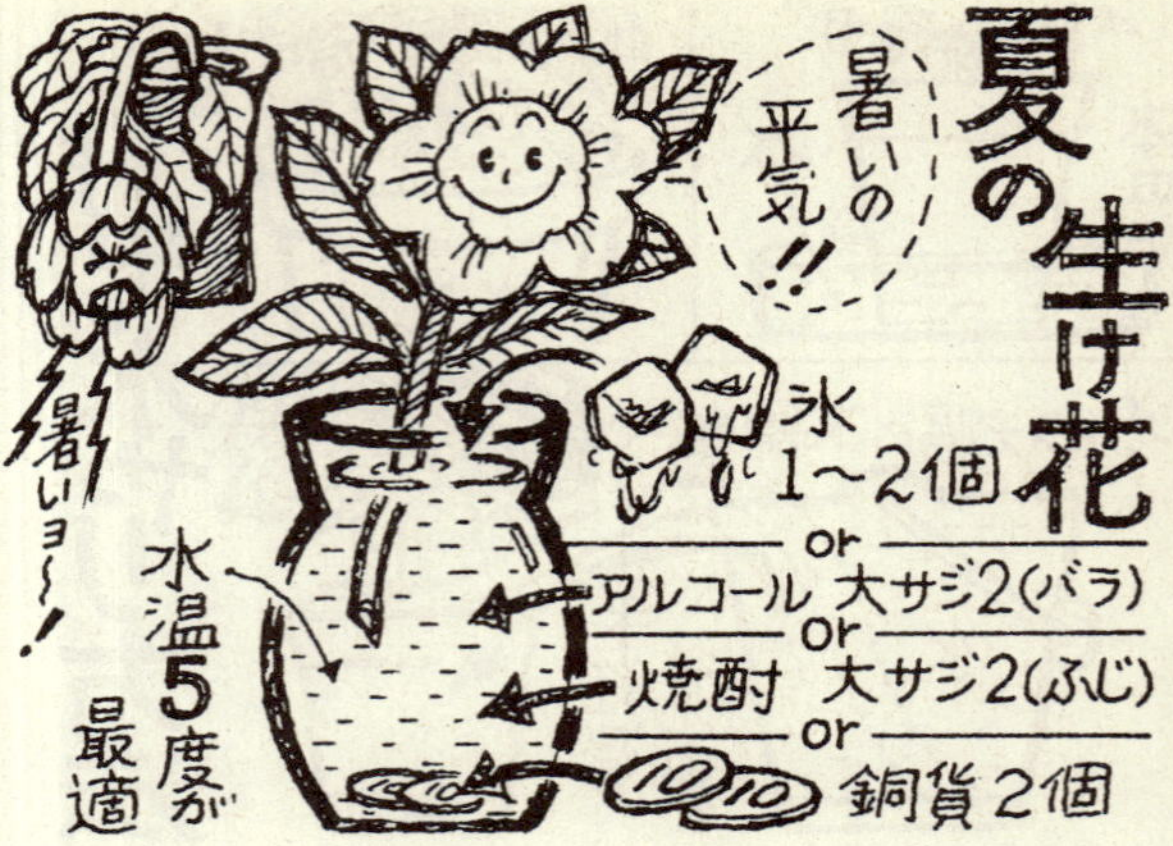
夏の生け花
暑いの平気!!
暑いヨ〜!
水温5度が最適
氷1〜2個
or
アルコール大サジ2(バラ)
or
焼酎大サジ2(ふじ)
or
銅貨2個
10
10

午後5時ごろの2回、充分な水を与えることです。夏はたっぷり、冬は少なめにが基本です。

夜の水は慎みましょう。なぜかというと、一般に茎は夜間に伸びますから、水分を与えすぎるとひ弱な茎になるのです。

しかし「夏の水は、植物にクセをつける」ともいわれます。毎日続けないと、かえって枯れるもとにもなります。冷たすぎたり、汚れた水は禁物です。かえって生育を害します。

## ◆留守のときの水やり方法

旅行などで家をあける場合、出発前に鉢ごと水につけてたっぷり水を吸わせておきます。

水を吸った水ごけを、植物の根元に置

き、鉢を直射日光から守ってやるのも方法です。特別に乾燥のひどい場所なら、水を張った鉢皿かバットの中に鉢をつけておく工夫も必要です。

バケツに水を入れ、4〜5センチ幅に切った木綿の布を、バケツから鉢へ渡して毛細管現象を利用して水やりをする方法もあります。

## ◆夏の生け花を長もちさせる

夏の生け花には、水の中に氷を1〜2個入れるか、アルコールを大サジ2杯入れてみましょう。

また、変わった方法で、10円玉を数個入れる方法もあります。10円玉は銅貨ですから、銅イオンが少しずつ出て、草花を腐らせないという効果があるのです。

いずれにしても水の温度を低温に保つとよいのです。

祖父から教えられたのですが、花もちをよくするために、「ふじ、バラはアルコールがよく、特にふじの花なんか焼酎の中に生けるといいんだよ」ということです。

## ◆しゃくやくを生けるとき

しゃくやくを生けるとき、切り口に新聞紙を巻き、燃やしてから生けますが、こうすることで水の上がりをよくするのです。

同じ理由で、山吹、あじさいは、茎の中身をくりぬいてみょうばんを詰めて生けます。

盆栽の鉢替え
苦しいョ〜
お酒

肥料
卵の殻

## ◆庭の花を生け花にする場合

庭に咲いた花を生け花にするときは、朝早くまだ朝露がおりている間に切ると長もちします。水をよく吸うように根元を斜めに切って、粗塩《あら》を手ですり込むようにして5分間ほどおいて、剣山に刺せば長時間シャンとしています。

## ◆買った切り花の水切り方法

花屋から買った切り花なら、すぐに花瓶にささないで、バケツの水に1時間くらいつけて養生させることです。持ち帰る間に、茎が空気にふれて水分もなくなっていますから、ゆっくりと水の中で休ませてやれば、もちもよくなるのです。

切り花は、必ず「水切り」をしてから生けることです。水の中で茎を2～3回ハサミで切って、水を吸い込みやすくしてやるのが「水切り」です。1回より2～3回切ったほうが、水がスイスイと吸収されやすくなるのです。

## ◆鉢を移し替えるとき

盆栽の鉢の移し替えは、むずかしいものです。

植え替え中に、根を切断したり弱らせたりしない注意が大切ですが、移し終えたら、お酒を霧吹きで木全体に吹きかけることです。昔は口にお酒をふくんで、プーッとよく吹きかけて植え替えをやっている光景を見かけたものです。

お酒の粘りけが、木の乾きすぎを防いで、移し替えたばかりの木の呼吸を調整

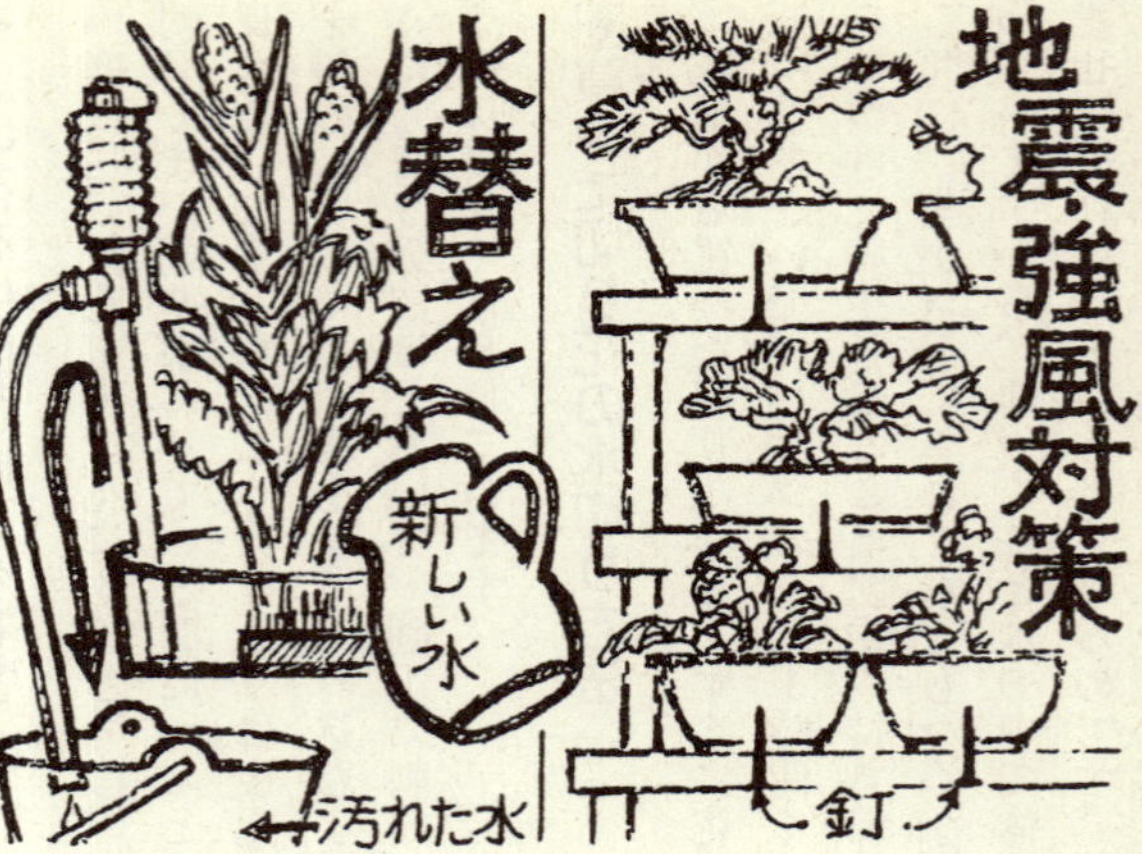


する働きをしてくれるのです。

◆鉢植えの周りに卵の殻

鉢植えの周りに、半分割りの卵の殻を逆さにして置いてある、そんな光景を最近はあまり見ません。でも、これはたいへんな知恵なのです。

植物が育つには窒素、カリウム、リン酸の三つが大切なのですが、特に窒素は緑のもとになっているものです。

卵の白身の中に窒素肥料の成分である有機質が含まれているのです。

ですから、卵を割った殻を鉢の土に逆さに置くのは、窒素肥料を施すのと同じことです。卵の白身が土にしみ込みます。また卵の殻の灰分も肥料になります。

植木の手入れにも、卵の殻を砕いて土

に混ぜます。4~5か月もすれば、植木の緑葉がいきいきしてくるといいます。

### ◆植木鉢を風、地震から防ぐ

鉢ものを植木台に並べるとき、強風や地震などで鉢が転げ落ちたりして心配ですが、台の下から植木鉢の穴に向けて釘を打っておけば大丈夫。

### ◆水盤の水取り替えの方法

生けた花の形や姿を壊さないで、水盤の水を新しい水に取り替えたかったら、剣山はそのままにして、灯油用のポンプを使って水を吸い上げましょう。簡単に水の取り替えができます。

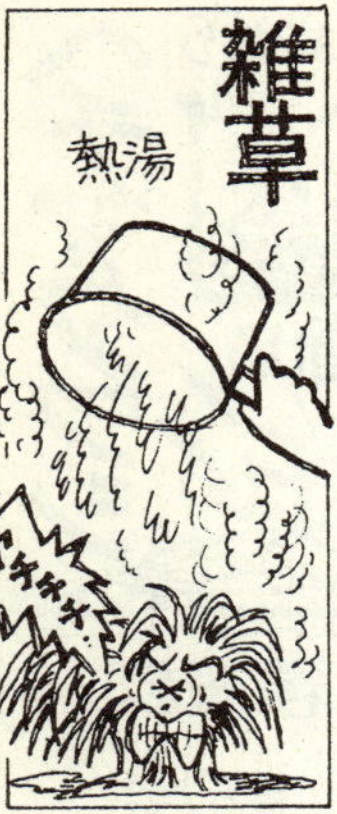


### ◆草花の油虫退治には

草花の油虫退治には、あき缶に水を入れ、タバコの吸い殻を混ぜた〝自家製の薬〟を作って、茎に筆で塗りましょう。

### ◆はびこった雑草に熱湯

庭に雑草がはびこって困るとき、野菜をゆでた後などの〝熱湯〟をそこに撒《ま》きます。何回か続けていくうちに、雑草ははびこらないようになります。

### ◆桜切るバカ、梅切らぬバカ

昔の人は、「桜切るバカ、梅切らぬバカ」

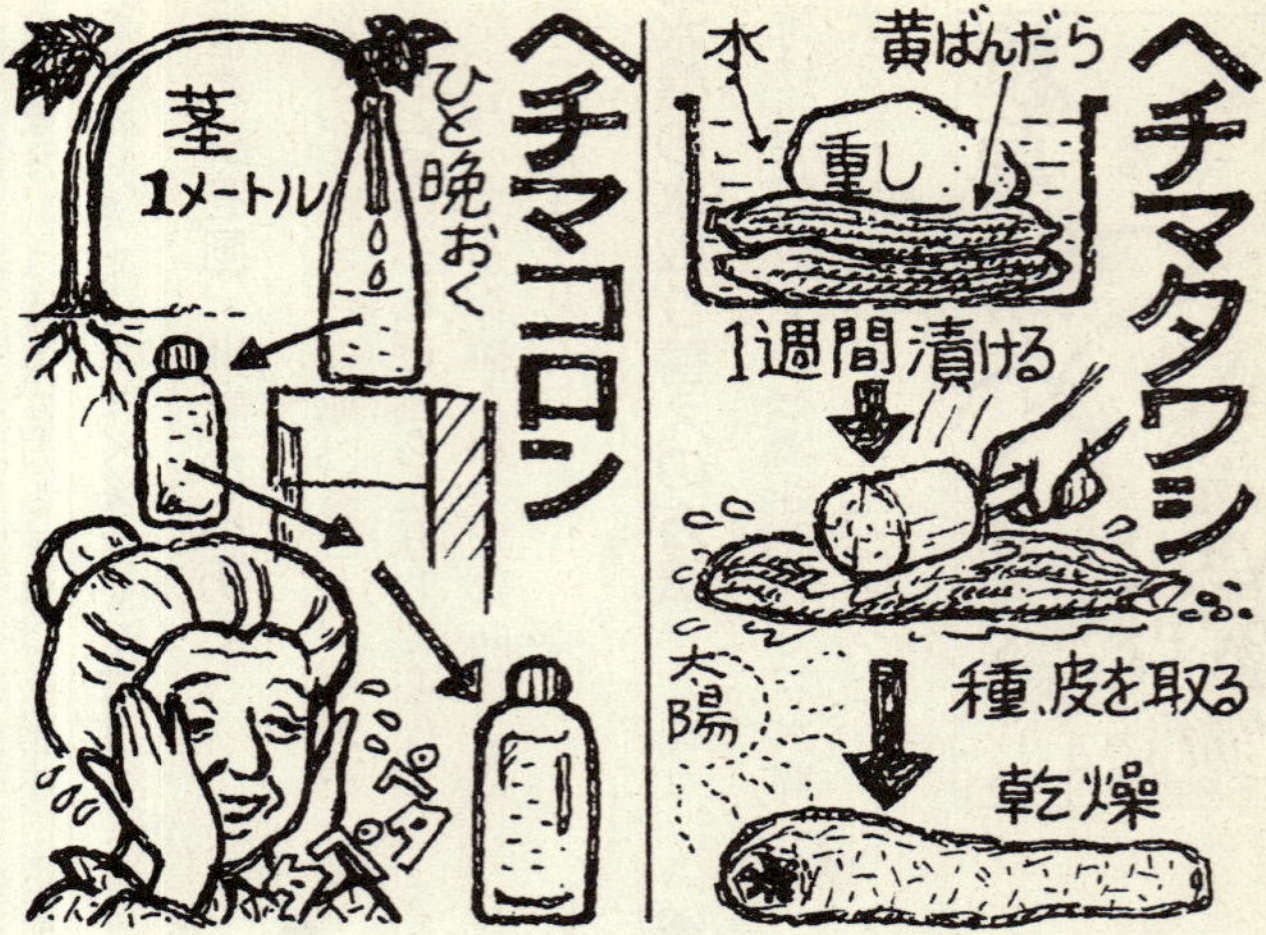
ヘチマタワシ
黄ばんだら
水
重し
1週間漬ける
種、皮を取る
太陽
乾燥
ヘチマコロン
ひと晩おく
茎
1メートル
ペタ
ペタ

といいました。

桜の場合、枝葉を切って手入れをすると、木が衰弱してしまうのでよくありません。

そこで、「桜切るバカ」というわけです。

一方、梅については、翌年のよい花実を育てるためには、ムダな枝葉を切ることが必要です。

だから、「梅切らぬバカ」というわけです。

木の性質に合った切り方、手入れをしないと、骨折り損どころか、逆効果になるという戒めですね。

## ◆ヘチマのタワシとコロン

ヘチマの苗を庭に2～3本植えておくと、秋には手製のヘチマタワシとコロンができます。ヘチマが黄ばんだら、切り取ってポリバケツの水の中に1週間ほどつけて、外皮を腐らせます。取り出して石か木でたたいて種と皮を取り除き、天日で乾燥させると〝ヘチマのタワシ〟ができます。

ヘチマコロンは、9月の満月の夜に地面から1メートルくらいのところをカットして、茎をビンにさし込んで、一晩エキスを取り、ガーゼでこしてビンに入れ、冷蔵庫に保存すれば、自家製コロンになります。昔の人が愛用していた化粧水です。

## ◆観葉植物の育て方

観葉植物は、水やりのあとで葉の水滴をよく拭いてから日光に当てることが大切です。これで、葉焼けを起こしません。水の量は、夏はあふれるほど充分に、冬は乾燥ぎみで土の乾き具合を見て1～2日おきでよいのです。

大半が、弱光線を好みますから（ゴム

の木、クロトンなどを除いて）、夏の強い光線、冬のガラス戸越しの直射光線は避けたほうがよいのです。室内栽培で光線が不足しているようなら、蛍光灯に当てるだけでもよいでしょう。

また、観葉植物の葉先が枯れてくるのは、根の先が、水や肥料で根腐れを起こしているからです。

一度鉢から抜いて、黒くなった根を切り捨ててから植え替えることです。土も排水のよいものを使って、鉢の中に水がたまらないようにします。

また、葉のホコリをためないことも大切です。ときどきガーゼに牛乳を含ませて葉の表面を拭くようにします。

# 4章

# 住まいを清潔に——掃除・修理法

## □身近なもので簡単掃除

### ❖ストッキングでお手製はたき

古くなったストッキングでお手製の「はたき」を作りましょう。

手ごろな長さに切りそろえて、柄の先にくくりつければよいのですから簡単です。

ストッキングはナイロン製ですから、特にカーテンなどのホコリに静電気を起こしてよく吸い取ってくれます。

### ❖手の届かないところの掃除法

冷蔵庫の裏のホコリなどは、「はえたたき」の上に古いシャツなどを適当な大きさに切ってかぶせ、これで掃除すると便利です。

また、着古したスリップのレースや肩ひもなど

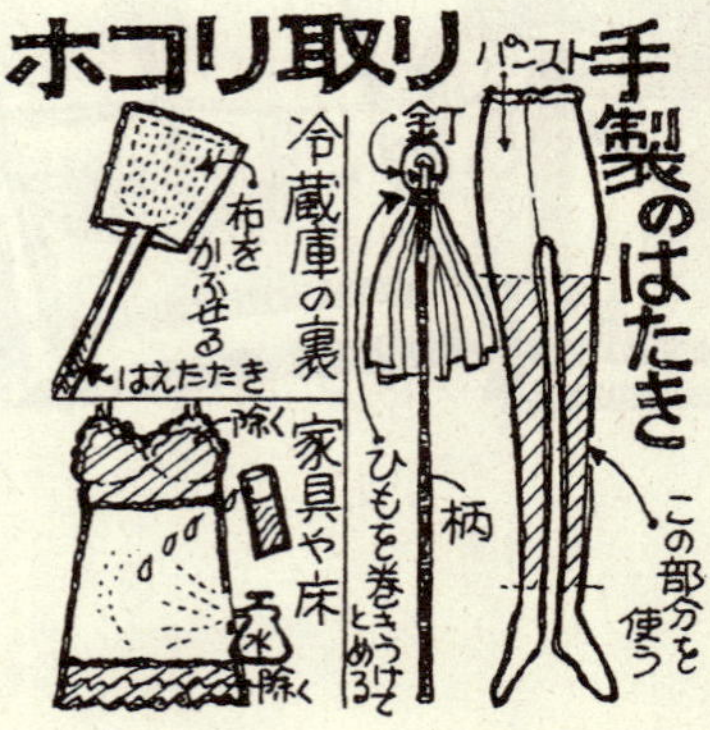
ホコリ取り
布をかぶせる
はえたたき
冷蔵庫の裏
除く
家具や床
除く
釘
ひもを巻きつけてとめる
柄
パンスト
手製のはたき
この部分を使う

を取り除いて、胴の部分にほんのちょっぴり霧を吹き、家具磨きの液をたらしてよくもんでおきます。

この布で家具や床などを磨けば、キラッときれいに仕上がります。

## ❖化学雑巾の作り方

レンタルが多い〝化学雑巾《ぞうきん》〟も自分で作れます。住居用洗剤溶液（2分の1カップ）に、液体ワックスまたは家具用オイル（大サジ1杯）をよく混ぜて、アイロン用の噴霧器で雑巾に吹きつければよいのです。

この分量で10枚分の〝化学雑巾〟ができますから、ポリ袋に入れて保管して、必要なときに取り出して使います。

このように、身の回りのものを使って工夫すれば、けっこういろいろな〝お掃除の小道具〟が作

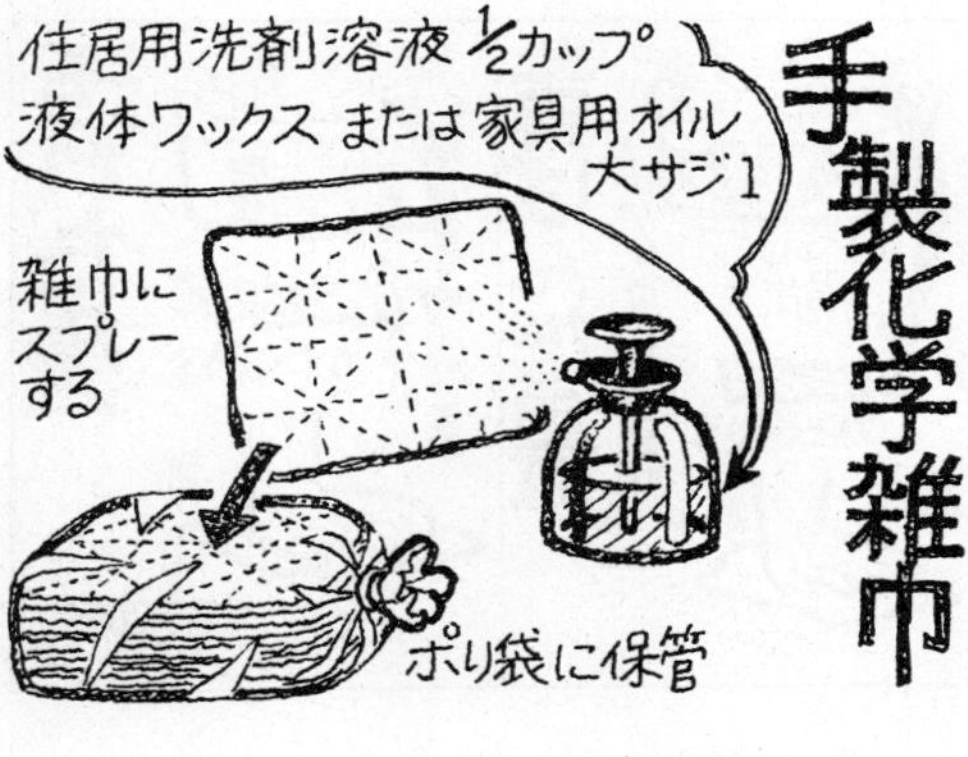
手製化学雑巾
住居用洗剤溶液 1/2カップ
液体ワックス または 家具用オイル
大サジ1
雑巾に
スプレー
する
ポリ袋に保管

れます。

## ❖畳を長もちさせる手入れ法

畳と女房は新しいほどよい、なんて世の男たちが勝手なことをいってきましたね。でも、古女房こそ畳をできるだけ新しく保とうと知恵を働かせているものです。

畳の寿命は普通に新しい表で3年、裏返して3年、合計6年といわれていますが、これも手入れ次第なのです。長持ちさせるには、

①表の新鮮さをなくさないために、水拭きはできるだけ避けること。いつも通風をよくして、乾燥した状態におくこと。

②掃除は畳の目にそって、から拭きするようにして、ホコリを畳目にためておかないこと。

③ものをひきずって傷をつけないこと。

④強い太陽の直射、西日にはできるだけ当てない

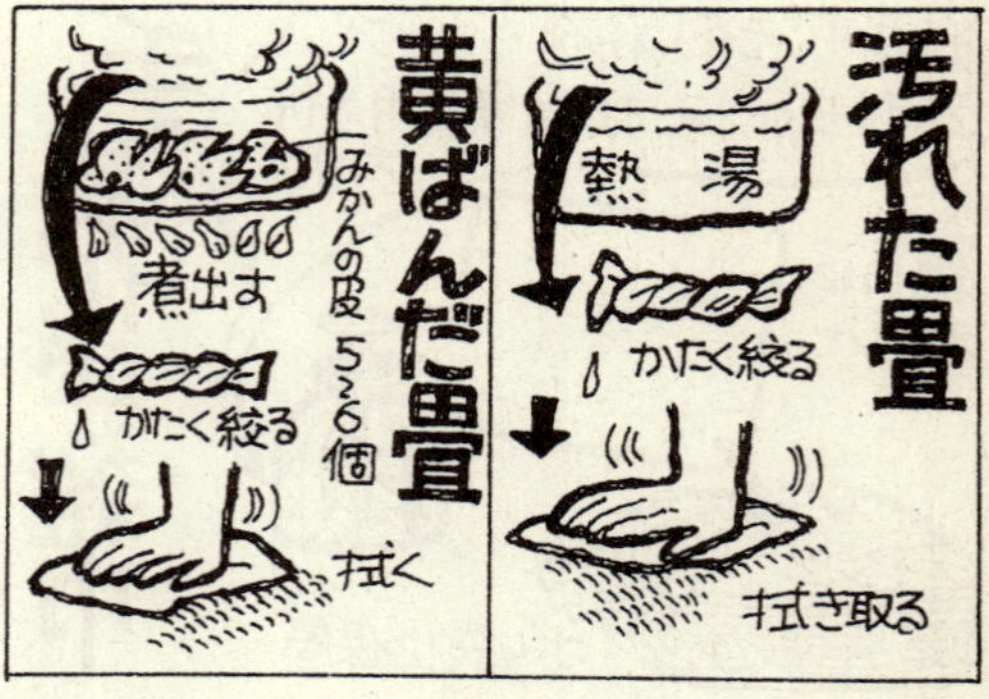

汚れた畳
熱湯
かたく絞る
拭き取る
黄ばんだ畳
みかんの皮 5～6個
煮出す
かたく絞る
拭く

ようにすること。

⑤しみ、汚れをそのままに放置しないこと。

以上の注意が大切なのです。

## ❖畳の目立つ汚れを落とすには

畳の汚れが目立ってきたら、雑巾を半乾きにして拭き取ります。水で湿らせすぎると、い草の中に汚れがしみて、かえって汚くします。表のつやも失わせます。

ですから、熱いお湯できれいに洗った雑巾を、かたく絞って使うのがコツです。

## ❖黄ばんだ畳、焼け焦げには

黄ばんできた畳には、みかんの皮（5～6個）を煮出した液に雑巾を漬けて、かたく絞って拭けば黄ばみも薄くなり、つやも戻ります。

また、タバコの火などの焼け焦げには、オキシ

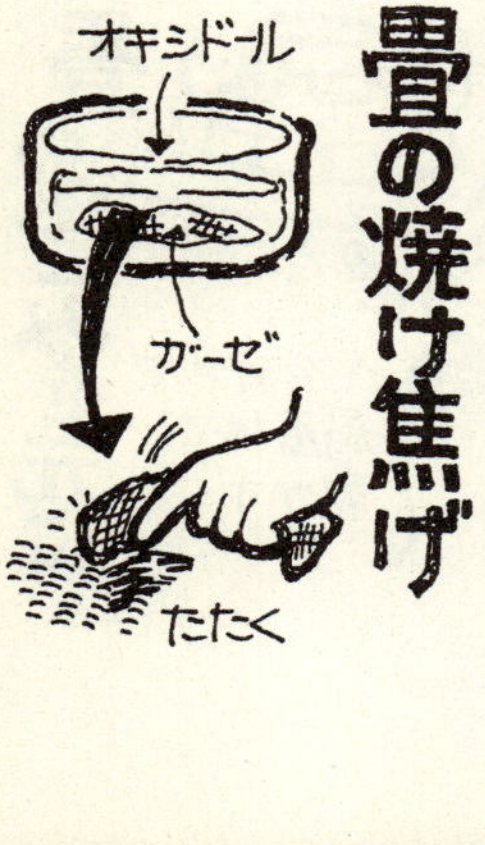

ドールをガーゼにひたして、たたくようにすれば、次第に脱色されて目立たなくなります。

## ❖畳のへこみを元に戻すには

部屋の模様替えをすると、動かした家具の跡が畳に残って見苦しい場合がありますね。

こんなときは、ぬれタオルをそのへこみの箇所に置いて、上からアイロンで蒸すのです。その後でヘアドライヤーで乾かしたり、扇風機の風で乾かすのも工夫です。

それほどしなくても、晴れた日に窓を開け放して通風をよくしてから作業を進めればよいでしょう。

## ❖畳にインクをこぼしたら

おチビさんが畳にクレヨンでいたずら書きをしてしまったら、あるいはパパが畳の上にインクを

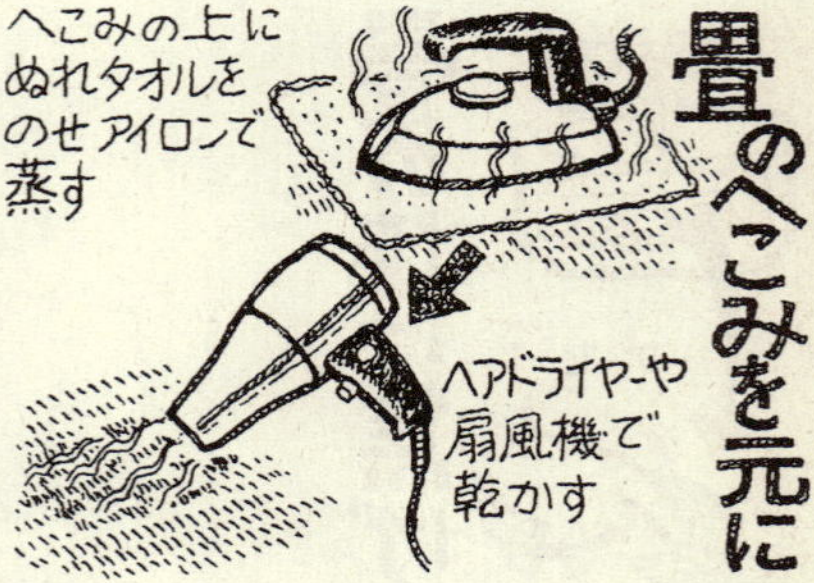
畳のへこみを元に
へこみの上に
ぬれタオルを
のせ アイロンで
蒸す
ヘアドライヤーや
扇風機で
乾かす

こぼしたら……困りますね。

クレヨンのいたずら書きは、ぼろ布に揮発性《きはっせい》の油をしみ込ませてキュッキュッと拭くと落ちます。

インクはあわてずに吸い取り紙（またはティッシュペーパー）で吸い取ってから、牛乳をタオルに含ませて拭きます。その後は、かたく絞ったタオルで水拭きをして乾かします。

インクはこぼしたらすぐに処置することです。時間がたつほど取れにくくなりますから。

とっさのことですから、台所から塩をひとつかみ持ってきて、インクに振りかけ、ころあいを見て乾いた雑巾で拭き取ってもよいのです。

その後の手当ては前と同じです。また、レモンの切れ端に吸わせるのも、とっさの手段です。

### ❖醤油をこぼしたら粉をまく

醤油、ケチャップ、ソースなどを畳にこぼして、

思わず、「あらっ」と大あわてすることがあります。

そんなとき私の母は、カマドやコンロの灰を、急いでその縁に振りかけ、広がらないようにしたのを覚えています。

昔の人のとっさの知恵です。

いまは灰が身近にありませんから、タルカンパウダーでもクレンザーでも小麦粉でも、身近な粉類ならよいのです。粉にしみ込ませてから拭き取ることです。

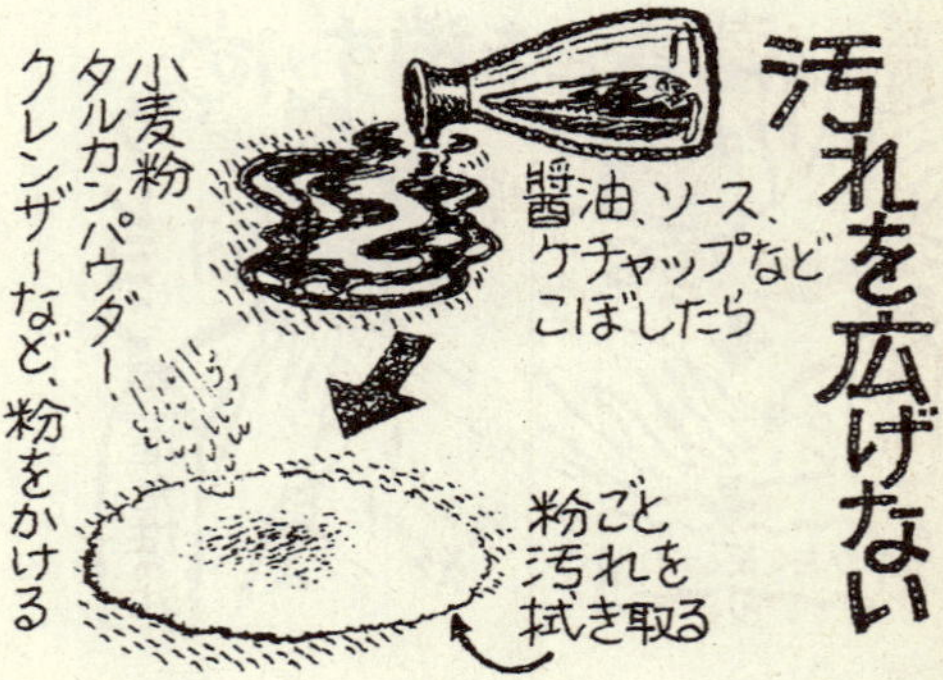
汚れを広げない
醤油、ソース、ケチャップなどこぼしたら
小麦粉、タルカンパウダー、クレンザーなど、粉をかける
粉ごと汚れを拭き取る

## ❖靴下を手にはめて拭く

壁のホコリ、照明器具の上にたまったホコリなど、電気掃除機では掃除がやっかいですね。

こんなときには、ナイロンパイルのソックスを手にはめて拭くと、おもしろいようにホコリが取れます。

私は、座敷ぼうきの先に古いパンストをかぶせて、天井のすすを払っています。

## ❖廊下、床の雑巾がけに牛乳を利用

廊下、床の雑巾がけには、ときどき古くなった牛乳を使うと、つやが出ます。

牛乳は、新鮮なうちは酸性とアルカリ性の両方の性質を持っているのですが、古くなってくると、アンモニアなどを発生してアルカリ性だけを示すそうです。

普通、洗剤というと、弱アルカリ性か中性であることからもわかるように、いたみかけた牛乳は、汚れを落とす効果があるのです。

アンモニアは、揮発性で蒸発してしまい、気にならないし、牛乳に含まれる脂肪分がつや出しにはもってこいというわけです。

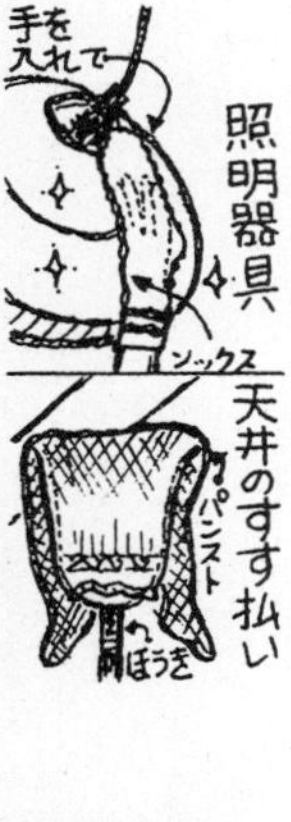
照明器具
手を入れて
ソックス
天井のすす払い
パンスト
ほうき

### ❖柱、床は糠袋で磨く

柱、なげし、床などを磨くのに、昔から「糠袋」が使われていますね。糠を木綿の手ぬぐいにくるめばよいのですから、作り方は簡単です。

糠のかわりに、おからを使ってもよいのです。

昔の人が考えたワックスといえます。

### ❖白木は豆乳で磨く

白木の家具や建具、床などは、水拭きしてはいけません。白木が水分と一緒に汚れも吸収してしまうからです。

新しいうちは、から拭きだけでよいのですが、たまに豆乳を雑巾につけてかたく絞ってから拭くことです。しっとりとしたつやが出ます。

また、つや出しにはイボタロウ（会津《あいづ》蠟《ろう》）というのをよく使いましたが、いまでも薬局で売って

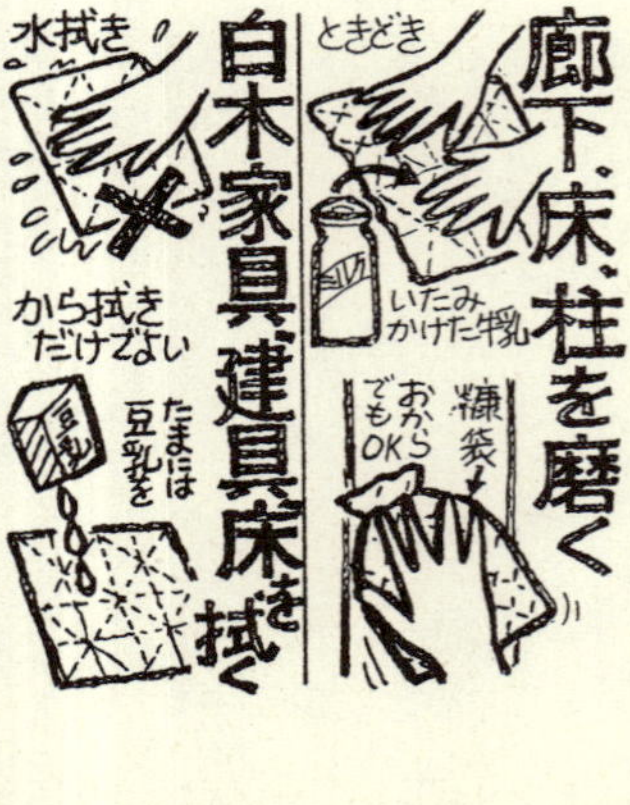
廊下、床、柱を磨く
ときどき
いたみかけた牛乳
糠袋
おからでもOK
白木家具、建具、床を拭く
水拭き
から拭きだけでよい
たまには豆乳を
豆乳

いるようです。なんでもイボタロウカイガラムシの幼虫が出す白いロウ質と聞かされたことがありますが、これをやわらかな綿布につけて磨くと、不思議なほどにつやが増します。

### ❖神棚の掃除は、小麦粉団子で

神棚の掃除には、よく小麦粉を水でこねただけの〝お団子〟を作って、コロコロ転がしながらやったものです。ホコリをたてずに、狭いところが上手にお掃除できます。〝お団子〟がホコリを集めてくれるのです。

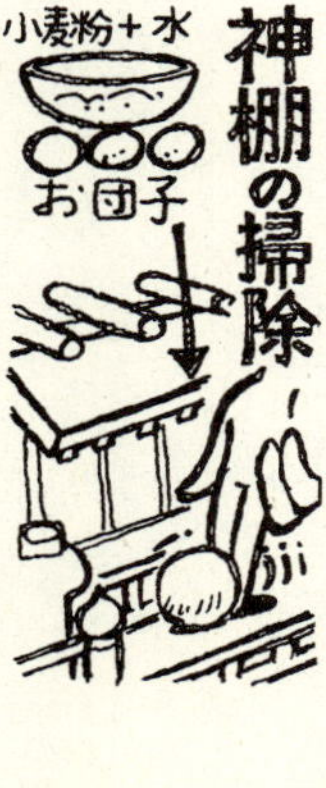


### ❖玄関のたたきの掃除法

コンクリート、タイル、大理石などの玄関のたたきを掃くには、お茶がら、新聞紙をぬらして、細かくちぎったものをまいてから掃くとよいのです。砂ボコリをたてずに汚れがよく取れます。

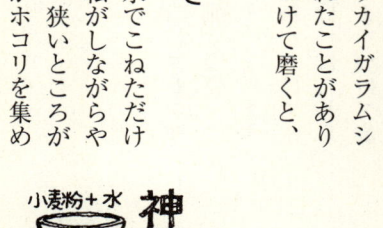

## 台所のまわりをピカピカに

台所のまわりは、いつも清潔にしておきたいものですね。昔の人は、洗剤など便利なものがありませんでしたから、いろいろ工夫をしたものです。たとえば、めんのゆで汁などは捨てないで、冷めないうちに鍋やお皿を洗っていました。小麦粉の洗浄力はたいしたもので、油で汚れたものも、ピカピカにします。

### ❖ステンレスの流しの汚れは

ステンレスの流しをナイロンタワシにクレンザーをつけてこするのはいけません。細かな傷をつけてしまい、汚れがかえってつきやすくなります。

普段の手入れには、スポンジに洗剤をつけて洗います。また、汚れがひどい場合には、にんじん、大根、きゅうりの切れ端にクレンザーをつけて磨くと傷がつきません。これを、丹念に繰り返して磨けば、ほとんどの汚れは取れるものです。

## ❖水きりかごは漂白剤につける

皿立て、箸立てがついた水きりかごなど、形が複雑なので掃除もやっかいです。

夜寝る前に、漂白剤を入れた水の中につけておけば、翌朝には、きれいになって殺菌もできています。

## ❖冷蔵庫はアルコール拭き

冷蔵庫に汚れや臭気がこびりついてしまった場合、庫内がホウロウ製のものなら、アルコールで拭くと、殺菌と脱臭が一度にできます。樹脂仕上げのものなら台所洗剤で拭きましょう。

また、においがこもっているときには、逆性石けんを1パーセントに薄めて拭くと、にんにくや

にらのようないやなにおいもすっきり取れます。

市販の脱臭剤を入れておくのもよいのですが、レモンの切れ端を庫内において臭気緩和をはかる方法もあります。ただし、2か月以上おくと腐るので取り替えること。

## ❖まな板の黒ずみは

木のまな板は、湿気を吸って、乾きにくく細菌も繁殖しがちです。使っているうちに黒ずんだり、ぬるぬるして不潔になりがちですから、毎日、クレンザーで磨いてよく日光に当てて乾かします。木のまな板は、2枚用意して交替で使えば、1枚はいつも日光消毒ができるので衛生的です。

プラスチックのまな板は、水きれもよく清潔に使えますが、包丁の傷跡に入った汚れが落ちにくいのが難点です。クレンザーでこすったくらいでは、汚れは取れませんが、スポンジに漂白剤をつ

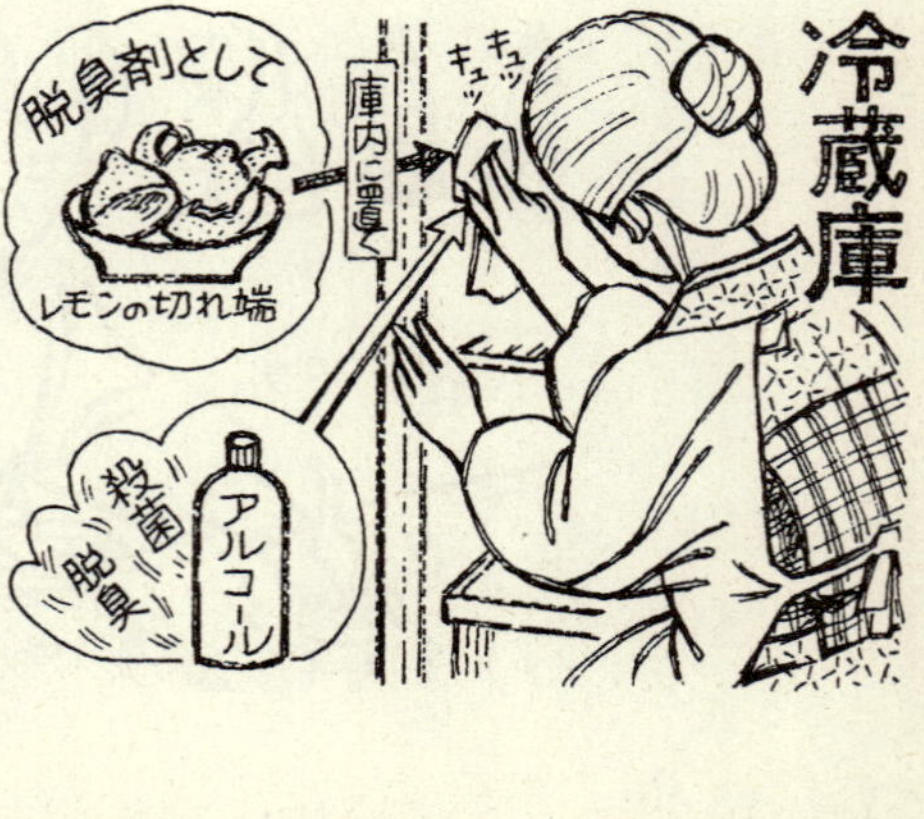
冷蔵庫
キュッキュッ
脱臭剤として
レモンの切れ端
庫内に置く
殺菌
脱臭
アルコール

けてこすることです。

それでも汚れが残るようなら、漂白剤の溶液に一晩つけて、翌朝、水で洗い流します。

昔はしょうがの切り口でこすったり、すりしょうがで洗ったりして、まな板の生ぐさみを消していました。また、糠でこすることもありました。

ご存じだとは思いますが、使い終わったまな板、包丁に、すぐに熱湯をかけて消毒しようとしてはいけません。

かえって、熱でたんぱく質がこびりつきます。熱湯消毒をするのなら、包丁はクレンザーで、まな板はタワシで水洗いしてから、熱湯洗いをすることです。

### ❖ふきんは煮洗い

使っているうちに黒ずんでくるのは、雑菌がつくからなのです。ふきんは、漂白剤で殺菌と漂白

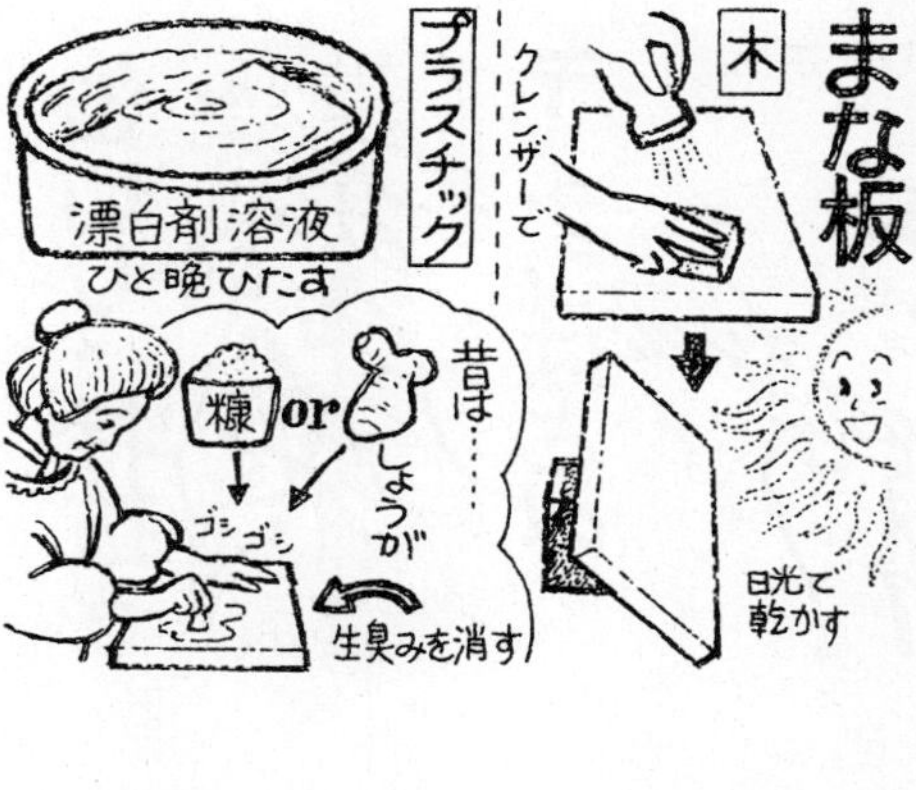
まな板
木
クレンザーで
日光で乾かす
プラスチック
漂白剤溶液
ひと晩ひたす
昔は……
糠
or
しょうが
ゴシゴシ
生臭みを消す

を一緒にすませます。

私の母は、石けん液を沸騰させた中で、ふきんを10分くらい煮ていました。この煮洗いの後は、日に当てて乾かし、雨の日の場合はアイロンをかけます。

## ❖缶切り、栓抜きには

缶詰の汁などが付着していて衛生的ではないので、水洗いをしてから、アルコールで丹念に拭くことが必要。

## ❖キッチンばさみの目立ては

母が、よくキッチンばさみでアルミホイルを何回も切っている光景を見たものです。

切れ味の悪くなったはさみの目立ての意味でも、掃除の意味でも、これはちょっとしたアイディアです。

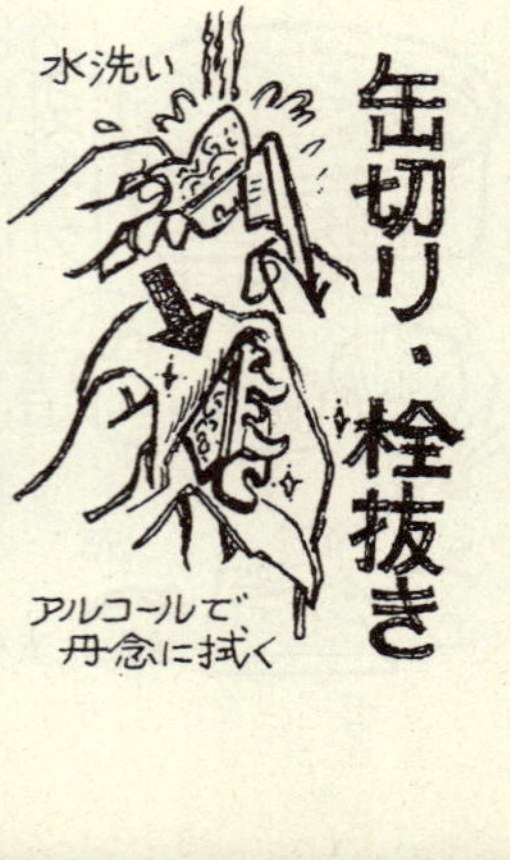


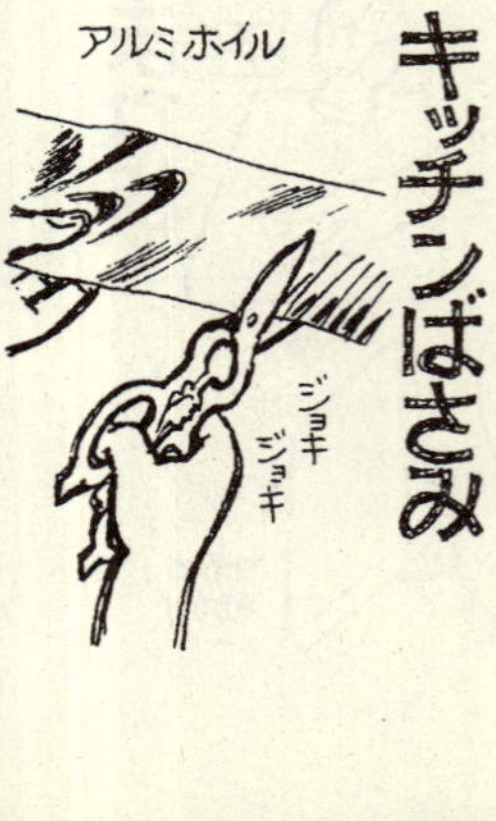

### ❖調味料入れはアルコール拭き

揚げものの油汚れがついたりしてベトベトになりやすいものです。ざっと水拭きしてから洗剤で洗い、カット綿にアルコールをつけて拭くと、すっきりと油汚れは取れます。油こしの金網についた油けも、アルコールで拭くとすっきり落ちます。

### ❖徳利は卵の殻と酢で

徳利は構造上、コップ洗いのブラシは使いにくいものです。卵の殻を、細かく砕いて酢と一緒に入れて、徳利を振り洗いしましょう。卵の殻が、徳利の内側をきれいにこすり洗いしてくれ、酢は殺菌の役目を果たします。

### ❖菜箸は紙やすりで磨く

使ううちに、箸の先端が黒ずんできて、衛生的

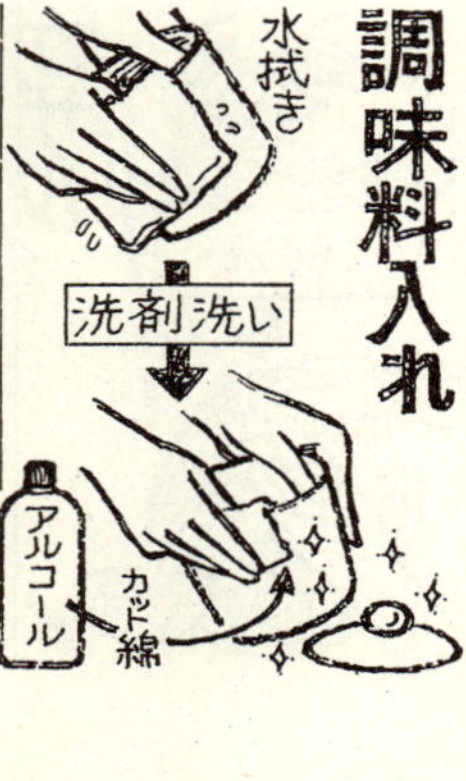

にも見た目にもよくありません。

こんなとき、目の細かい紙やすりで磨けば、再生できます。すぐに捨てるのはもったいないことです。

### ❖おろし金のにおい消し

にんにく、玉ねぎ、しょうがなどをおろすと、おろし金ににおいが残ってしまいます。

こんなとき、大根の切れ端を、少しおろしてから水洗いをすると、いやなにおいは残りません。

### ❖竹ザルは酢で拭く

昔から、竹ザルを洗うときには、3回に1回は酢をつけた布で、ザルを拭いていました。

不思議に、竹ザルが黒ずんで汚くなるのを防いでくれます。洗剤洗いだけでは不充分です。

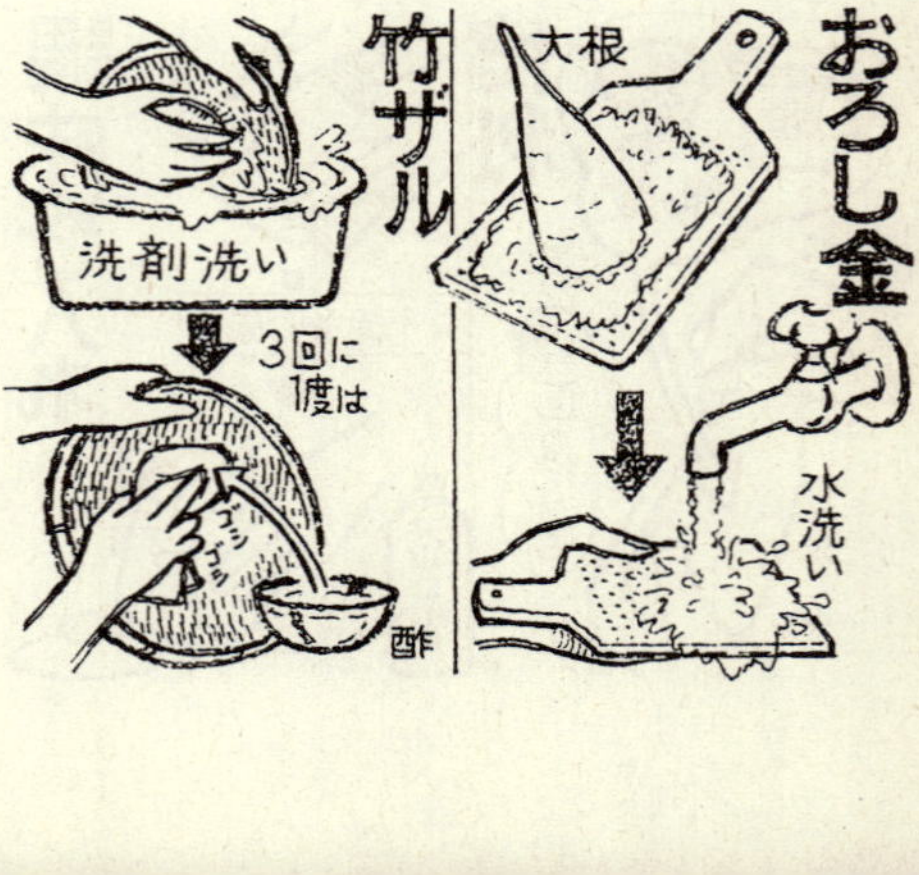

### ❖油っぽいボウルは

マヨネーズを使ったりすると、サラダボウルはお湯で洗ったくらいではきれいになりません。かえって油っぽくなるくらいです。まず、水洗いをしてから、次に洗剤をつけて洗い、もう一度水洗いを繰り返します。

### ❖フライパンの焦げつきは

卵焼き器、中華鍋にしても同じですが、フライパンの外側には、油汚れ、食物の汁などが次第に積み重なって、黒い焦げのようにこびりつきます。

これを落とすには、からのままでフライパンを火にかけ、弱火から徐々に温度を上げていきます。

紫色の煙が出なくなったら、外についていた汚れが灰になった証拠ですから、火を止めて自然に冷ました後、タワシでこすって仕上げとなります。

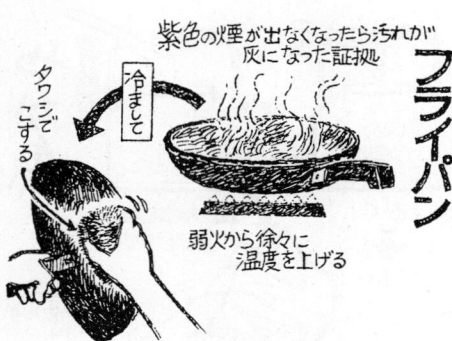

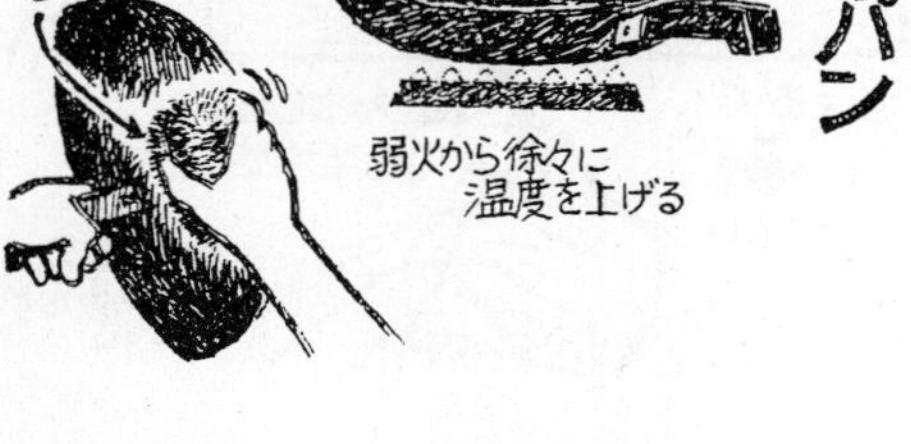

## ❖やかんの湯あかの取り方

やかんも、使っているうちに湯あかがついてきます。湯あかを取るには、八分目くらい水を入れた中に酒石酸（大サジ2～3杯）を入れ、10分間ほど沸騰させます。

熱が冷めてから、ナイロンタワシでこすると湯あかはきれいに取れます。

そのほかにも、濃いめの塩水に酢を少したらして、そのまま一晩やかんに入れておけば湯あかは取れます。その後の水洗いを忘れないこと。

## ❖食器戸棚のにおい取りは

食器戸棚は意外に、食べもの、調味料のにおいが混じってにおったり、汚れやすいところですが、洗剤拭きした後、逆性石けん1パーセント液で拭いて殺菌すると臭気は消えます。この後、脱臭剤

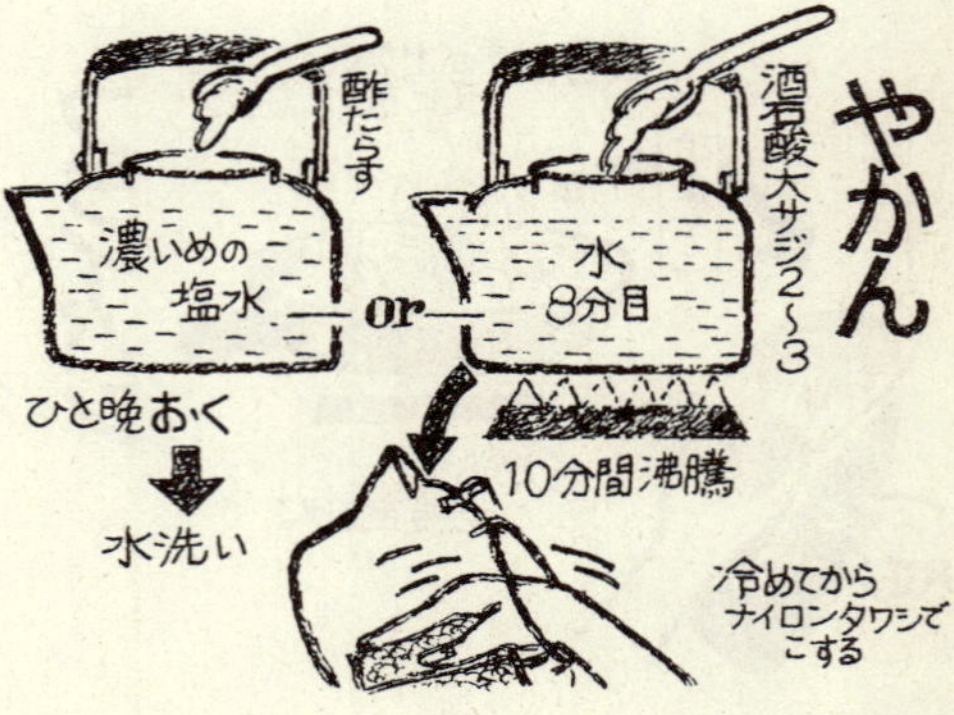
やかん
酒石酸大サジ2～3
水
8分目
10分間沸騰
冷めてから
ナイロンタワシで
こする
酢たらす
濃いめの
塩水
or
ひと晩おく
水洗い

を入れておきましょう。

## ガラス製品の賢い手入れ

ガラスは遠い昔のメソポタミアやエジプトの古代文明に起源をもち、製品はシルクロードを通じて日本にも伝わりました。

いま私たちが日ごろ見慣れているガラスは、窓ガラスにしてもコップ、電球、ビンの類にしても、ソーダ石灰ガラスといわれるものだそうです。

江戸時代までは「ビードロ」とか「ギヤマン」とか呼ばれてガラス製品は貴重品扱いされていたことを考えると、いまの私たちの生活はたいへんな数のガラス製品に囲まれていますね。

### ❖窓ガラス拭きは早朝か曇天に

窓ガラス拭きは、曇った日（湿気のある日）か、太陽がまだのぼりきらない朝まだきにするとよいのです。これには理由があって、陽がのぼって空気が乾燥してくるとガラスの汚れは落ちにくくなるからです。それにキラキラと陽光が反射していてはガラス拭きもやりにくいからなのです。

### ❖湿らせた新聞でガラスを磨く

透明ガラスは、ぬれぶきんで拭くよりも湿らせた新聞紙で拭きます。印刷インクの油がきれいに汚れを取ってくれます。仕上げには、こんどは乾いた新聞紙を使います。驚くほどピカピカに光ります。

### ❖ガラス磨きに古靴下を活用

窓ガラスを磨くのに、古い靴下を2～3枚重ねて、手袋みたいに手にはめて、それで拭いてみるのもアイディアです。汚れてきたら、上の靴下か

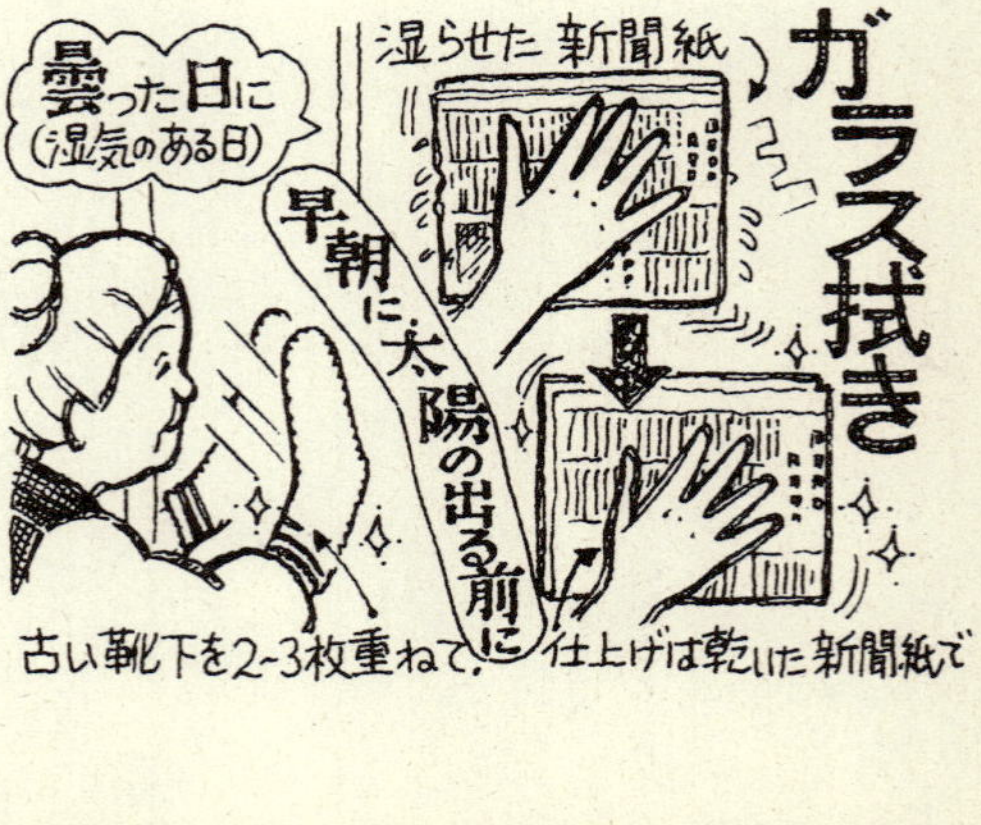

らとっていきます。

## ❖ガラスの種類別汚れ落とし法

模様のある型板ガラスの汚れ落としには、爪ブラシにクレンザーをつけてこすります。曇りガラスの汚れは、水（2リットル）にアンモニア（小サジ1杯）を溶かした液を、スポンジにつけてこすり落としましょう。

また、曇りガラスについた手脂の汚れは、乾いた布にアルコールをつけてこすればきれいになります。

## ❖蚊取り線香、タバコの灰利用

蚊取り線香の灰、タバコの灰も利用できます。クレンザーの代用になるのです。

たとえば、布に灰をつけて磨くと窓ガラスの掃除にとても便利です。

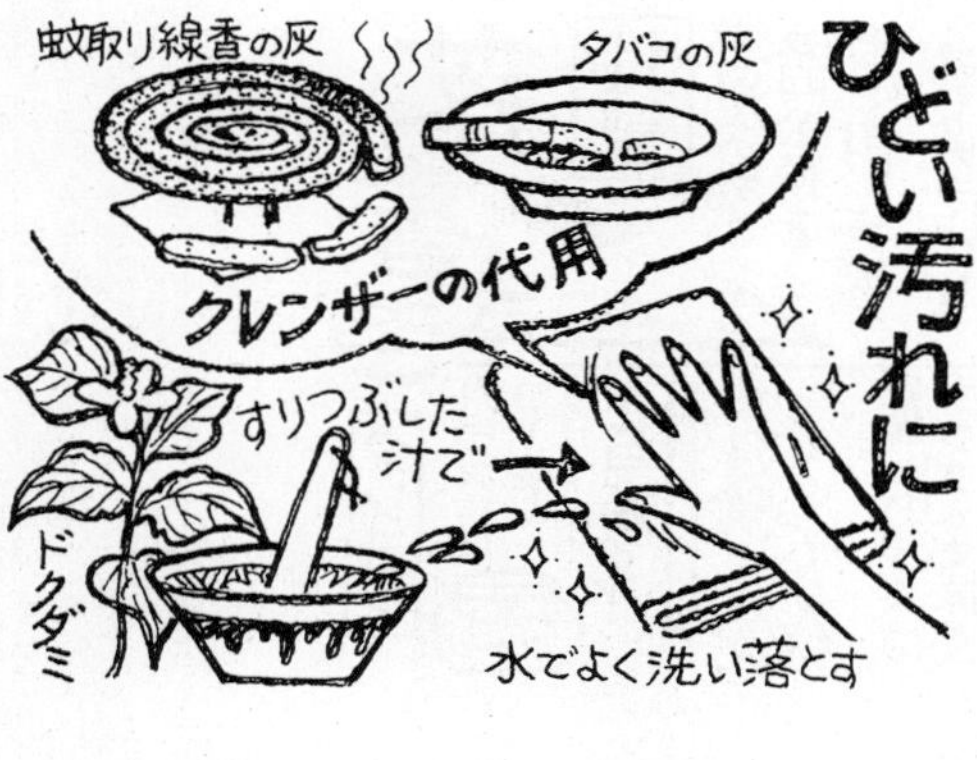

また障子紙にしても、張り替えるときに古い紙を水にぬらして窓ガラスを拭けば、一石二鳥の利用法です。

また、ガラスのひどい汚れには、ドクダミをすりつぶして、その汁を布につけて拭くという昔ながらの方法もあります。そのあとは水でよく洗い落とします。

## ❖鉛筆の落書きには

曇りガラスについた鉛筆の落書きは、布に木炭の粉を包んで、それでこすりつけるように拭けば落とせます。

これは木炭が多《た》孔性《こうせい》の物体で吸湿性、吸着性、脱色性があるからです。木炭の粉がなかったら、磨き粉（クレンザー）でもよいのです。また、消しゴムを使ってある程度消してからクレンザーで拭いてみましょう。

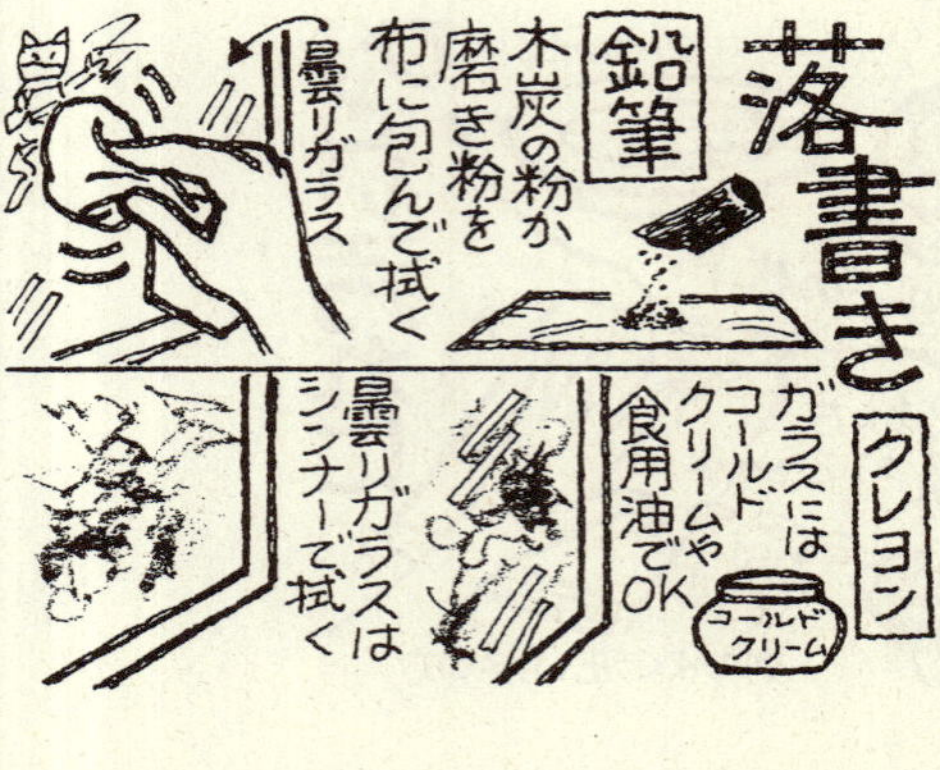
落書き
鉛筆
木炭の粉か磨き粉を布に包んで拭く
曇りガラス
クレヨン
ガラスにはコールドクリームや食用油でOK
コールドクリーム
曇りガラスはシンナーで拭く

## ❖クレヨンの落書きには

クレヨンでガラスにいたずら書きをしてしまったら、コールドクリームを塗るか、食用油をたらして拭けば、落ちます。曇りガラスにつけたクレヨン書きは、シンナーをつけた布でないと落ちません。

## ❖フェルトペンの落書き

フェルトペンのいたずら書きは、ベンジンかシンナーを布につけてこすれば落ちます。が、曇りガラスの場合は、ベンジンでなくシンナーを使いましょう。ベンジンを使用すると曇りガラスがいたみますから。

## ❖塗料の汚れ落とし法

塗料がガラスについてしまったら、刃物で塗料

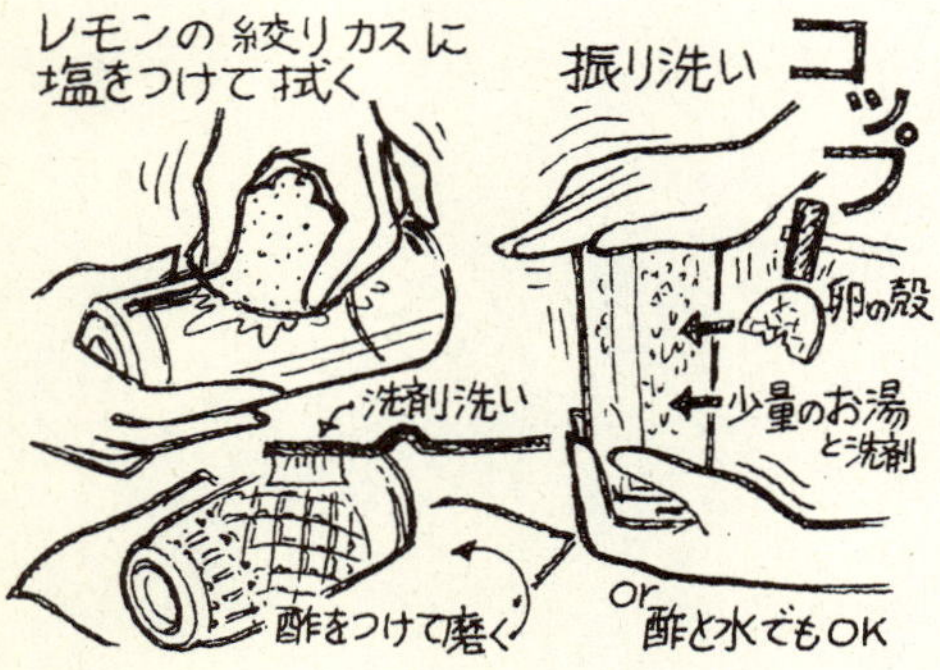
レモンの絞りカスに
塩をつけて拭く
振り洗い
コップ
卵の殻
少量のお湯
と洗剤
洗剤洗い
酢をつけて磨く
or
酢と水でもOK

をできるだけ削り取ってから、ベンジンを布にしみ込ませて拭きましょう。

ガラスにセロハンテープがピッタリついたときも、同じやり方できれいになります。

## ❖背の高いコップの洗い方

ビン、背の高いコップ類を洗うには、いまでは専用のブラシも市販されていますが、卵の殻を使う方法もあります。

卵の殻を細かく砕いて、少量のお湯と洗剤、あるいは少量の酢と水を一緒にビンに入れ、口をふさいで上下左右に振り洗いするのです。隅々まできれいになりますよ。

ガラス製のコップは、洗剤液の中で洗ってからお湯ですすぎ、水きりかごに伏せておいて自然に乾かすのがいちばんよいやり方です。また、麻のふきんを使うと不思議にホコリがつきません。

### ❖金・銀彩入りグラスの洗い方

金彩や銀彩の入ったグラス類は、必ずふきんかスポンジに洗剤をつけ、1個ずつ洗いおけの中で洗います。金彩、銀彩を傷めないためにも、クレンザーや、タワシを使ってはいけません。

### ❖重ねたコップが離れない場合

グラスは重ねてしまわないことです。グラス類は上下の圧力より横の圧力に弱いものですから、重ねると割れやすいのです。もしコップを重ねてしまって、離れなくなったらどうしますか？

あわてないで、外側のコップをぬるま湯につけ、内側のコップに冷たい水を入れて、そのまま2～3分間放置することです。

温度差で外側が膨張し内側は収縮しますから、楽に取れるはずです。

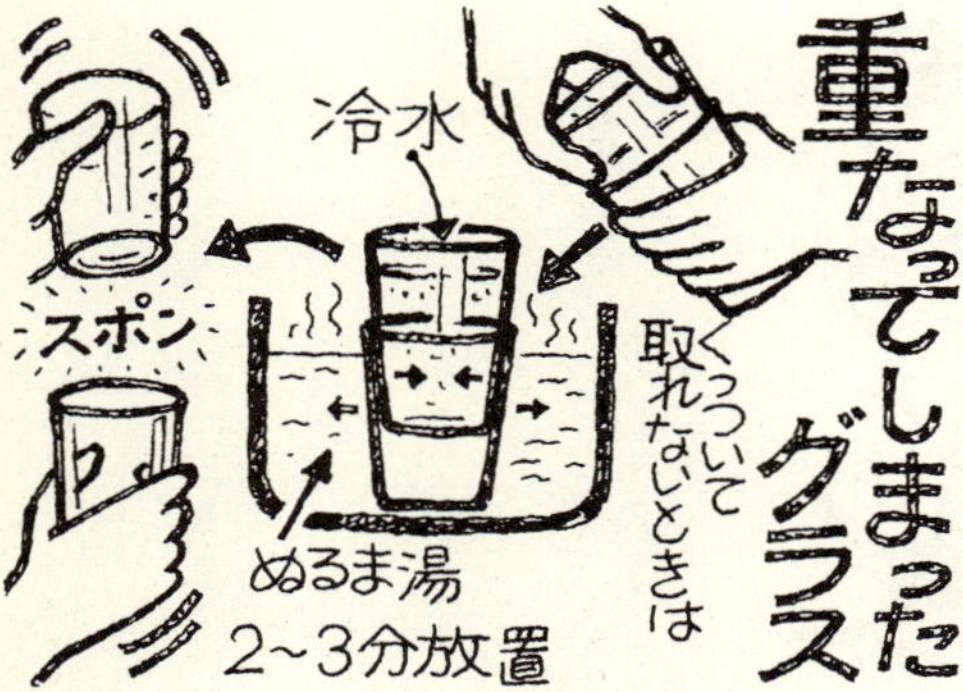
重なってしまったグラス
くっついて取れないときは
冷水
スポン
ぬるま湯
2~3分放置

## ❖ガラスコップのくもり取り

ガラスコップのくもりは、レモンの絞りカスに塩をつけて、それで拭いてごらんなさい。後は水洗いをするだけで、くもりはきれいに取れます。

カットグラスも、爪ブラシか歯ブラシで洗剤洗いをした後、ゆすいでから、布に酢をつけて磨きます。

## ❖鏡の汚れ、くもりの落とし方

鏡台や洗面所の鏡の汚れ、くもりを落とすには、お化粧や洗顔のついでに、アストリンゼンをカット綿に含ませて拭いてみましょう。アストリンゼンに含まれているアルコールの作用で、鏡はきれいになります。

このとき鏡台のワクなどにはふれないことです。ワクの塗装がはげたり、しみを作ったりしますか

ら。

鏡面をカット綿で拭いたら、すぐにケバの少ない布か古いハンカチでよく磨いておくことです。

## ❖蛍光灯の黒ずみの取り方

蛍光灯は使っているうちにしだいに黒ずんできて、照明度が落ちるものですが、汚れが照明度を低下させていることも意外に多いのです。

こんなとき、蛍光灯を取りはずして、住居用洗剤かアルコール（水で2倍に薄めたもの）で拭きましょう。

## ❖ガラス製品を割ったら

ガラス製品を落として割ってしまったら、あわてて掃いたりこすったりしないことです。畳の目とか板目にくい込んで、危険です。こんなときは、小麦粉で小さな団子を作って、破片の上に貼りつ

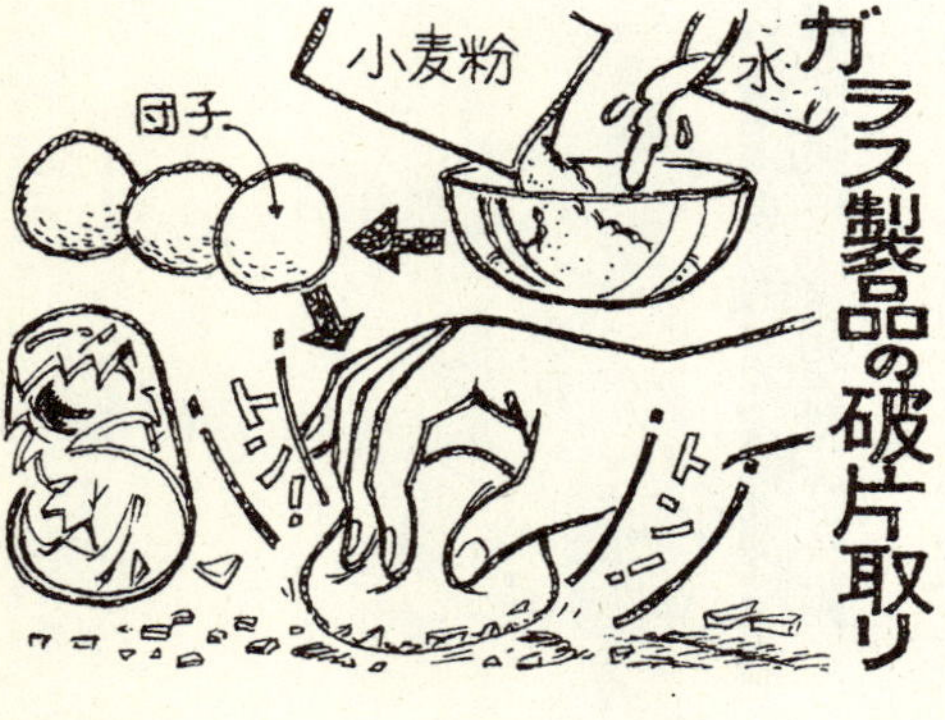

けるように置きます。団子に細かいガラスの破片がくっついてきれいに取れます。

小麦粉のかわりにパンのやわらかい部分でもよいと思いますが、効果は小麦粉団子のほうがまさります。

窓ガラスを割ってしまったときも、破片を全部捨ててしまわないで、ガラスの種類がわかるように一部分を残しておくと、ガラス屋さんに修理を頼むときに便利です。

## 瀬戸物・漆器類の使い始めと手入れ

鎌倉時代に陶器が、尾張国（現在の愛知県）瀬戸村を中心に作られたことから、陶磁器のことを、瀬戸物と呼びます。

関東、関西、東北地方ではこの名が使われますが、九州、中国地方では唐津物《からつもの》と呼ばれています。

### ❖瀬戸物の使い始め

新しい瀬戸物の使い始めには、大きな鍋にふきんを二重に敷いて、その上に瀬戸物を置き、水を張ります。次に塩を一つかみ入れて煮たてて、冷めるまでそのままにしておくのです。こうすることで、瀬戸物の肌がしまって割れにくくなりますし、余分に残っていた釉薬《うわぐすり》なども取れて衛生的です。

このとき瀬戸物はあまり重ねないようにしましょう。お皿なら3枚くらいにして、数が多ければ何回にでも分けてやることです。水の量は瀬戸物が隠れる程度でよいのです。

### ❖糸底のザラザラを取るには

新しい瀬戸物は糸底がザラザラして、食卓を傷つけるのも困りもの。こんなときは、瀬戸物同士

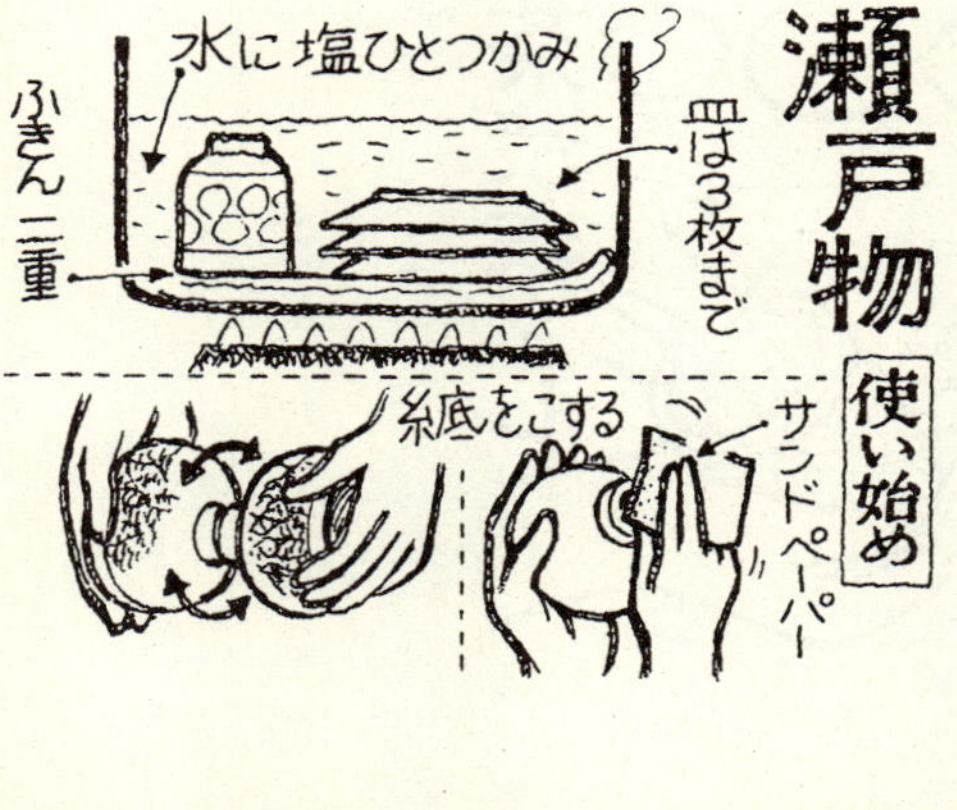
瀬戸物
使い始め
水に塩ひとつかみ
皿は3枚まで
ふきん二重
糸底をこする
サンドペーパー

の糸底を互いにこすり合わせるか、目の細かいサンドペーパー（500番くらいのもの）でこすっておくことです。

### ❖貫入ものの使い始め

貫入《かんにゅう》のもの（細かなひびの入った特殊な瀬戸物）は、使い始める前に全体のひびに色が均一に入るように気をくばることです。

そのためには、湯飲みならお茶の出しがらで煮てから使いましょう。同じように、紅茶茶碗なら紅茶の出しがらで煮てから使います。

出しがらの水の量は、茶碗が隠れるほどにたっぷりと入れます。これをしないで使っていると、お茶が入ったところから下だけが色づいて、色彩は汚らしくなります。

### ❖湯飲みの茶渋落とし

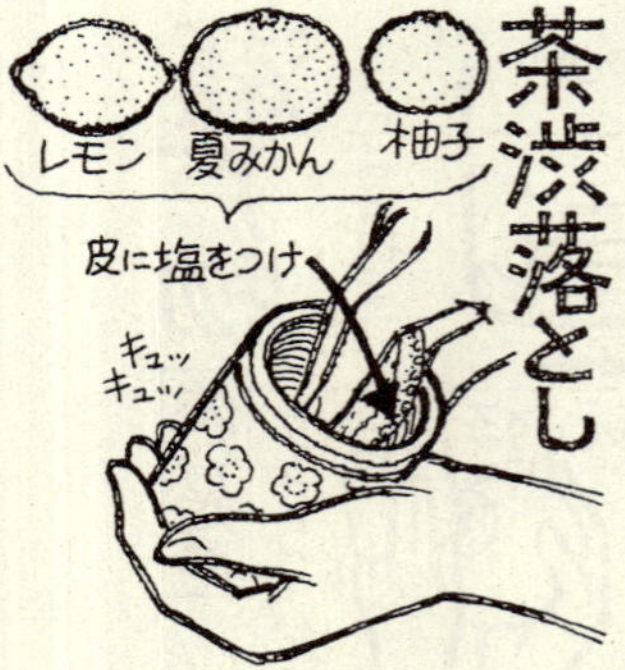
茶渋落とし
レモン
夏みかん
柚子
皮に塩をつけ
キュッ
キュッ

湯飲みの茶渋落としに、私の祖母はみかんの皮に塩をつけて湯飲みをこすっていました。なかなか効果的な茶渋落としで、柚子《ゆず》、夏みかん、レモンなど柑橘類の皮ならなんでもよいようです。

柑橘類の皮には、適度なやわらかさと水分があり、汚れを落とす力を持っており、塩がタンニンと結びついて茶渋を落としてくれるわけです。天然の磨き布、磨き粉です。

## ❖土鍋の使い始め

土鍋は保温性がよくて料理が冷めにくい利点がありますが、下手をするとポカッと割ってしまうことがありますね。こわれやすいのが欠点です。

土鍋の地肌をひきしめて丈夫にするには、使い始めに塩を一つかみ入れ、水をたっぷりと張って弱火でコトコト煮ることです。土鍋を、火と水に

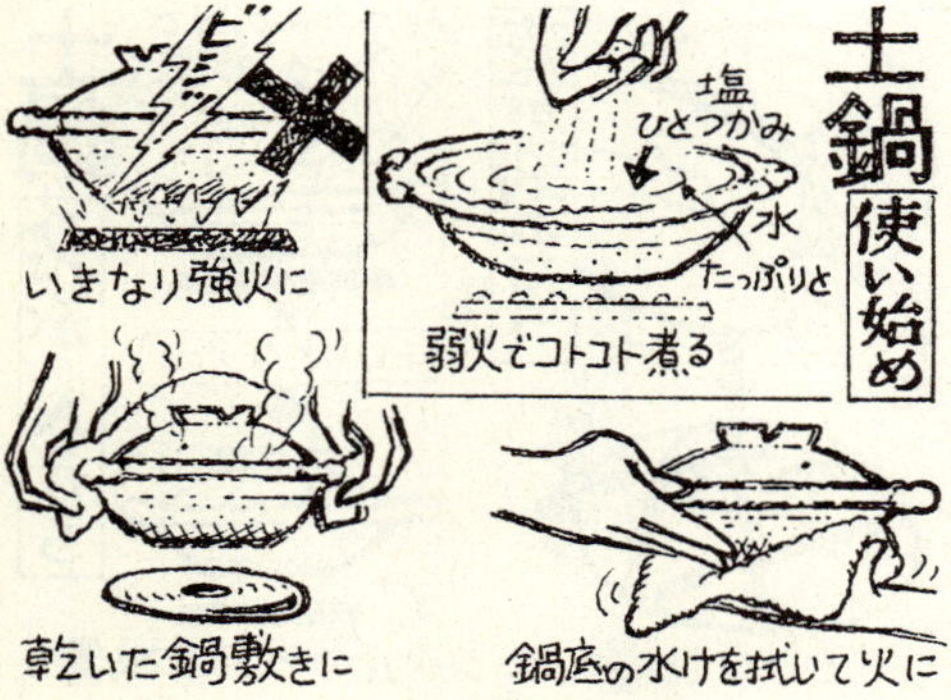

土鍋
使い始め
塩ひとつかみ
水たっぷりと
弱火でコトコト煮る
いきなり強火に
乾いた鍋敷きに
鍋底の水けを拭いて火に

慣れさせるわけで、グーンと地肌がしまり、強くなります。

使いだしてからの火加減にも注意が必要で、いきなり強火にかけてはいけません。弱火から徐々に強くすることです。土鍋が素焼きだということを忘れて、いきなり強火にかけると、ビシッとひびが入ります。

また鍋底に水けが残っていないよう底をよく拭いてから火にかけます。火からおろすにも必ず乾いた鍋敷きの上に置き、強い刺激を急に与えない配慮が大切です。

### ❖土鍋にひびが入ったら

土鍋にひびが入ったり、どこからともなく水が漏るときには、少し多めの一つかみのお米を土鍋に入れて、水もたっぷりと入れ、お粥《かゆ》を炊きます。トロリとなったら火を止めてそのまま放置してお

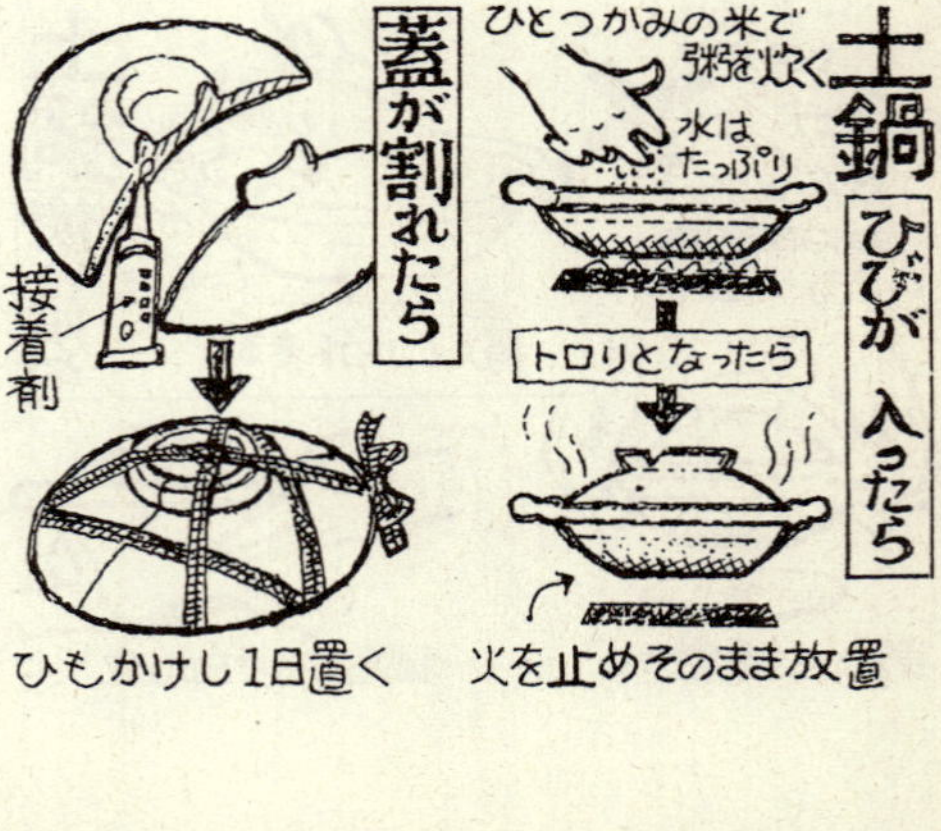
土鍋
ひびが入ったら
ひとつかみの米で粥を炊く
水はたっぷり
トロリとなったら
火を止めそのまま放置
蓋が割れたら
接着剤
ひもかけし1日置く

くと、お米の粘りがひびに入り込んで水漏れを防ぎ、当分はひびの入った土鍋でも使えます。

### ❖土鍋の蓋の修理

土鍋の蓋が割れてしまうこともよくありますが、接着剤でピッチリ接着してひもをかけ、１日そのままにしておけば大丈夫。ひもで固定するかわりにガムテープ、セロハンテープを使うのは手軽ですが、接着剤がはみ出さないようにすることです。ガムテープ類がくっつくと、はがすのが大変です。

いまはひびが入っただけで、すぐに買い替える方が多いけれど、修理しながら大事に使うことも大切ですね。

### ❖漆器の使い始め

漆器も中国を別にすれば、わが国の特産品です。独特の味わいがあります。でも、取り扱いが面倒

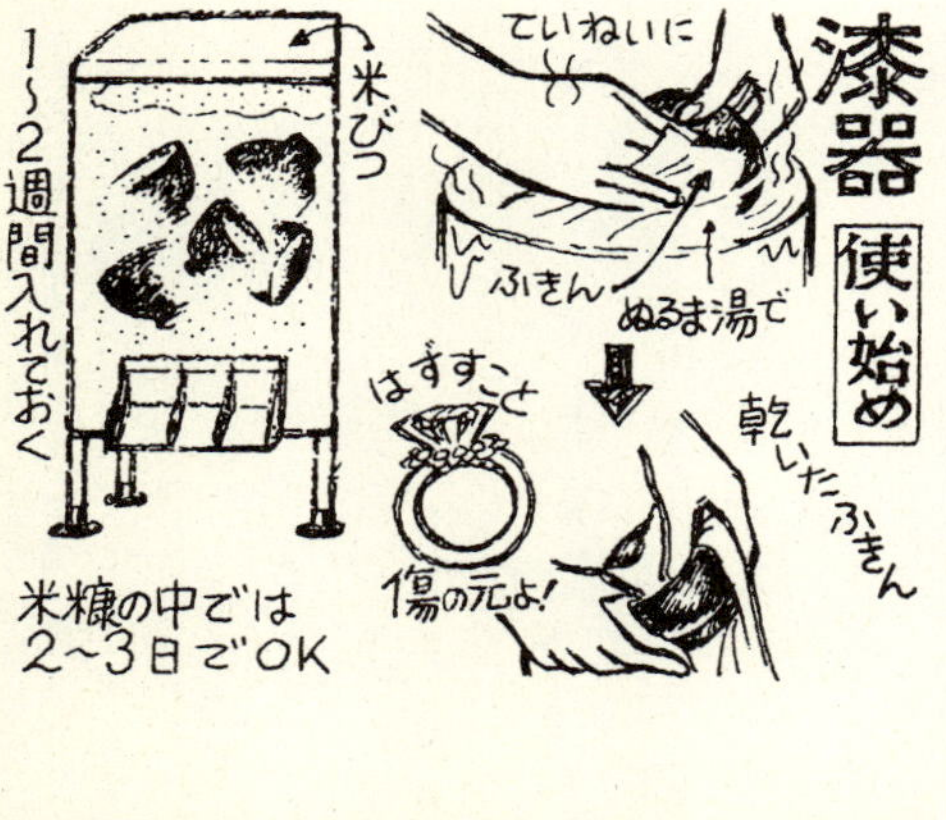
漆器
使い始め
ていねいに
ふきん
ぬるま湯で
はずすこと
傷の元よ!
乾いたふきん
米びつ
1~2週間入れておく
米糠の中では
2~3日でOK

だからと、若い方々に敬遠されるのはちょっぴり寂しいですね。

漆器の使い始めは、ぬるま湯でふきんを使っていねいに洗い、乾いたふきんでよく拭きます。このとき、指輪など漆器を傷つけやすいものははずして作業することですね。傷がつくと、そこから塗りがはげていきますから要注意です。もちろん、タワシ、ブラシ、洗剤などを使ってはいけません。

## ❖漆器特有のにおいを消す方法

新しい漆器には特有のにおいがありますが、使っているうちにだんだんに消えます。

気になるようなら、米びつの中に1~2週間も入れておけばにおいは消えますし、米糠の中なら、2~3日で大丈夫です。

急いで新しい漆器を使わなければならないよう

なときは、米糠に水を加えてドロドロにしたものをふきんにつけ、それで静かに漆器を拭くことです。その後、ぬるま湯で洗い、乾いたふきんでよく拭けばにおいは消えます。

合成漆《うるし》の食器類は、日本酒をあたため、ふきんにつけて拭くだけでもかなりにおいは薄くなります。ベークライトの重箱やお椀などは、この方法でよいのです。

## ❖漆器の洗い方、磨き方

漆器は、使ったらすぐにぬるま湯で洗うことが大切。

もし、油ものを漆器に盛ったりしたら、ティッシュペーパーで油分を取り除き、ごく少量の中性洗剤液の中で手早く洗い、ぬるま湯でよくゆすいで、最後に熱いお湯の中にサーッとつけて、水きりザルの上にあげます。

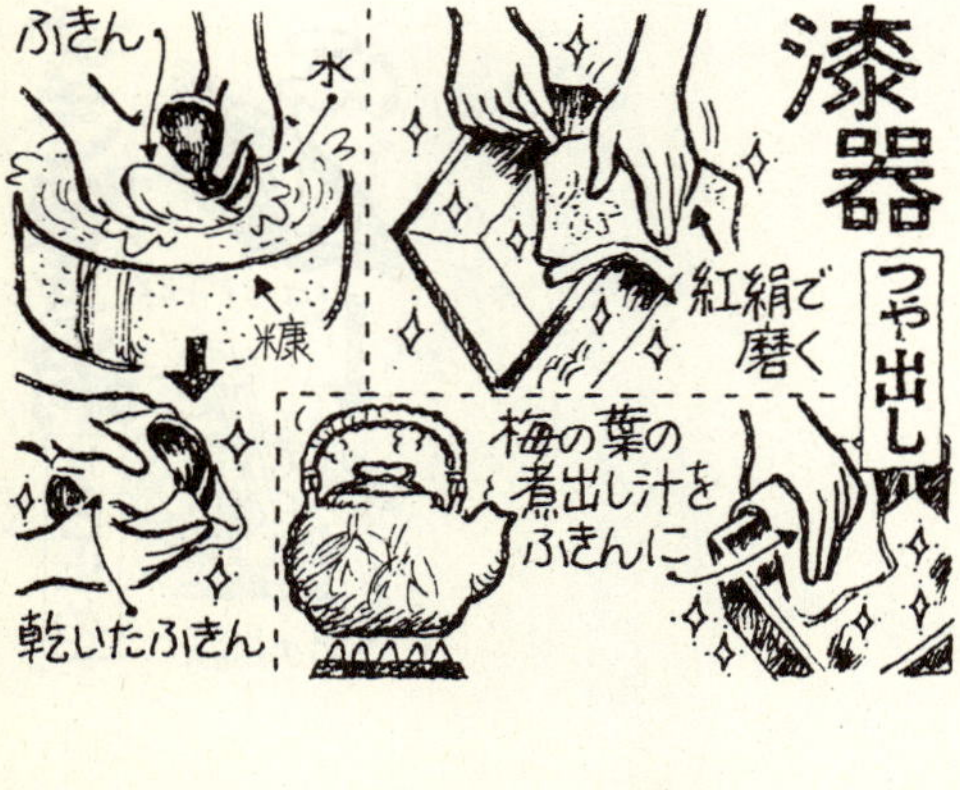

昔はうどんのゆで汁で手早く洗ったものでした。うどんのゆで汁が中性洗剤のかわりだったのですね。

洗剤液の中にプカプカといつまでも漆器を浮かべておいてはいけません。上等な漆器ほど傷みますからね。

ひどい汚れのとき、昔は糠を水で薄めた液で洗いました。また梅の葉をコトコト煮出した汁をふきんにつけて磨きあげたものです。漆器のつやを出すために、紅絹《もみ》（和服の裏に使う絹布）でよく磨いたこともあります。

上等の漆器は、歳月をかけるほどに独特の色つやを増し、手入れさえよければ１００年はもちます。

収納するときは、漆器がお互いにふれ合わないように、１個ずつ、糊けのないやわらかな紙か布に包み、さらに全体を紙か布で包んでボール箱、

木箱に納めて、乾燥した場所にしまいます。

## ❖鉄瓶、鉄鍋のサビ止めに

鉄瓶《てつびん》の赤サビは鉄の味わいを損ないます。昔から鉄瓶は、ふきんに包んだ茶がらで拭いていましたが、これも理由のあることです。お茶の中のタンニンが鉄に結びついて、黒光りのする堅牢な化合物の膜を作るからなのだそうです。

すき焼き用の鉄鍋もサビると困りますが、よく洗って水分を落とし、次に鍋を火にかけてから、肉の脂身を入れ、出てくる油をこすりつけておくと、サビは出ません。

## ❖ホウロウ鍋を焦がしたら

ホウロウの鍋など、1か所でもホウロウ質が取れると、次々にサビがすすんでしまうので、扱いはていねいにしましょう。

ホウロウ鍋
焦げ取り
お湯
重曹スプーン1杯
5分放置.スポンジでこする
干す
木しゃもじで取る

ホウロウ鍋を焦がしたら、鍋がまだ熱いうちにお湯とスプーン1杯の重曹を入れ、5分ほどおいてからスポンジでサッとこすります。さらに木製のしゃもじで静かにこすれば、頑固な焦げつきもホウロウ質を傷つけることなく取れます。

それでも取れないようなら、2～3日、天日に干して、焦げつきから水分が完全に抜けてから、木のしゃもじで焦げつきをはがします。気長にやることです。

## ❖銀食器の手入れ方法

銀製の食器は特に酸に弱いものです。ですから酢やレモンなど酸性の強いものとは一緒に使わないのが無難です。もし使わなければならないときは、使用後すぐに洗います。

手入れの仕方は、やわらかな布に銀磨き剤をつけて丹念に磨くのですが、重曹や練り歯磨きを使

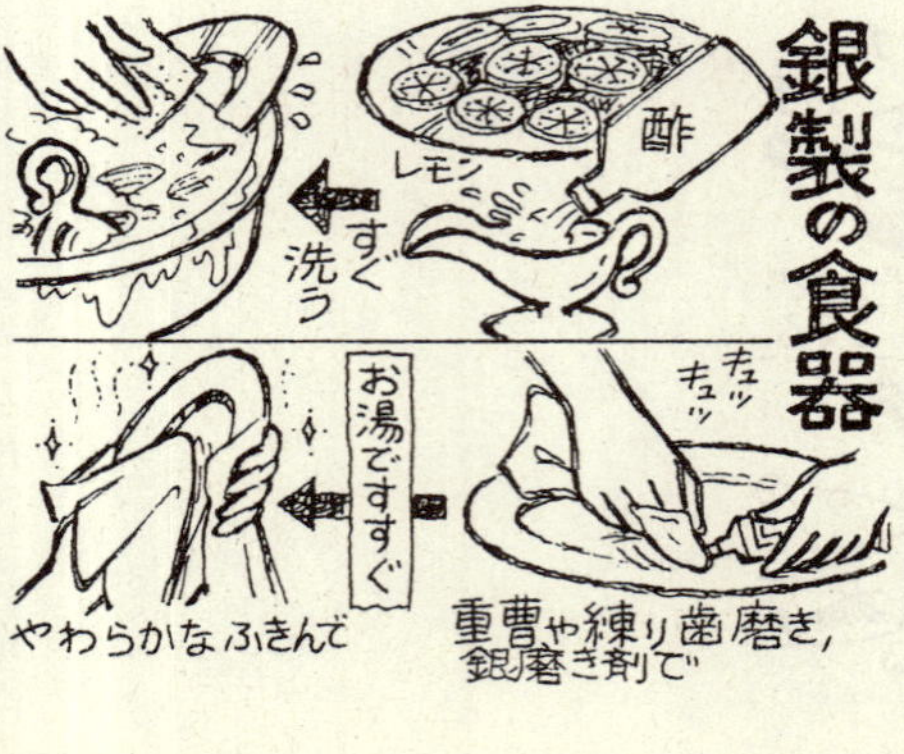
銀製の食器
酢
レモン
すぐ洗う
チュッチュッ
お湯ですすぐ
重曹や練り歯磨き，銀磨き剤で
やわらかなふきんで

ってもよいですね。その後はお湯ですすぎ、乾いたやわらかなふきんで拭きあげておきます。

## 障子・襖の張り替えと修理

襖は「臥《ふ》す間」の意味で、木で骨組みした仕切りを両側から布や紙を張って「臥す間」にしたのです。もとは障子のことも「襖障子」と呼んでいました。襖には山水画など描かれて、室内デザインとしても完成していくのです。

障子が今日のような明かり障子になってから、必要に応じて部屋を仕切ったり、障子を取りはずして広く使ったり、風通しをよくしたり、部屋を便利に使えるようになるのです。

しかし、最近は職人さん不足もあってか、襖・障子の張り替え、修理も思うにまかせません。簡単なものでしたら、自分でやる時代でしょう。

## ❖襖・障子の正しい立て方

襖・障子の正しい立て方はご存じですか?

2枚ものなら、室内から見て向かって左を外に、4枚ものなら左右両側を外に立てるのが正しいのです。

また襖は模様のきれいなほうが表で、障子は桟のあるほうが表です。当然、表が室内に向くように襖・障子は立てるのです。

## ❖障子の張り替えは雨の日に

障子の張り替えは、雨の日にするとしやすいものです。紙は湿気を吸うと伸び、乾くと縮む性質があり、雨の日には室内の空気も湿っているから、後日ピーンとします。

光は横か斜めからとったほうが紙のたるみもよく見えて、張るには都合がよいのです。

また、風通しがよすぎて、紙がとばされるような場所では作業をしないこと。

まず障子をはずして、上桟の上側（鴨居《かもい》敷きの溝に入る部分）に鉛筆で番号でも書いておきましょう。張り替えてから元どおりにはめるときに便利です。

## ❖古い障子紙のはがし方

古い障子紙をはがすには、刷毛に水をたっぷりつけて、障子の骨の部分をたたくのです。充分ぬらして、7〜8分おけば、古い糊が溶け出して、紙ははがせます。

水が下にたれてもよいように、あらかじめ下にビニールなどを敷いておくとよいでしょう。

## ❖古い紙をはがしながら雑巾がけ

古い紙を2〜3段ずつはがしながら、同時に桟

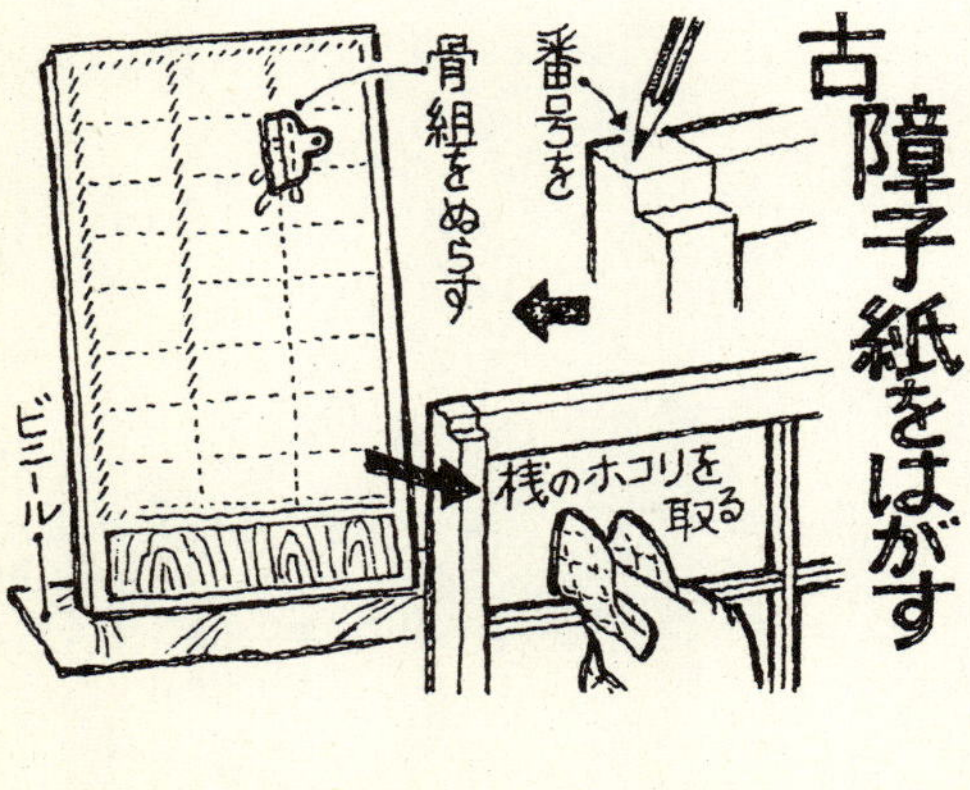

の雑巾がけをします。全部はがしてから拭こうとすると、せっかくぬらした部分が乾いてしまって、糊がはがれにくくなったりします。

また、桟は、ふだん水拭きできないところですから、かたく絞った雑巾を人さし指に巻いて、一こま一こまていねいに拭くことが大切です。

## ❖古い紙をはがしたらよく乾かす

古い紙をはがしたら、一度完全に乾かしてから新しい紙を張ること、これがきれいに張るコツです。日陰の風通しのよい場所に立てかけて乾かします。直射日光に当てると骨組みが狂うことになるからです。

このとき、骨組みが破損していたら修理しましょう。

## ❖糊の中に硼酸を加える

障子を張る糊の中に硼酸《ほうさん》を一つまみ入れると、糊が多少濃くても、次の張り替えのとき、はがすのに簡単です。

糊は〝おもゆ〟くらいの濃さに溶くことです。糊の材料は昔は生麩《しょうふ》糊を使ったものでしたが、小麦粉でよいです。小麦粉を煮て作った糊は、充分に冷ましてから刷毛で練りあげると、ますます粘りが出てきます。糊のあたたかいうちは、伸びがよくて使いやすく思えますが、粘り（接着力）が足りません。冷めてから使うことです。

## ❖慣れない人は障子を逆さまに

慣れない人は、障子を上下逆さまにして上（ほんとうは障子の下部）から下（ほんとうは上）へ張っていくと作業がしやすいでしょう。

この方法ですと、障子紙の合わせ目が、下を向くことになってホコリがたまりません。

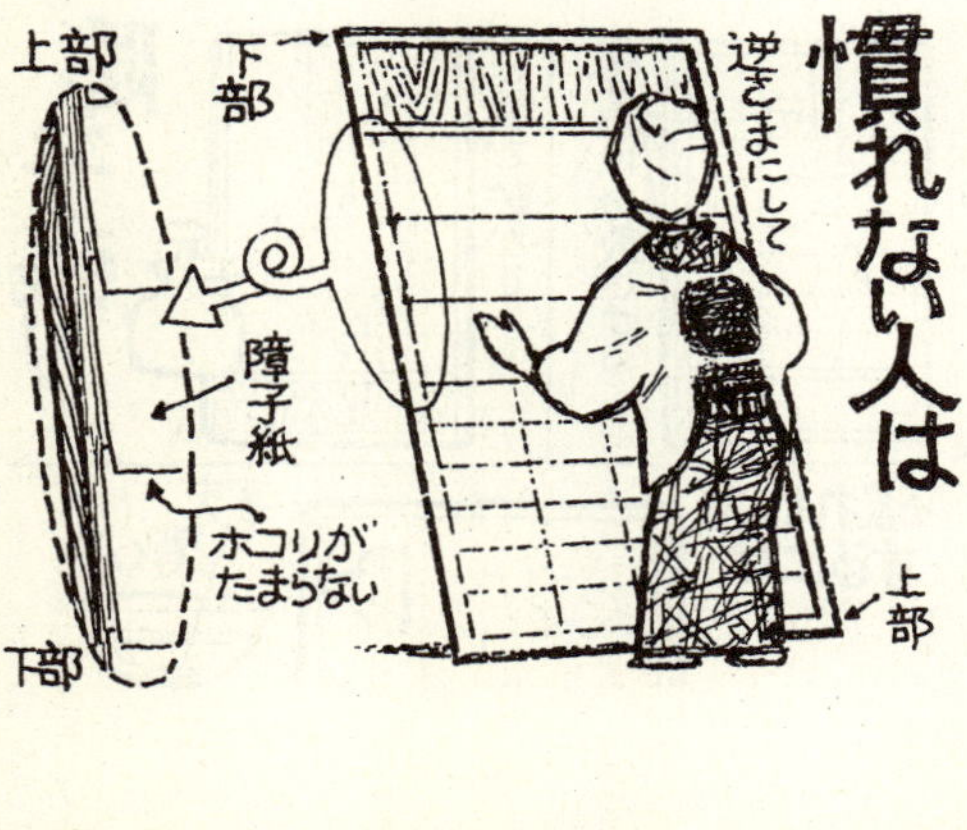

## ❖糊づけのコツ

糊は刷毛に一度にあまり多くつけず、刷毛を35度くらいに寝かせ加減で持って、桟1本ずつに刷毛の腹で桟を軽くたたくように糊づけするのがコツです。このやり方だと桟から糊がはみ出しません。

桟に糊をつけたら、紙を右から左へ（逆の方向でもよい）少しひっぱり加減で張っていきます。紙を置いたら、指の背（つまり手の甲の側）で桟の上をなでて張りつけるのです。障子紙の不要部分を張った上にのせて、その上からなでていくのもよいでしょう。

## ❖紙の継ぎ目も美しく演出

巻き紙状の障子紙で半端が出ると、母たちは捨てずに継ぎ足して張りました。少しの紙もムダに

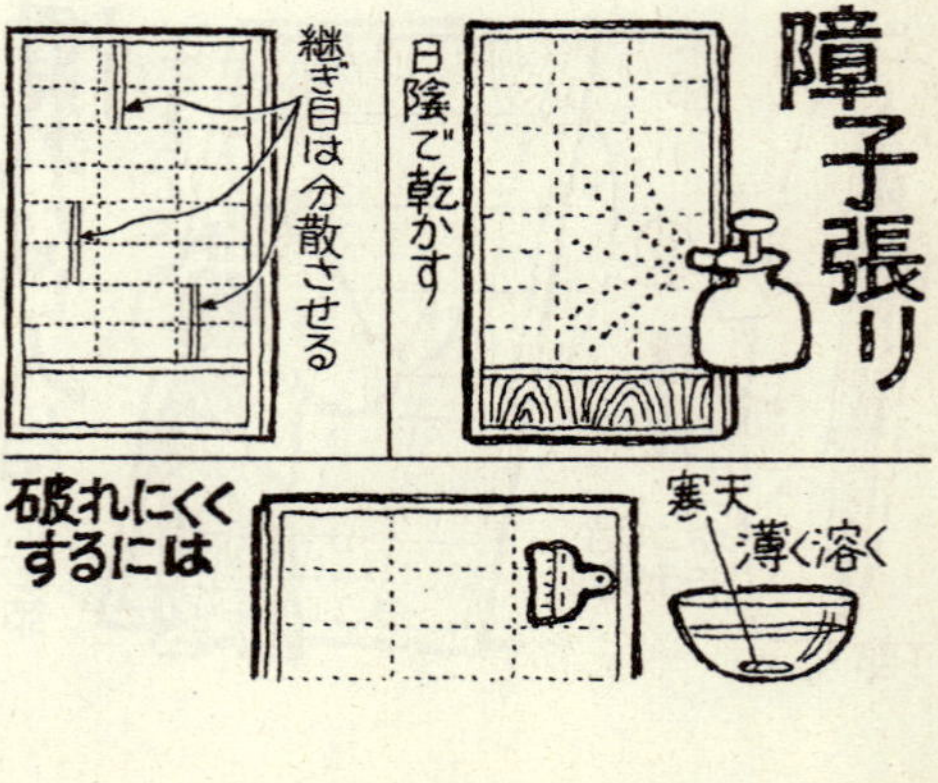
障子張り
日陰で乾かす
継ぎ目は分散させる
破れにくくするには
寒天薄く溶く

しなかったのですね。のりしろは2ミリほど。

　これを「継ぎ手」といいましたが、継ぎ手の位置が上の段とそろうのは、上手な張り方とはいわれません。

　継ぎ手を分散させる、「おしゃれにケチる」、この精神は、これからも生かしてゆきたいですね。

## ❖張り替え障子はよく乾かす

　仕上げは全体にまんべんなく霧吹きで水を吹きかけ、日陰で充分に乾かします。こうすると、乾いたときにピーンとなるからです。また、障子は、よく乾いてから元どおりにはめます。生乾きではめると、糊の弱いところがはがれます。早く乾かしたいと、日に当てたりすると、紙が急激に縮んだり、骨組みがそり返ったりしますので、気をつけてください。

❖寒天を薄く塗ると丈夫な紙に

子供さんのいる家庭では、障子を破いて困ることが多いでしょう。障子紙を強くしようと思ったら、糊が完全に乾いてから、寒天を薄く溶いて紙の表面に薄く塗ってみましょう。化繊紙に劣らぬほど丈夫になります。

❖作業後の刷毛の手入れ法

作業が終わったら、刷毛の手入れも大切です。ぬるま湯で糊をよく洗い落とし、毛の部分の水けをタオルで吸い取って、陰干しをしてからしまいましょう。

ビニール袋に入れたりすると、毛が抜けることがあるので禁物です。

❖襖の引き手の周囲の汚れには

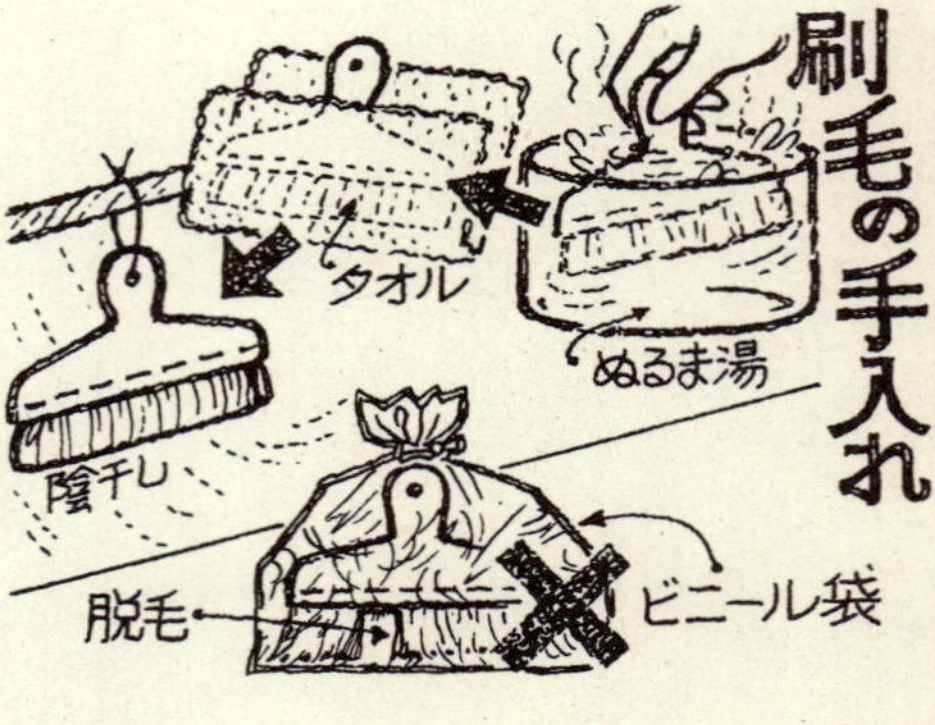

襖は障子に比べると、張り替えは大変です。全体の汚れはそれほどでもないのに、引き手の周囲だけ汚れが目立つということが、ままあります。

こんな場合、襖の紙とは反対色の紙を汚れの目立つ引き手のまわりに張ってごらんなさい。しゃれたデザインの襖に再生できます。

また、専門家に新しく張り替えてもらった場合は、引き手の周囲に防水液をスプレーしておきます。こうすると汚れたりしてもぬれ雑巾で拭けますし、けばだったりしません。

## ❖襖の建てつけが悪ければ

家が古くなると、襖の開けたてが悪くなります。中には襖がはずれることもありますが、こんな襖には職人さんが「つけもの」と呼ぶ、そえ木をしましょう。

日曜大工でもできる細工で、上桟の上に同じ幅の木を打ちつけるのですが、厚みは、鴨居の溝の半分くらいが開けたてにスムーズです。

## ❖襖の縁がはげたらエナメルを

傷で塗りがはげてきたら、同色のエナメルを筆で塗ることです。漆の場合は、塗り跡が多少は目立ちますが、乾けば傷はほとんどわかりません。エナメルは乾くのに時間がかかるので、塗った後1日くらいは風通しのよいところで乾かしましょう。

## ❖破れた襖の補修法

襖が破れたりすると、ほんとに困りますね。障子なら花の形の紙を切り張りしたりしてごまかせるのですが、襖に穴をあけたりすると大弱りです。うちでも酔ったお客さんが倒れかかって、襖に穴をあけられたことがありましたが……。

小さな穴なら、それより大きめに画用紙、はがきなどの厚紙を切って襖の内側に差し込み、めくれてしまった襖紙に糊をつけて元どおりに張りつけることです。このときシンにした厚紙の中央に糸をつけておいて、外向けに糸を引っぱりながら破れた襖紙を張り合わせていくと作業はやりやすく、へこみもできません。糸は後で切り取ります。

　このような簡単な補修ができないほどなら、思いきってアップリケ風に千代紙などの模様紙を部分張りするか、襖の下部のほうなら40〜50センチ幅に布や壁紙で〝腰張り〟をします。

　腰張りの場合には、枠をはずしたほうがきれいに仕上がりますが、めんどうなら寸法より1〜2ミリ大きめに布や壁紙を切っておき、糊が乾かないうちに太めの針で枠の縁に布や壁紙の端を折り込んでみましょう。こうした補修にはあなたのデザイン感覚がものをいいますね。

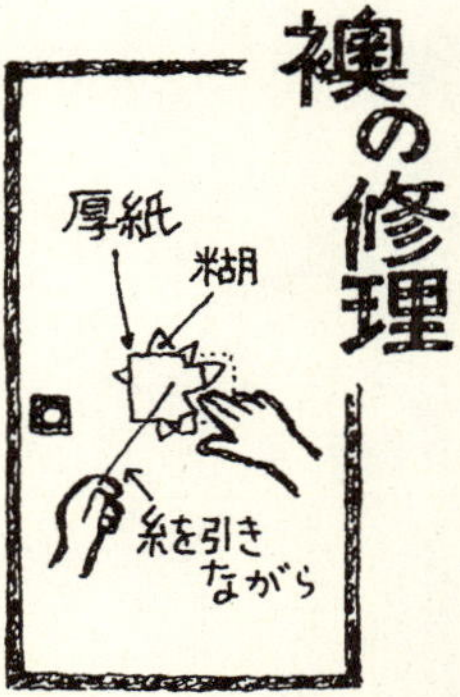
襖の修理
厚紙
糊
糸を引きながら

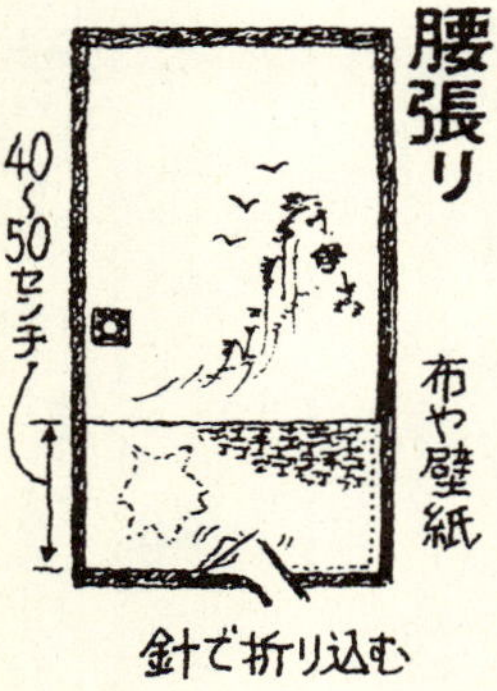
腰張り
40〜50センチ
布や壁紙
針で折り込む

# 5章

# 衣類を長もちさせる手入れ法

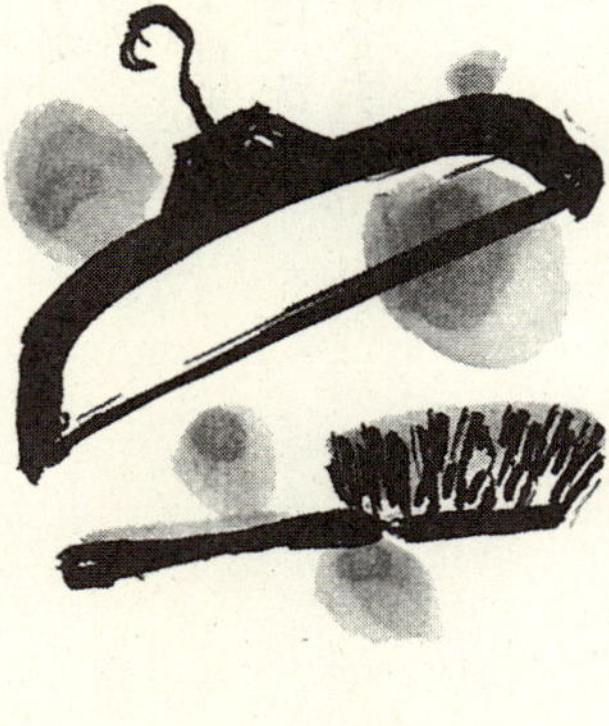

## □洗濯上手の知恵と工夫

私が娘のころはまだ「洗濯渡し」という言葉が残っていました。姑から嫁へ、家族の衣料いっさいの世話をまかせます、ということなのですが、それほどお洗濯は、家事で重要なことでした。

いまは洗濯機が普及しましたから、こんな言葉も意味がなくなりましたが、私も、息子の嫁に「洗濯渡し」をすませたおばあちゃんというわけですね。

### ◈木綿の黄ばみを落とすには

木綿のシャツ、シーツなどは洗濯を繰り返すうちに、黄ばんでうす汚れた感じになりますが、これは「煮洗い」で防げます。

大鍋に洗剤を入れ、その中に洗う衣類をつけて、30分くらい煮洗いをするのです。菜箸で2~3回上下をひっくり返しながら煮ると、見違えるほど白くなります。

◆縮みやすい木綿を洗う場合

木綿のワンピース、スカートは洗うと縮みますね。こんなときはあらかじめ裾をほどいてから洗えば、後で丈を出しても折り線が出ません。

同じように、洗濯前のちょっとした注意が大切で、レースや飾りのついている服は裏返しにして洗います。

◆刺しゅうものを洗う場合

刺しゅうのあるブラウスは、その部分に布を当て、粗くとじてから洗えば、刺しゅうに傷がつきません。

レースのテーブルクロスも、裏に古シーツの切れ端などを軽く縫いつけてから洗えば、型くずれ

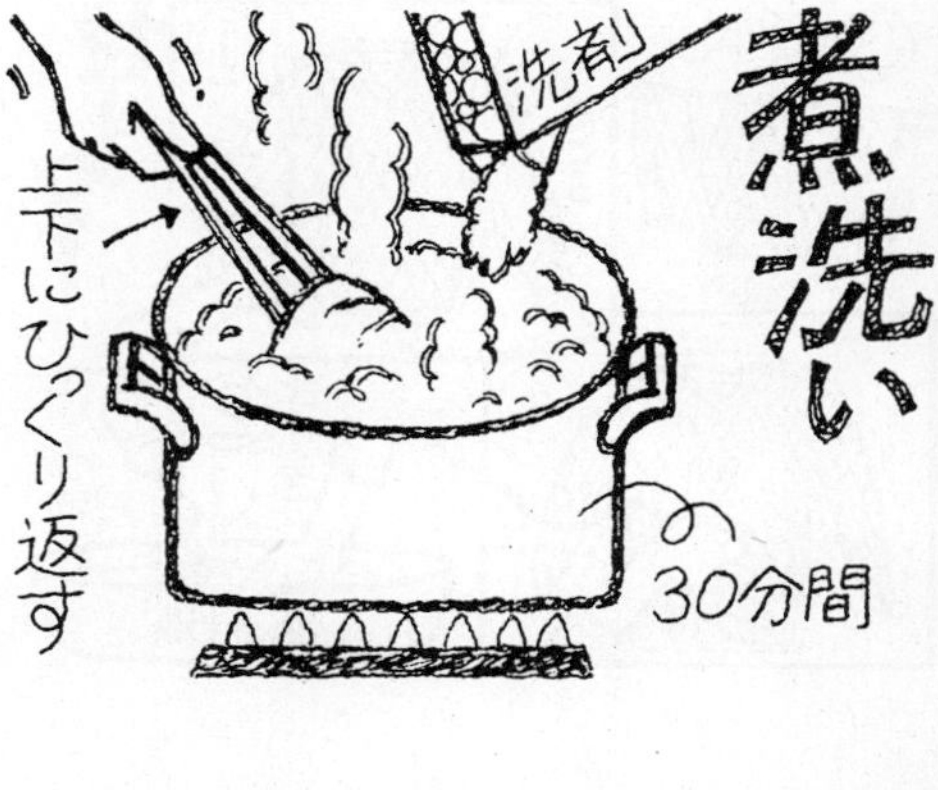

を防げます。

## ◆木綿の色ものの色止め

ジーパン、Tシャツなど木綿の色の濃いものは、洗剤に同量の塩を入れて洗うと、塩が色止めの作用をしてくれるのです。

## ◆セーターは洗う前に型どり

セーターは、洗う前に必ず寸法を測っておきます。包装紙を裏返しにして、それに型を記録しておきます。

洗い終わって、すすぎにはぬるま湯を使いますが、このときオリーブ油を少したらすのです。ふっくらします。

干すのは陰干しです。

乾いたらスチームアイロンで仕上げますが、先に記録しておいた型紙の上にのせて寸法を調整し

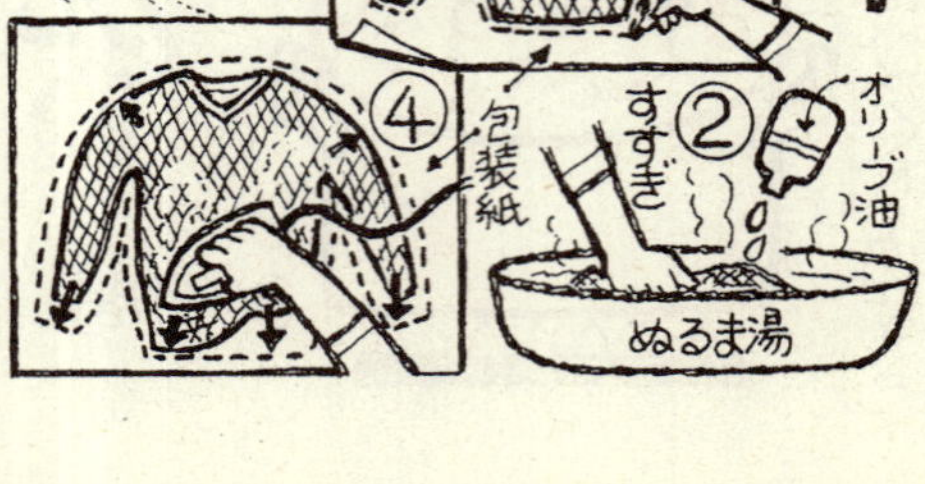
セーター
①
型をとる
②
すすぎ
オリーブ油
ぬるま湯
③陰干し
④
包装紙

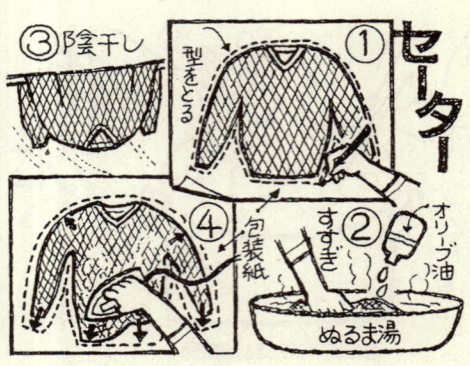

ます。

### ◆靴下の悪臭の取り方

靴下の悪臭は、洗った後で1リットルの湯に小サジ5杯の硼酸《ほうさん》を溶かした溶液にひたせば、悪臭は抜けます。

硼酸のかわりに酢でもかまいません。

### ◆浴衣の糊づけ方法

浴衣《ゆかた》は、洗って糊づけするとき、昔から「伸《の》し仕上げ」という方法をとってきました。

糊づけした襟をパンパンと手でたたきながら形をととのえ、半乾きになったら、浴衣全体にまんべんなく霧吹きをして、きちんとたたむのです。そして清潔にしたゴザの間に浴衣をはさみこみ、その上に重しを置きます。

幼いころ、母がよく私を重しがわりに座らせたものです。1時間ほどしたら浴衣を衣紋竿にかけて干します。

木綿や麻の材質で手織りのもの、縮み類にも、この「伸し仕上げ」はいいですね。昔はシーツの仕上げにもよくやっていました。子供を座らせるのは、人肌のぬくもりと体重が適当だからでしょう。

## ◆アイロンの滑りをよくする

アイロンの底の滑りをよくし、焦げつきや汚れを防ぐには、タオル四つ折りの中に蠟を削って入れておきます。

アイロンを、このタオルの上で滑らせてから衣類の仕上げをすれば、汚れも焦げつきもなく、よく滑ります。

## ◆布地のテカリを防ぐには

伸の
し仕上げ
浴衣をたたむ
ゴザ
霧を吹く
オムレツの
ように
巻き、重しを…

サージ、ギャバジンの布地はテカテカするのが難点ですね。

これを防ぐには、洗面器1杯の水に大サジ1杯のアンモニアを入れて、この中をぐらせたタオルを絞り、その上からアイロンをかければ、かなりテカリは取れてきます。

## ◈毛足のある織物のアイロンは

ビロードのように毛足のある織物のアイロンかけはやっかいです。この場合、同じ毛足のある布の表同士を重ね合わせ、裏から軽くスチームアイロンをかけることです。

毛足の風合いをつぶさずにすみます。

## ◈アイロンで焦がしたら

ブラウス、ワイシャツなどを熱しすぎたアイロンで薄く焦がしてしまったら、オキシドール3に対し、お湯10の割合の液にアンモニアを2～3滴たらした液を作り、これに焦がした部分をひたすことです。

### ◆ハンカチはアイロンの余熱で

ハンカチはアイロンの余熱で仕上げるとよいのです。

また、洗ってから絞らないで風呂場の窓ガラス、鏡などに貼りつけて乾かせば、ノーアイロンですみます。

### ◆ズボンのアイロンがけのコツ

ズボンの折り山をととのえてアイロン台にのせ、虫ピンで止めてから、当て布をして一気に高温のアイロンをかけると、ピシッと仕上がります。

### ◆刺しゅうのアイロンがけ

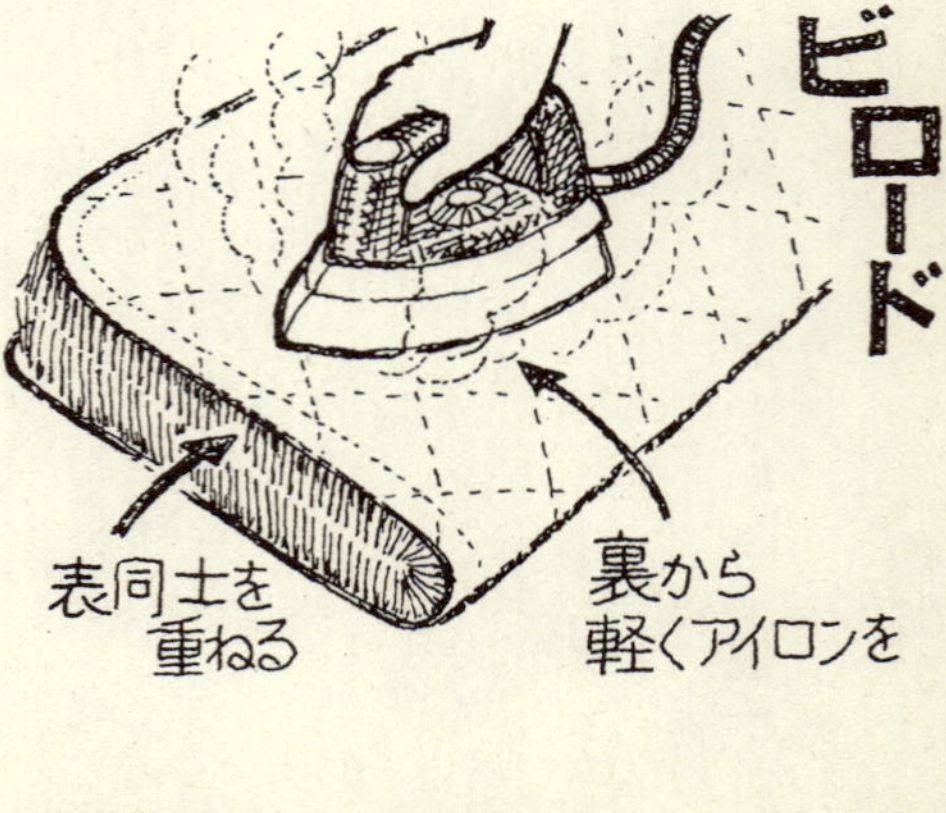

刺しゅうのあるものは、アイロン台に薄い毛布を四つ折りにして敷くとよろしいですね。

毛布に刺しゅうのある側を当ててアイロンをかけると、刺しゅうのふっくらとしたまるみの部分が毛布の弾力に沈んで、つぶさずにすむのです。

## 種類別上手なしみ抜き

「しみ抜きに上手も下手もなかりけり、すぐなら水で落ちるものなり」などと、昔の人は教えました。なるほど、たいていのしみは、ついてすぐならば、水だけでも落ちるものです。が、放っておくと変質して、落ちるものも落ちなくなってしまうのです。

### [しみ抜きのポイント]

①すぐに手当てすること。

②けっしてこすらないで、下に敷いたタオル類に吸い取らせるようにたたくこと。
③薬品や綿棒などを使うときは、しみに対して最小限の大きさ、量で使うこと。
④別の薬品をさらに使う場合、前の薬品は、4～5回水でたたいて必ずきれいに取り除いてから、次の薬品を使うこと。
⑤しみ抜きの後は、自然に乾かすか、両手ではさみこんで体温で乾かすこと。

　アイロンで急に乾かすのは、輪じみのもとになるので厳禁です。アイロン仕上げは自然乾燥の後にします。

　しみ抜きにも、着物やドレスへのいたわりが大切なのです。両手のひらではさみこんで乾かすのも、「両手を合わせてきれいになりますようにと祈る」女心の表れでしょう。

　また、体温がしみ抜きの後の湿りけをほどよく

トントン
しみの中心➡周囲へ

両手ではさんであたためる
自然に乾かす
急に乾かす➡輪じみ

乾かし、しみとその周辺に輪じみを残さないのです。もし残りそうなら、さらに全体に霧吹きをして湿らせ、再び乾かすことです。

## ◆しみ抜きしてから洗濯

どうせ洗濯をするのだから「洗って落ちなかったら、しみ抜きをするわ」と、ズボラに考える人もいるみたいですが、これは大間違いです。しみ抜きをすませずに洗濯してしまうと、しみが他のきれいな部分にまで広がってしまう恐れがあります。

## ◆曇天の日に行う

しみ抜きには晴天の日より、曇り日のほうが成功率は高いのです。これは薬品や水分の蒸発が、晴れた日より曇天の日が緩慢だからです。急に蒸発すると、くまどりもできやすいし、汚

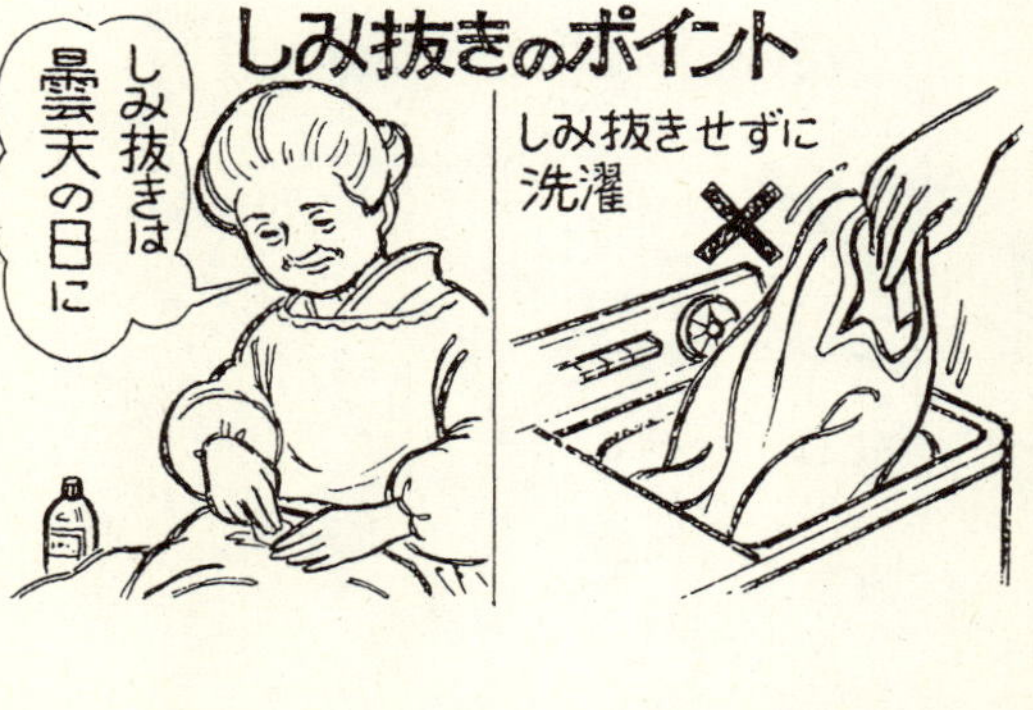
しみ抜きのポイント
しみ抜きは曇天の日に
しみ抜きせずに洗濯

れが汚らしく残りがちです。

### ◈部分洗いの注意点

部分洗いをすることもありますが、この場合は必ず蛍光増白剤《けいこうぞうはくざい》を含んでいない洗剤を使用することが大切です。

表示をよく確かめてから購入しましょう。蛍光増白剤を含んでいる洗剤で部分洗いをすると、色むらを起こしがちなので、この場合はまずいのです。

また絹、毛のものの部分洗いには、蛍光増白剤を含まない中性洗剤を使いましょう。

### ◈漂白の注意点

漂白をする場合、色柄物には酸素系の漂白剤、白物には塩素系漂白剤を使用します。

## ◆中心から周囲へ手当て

しみは「周囲から中心に向かって」抜いていく、と考え、実行している方もいるようですが、専門の人に聞くと「中心から周囲へ」しみを抜いていくという逆のやり方をとっています。

理由は、周囲のしみが抜けても中心部のしみがその部分に広がって、結局二重の手間になってしまうからだそうです。

## ◆応急処置方法

しみをつけて「あらっ、大変」と思うのは、たいてい外出先が多いものです。

応急の処置法は、いじると広がってしまうものでない限り、おしぼりか水でぬらしたハンカチでたたいておきます。

しみがある程度薄くなったら布を両手ではさん

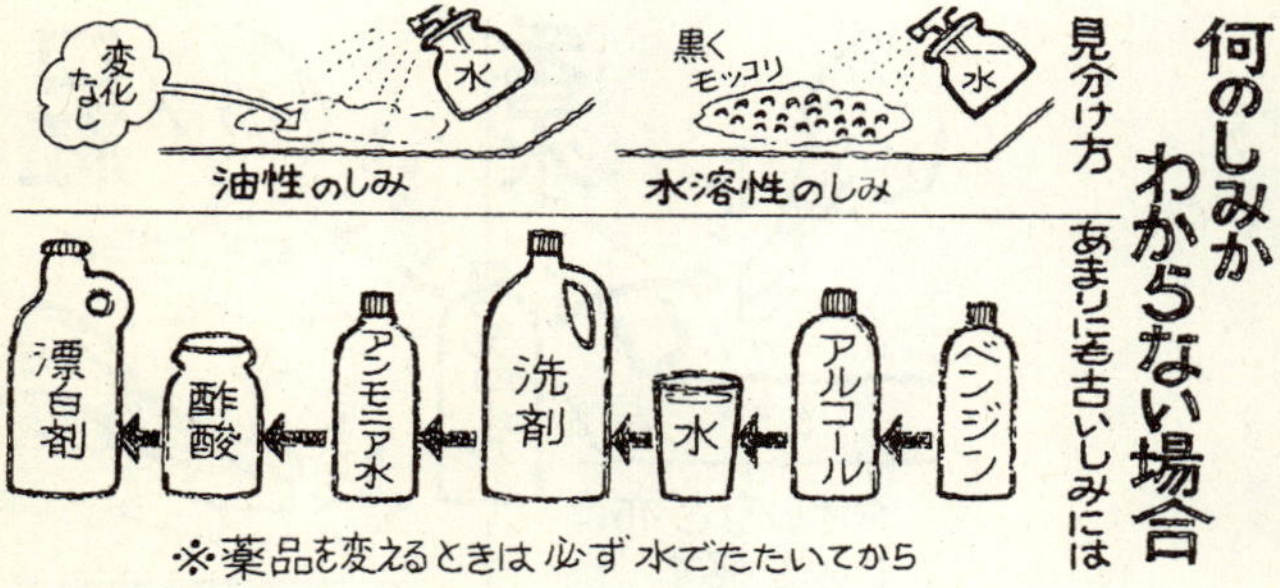
何のしみかわからない場合
見分け方
変化なし
水
油性のしみ
黒くモッコリ
水
水溶性のしみ
あまりにも古いしみには
漂白剤
酢酸
アンモニア水
洗剤
水
アルコール
ベンジン
※薬品を変えるときは必ず水でたたいてから

で乾かし、家に帰ったらすぐに手当てをします。

油じみの場合でもこのような応急処置をしておけば、帰宅後のベンジン（またはぬるい洗剤液）処理で、楽に取れます。

### ◆しみの原因別処理方法

何のしみかわからない場合、水を霧吹きで軽く吹きつけて、しみ部分が黒々ときわだって浮き上がるようなら「水溶性のしみ」で、逆に浮き上がってこないようなら「油性のしみ」なのです。

ただ、しみがあまりにも古い場合には、初めにベンジン→アルコール→水→洗剤→アンモニア水→酢酸→漂白剤の順でしみ抜きをしましょう。

次に原因別の処理方法をまとめました。これで、ほとんどのしみは取れます。

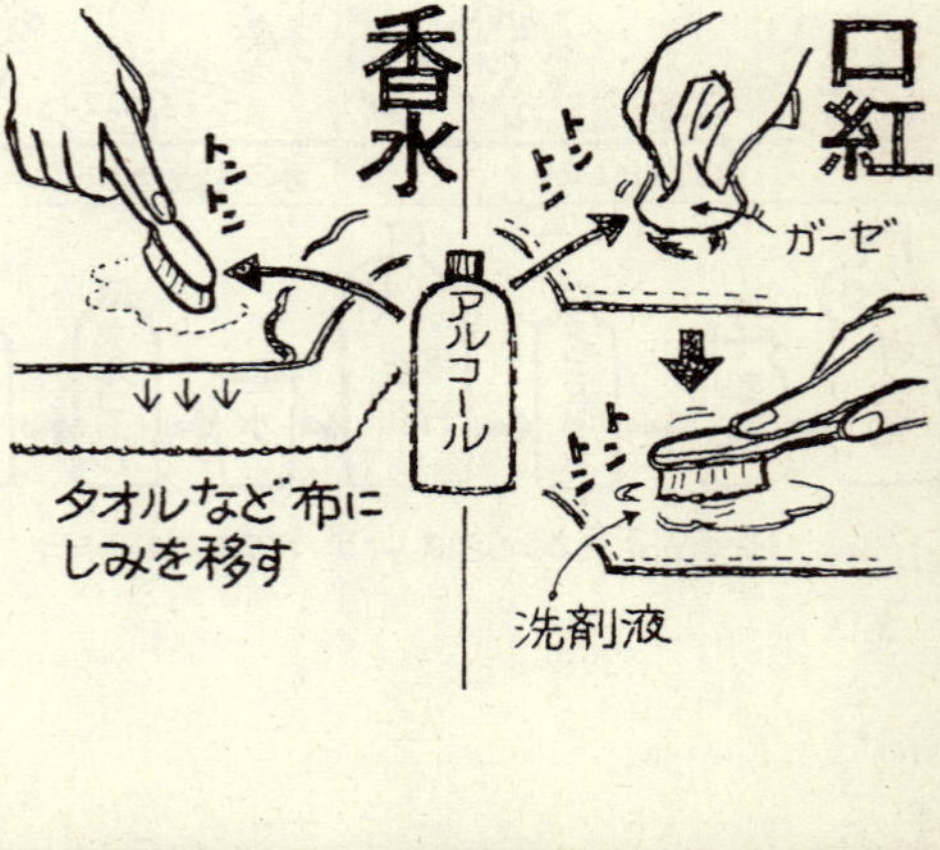


**口紅**　アルコールを含ませたガーゼでよくたたき、

油分を取り除いた後、洗剤液をつけた歯ブラシでたたきます。

**香水**　アルコールをブラシにつけて、しみをたたき出し、下に置いた白布に移すようにします。

**ファウンデーション**　ベンジンを湿した布でたたき、次に洗剤液をつけたブラシでたたきます。

**マニキュア液**　シンナーを布につけてたたきます。アセテートには使えないので注意してください。

**コールドクリーム**　ブラシにリグロイン（薬局で売っています）をつけて、軽くたたきます。

**ヘアダイ**　漂白剤を利用しての漂白以外に手はありません。

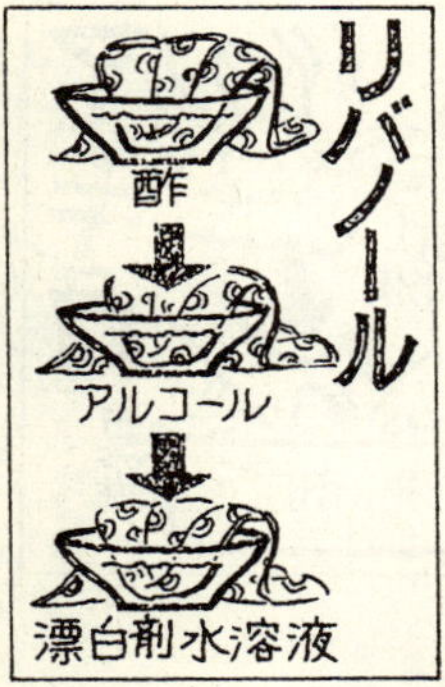

**マーキュロ**　ぬるい洗剤液に、アンモニアを加えた液でたたいてみます。

それから、普通の洗剤でもみ洗いをすれば落ちます。

**ヨードチンキ**　応急処置として、水かぬるま湯でたたいておき、材質にもよりますが、木綿なら湯で煮沸《しゃふつ》してもよく落ちます。

**汗じみ**　汗じみは、汗をかいてすぐなら水洗いで大丈夫です。

日がたって黄変したしみには、しゅう酸（大サジ4分の1杯）を溶かした熱湯（約20cc）を、綿棒につけて塗ります。

2〜3分すれば黄ばみは消えるので、後はよく水洗いします。

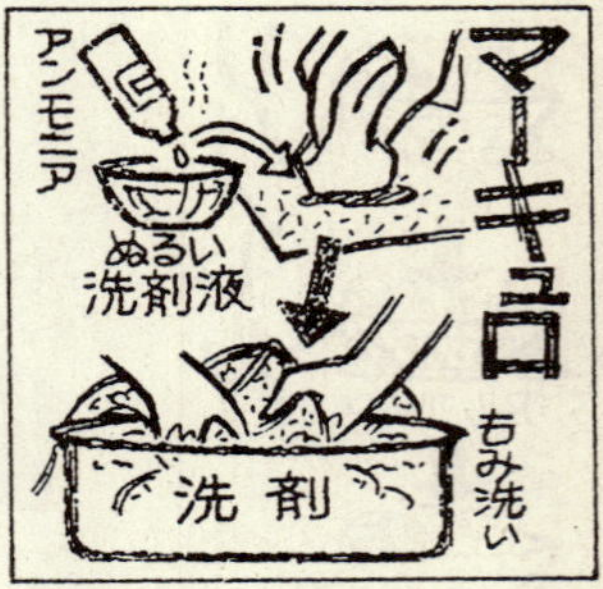


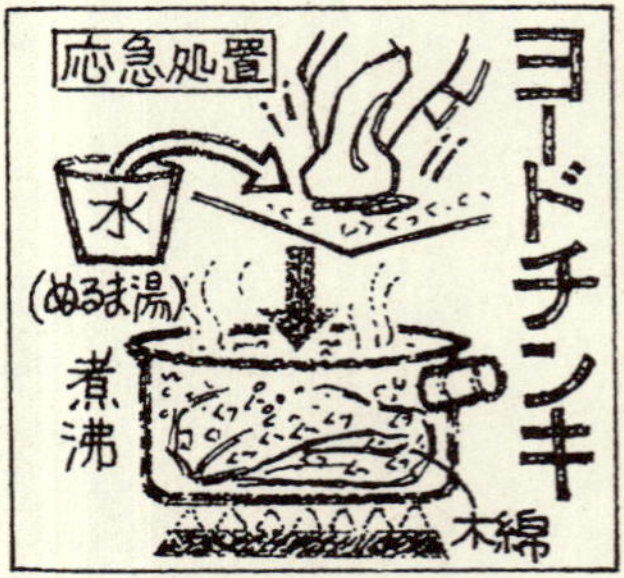

あるいは、水でよくたたいてから、洗剤液を湿した布でたたくのです。

次にコップ１杯の熱湯にアンモニア（大サジ１杯）を入れて、汗じみを拭き取る方法もあります。

**血液**　血液も、つけた直後なら、水で洗えば落ちますが、後まわしにすると頑固なしみになります。早く取りたい、と熱湯で洗うのはいけません。50度以上の湯をかけたり、酢を使ったりすると、血液はかたまって、取れにくくなります。

台所から大根の切れ端を持ってきて、下にタオルを敷き、大根の切り口でしみの部分をたたきます。後は、しみ抜きの定石《じょうせき》どおりに水でぬらし、かたく絞ったガーゼでたたき、両手でしみの部分をあたためます。

しょうが汁を溶かしたぬるま湯でも血液は取れますが、応急の場合は大根にはかないません。大

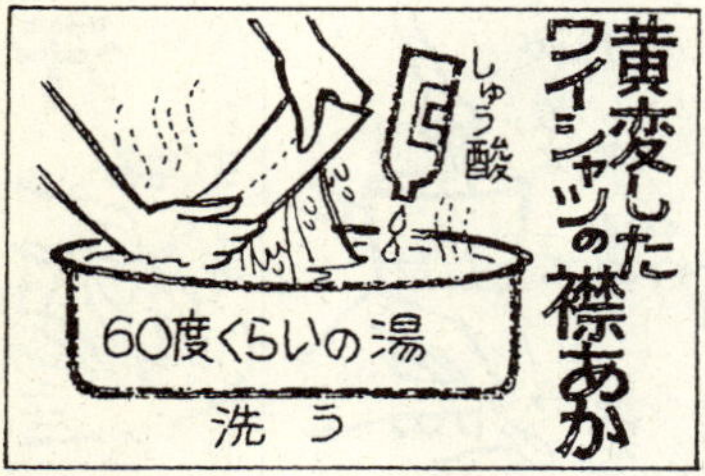

根の水分とジアスターゼが血液を取り除く効果を発揮するのです。
**黄変した襟あか**　黄変したワイシャツの襟あかは、60度くらいの湯にしゅう酸を溶かしたもので洗います。
背広の襟は、表地と裏地を浮かせて表襟だけをつまんで、ベンジンをつけたタオルではさみこむようにもみましょう。

汚れがタオルに移ったら、襟全体をベンジンでたたいておけば、輪じみになりません。

絹ものの襟あかは、タオルの上に置いてベンジンでたたいて、汚れをタオルに移します。

さらにアンモニア水で拭くと、襟あかはよく取れます。

そして酢を入れた水で拭けば、アンモニアは中和しますから、仕上げは水拭きをして、乾いたタ

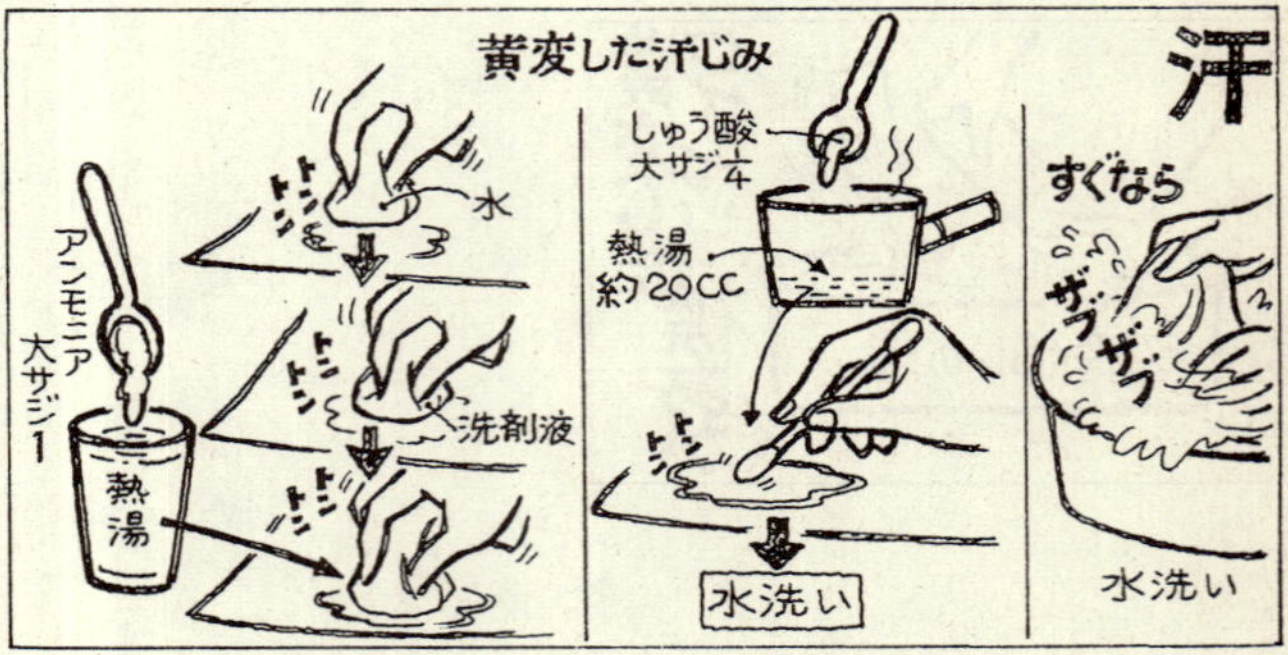
汗
すぐなら
ザブザブ
水洗い
しゅう酸
大サジ1/4
熱湯
約20CC
トン
水洗い
黄変した汗じみ
トン
水
トン
洗剤液
トン
アンモニア
大サジ1
熱湯

オルで水分を拭き取ります。

**墨**　ご飯粒をつぶして洗剤に混ぜたものを塗りつけ、もみ出します。

何回か繰り返して、きれいになったら、住居用洗剤のあたたかい液にしばらくひたしてから洗うと、よく落ちます。

この後で漂白しましょう。

**墨汁**　練り歯みがきを使ってもみ出し、その後で漂白します。

**ペンキ**　ベンジン（あるいはリグロイン）を湿した布でたたきます。

さらにシンナーをつけた布でたたくと、きれいに落ちます。

また、ベンゾールで拭き取り、次に、でんぷん

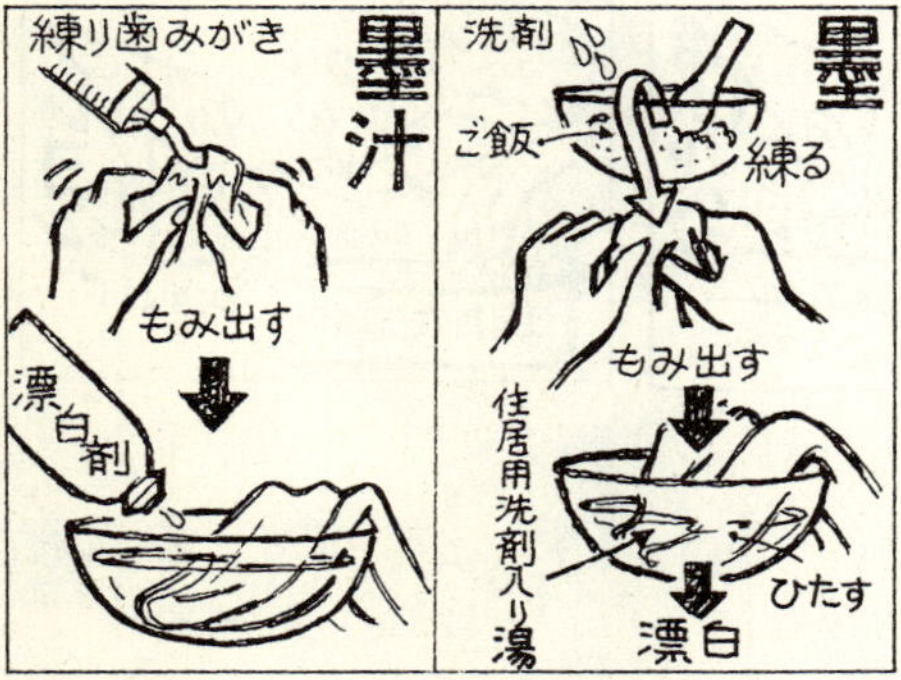
墨
洗剤
ご飯
練る
もみ出す
住居用洗剤入り湯
ひたす
漂白
墨汁
練り歯みがき
もみ出す
漂白剤

を混ぜたベンゾール液で、たたき出すやり方も有効です。

**朱肉**　ベンジンをつけて何回もたたき、次にあたたかい洗剤液の中でもみ洗いします。

**クレヨン**　消しゴムで落とせることもあります。もちろん、消しゴム本体をきれいにしておくことが大切です。

これで落ちなければ、ベンジン、またはシンナーをつけたガーゼでたたいてから、住居用洗剤溶液でもむことです。

**ボールペン**　タオルを敷いて、アルコールをつけたガーゼでたたきます。

汚れがタオルに移ったら、住居用洗剤でつまみ洗いをします。

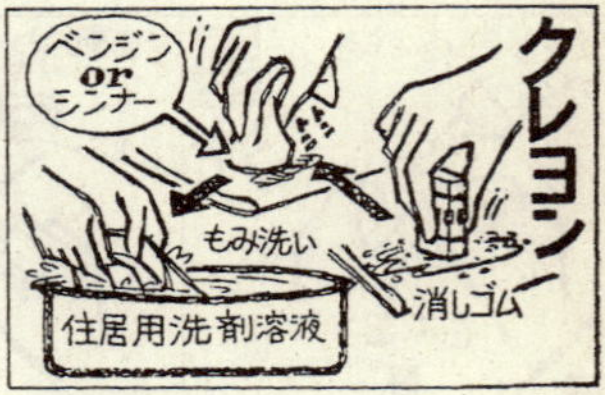


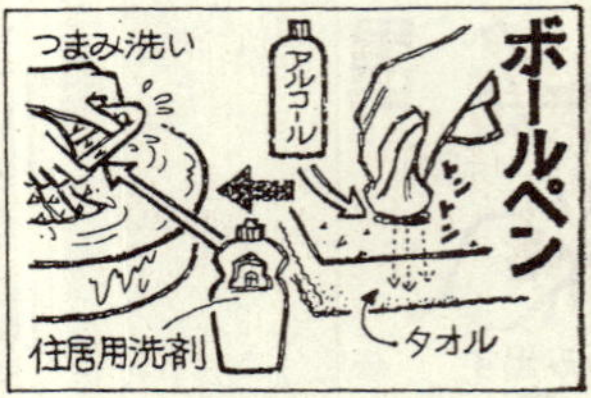

**青、黒色のインク**　レモンの切れ端に塩をまぶしてこすります。丹念にやることが必要です。

または、水洗い後に、湯（大サジ1杯）に、しゅう酸（5粒）を溶かして、その中にしみの部分をひたしてから、後はよくもみ洗いをします。

**赤インク**　アンモニア液か洗剤液に、アルコールを加え、この液で洗います。

**ロウソク**　しみの上下に2〜3枚のティッシュペーパーをあてがい、上からアイロンをかけると、ロウは溶けて紙にしみ込みます。

後はベンジンでたたきます。

**泥はね**　水分が残っているうちはよく落ちないので、乾いてからブラシでこすり落とします。

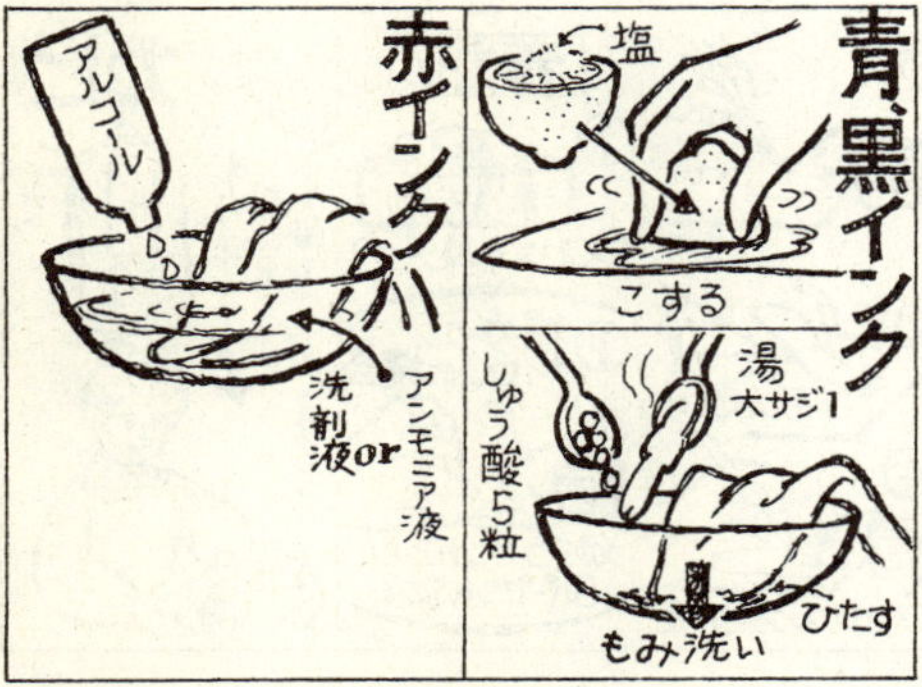

跡が残るようなら、１パーセントのぬるい硼酸《ほうさん》液でたたきます。

あるいは酵素入りの洗剤液につけて、もみ洗いをします。

**鉄サビ**　部分的なしみなら、しゅう酸を溶いたお湯を綿棒につけて塗りましょう。

２〜３回、これを繰り返した後で水洗いです。

大きめのしみには、２パーセントの熱いしゅう酸溶液に２〜３分ひたして、すぐに水洗いをすることです。

**カビ**　日によく当てて、カビの菌を殺し、次にブラシでカビを払います。

それから、青カビなら漂白剤（次亜塩素酸ソーダ）を使って漂白しましょう。絹、ウール、ナイロン製の場合、過マンガン酸カリ５パーセントの

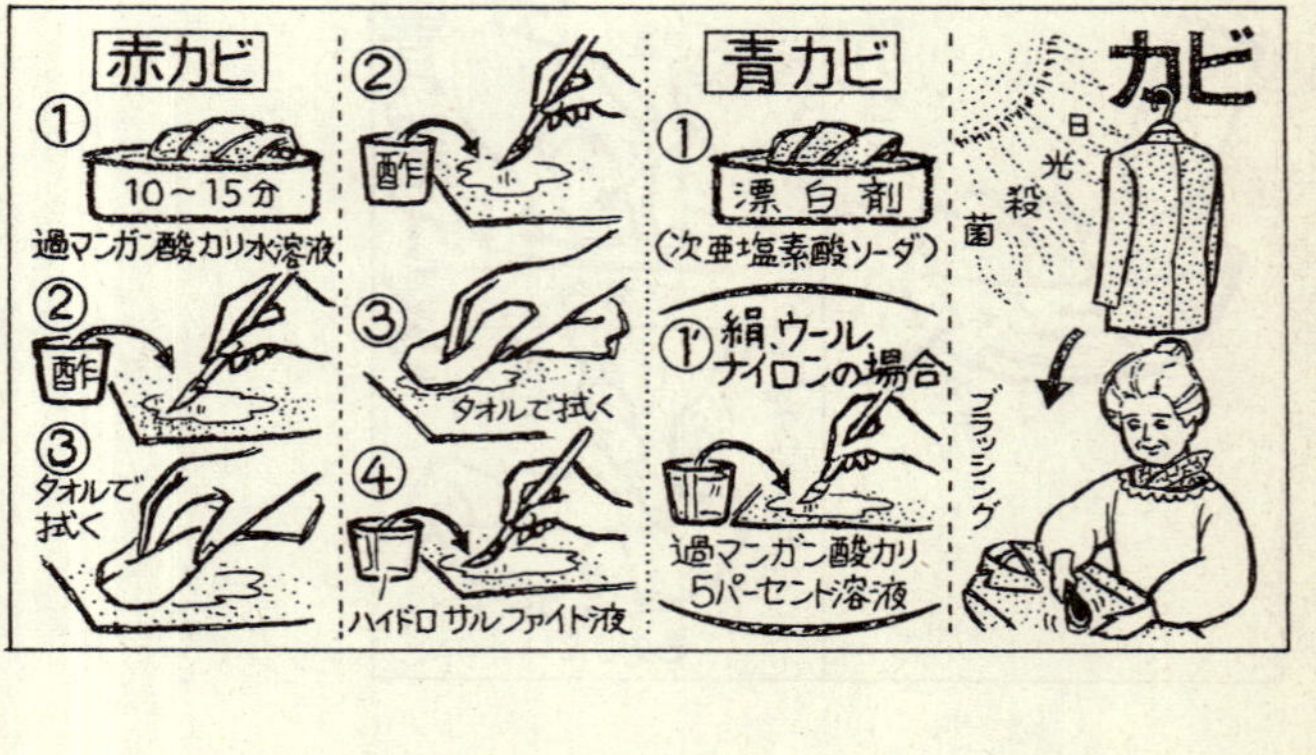
カビ
日光殺菌
ブラッシング
青カビ
①
漂白剤
（次亜塩素酸ソーダ）
①' 絹、ウール、ナイロンの場合
過マンガン酸カリ5パーセント溶液
②
酢
③
タオルで拭く
④
ハイドロサルファイト液
赤カビ
①
10〜15分
過マンガン酸カリ水溶液
②
酢
③
タオルで拭く

溶液をしみの上につけ、しばらくおいてから酢を塗り、タオルで拭きます。

最後に、ハイドロサルファイト液（薬局に売っています）で還元すればよいのです。

赤カビは、木綿や麻でも、先の漂白剤（次亜塩素酸ソーダ）では効果がありませんから、過マンガン酸カリの水溶液に10～15分間つけてから、酢を塗り、タオルで拭きます。

**卵、肉汁**　昔ながらの「うぐいすのふん」を薬局で売っていますから、水でこねて汚れの上につけておくと、汚れは自然に取れます。

**卵白**　大根おろしを加えたぬるま湯の中で洗うと、よく落ちます。

この後、洗剤液かアンモニア溶液で洗います。

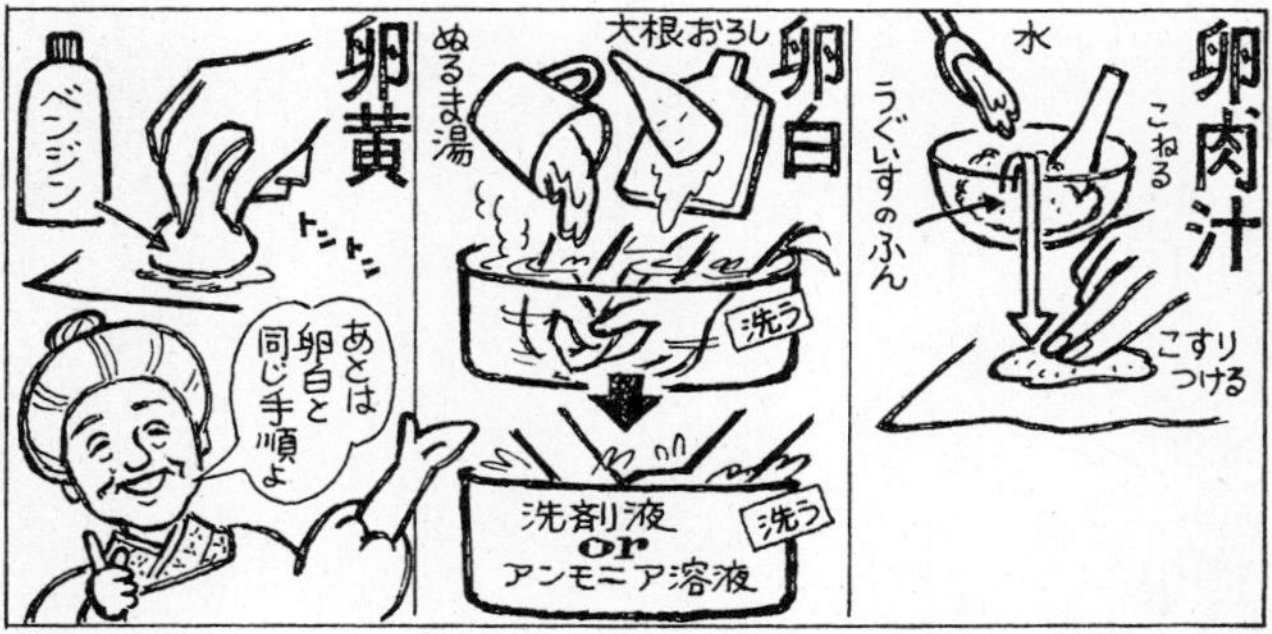

**卵黄**　意外なほど脂肪分を多く含んでいるものです。まずベンジンで脂肪を落として、後は卵白と同様の手当てをしましょう。

**バター**　脂分が繊維にしみ込んで汚れが広がらないようにすることが大切です。

まずティッシュペーパーで拭き取り、脂分が紙につかなくなるまで押さえます。次に、ベンジンで拭いて、洗剤液で洗います。

**果物の汁**　ぬれタオルで拭き、コップ1杯の水にアンモニア（小サジ1杯）を入れて、この液でしみの部分をたたきます。

あるいは、2パーセントの酢酸水でつまみ洗いしても効果があります。また、まず水でたたき、次に洗剤液を湿した布でたたき出し、その後で、漂白剤の水溶液につけてから乾かすやり方もあります。

**牛乳、母乳**　タオルの上にしみの部分を置いて、上からベンジンでたたきます。

脂肪分がタオルにしみ込んだところで、洗剤液を布につけて拭くか、つまみ洗いをするのです。

簡略にするなら、水をつけ、かたく絞った白タオルで、入念にたたき、洗っておけばよいでしょう。

**お茶、コーヒー**　水で絞った布でつまむように拭きます。その後で、洗剤液かアンモニア液でたたき出します。

**紅茶**　ウールや絹ものは、グリセリンを10倍に薄めてたたき、次に、アルコールをブラシにつけてたたきます。

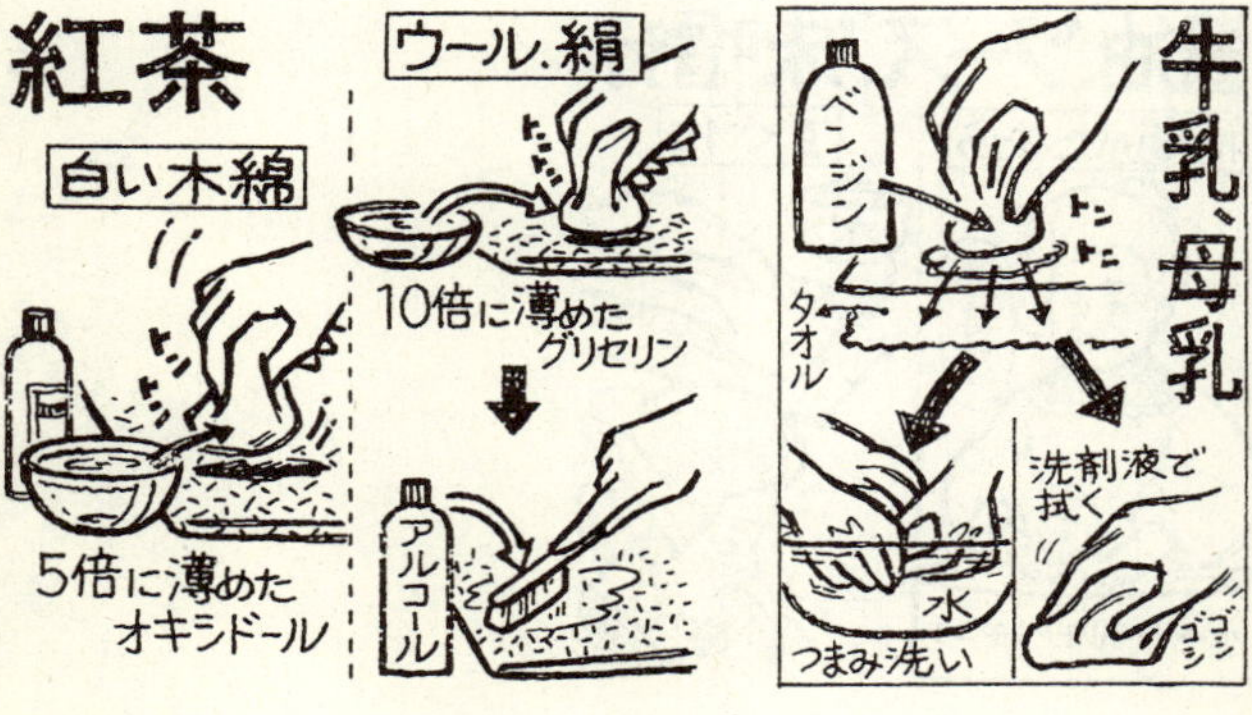
牛乳、母乳
ベンジン
トントン
タオル
つまみ洗い
水
洗剤液で拭く
ゴシゴシ
ウール、絹
10倍に薄めたグリセリン
アルコール
紅茶
白い木綿
5倍に薄めたオキシドール

白い木綿は、オキシドールを5倍に薄めた液でたたきます。
紅茶のしみをつけた衣類を、そのままクリーニングに出して、大失敗をした経験があります。それ以来、紅茶のしみには、この方法で自分で手当てしてからクリーニング店にお願いしています。

**醤油、味噌汁類**　醤油、ソース、味噌汁には、つけてすぐなら、水に浸して絞った布でたたき出すか、口で吸い取っておきましょう。時間が経過したしみは、洗剤液にアンモニアを加えた液で洗います。

**ケチャップ類**　ケチャップ、マヨネーズは、0・2パーセントの洗剤液に全体を30分ほどつけた後、しみの部分を歯ブラシを使ってたたき洗いをしま

醤油、ソース、味噌汁
時間がたったら
すぐに
水
洗います
吸う
水+洗剤+アンモニア

す。しみが取れたら、水でよくすすいでおきます。

**カレー**　カレーのしみ抜きは大変です。

最後の手段である漂白に頼るしかありません。

まず、色が完全に落ちることはありませんから、薄まったら、よく水ですすぎます。

**ぶどう酒**　水でたたき拭きをしてから、アルコールで拭きます。残った色素は漂白して落とします。

**酒**　水8、酢酸1、アルコール1の割合で、しみ抜き剤を作り、この液でたたくとお酒のしみはきれいになります。

酒、ビールのしみは当座は目立たなくても、糖分のために次第にカビが生えたり、湿気で布の糊が溶けて〝際《きわ》づき〟を作ってしまうのです。

お酒をこぼしたかな、と思ったら、即座にぬれ

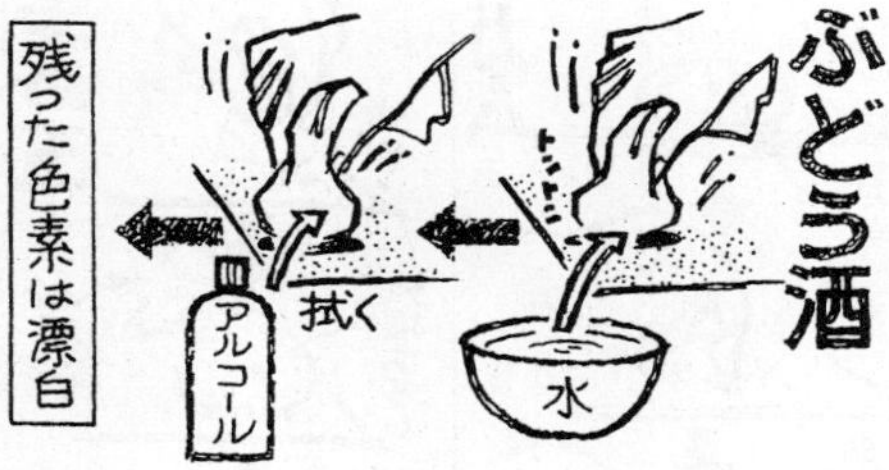

タオルでたたいて、しみにならないような応急処置をしておくことです。

あめ玉　水で気長にたたいて、その後、大根おろしをガーゼにくるんでしみの部分にのせておきます。こうして、きれいに取れたら、乾いた布で水分を拭き取ります。

ガム　あわてて引っぱったりしてもムダです。裏側から氷を当てると、ガムはかちかちにかたまりますから、爪ではがせます。
　残った部分は、シンナーをブラシにつけて、気長にたたき出すことです。

チョコレート　ぬれタオルでできるだけつまみ取った後、洗剤液で洗います。
　また、ベンジンを湿した布でたたき、その後、

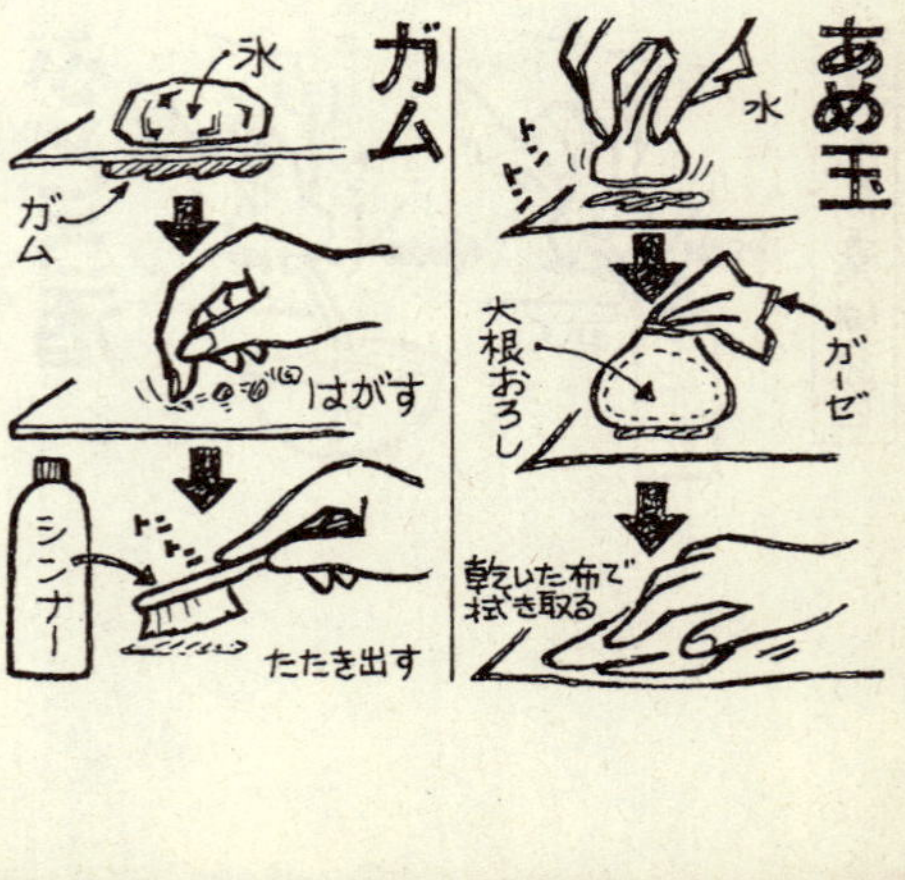

洗剤液でたたくのも方法です。

このように自分でしみ抜きをすればよいのですが、高級品の場合にはクリーニング店に〝何のしみ〟であるかを伝えて、お願いしたほうがよいでしょう。

＊

## □衣類・履き物を見分ける知恵

「家を見るなら天井裏を見よ」

昔の人はこんな注意をよくしたものです。家を買い求めたりするのは一生一度のこと。それだけに慎重にしなさい、という戒めと、天井裏など人目のつかないところに気を遣《つか》ってあるのが〝本物〟のしるし、という教えでしょう。

たしかに人に目立つ部分は見た目によいように仕上げるものですから、買い物、品物選びには、見るべきポイントがあるのです。

## ◆草履は柄より重さで選ぶ

「草履《ぞうり》は柄《がら》より重さで選べ」と、こんなたとえで教わったものです。

草履は柄や模様よりも軽重が大切だというのですが、外観以上に芯《しん》のよし悪しが履《は》き心地に影響するということです。

手にとってみて軽い草履ほど、中のコルクが乾燥しているため、履いたとき快適です。

若いお嬢さんが、パーティーなどで、重そうな草履をひきずって歩いているのを見ると、買うときにこの言葉を知っていたらよかったのにと思います。

## ◆草履はかかとより小さめを

靴と違って草履は、かかとより1センチくらい

草履
軽い
乾燥したコルク
重い
1センチ
2〜3センチ

小さめのものが最もきれいに見えるのです。高さは2～3センチのものが履きやすいですね。

私は、かかとの部分が2枚重ね、爪先のほうが1枚になっているものを選んでいます。

また、鼻緒《はなお》は自分の足に合わせて、結いなおしてもらうことです。

そのほうが気持ちよく履けます。

## ◆濃い色の草履は足元がきれい

草履の色は、和服姿の重要なアクセントです。

普通には、帯か帯締めの色に合わせますが、若いうちはやや濃い色のものを選んでおくほうが無難です。足袋の白さがひきたって、足元がすっきり見えますから。

## ◆靴を買うなら午後3時ごろに

「靴を買うなら午後3時ごろがよい」という言葉

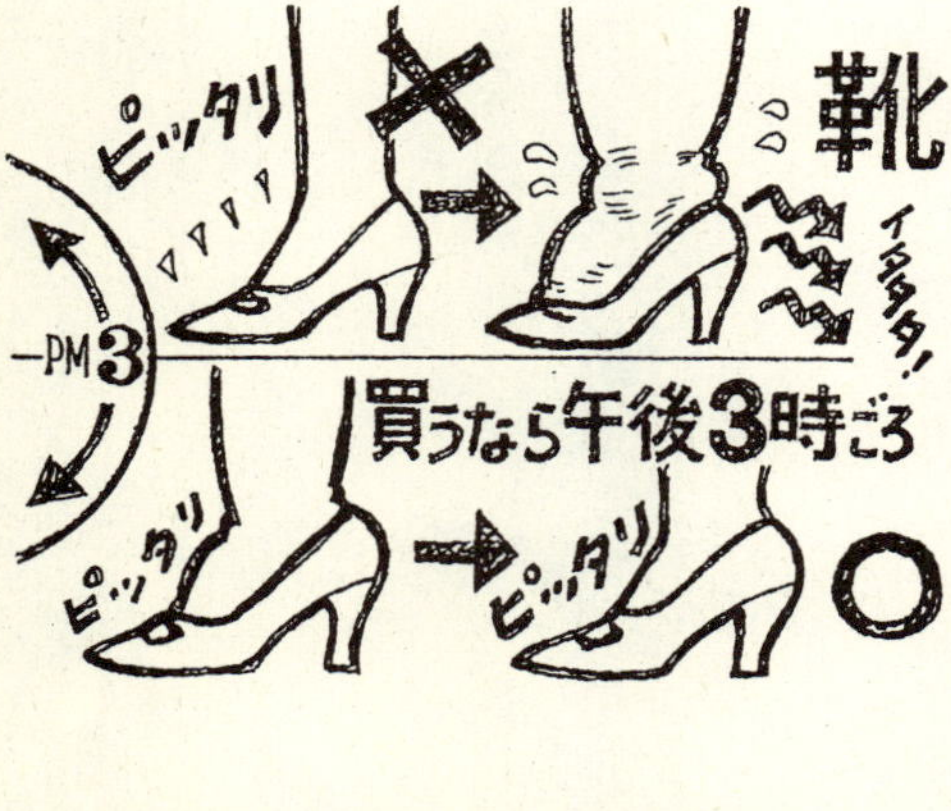

をご存じでしょうか。

なぜ午後3時かというと、人間の足は、朝はひきしまっていますが、午後になるとしだいに膨張してくるからです。

午後3時ごろはいちばん大きくなっているのですから、それに合わせて買い求めることです。その際、必ず両足履いて試すことです。

## ◆ハンドバッグは留め金の音で

お年寄りが、デパートのバッグ売り場で、財布やハンドバッグの留め金をパチンパチンとやりながら、耳元でその音を聞き比べている——こんな光景をときどき見かけます。

財布やハンドバッグは、留め金をしめたときパチンと響くくらいの音のするものほど、出来のよい品なのです。機能のよし悪しが第一ですし、留め金がしっかりしていなければ、スリを喜ばせるだけです。留め金は何回か開閉して、よい音のする、多少かためのものがよいようです。

## ◈ネクタイは両端を引っぱる

「ネクタイは女に似てる。選ぶのは楽しいが、なかなか自分にピッタリのは選べない」なんていった男性がいました。

やはり色、デザインで服との調和を考えるのですね。でも、品質とか仕立ても考えてほしいものです。

バーゲンで気に入ったネクタイが見つかったときなど、両端を引っぱってみてください。よじれないものを選ぶのがコツです。

布地の目が45度の正バイヤスであれば、よじれないと覚えておいてください。そうでない品は、使用後にシワが出やすいものです。

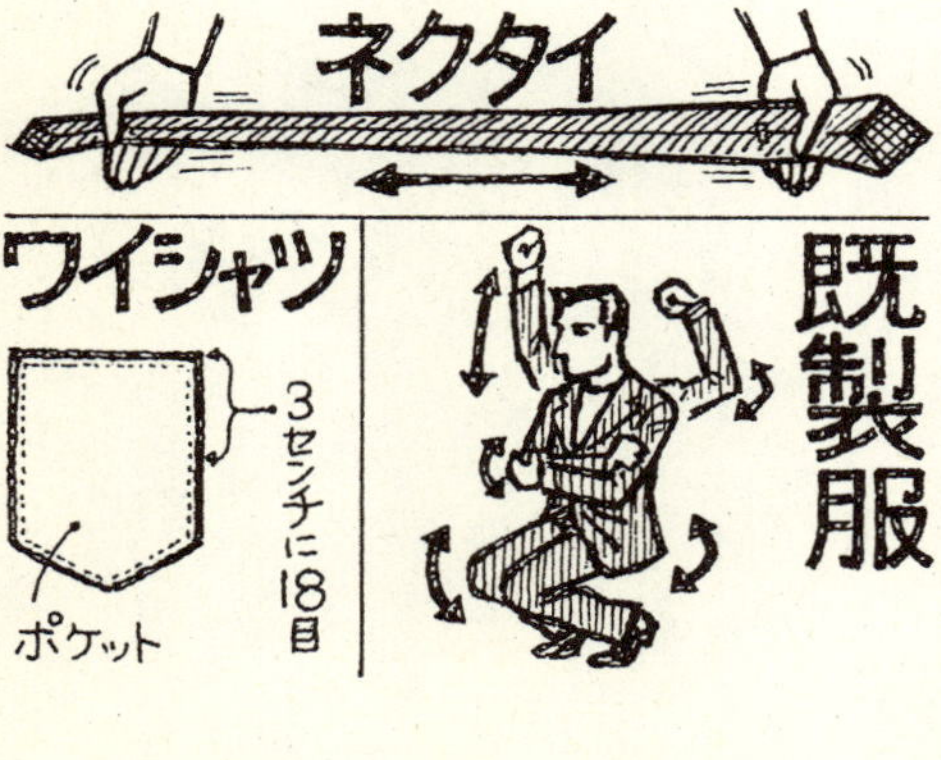

## ◈既製服は試着し、動いて調べる

既製服は、デザインはともかく、動いたときのことを考えてみることです。

椅子に座ってみて、ズボンがどうなのか、腕組みをしても上着は窮屈じゃないかなど、試着していろいろ動いてみることです。

仕立てにゆとりがない既製服は、すぐに型くずれしてしまいます。

## ◈襟ぐり、袖、肩幅をよく見る

既製服は、まず裏地を見て買いましょう。

裏地が質のよいものなら、全体の仕事もていねいです。

また、ウエスト、ヒップなどのように直しやすい箇所を気にするよりも、簡単に直せない襟ぐり、袖、肩幅などをチェックすることが大切です。

### ◈シャツは縫いしろ部分に注意

木綿のシャツなどは、縫いしろの部分に気をつけます。縫いしろを袋縫いか、くるみ縫いにして裁ち目が隠してあるようなら、ていねいな仕立てです。

また、ワイシャツはポケットの縫い目を調べてみて、3センチの間に針目が18目くらいあるものなら、〝バーゲン用〟の安易な縫製ではない証拠です。

バーゲンでは、定価を下げたものと、バーゲン品として作られたものの2種類がありますから、注意しましょう。

### ◈ニットは横に引っぱってみる

型くずれのしないニットは、とじ方や端の始末がしっかりしています。

特に裾や袖口の始末が重要で、横に引っぱってみて、弾力性があれば、全体の仕立ても安心とみてよいでしょう。

## ◈絹の反物は重量を調べる

絹製品は、シワになりやすいため敬遠する方が多く、化学繊維のほうが扱いやすいと思われています。

しかし、絹のサラリとした肌ざわりは、一度着たら、忘れられないものです。それで、よく絹の反物を買いますが、買うときは、重量感のあるものを選びます。重いものほど、絹がたっぷり使われており、品質がよいのです。必ず、手に持って、重量を比べながら選びましょう。

## ◈ウール生地はこすって選ぶ

背広用のウール生地は、織り耳の部分を親指と

中指で十数回キュッキュッとこすってみることです。

しっとりした脂分が指先に感じられるなら、よいウール地です。質のよくない安物は、かさついた感触がしてウール特有の脂分がありません。

## ◆白縮緬は目方の重いものを

白縮緬《しろちりめん》の生地のよし悪しは、よほど慣れていないと見ただけではわかりません。

でも、必ず目方が表示してありますから、目安にはなります。700グラムあれば高級品です。軽いものは、結局、値段に比して高い買い物になりますから気をつけることです。絹ものは目方の重いものほど高級なのです。

## ◆帯は着物より格上のものを

昔の人は「帯は着物よりいちだん格上のものが

よい」とか「ボロは着てても錦の帯を」などといいました。

逆にいうと、帯さえよかったら着物が引き立つ、ということでしょうね。

つまり、小物に高級品を用いるのが、上手な装いだともいえます。よい帯がなかったら、帯留めに高級なものを、と心がけましょう。

### ◈足袋はTPOにより選ぶ

足袋《たび》には「単《ひとえ》」「袷《あわせ》」「ネル裏」と3種類あります。

昔の人は、単は足の形がそのままもろに出るし、ネル裏では品がない、足元をすっきり見せるためには袷の足袋でと、足袋のTPOを考えたものです。

なお、コハゼの多すぎる足袋は、足首がしめつけられて窮屈ですから、コハゼは4枚ものがよいとされます。

## ◈木綿わたはつまんで見る

木綿わたのふとんで、わた見本の小袋がついている場合は、この小袋のわたをつまんでみましょう。繊維が長くつながって出てくるのが上等。すぐにちぎれるようなら短い繊維ですから、ふとんはつぶれやすいのです。

また、あまりにわたが白すぎるようなら、混ぜものがあったり、脱色をした証拠で、混じりけがない木綿わたはむしろ淡いあめ色をしているものです。

## ◈家具は正面のつき板をたたく

家具は値の張るもの、慎重に選んでおくことが、後々のためにも大切です。

まず、正面に使ってあるつき板を手でたたいて

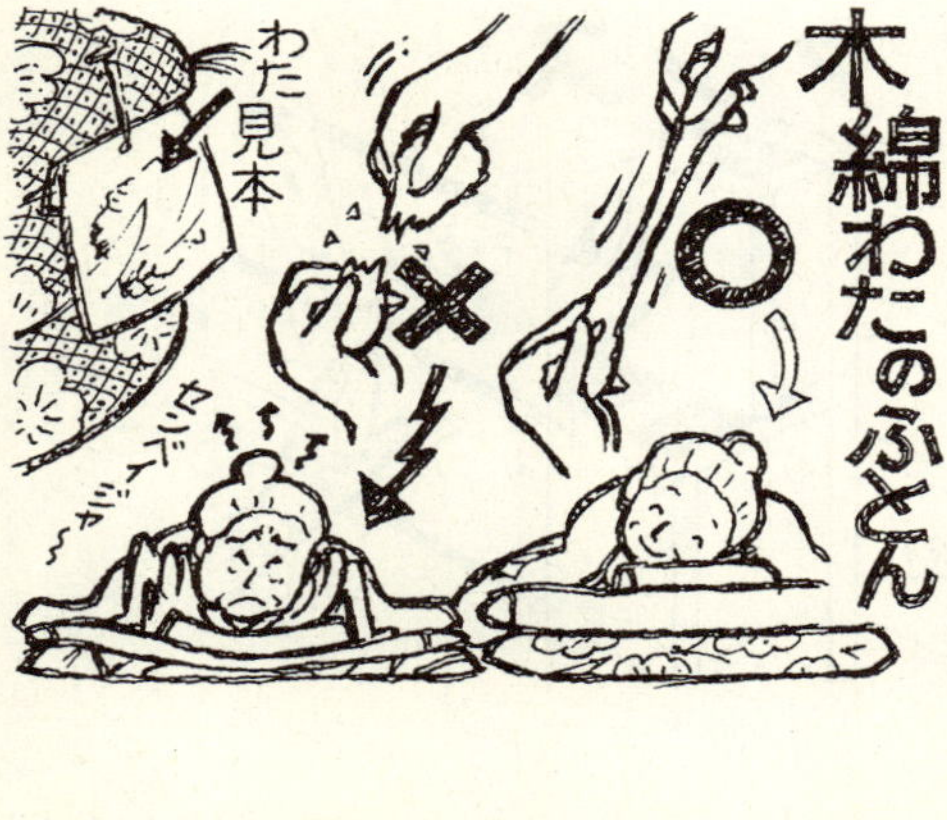

みて、カーンと澄んだ音がするものなら安心です。安物は音も鈍く、板がしなうものさえあります。

机、テーブルは中央部に手をついてゆすってみることです。ガタつきがあるのは当然不良品です。引き出しの裏側にさわってみると、乾燥の悪い板を使っているものなど、素人にもよくわかります。

### ◆タンスは引き出しの開閉で

タンスの引き出しは、桐材で作った高級品ほど簡単に開閉できます。

タンスを選ぶには引き出しの開閉をよく調べることですね。開けた引き出しを閉めたとき、他の引き出しが知らぬまにつられて出てくるものなら、空気の逃げ場がないほどにしっかりと作られています。歪《ゆが》みのないタンスだといえます。

また安物のタンスは、引き出しが釘で打ちつけてあります。よい品はみんな溝を彫った〝はめ込

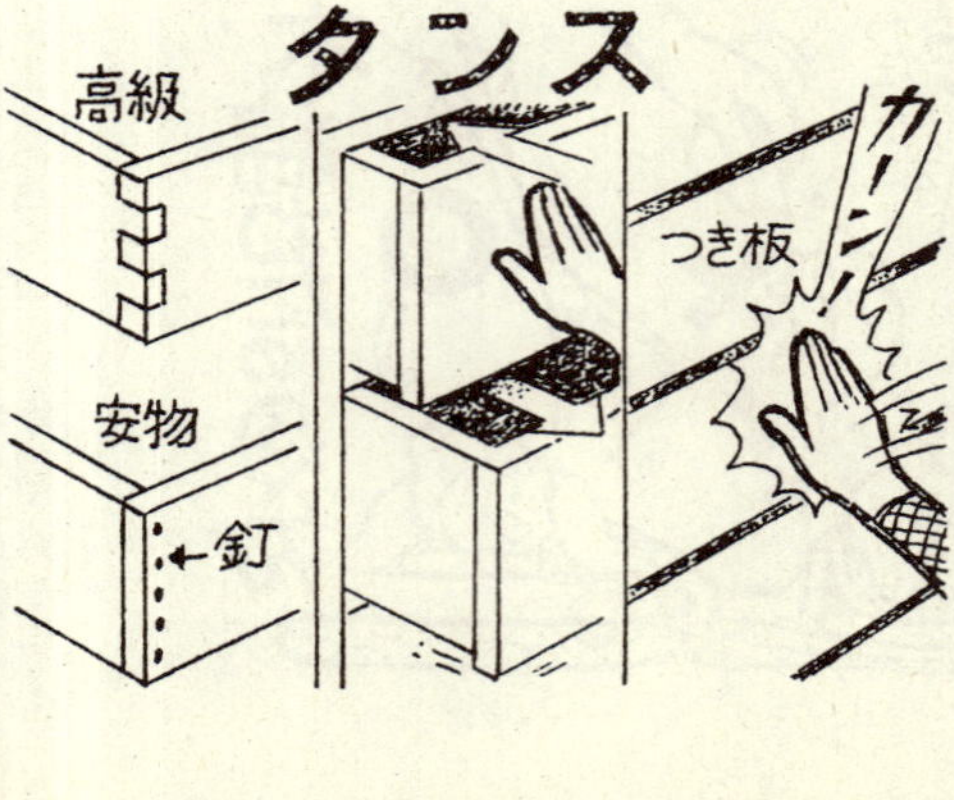

み木工〞ですから、簡単に見分けられます。

### ◆鏡台は身長の半分の長さを

昔ながらの鏡台は縦長でした。嫁入り道具の鏡台は全部そうだったのです。娘など、まるい鏡、横長の鏡といろいろな形のものを欲しがりますが、やはり鏡台には縦長の鏡がよろしいでしょう。

私も小学校の理科で習った覚えがありますが、光の反射で鏡は人の身長の半分の長さがあったら全身を映すことができます。昔ながらの姿見は、大体、縦90センチ、幅20〜40センチです。

## 衣服を長もちさせる知恵

### ◆1日着たら20時間休ませる

洋服を長もちさせたかったら、同じものを毎日着続けないことですね。こんなことは、だれでも承知していることですが、毎日のように着ているふだん着、背広などはくたびれ方も大変なものです。

ハンガーにかけて休ませておくと、その間に、変形してしまった繊維が、もとの形に回復するのです。

回復させるには20時間休ませることが必要だということです。

繊維は生きものですから、大切に扱いたいものです。

### ◈動物の毛のブラシでホコリを取る

外出から帰ったら、必ずブラッシングを心がけましょう。ブラシは必ず動物の毛のもので、服の肩から裾のほうに向かって丹念にホコリを払います。

ナイロン製ブラシは静電気を帯びるので、逆効果です。昔ながらの荒神《こうじん》ぼうきは、ほうき草で作ったものですが、布地をいためずにホコリが払えて便利です。

## ◆ビロードやドスキンの手入れ

ビロードやドスキンなど、ホコリのつきやすい布地は、セロハンテープの粘着面を外にして輪を作り、指に巻いて、ホコリをペタペタとくっつけて取ることです。

これなら布をいためず、ホコリが取れます。

## ◆表面が平らでない布の手入れ

ウールやジョーゼットなど、布の表面が平らでないものは、わたボコリなどが付くと、なかなか取れません。

水に浸してかたく絞ったスポンジでなでるよう

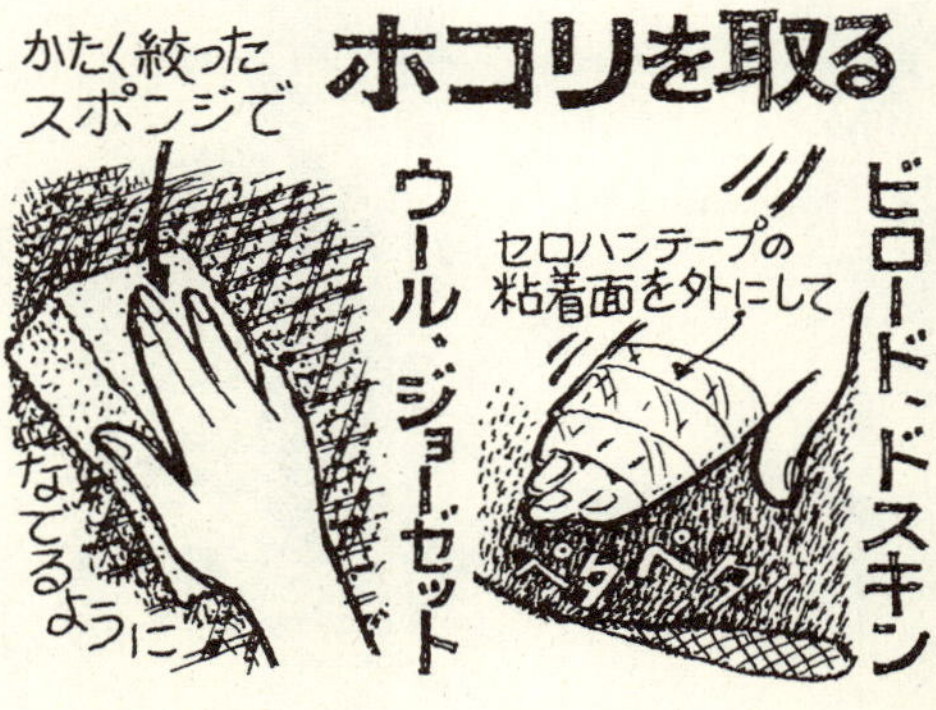

に拭くことです。

## ◆脱いですぐタンスに入れない

和服でも洋服でも、脱いですぐにタンスにしまわないことです。1時間くらいは室内に吊して、体温のぬくもり、汗などを取り除くのが保存のコツです。

あわててタンスにしまうと、においまで他の衣服に移してしまいます。

## ◆膝の出たズボンの手入れ

ズボンの膝にも気をつけましょう。丸まった膝《ひざ》頭《がしら》は、いかにもだらしなく映ります。

手入れは、まず裏返しにして膝の部分に少し広めに霧吹きをします。そして周りから中心に向かって、たるみを追い込むようにスチームアイロンをかけるのです。

中心部分には、さらに霧を吹いて、アイロンをていねいにかけます。

終わったら表に返して、軽く霧吹きをして、当て布の上からもう一度仕上げのアイロンをかけましょう。

## ◆たたみじわの取り方

長い期間しまっておいたたたたみじわは、お風呂の後の湯気のこもった浴室に、一晩吊しておくだけで意外にきれいになるものです。

後は自然に乾かすだけで、アイロンはいりません。

弱いしわだったら、霧を吹いてハンガーにかけておくだけでも取れます。

## ◆立ち毛が寝て白くなったら

コーデュロイやビロードの布は、肘《ひじ》やお尻の部

分が白っぽくなりがちですが、これは立ち毛が押されて寝てしまうからです。
霧吹きをしてブラッシングするだけで、毛は起きて白さは消えます。

### ◆雨にぬれ、泥がついたら

雨にぬれて、服に泥がついたようなとき、あわててこすり取ろうとしないことです。乾かないうちにこすったり、もんだりすると、布目に汚れをすり込むだけです。

ですから、充分に乾かしてから盛り上がった泥をつま楊枝《ようじ》などでかき落とし、布の裏を指でポンポンとはじきます。布目につまった泥が浮いてきたら、消しゴム、または食パンの白い部分で軽く拭き取りましょう。

### ◆服に合ったハンガーを使う

泥がついたら
乾かす
つま楊枝で
布の裏をはじく
消しゴム
or
食パン

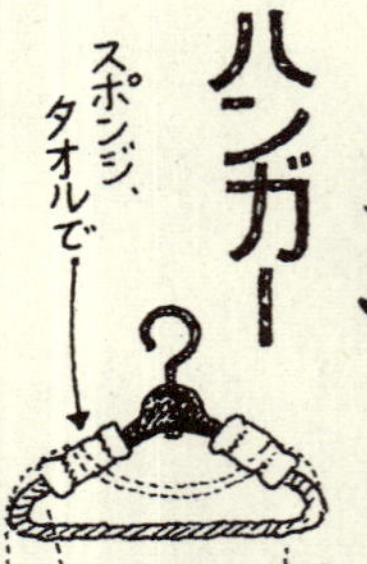
ハンガー
スポンジ、タオルで

ハンガーのよし悪しが、洋服の型くずれの原因になることも注意しておきたいことです。

厚くて前方にわん曲したハンガーを利用すれば、背広やコートなど重量のある衣類をかけても型くずれの心配はありません。

ニットのように伸びやすいものをかけるには、ハンガーの背部分にスポンジやタオルを巻いておくのも、一つのアイディアです。

また、輪ゴムで数個ちょっとした〝滑《すべ》り止め〟を作っておくだけで、薄手のブラウスなど滑りやすい衣類をかけるには便利です。

## ◆ビニール製洋服カバーはダメ

洋服は立体的に裁断されたものですから、必ずハンガーに吊して収納するのがいちばんです。それには、肩にぴったり合ったハンガーを選ぶことが大切です。

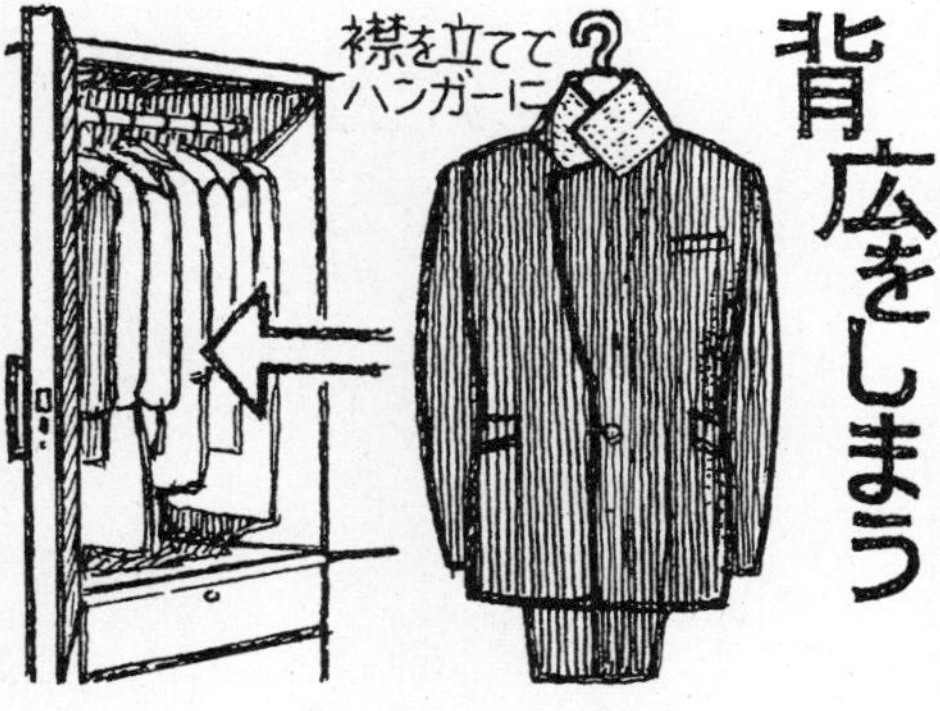

収納のとき、洋服カバーをかけるのはよいのですが、ビニール製のカバーはいけません。繊維が呼吸困難になるからです。いまは、不織布のカバーがありますが、昔は着古したワイシャツを再利用して、洋服カバーを作ったものです。

## ◈汗ばんだ背広は

汗ばんだ背広をそのまま放置すると、襟《えり》や腋《わき》の下などを中心に、全体に汗くさくなったり、ひどいものは黒ずみ、輪じみの原因になります。

脱いだら、襟、背、腋の下、袖口、ズボンの上部など、汗をかいた部分に霧を吹き、乾いたタオルをはさんで水けを取り、乾かすようにします。

## ◈背広の襟を立ててしまう

背広を洋服ダンスにしまうとき、襟を立ててハンガーに吊しましょう。

なぜかというと、洋服ダンスの空気は、少しの開閉でもホコリを移動させて、背広の襟や肩山に、ホコリがたまりやすいからです。

　襟を折ったままだと、ホコリが積み重なって色あせ、生地を弱くする原因になります。

## ◆ネクタイのよれを取るには

　お気に入りのネクタイほど、使う回数も多くなって、くたびれも早くくるものです。手入れを早めにして、少しでも長もちさせましょう。

　まず、新聞紙の先を細く、もとを太く（つまりネクタイの形に）丸めてネクタイの中にさし込みます。

　次に、ネクタイの先端と結び目を作るあたりを、ピーンと引っぱって、蒸気を当てましょう。これで、しわはきれいに取れます。

　昔は、やかんの蒸気でやったものですが、いま

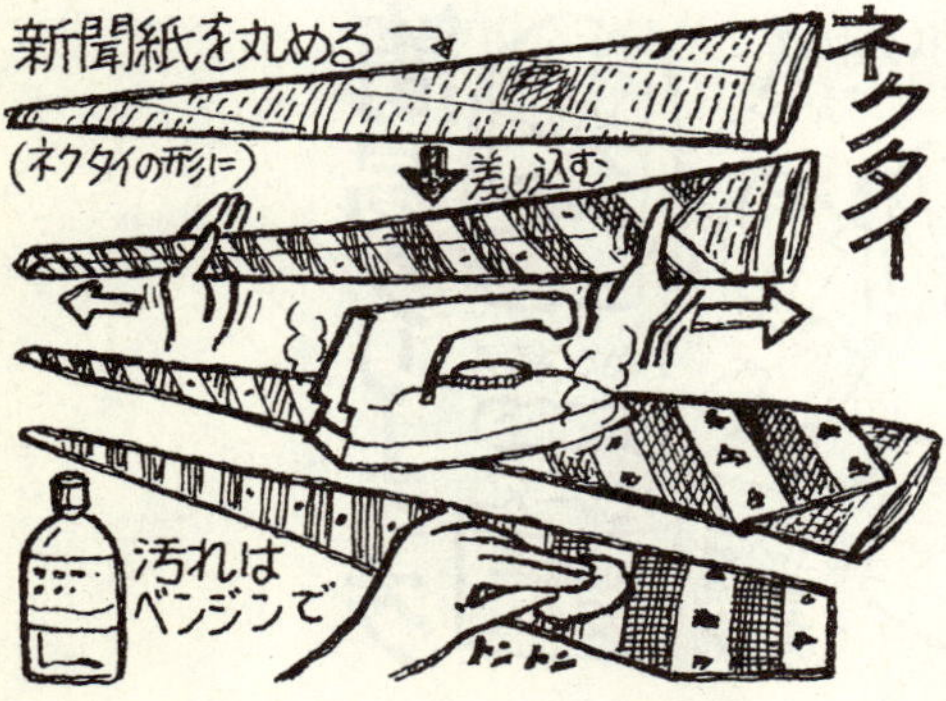

はスチームアイロンを使えばだれにでもできる作業です。

## ◆ネクタイの結び目の汚れは

ネクタイの結び目がひどく汚れていたら、ベンジンを含ませたガーゼでたたくようにして拭きます。

それでもきれいにならなければ、器に入れたベンジンにネクタイを2～3分浸して、引き上げてから前項に述べた、しわ伸ばしをすることです。

## ◆自宅でできるクリーニング

背広、スーツ、コートなどは、自宅で〝簡易クリーニング〟をすることです。

ブラシを丹念にかけ、ぬるま湯（2リットル）、中性洗剤（2～3滴）、アンモニア（大サジ7杯）の中に浸したタオルを、かたく絞ってから背広な

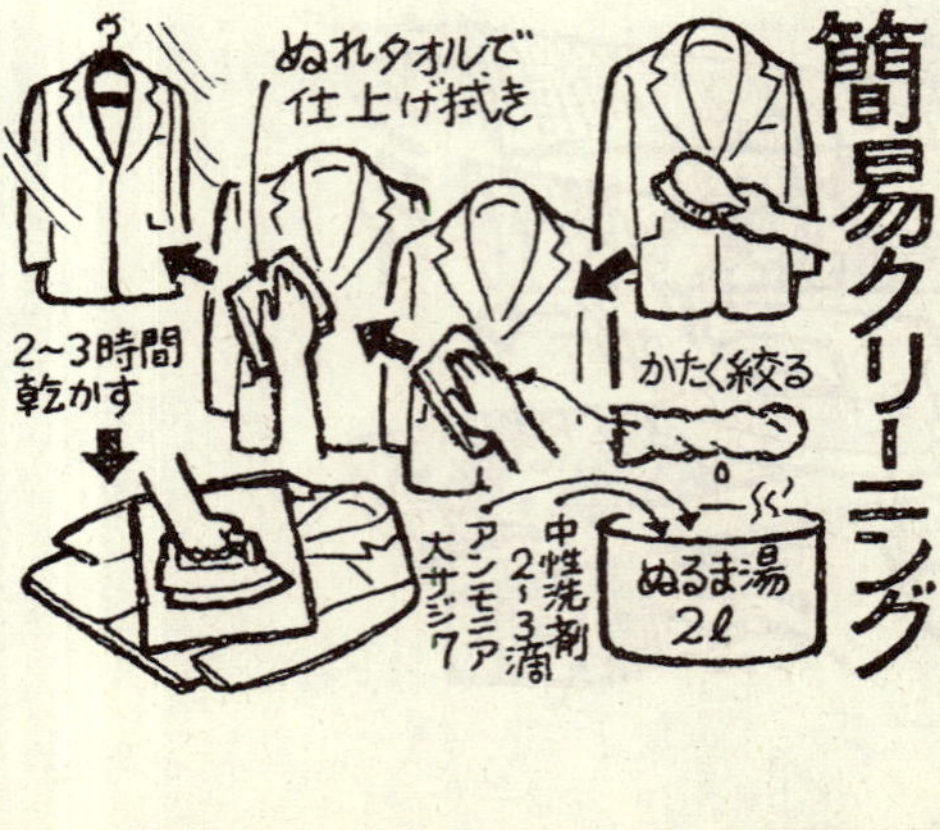

どの全体をていねいに拭くのです。

終わったらぬれタオルで仕上げ拭きをして、風通しのよい場所に2～3時間吊してから、当て布をしてアイロンでしわを伸ばします。クリーニング店に出す前に、月に一度は、こんな手入れも大事です。

### ◈ズボンの持ち運びは

旅行中の替えズボンの持ち運びには、新聞紙を筒状に丸めてズボンにはさみこんで、巻き紙を巻くようにクルクルと巻きたためば、カバンに入れるにしても便利で、しわもできません。ちょっとしたアイディアですね。

### ◈ニットの型くずれやたるみは

ニットは伸縮自在のものですから、どうしても、お尻や肘の部分に型くずれやたるみができやすい

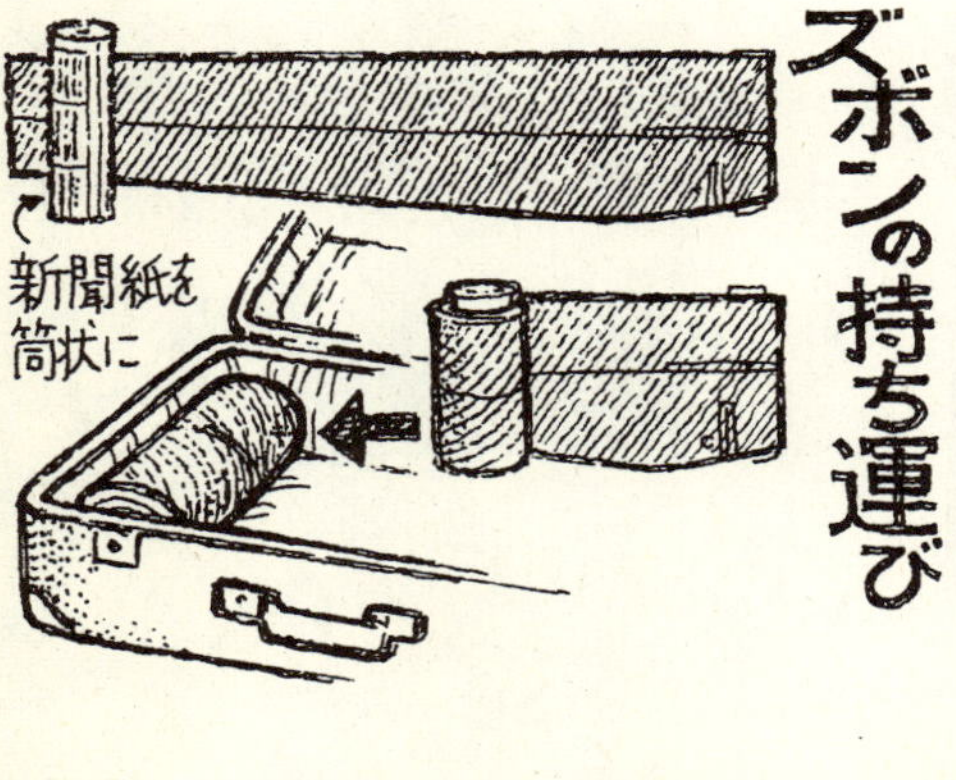

ものです。

脱いだら平らなところに置いて、たるみやすい部分に霧を吹いて、一晩おけばかなり防げます。

また、やかんにたてた湯気でその部分を蒸します。次に、形をととのえてから、アイロン台の上に平らに広げて乾かします。

裏から市販のスプレー糊で補強しておくのも効果的ですが、たるみが直らないようなら、358ページの〈膝の出たズボンの手入れ〉と同じ要領で、プレスすることです。ニット製品は、ふわりとたたんでタンスの引き出しの上部に収納します。

## ◈ニットのホコリ取り

ニットの表面についたホコリなどは、ブラッシングしてもけばだっていて容易に落ちません。

セーター、カーディガンなどは、脱いだら、裾のほうを持ち、襟を下に、パタパタと払いましょ

う。

また、上からカバーを当てて、ふとんたたきなどでポンポンとたたき出すのも方法です。

## ◈首回りが伸びたタートルは

タートルネックのセーターが、スチームアイロンの蒸気を当てても直らないほど伸びきってしまったら、首回りの部分に、細いゴムひもを縫いつけて形をととのえることです。タートルネックは折り返すので、補強したゴムは外から見えません。

## ◈スエードのホコリの取り方

スエードの洋服などは、こまめにブラシをかけても、冬の間にはホコリっぽくなります。

ときには電気掃除機の小型ブラシをかけてみましょう。細かなホコリが取れて、色のむらも消えます。

衣類にかぎったことではありませんが、手入れのよし悪しで、ずいぶんとものもちが変わってきます。

## □秋の虫干しと収納の知恵

### ◆秋の虫干しの方法

私は衣類の虫干しを土用（7、8月）と秋10月の年2回に分けてやっていますが、秋のお天気のよい日が空気も乾燥していますし、ちょうど夏もの、合《あい》ものと冬ものの入れ替え時期にもあたって、虫干しには都合もいいですね。

秋の虫干しは、特にウール製品には最適なのです。なぜかといいますと、毛織物につく虫は真夏（7、8月）が卵を産みつける時期ですから、そのころに虫干しすると、かえって卵や成虫をばらまくことにもなりかねません。秋の虫干しのほうが

秋の虫干し
夏に
虫が卵を
産むので
秋に
虫干しを
カラッとした日
ウール製品

無難なわけです。

晴天が3日以上続いたカラッとした日を選んで、朝の10時ごろから午後2時ごろまで、秋の虫干しをいたしましょう。

衣類に風を通すのが目的ですから、けっして直射日光には当てないことです。

部屋の戸、障子、襖などを開けて通風をよくして、風向きに平行してロープを張ります。物干し竿を、なげしからなげしに渡してもけっこうです。

その上に、着物は広げて帯を結ぶあたりが真上になるようにふわりとかけます。

帯はゆったりと巻きつけるように干します。

型くずれしやすい洋服は、ハンガーにかけたままの吊し干しでよいのです。

タンスの引き出し、衣類箱も一緒に虫干ししますが、これは日に当ててても大丈夫です。

また、ついでにバッグ類、帯締めなどの小物類、

履き物にも風を通しましょう。

## ◈カビや虫の卵の付着を調べる

虫干しの際には、カビや虫の卵などが付着していないか、充分に調べます。付着していたら取り除いて、必ずアイロンをかけることです。

虫はアイロンの熱と乾燥には弱いのです。

## ◈絹の着物の手入れ法

絹の着物は、昔から〝ビロードの小ぶとん〟を使って注意深くこすりました。

5〜6センチ角のビロードの袋にわたかナイロンストッキングを細かく切って入れたのが小ぶとんなのですが、これなら織り目に入った汚れもよく取れて、つやも出るのです。

## ◆防虫剤は、紙か布に包む

防虫剤を直接に衣類にふれさせてはいけない、ということなどは常識です。

必ず紙か布に包んで使いますが、あきビンに入れて、栓のかわりに食卓塩などの容器の穴の開いた中蓋を用いるのも一つの知恵です。

## ◆防虫剤の効果を増すには

防虫剤は、できるだけ密閉した容器を用いることです。

徐々に、空気にふれると気化してガス状になり、このガスが常に空気の中に飽和状態で滞留して、初めて、防虫の効果を上げるのです。

## ◆防虫剤は上段に置く

防虫剤の気化したガスは、空気より重く、下の

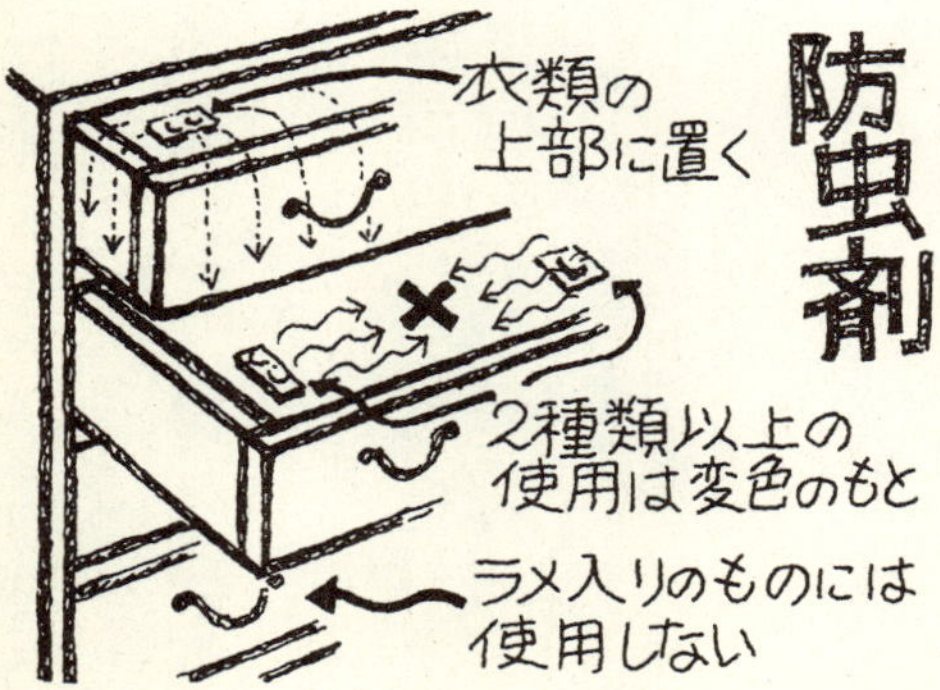
防虫剤
衣類の
上部に置く
2種類以上の
使用は変色のもと
ラメ入りのものには
使用しない

ほうに沈みますから、防虫剤は、衣類をしまうときは、必ずその上に置くことです。ガスを循環させるためにも、衣類は、ギュウギュウ詰めにせずに、容器の八分目くらいにしましょう。

### ◈防虫剤は何種類も使わない

2種類以上の防虫剤を、一緒に使ってはいけません。

化学反応を起こして、衣類にしみをつけたり、変色させます。一つの容器には必ず1種類の防虫剤を使うようにすることです。

### ◈ラメ入りの化繊には防虫剤厳禁

化繊のラメ入りのものには、絶対に防虫剤は入れないことです。

ラメの輝きが消失したり変色してしまいます。

以前、金、銀色のラメ入りセーターに防虫剤を入れて収納しておいたら、金、銀色がまるで錫《すず》のように黒色になってしまったという失敗がありました。

## ◆防虫剤の種類別効能

通常使われる防虫剤は、ナフタリン、パラ剤、しょうのうの3種類です。その特色を覚えておくと便利です。

揮発性は強い順に、①パラ剤　②しょうのう　③ナフタリン。

殺虫性は、①ナフタリン　②パラ剤。しょうのうは殺虫性はありませんが、その香りで虫がよりつかないのです。

持続性は、①しょうのう（普通4か月）②ナフタリン（同3か月）③パラ剤（同2か月）。

以上の点を知って補充するようにしましょう。

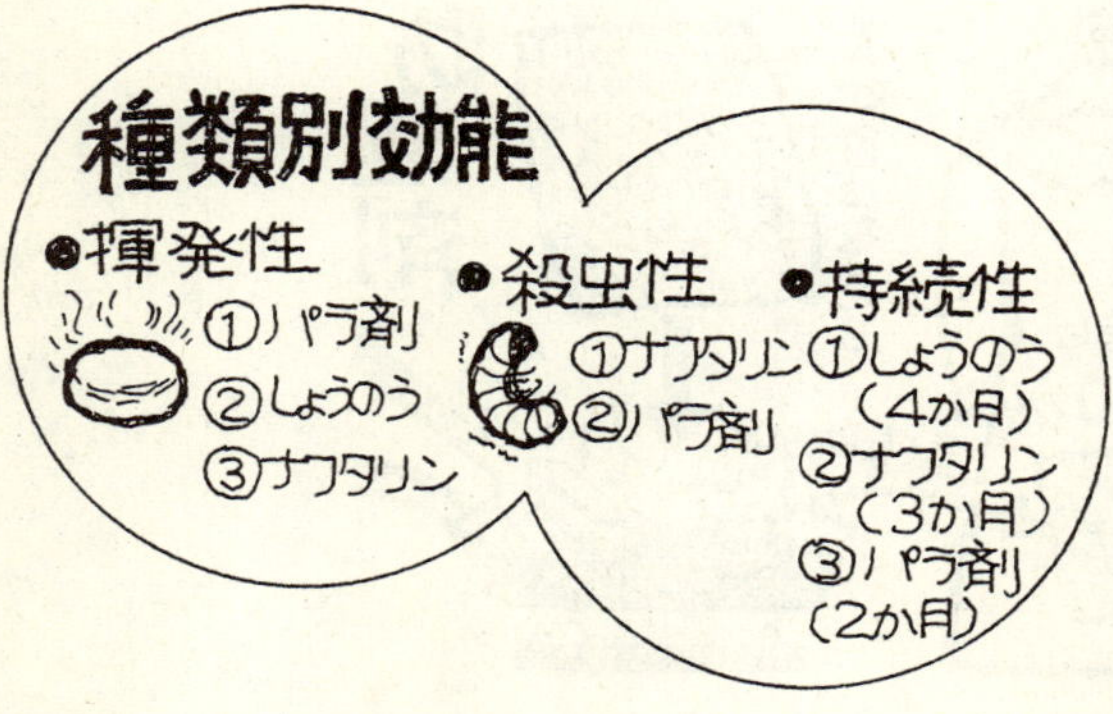

◆袋入り防虫剤の袋の切り方

袋入り防虫剤は、1個ずつ切り方（開封の仕方）を変えておくのも一つの工夫です。隅1か所を切ったもの、2か所、3か所、4隅のものと違えておけば、防虫剤の減り方が異なってくるので効きめは長続きします。

◆防虫剤のにおいがついたら

衣類に防虫剤のにおいがつきすぎたようなときは、脱臭剤と一緒にビニール袋に入れて、一晩おくことです。

もし急いで消したい場合には、扇風機の風に当ててから、スチームアイロンをかけるだけでも相当に効果はあります。

◆防湿剤の再生方法

家庭用に使われている防湿剤は、シリカゲルがほとんどです。

粒状で半透明です。中に青いものが幾粒か入っていて、これが湿気を吸うと、青から淡紅色に変わって有効期限を示すことになっています。

このシリカゲルは家庭でも再生できます。淡紅色になったら、フライパンに入れて弱火で熱すると、吸収した湿気が蒸発して、何度でも使えるのです。もちろん淡紅色はもとの青に戻りますから試してみてください。

シリカゲルの量は、衣類の重さの約20パーセントが適量ということですから、洋服1着に約40グラムがよろしいでしょう。

### ◆衣類の収納の仕方

虫干しが終わったら、衣類の収納、保管になります。あなたのタンスは、どんな収納の仕方をな

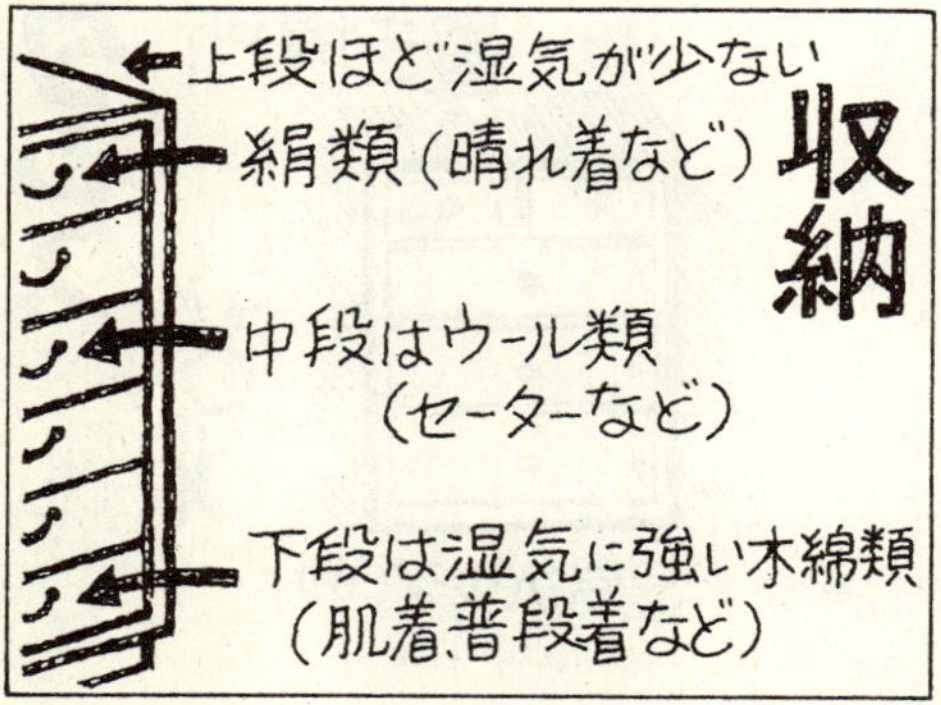
収納
上段ほど湿気が少ない
絹類（晴れ着など）
中段はウール類
（セーターなど）
下段は湿気に強い木綿類
（肌着、普段着など）

さっていますか?

晴れ着などをタンスの上段に、普段着は下段にしまうようにと母から教えられたものです。

なぜかといいますと、タンスの上段は下段よりも湿気が少ないからです。

また肌着類を入れた下段は、たびたび開閉しますが、そのたびに上段にも風が流れて、風通しがよくなります。しかし、上段をいくら開閉しても下段には空気が移動しません。

ですから、日常的に着るものは下段にしまうとよいわけです。上段にしまう上等の衣類の風通しにも役立って、カビを防ぎ、防虫にも効果的なわけです。

## ◆タンスは湿気、日光を避ける

タンスの置き場所にも気遣いがほしいものです。

湿気が少なく直射日光の当たらない場所を選ぶ

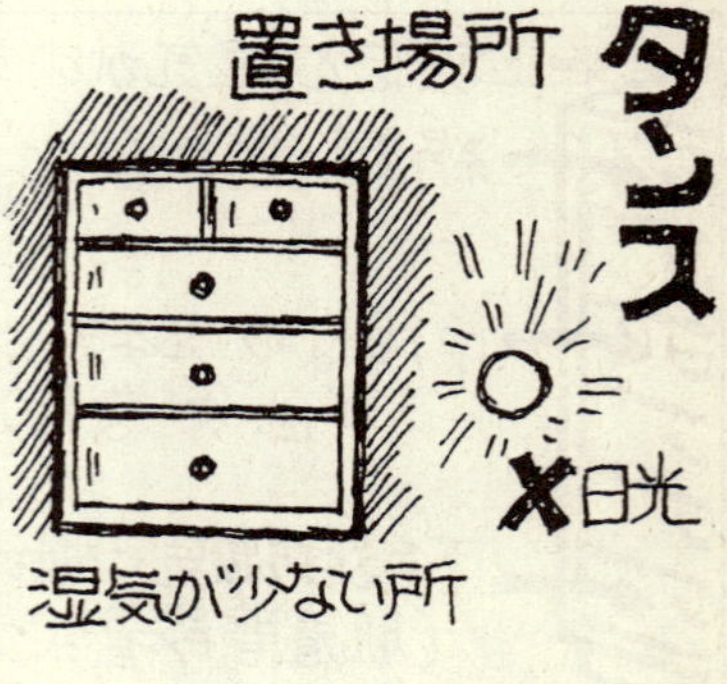

こと。直射日光が当たると、タンスに狂いが出ますし、衣類の日焼けにもつながります。

## ◆タンスは、容量の八分目まで

洋服ダンスにしても、衣類が満杯というのはよくありません。

容量の八分目くらいにして、立体的なハンガーに服を1枚ずつ吊すのがよいのです。

## ◆タンスの引き出しの底に紙を

タンスの引き出しや衣装箱の底に新しい新聞紙を敷くのも意味のないことではありません。

防湿にも役立ちますし、何よりも衣類につく虫が新聞紙のインクのにおいを嫌うのです。

ただ、インクのしみが衣類につく心配もありますから、新聞紙の上にはハトロン紙を必ず敷くことです。そして、新聞紙はまめに取り替えて、吸

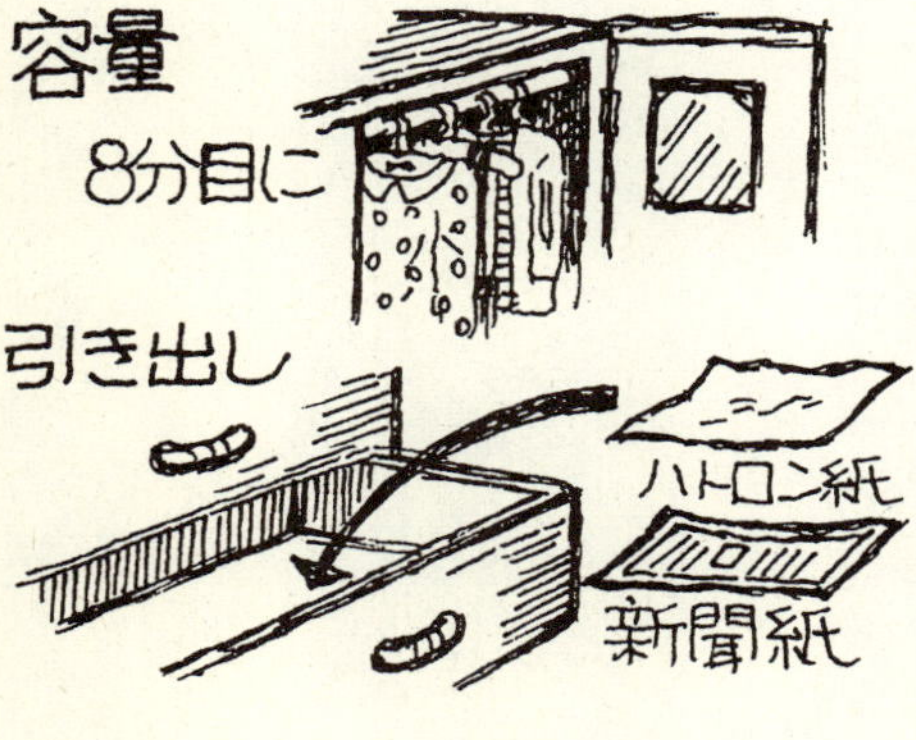

った湿気を衣類に移さないようにします。

## ◆繊維ごとに分けて収納

収納には、繊維ごとに分けて同種類の衣類を一つの入れものにしまうことです。

湿気に強い木綿類は湿気の多い最下段にしまい、絹物などは上段にしまうことです。ウール類は中段へと区別するとよろしいですね。

## ◆ポリエチレン袋の使用注意

ポリエチレン袋のように密閉の可能性のあるものには、絹の着物とか革製のもの、毛皮類をしまってはいけません。

変色したり、早くいたんだりしますから。

## ◆毛織物の防虫にタバコ

毛織物の防虫に、タバコの葉をほぐして、目の

粗い布や紙に包んで入れておくのも一方法ですね。毛につく虫は、においにも敏感で、タバコのニコチンが苦手なのです。

これは昔から伝わっている防虫法でもあります。

## ◆折りじわをつけないために

衣装箱の下に入れた衣類には、上に積み重なった衣服の重みで頑固な折りじわができて、急に着るような場合に困ります。

衣装箱を使用しても、折りじわをつけたくなかったら、折り目の内側に新聞紙を筒のように巻いて、はさみこむことで解決できます。

そして、この筒の中に防虫剤を入れておけば、しわもできず、防虫効果もあり、一石二鳥です。

# 上手なお裁縫の知恵

私の年代の女性は、小学校4年から「お裁縫《さいほう》」という教科がありました。6年生までに、なんとか浴衣を縫いあげられるようにと、先生に針の運び方から教わったことを思い出します。私も独力で小学校卒業記念に浴衣を1枚縫いました。

いまの若い方は「ボタン一つ自分ではつけられないわ」という方も少なくないみたいですが、ちょっと残念なことですね。

## ◈布地の表・裏の見分け方

まず縫い始める前に、買ったばかりの新しい布地はホルマリン臭が残っていることが多いので、風通しのよいところで2～3日干して、においを取り除いてから裁縫にとりかかりましょう。

布地の〝表と裏の見分け方〟がわからなくては

困ります。まず、布地の耳（端）の織りマークを見ましょう。はっきり読めるほうが表地です。

　また、耳をさわってみて、表ならなめらかな手ざわりですし、ザラザラしているほうが裏です。

　こうした基本の知識がないばかりに、せっかく自分で作った洋服が、表と裏が逆なんてことがないようにね。

## ◆縮む布地を裁断する場合

　縮みそうな布地は、裁断する前に、あらかじめ全体に霧を吹き、アイロンをかけておきます。

　木綿などは、布地を水に浸して、干してからアイロンをかけておきます。

## ◆薄地の布を裁つときの工夫

　裏地はつるつるすべって、うまく裁てません。特に2枚重ねて裁つとなると、なおさらです。

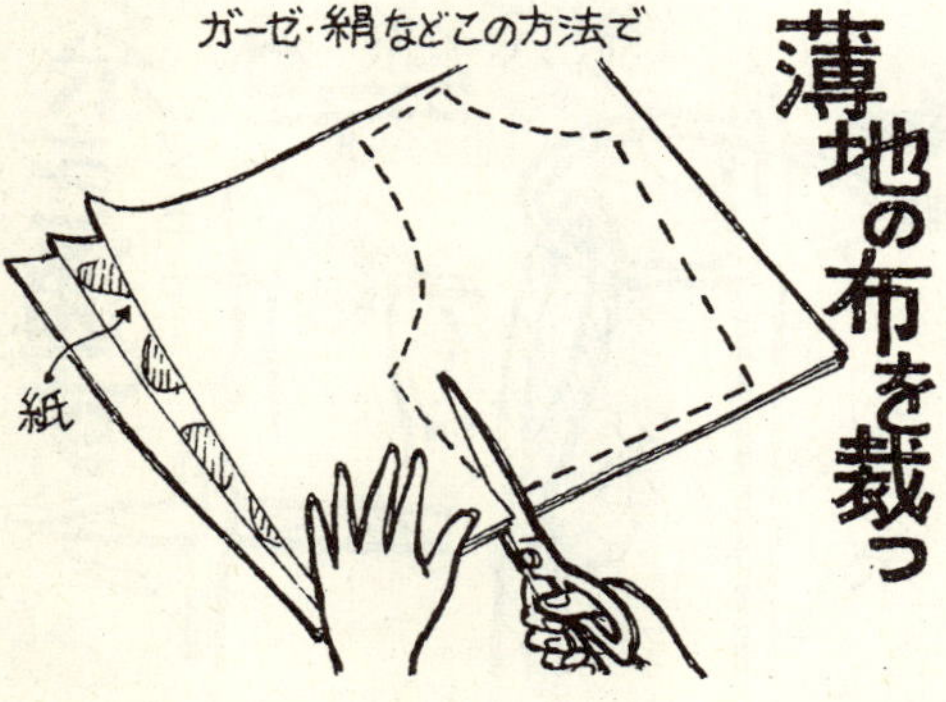

こんなとき、2枚重ねた布地の間に新聞紙か包装紙をはさんで、紙ごと切ると、うまく裁てます。

裏地ばかりでなく、絹、ガーゼなど薄地の布は、こうして裁つとよろしいですね。

赤ちゃんのガーゼの下着を作るときも、ガーゼの間に薄紙をはさんで紙ごとゆっくり裁つことです。

ちょっと頭を使えば、何でも楽にこなせます。

## ◈針穴に糸を通すには

視力の弱い人は、針穴に糸を通すことだけでもたいへんですね。これも楽な方法があります。

糸の先にマニキュアをつけて指先でちょっとよってごらんなさい。かたまると糸の先はピンととがって、針穴に楽に通せます。

また、釣り糸を〝さそい〟に使うのも方法です。5センチくらいに切った釣り糸を二つに折って、

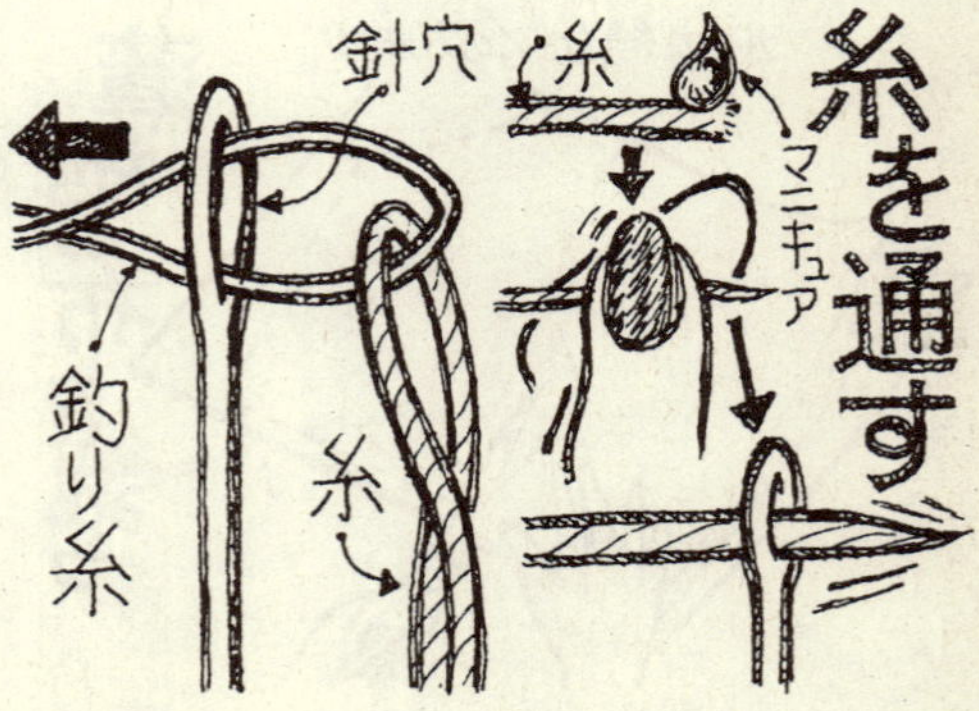

先をちょっぴり針穴に通します。穴を通った部分を輪にして、そこに糸を入れ、手元に残した部分を引き戻せば、簡単に通せます。

お年寄りに、この方法を教えてあげると、きっと喜ばれますよ。

## ◈マチ針の頭が取れたら

マチ針の頭が取れたからと、すぐに捨てるのはやめましょう。

りんごの種を頭がわりにさして乾燥させてごらんなさい。黒く小さな種が抜けなくなって、立派なマチ針の再生です。

また、折れた針専用の針入れには、使い終わった口紅の容器が使えます。

底に残った口紅をこそぎ出し、きれいに拭き取れば、手ごろな折れ針入れに早変わりです。

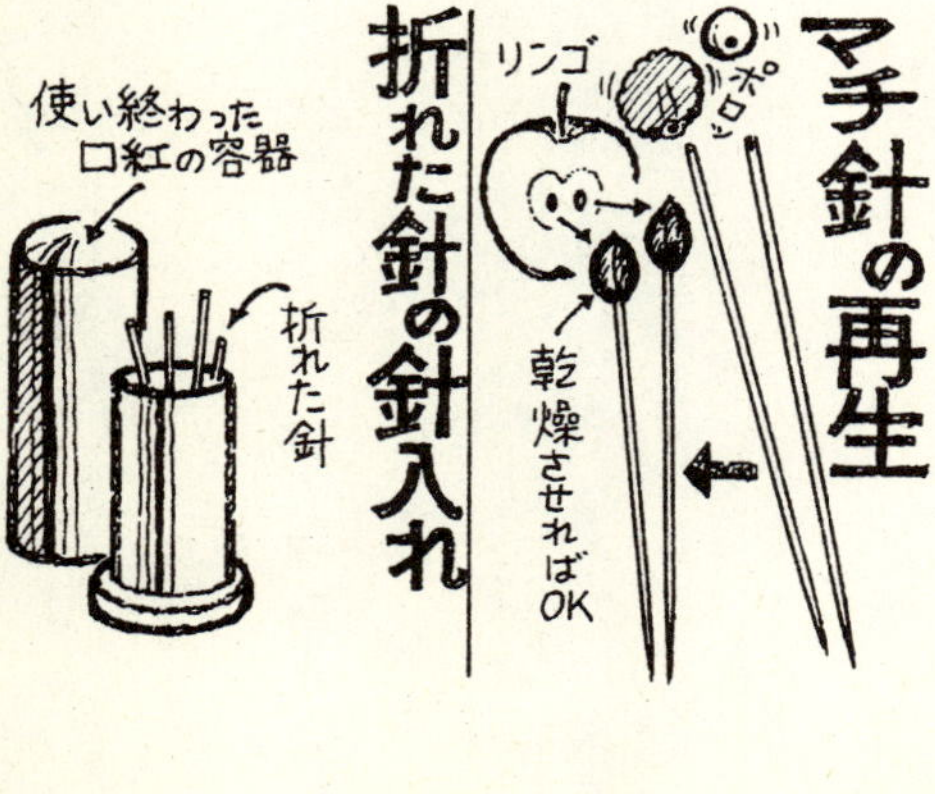

マチ針の再生
ポロッ
リンゴ
乾燥させればOK
折れた針の針入れ
使い終わった口紅の容器
折れた針

## ◆絹糸を使用する前に

絹糸は、そのまま針に通すと糸がよじれて使いにくいものです。

針に通したら、両手でグーッと強く引っぱって親指の爪で二、三度弾きます。

こうして縫い始めると糸のよじれができません。

## ◆繕いの余り糸で雑巾を作る

繕《つくろ》いものなどをすると、必ず糸が少しずつ残りますね。昔の人は、こんな残り糸も粗末にしませんでした。

私が祖母から教わったことですが、裁縫箱の中にいつも雑巾用の布を入れておき、縫いものの後などに糸が余ったら、その糸を用いて雑巾用の布を少しずつ縫い上げていくのです。

やがて1枚の雑巾ができ上がりますが、色とりどりで刺しつぎをした立派な雑巾になります。こうすれば、わざわざ縫わなくてもいつの間にか、雑巾ができ上がっていて、とても便利です。

### ◈体の脂で糸をすべりやすく

針を使いながら針先を髪の毛でちょっとこすったり、また古い布から糸を抜くとき、糸を顎に当てて、キュッとこすります。

このどちらも昔の人がよくやっていた、私などには見慣れたお裁縫の仕草なのですが、人の体の脂で針先や糸をすべりやすくしているのです。

### ◈針のサビ止めには

昔は針さしの中に糠を入れておくと針がサビないと、よく糠を入れたものです。

また、古セーターで針さしを作るのも針の保存にはよいですね。古セーターを適当な大きさに切

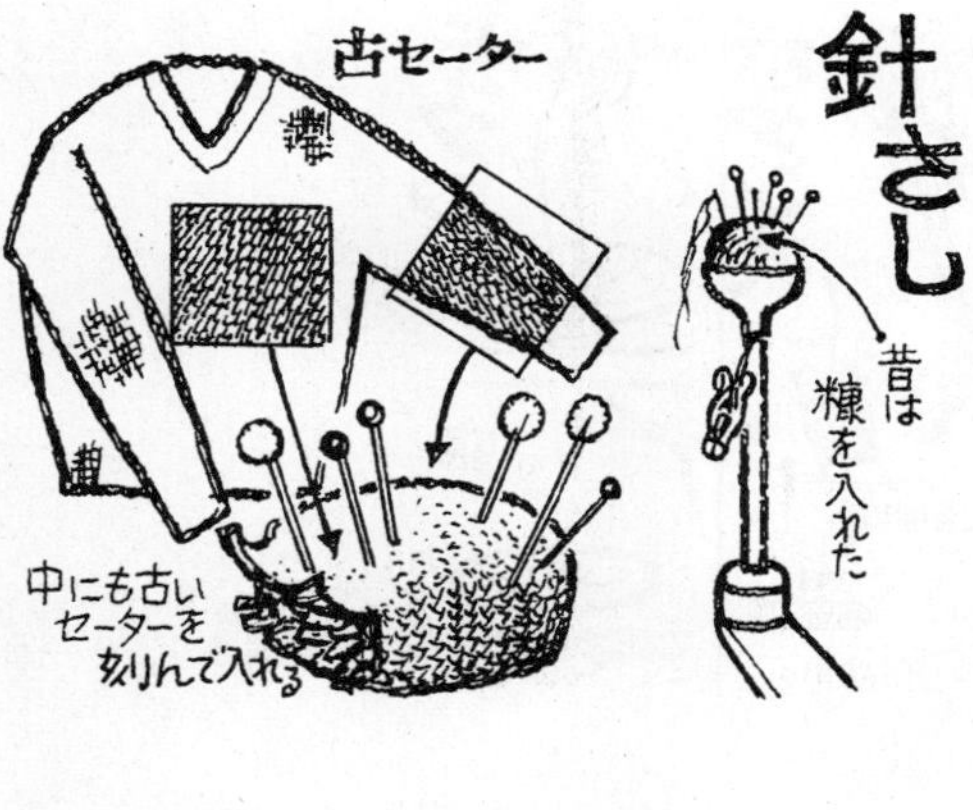
針さし
昔は
糠を入れた
古セーター
中にも古い
セーターを
刻んで入れる

り、中にも同じ古セーターを刻んで入れて針さしを作れば、毛糸に含まれた脂が針のサビを防いでくれます。

## ◆上手なボタンつけの方法

ボタンをつける上手な方法は、まず使う糸を布に合わせます。

木綿や麻の布地にはカタン糸、ウールや合繊には穴糸、絹ものには絹糸、コートや背広には絹穴糸を使うのが基本です。

次に、針は布に垂直に刺し込むことです。針を斜めに入れると、布と糸とがつれたり、ボタンが取れやすくなるのです。

針を数回穴へ通した後、糸足に糸を巻きつけると取れにくくなります。最後は巻きつけた糸に針を通して、数回往復させて、始めの糸と結び合わせ、布の間をくぐらせてから糸端を切るのです。

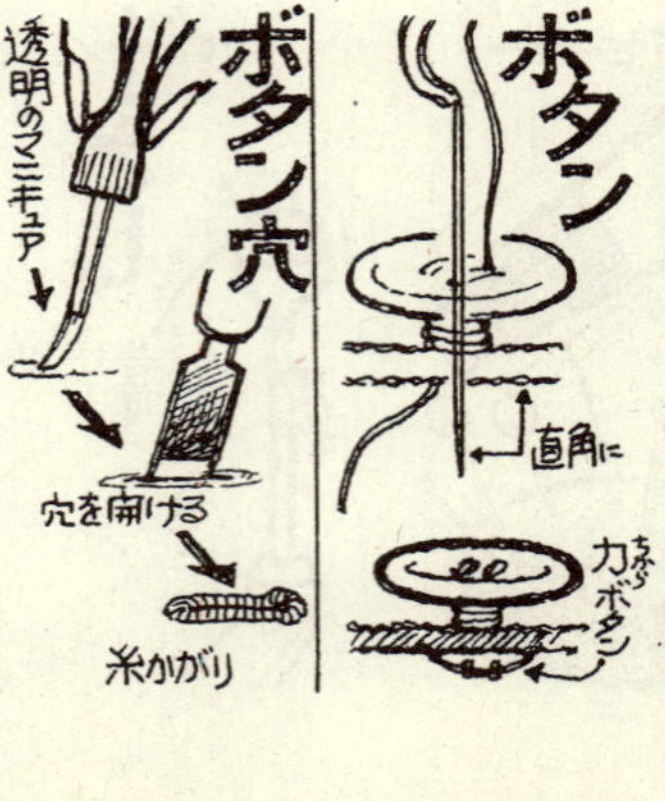

また、糸を2本どりにするとか、裏側に力《ちから》ボタンをつけたりする工夫も大切です。

## ◆ボタン穴をかがる場合

ボタン穴を糸でかがって始末する場合、透明のマニキュアを布地に塗ってから穴を開けると、切り口のほつれがなくて、糸もかがりやすく、仕上がりも丈夫です。

## ◆目の粗い布地のボタンつけは

ニットなど目の粗《あら》い布地の服のボタンつけは、糸結びを作らないで、糸の始めと終わりを2～3センチ余分に残して、それを結び合わせることです。布地が粗いので、結び玉ではそのままスッポリ抜けてボタンが取れる心配がありますから。

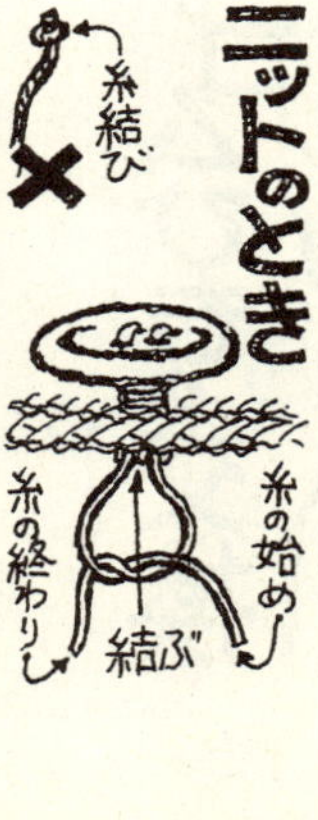
ニットのとき
糸結び
糸の始め
糸の終わり
結ぶ

## ◈ズボンの裾かがりの結び玉は

ズボンなどの裾かがりは、途中に結び玉をいくつか作って、かがっていきます。結び玉がないと、1か所がほつれるとそのまま全部がほつれてしまいます。3か所に結び玉が作ってあれば、1か所がほつれても、他の部分は安心です。ほつれた部分だけでも臨時に安全ピンで留めておくことができますから。

## ◈古いゴムひも交換の方法

古いゴムひもの取り替えは、ゴム穴のところで切り、片方の端に新しいひもを安全ピンでつなぐか縫いつけます。その後、古いひもの片方を引いていけば、新しいひもは穴の中を通ってついてきます。

また、ゴムひもの寸法はサイズの8割と覚えて

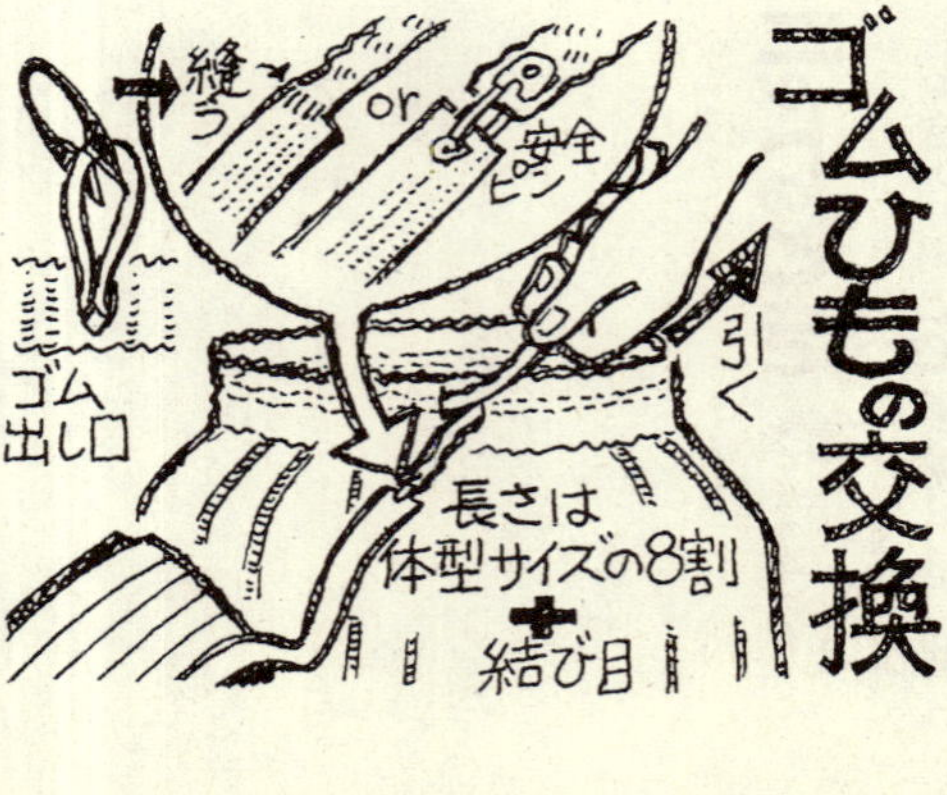

ゴムひもの交換
縫う
ゴム
or
安全ピン
引く
ゴム出し口
長さは
体型サイズの8割
+
結び目

おくと便利です。ウエスト60センチなら、48センチに結び目を加えたゴムひもの長さで大丈夫です。

## ◆ミシンの震動や音を防ぐ方法

ポータブルミシンを使うとき、バスタオルを四つ折りにして下に敷くと、震動や音を吸収してくれます。夜更けで隣近所に気を遣《つか》わなければならないときなど、こんな心遣いも必要ですね。おばあちゃんの知恵とは、生活に創意工夫を凝《こ》らすことばかりでなく、他人のことにも気をくばることでもあるのです。

## ◆厚地のかたい布のミシンかけ

厚地のかたい布、糊けの強い布に上手にミシンかけするには、縫い線に沿って石けんかロウを引いておきましょう。針が通りやすくなって、折れませんし、縫い目が曲がりなく縫えます。

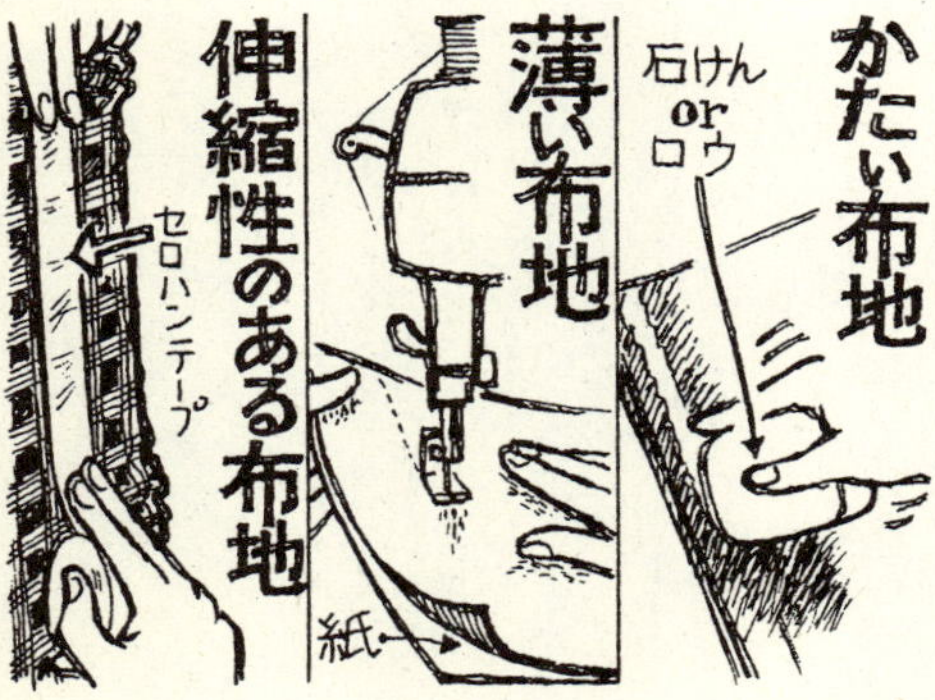

ミシン針が古くなると、針先が布にひっかかるようになりますから、ときには針を砥石《といし》や紙やすりで鋭くすることも忘れないでください。

## ◆■薄い布地のミシンかけ

デシン、ジョーゼットといった薄い布地をミシンかけすると、縫い目がチリチリと縮んできます。そこで、布地の下に薄い和紙やハトロン紙を当てて一緒にミシンをかけることです。

こうすると縮みは防げます。紙は縫い終わってからひき離せばよいのです。ワンピースなどの裏地のミシンかけにこの方法をよく用います。

## ◆■伸縮性のある布のミシンかけ

ジャージーやバイヤス布など、伸縮性のある布は、あらかじめ平らなところにととのえておいて、裏側から縫い線に沿ってセロハンテープを貼っておきましょう。こうしておいてミシンをかければ、寸法どおりに縫えます。縫い終わってからテープをはがします。

## ◆毛糸の結び目の作り方

編み直しのセーターは、どうしてもつなぎが多くなって、コブだらけのセーターになりがちです。結び目がコブにならないよう上手に毛糸をつなぐには、切れた毛糸の先端をほぐして半分の細さにし、両方をよじり合わせて元の太さにしながら編んでいくことです。

私でも、夫のために編んだベストを編み直して、息子に、さらに娘用にと、この方法で見た目に仕上がりよく作ったものです。

## ◆セーターのほどき方

大きなビニール袋にほどくセーターを入れて、

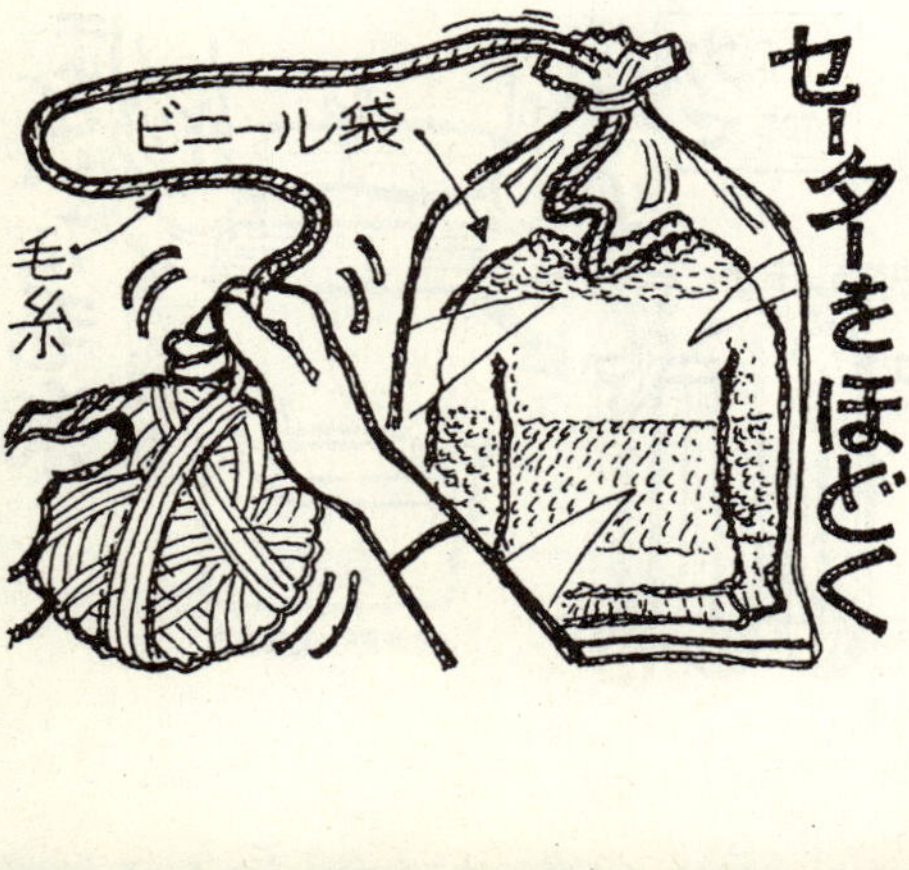

糸口分だけを開けて口を閉じて作業を進めれば、毛ボコリがたつのを防げます。

## ◆古い毛糸の再生方法

ほどいた毛糸はそのまま使わないで、必ず湯気に当ててふっくらとさせてから編み直しましょう。古い毛糸を、祖母や母は、やかんの湯気で上手に新品同様にしていました。

蒸気を当てるとき、毛糸がからみ合わないようにカセ（桛《かせ》糸《いと》）にしておき、糸口の両端を結び合わせて、カセの1~2か所を白の木綿糸で軽くくくっておき、両手でカセをひっぱりながらします。

蒸気に当てた湿りは、そのまま乾かしてもよいのですが、カセの輪に両手を入れて左右に引っぱって糸を伸ばします。次に、２本の丸竹にこれを輪にして通して日陰に干せば、新品同様の毛糸になります。

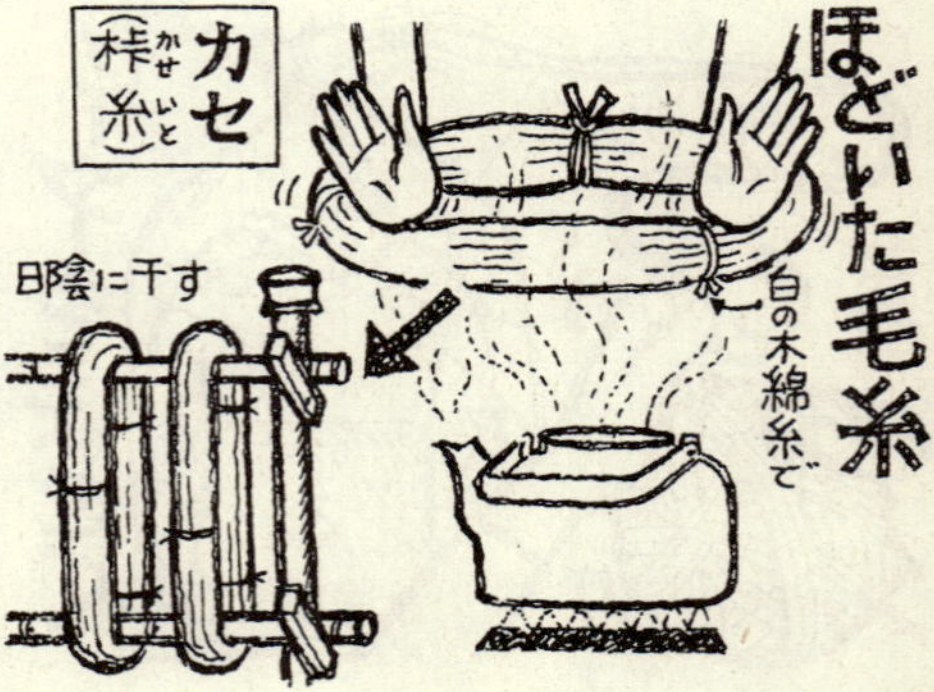

## 寝心地のよい寝具の手入れ

### ◆マットレス使用の注意点

昔から「敷きぶとんは厚く、掛けぶとんは薄く」といわれますが、これがよい寝具の条件です。

いまでは、マットレスを使う人が多いようですが、その上の敷きぶとんがあまり薄いものだと、背中から腰にかけて体がふとんの中に沈み、頭部が高くなるので、腰痛や座骨神経痛の原因になります。

マットレスを敷くなら、厚さ5～6センチの薄いものを使用し、その上に普通の敷きぶとんより厚い敷きぶとんを敷くとよいでしょう。

### ◆敷きぶとんには木綿わたを

敷きぶとんには、木綿わたのものが適しています。

合繊わたも良質になってきていますが、吸水性において木綿わたにはかないません。

掛けぶとんは、合繊わたのほうが適しています。少量でカサがあるため、軽くて空気の含有量が多く、保温力が優れているからです。

### ◆ふとん皮には木綿布地を

ふとん皮（ふとんの表生地）、シーツは、吸水性のよい木綿布地がよろしいです。

肌に直《じか》につける毛布、タオルケットなども、木綿のカバーをつけたものにしましょう。

### ◆毛布の素材は何がいい？

毛布は、アクリルのものがいまは主流ですが、耐久性、保温性、使用感などからいうと、やはりウールにはかないません。

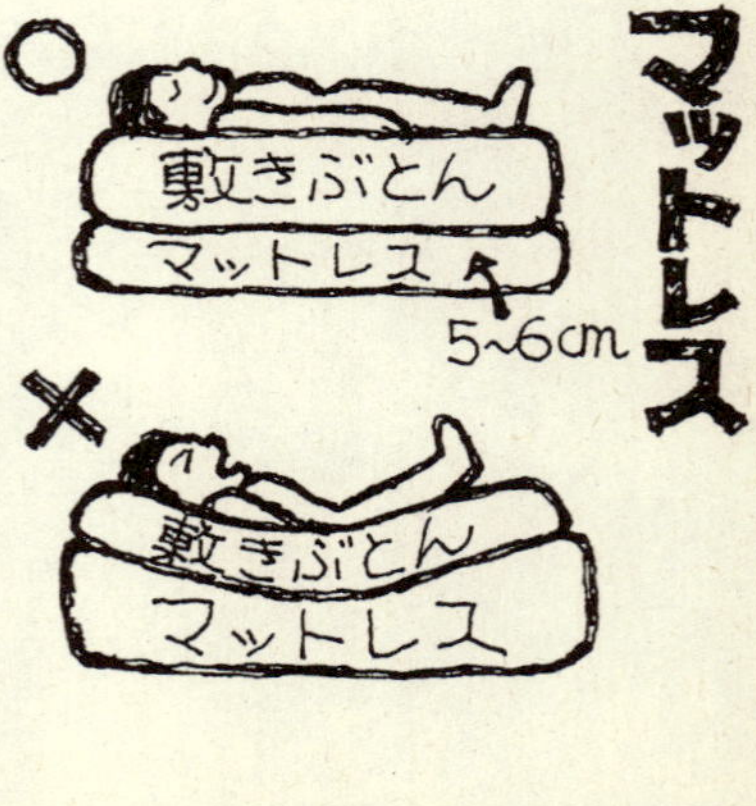
マットレス
○
敷きぶとん
マットレス
5~6cm
×
敷きぶとん
マットレス

ただ、アクリルは値段が安い上、家庭で洗えるという実用性が魅力。肌ざわり、耐久性、カサ高い点では、まああの条件をそなえていますから、用途に合わせて使い分けましょう。

### ◆ふとんは週に1回は干す

普通、大人は一晩寝ると、コップ1杯の量の汗をかき、その汗の3分の1が掛けぶとん、3分の2が敷きぶとんに吸収されるといわれます。ですから、週に最低1回はふとんを日光に当てて水分を発散させることです。ふとんに湿気がこもると、わたがかたくなるばかりか、雑菌がつきやすくなって、衛生的にもよくありません。乾燥した晴天の日を選んで、午前10時から午後2時ごろまでの間に干しましょう。

朝は夜露が蒸発するので湿気が多く、干してもふとんはかえって水分を吸ってしまいます。夕方

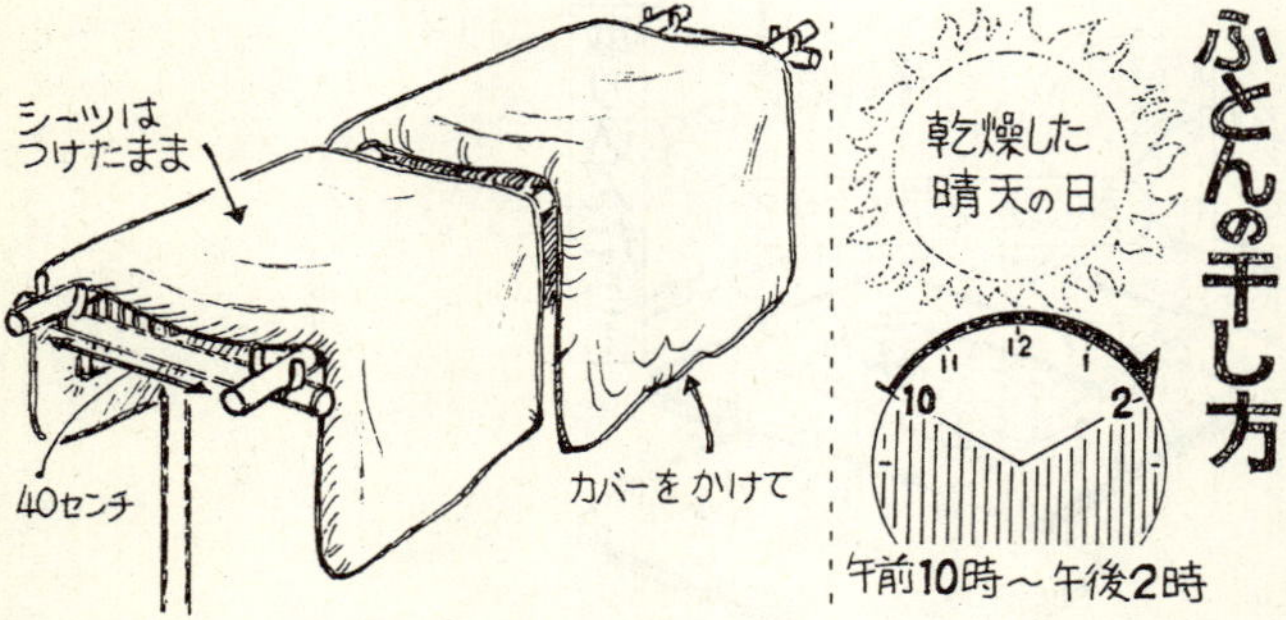
ふとんの干し方
乾燥した
晴天の日
10
11
12
1
2
午前10時～午後2時
シーツは
つけたまま
40センチ
カバーをかけて

も、日が落ちると急速に湿気は多くなるのです。

### ◆ふとん干しによい場所

干すところは、なるべく地面から離れた高い場所を選び、必ずふとんの両面を干すことです。40センチくらいの間隔に離した2本の竿《さお》に、ふとんを渡して干すと、水分は早く発散します。なお、シーツ、寝まき、枕なども一緒に干しましょう。

### ◆熱気を除いてから収納

取り込んだら、ふとんはしばらく部屋に広げて、中にこもった熱気を発散させてからしまうことです。

干した直後にそのまま押し入れにしまうと、寝るときまで暖かく、夏は寝苦しさの原因になります。

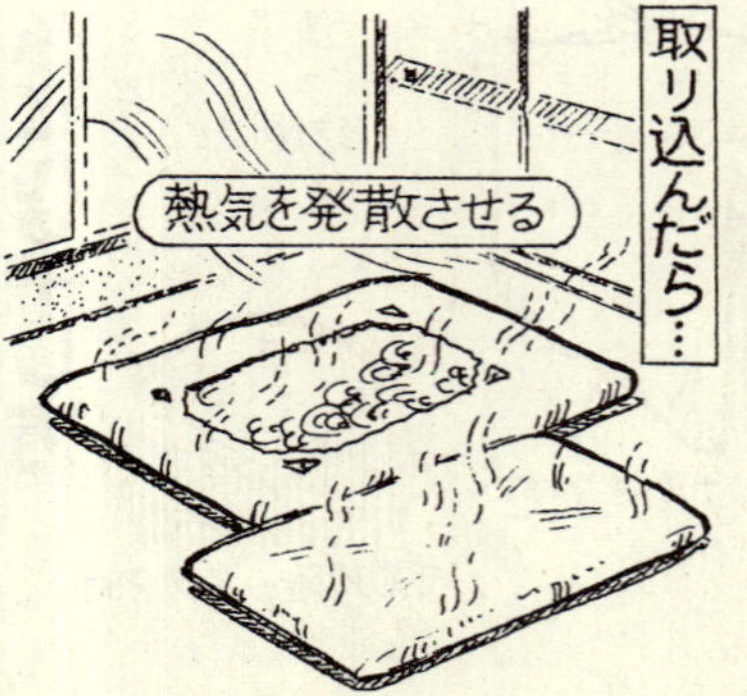
取り込んだら…
熱気を発散させる

冬の場合は、取り込んだらすぐたたむとよいでしょう。

## ◆ふとんを強くたたかないこと

ふとんを干したとき、よくふとんをポンポンと強くたたく人を見かけますが、これはいけません。

強くたたくと、わたの繊維をつぶしてしまい、わたがちぎれて弾力がなくなるため、保温力をなくしてしまうからです。

軽く、ホコリを取る程度にたたくようにしましょう。

## ◆カバーをかけてふとんを干す

ふとんを直に日光にさらすと、ふとんの皮を変色させてしまいます。カバー、シーツをかけたまま干したほうがよいですね。同時にシーツ類の乾燥にもなります。

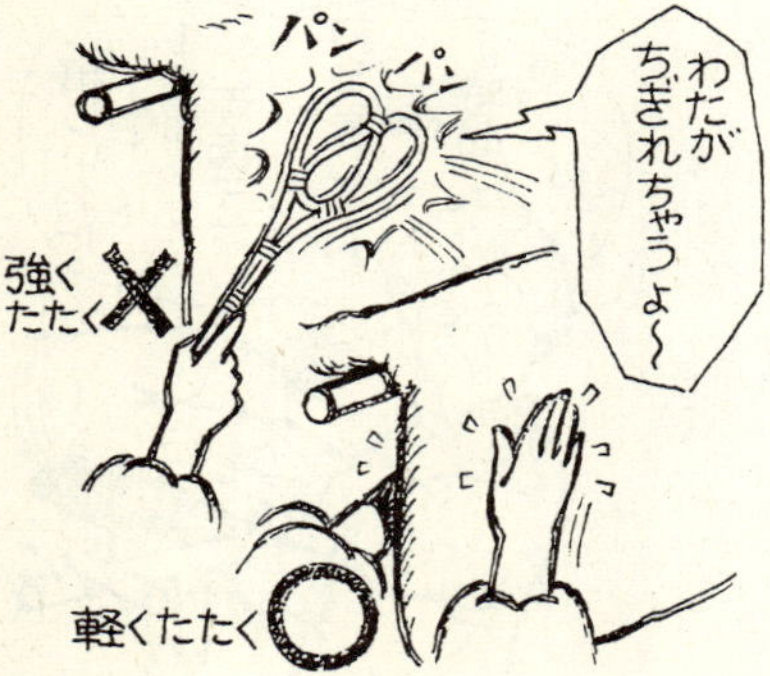
わたがちぎれちゃうよ〜
パン
パン
強くたたく×
軽くたたく○

## ◆ふとんを干す最適時間

新しいわたのふとんなら、1時間半ずつ両面を干し、打ち直しわたなら、ちょっと長めに片面2時間くらい干します。日差しの強い真夏なら、この半分くらいの時間にするとよろしいでしょう。

## ◆合織わたは風を通す

合織わたのふとんも吸水しますから、干すにこしたことはありません。しかし、木綿わたと違って合織わたは、繊維と繊維との間に水分がたまる仕組みになっていますので、日に当てなくても風通しのよいところにかけて、風を当てるだけでもよいでしょう。

もし、日に当てるなら、合織わたは週に1回1時間くらいで、湿気を取り除く程度でよいのです。

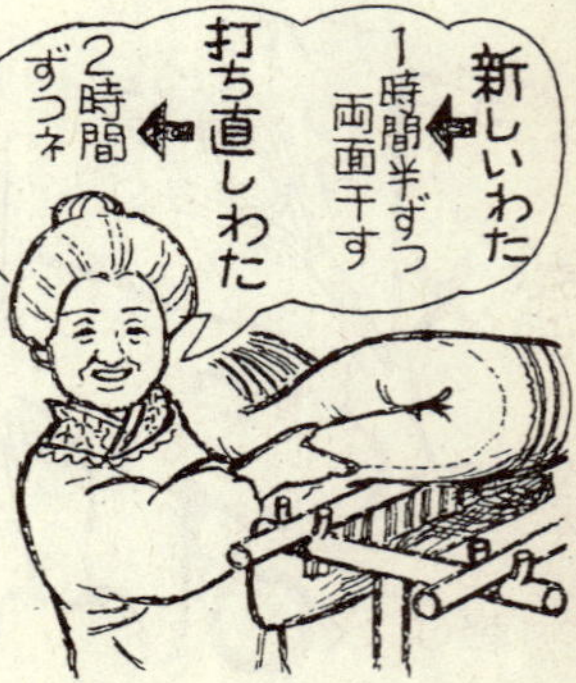
新しいわた
1時間半ずつ両面干す
打ち直しわた
2時間ずつネ

## ◆羽毛ふとん、羊毛ふとんは

羽毛ふとんは、ときどき風通しのよい日陰で風を通すようにしましょう。

羊毛ふとんは、普通のふとんと同じ干し方でよいのですが、シーツで覆って表と裏を平均して1〜2時間干せば充分です。

## ◆マットレスは月に1回は干す

マットレスは、ウレタン製のものは日に当てても大丈夫ですが、陰干しのほうが長もちします。ラバー製のものなら風通しのよいところに立てて陰干しします。日に当てて干すと、老化が早まり、ボロボロの状態になってしまいますので、禁物です。

マットレスも月に1回くらいは干して、湿気を取るようにしましょう。

## ◆夜露干しの方法

つぶれた木綿わたは、ふとん屋さんに頼めば、打ち直しをして再生してくれます。

打ち直しは、わたを洗浄して、わたの繊維を機械にかけてときほぐすので、どうしても繊維はやせて目減りしますし、繊維が短くなって、多少弾力性が失われてしまいます。

昔は、打ち直しの回数を減らすために、また打ち直しをするほどではないけれども、ふっくらさせたいというときのために考えられたのが「夜露干し」なのです。これは、8月の晴天続きの日を選んで行ったものです。

まず、ふとんのとじ糸、縫い目の一部をといて、わたを取り出します。ふとん皮は、洗って糊づけし、よく乾かし、敷き伸《の》し仕上げをしておきます。

わたは、ホコリをたたき出し、4日3晩、屋根

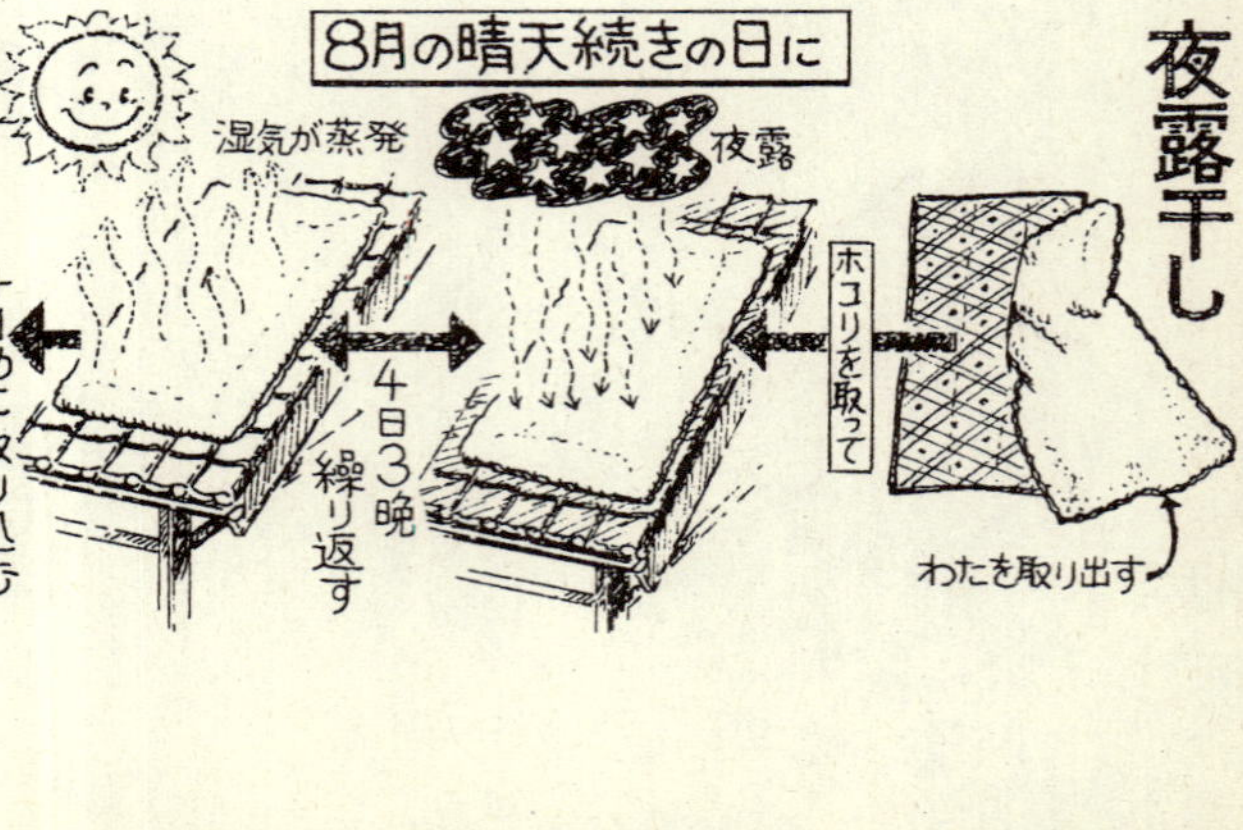
夜露干し
8月の晴天続きの日に
わたを取り出す
ホコリを取って
夜露
湿気が蒸発
4日3晩繰り返す
4日めに取り込む

の上か戸外に置いた台の上に広げておき、夜干しを続けます。

わたは、夜の間は充分に夜露を吸い込み、昼間はそれを蒸発して、これを繰り返すうちに、わたの繊維が弾力性を回復し、ふっくらとしてきます。

4日めの午後1時ごろには、取り込んで、洗っておいたふとん皮に入れれば、ふとんの再生はでき上がりです。

昔は、「夜露干し」や打ち直しは夏の真っ盛りにしたものです。なぜかというと、夏は主婦の手が割合あくからなのです。

## ◆朝起きてすぐにたたまない

ふとんは朝起きたらすぐにたたまずに、朝食がすむまでの時間くらいはそのままにして、湿気を取り除いてからたたんでしまいましょう。

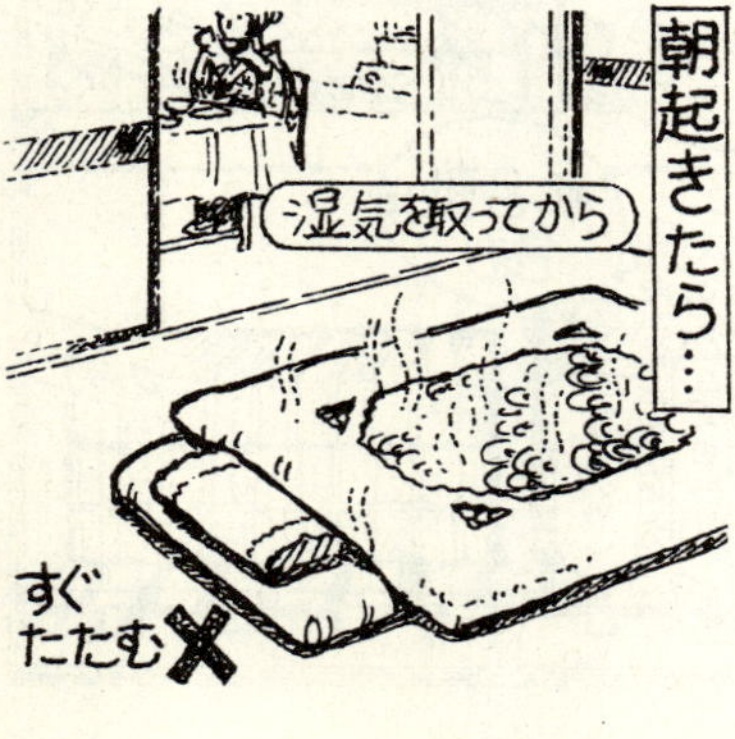
朝起きたら…
湿気を取ってから
すぐたたむ✕

## ◈ふとんのしまい方

ふとんは、押し入れの上段にしまうのが上策です。下段はどうしても湿気が多いものですから、下段にしまうなら、紙を敷き防湿剤を置いて、その上に〝すのこ〟を置いてからふとんを収納することです。

マットレスは、比較的湿気に強いので下段にしまってもよいでしょう。軽い掛けぶとんは、敷きぶとんを先にしまってから、その上にしまいましょう。

使わないふとん類は、よ

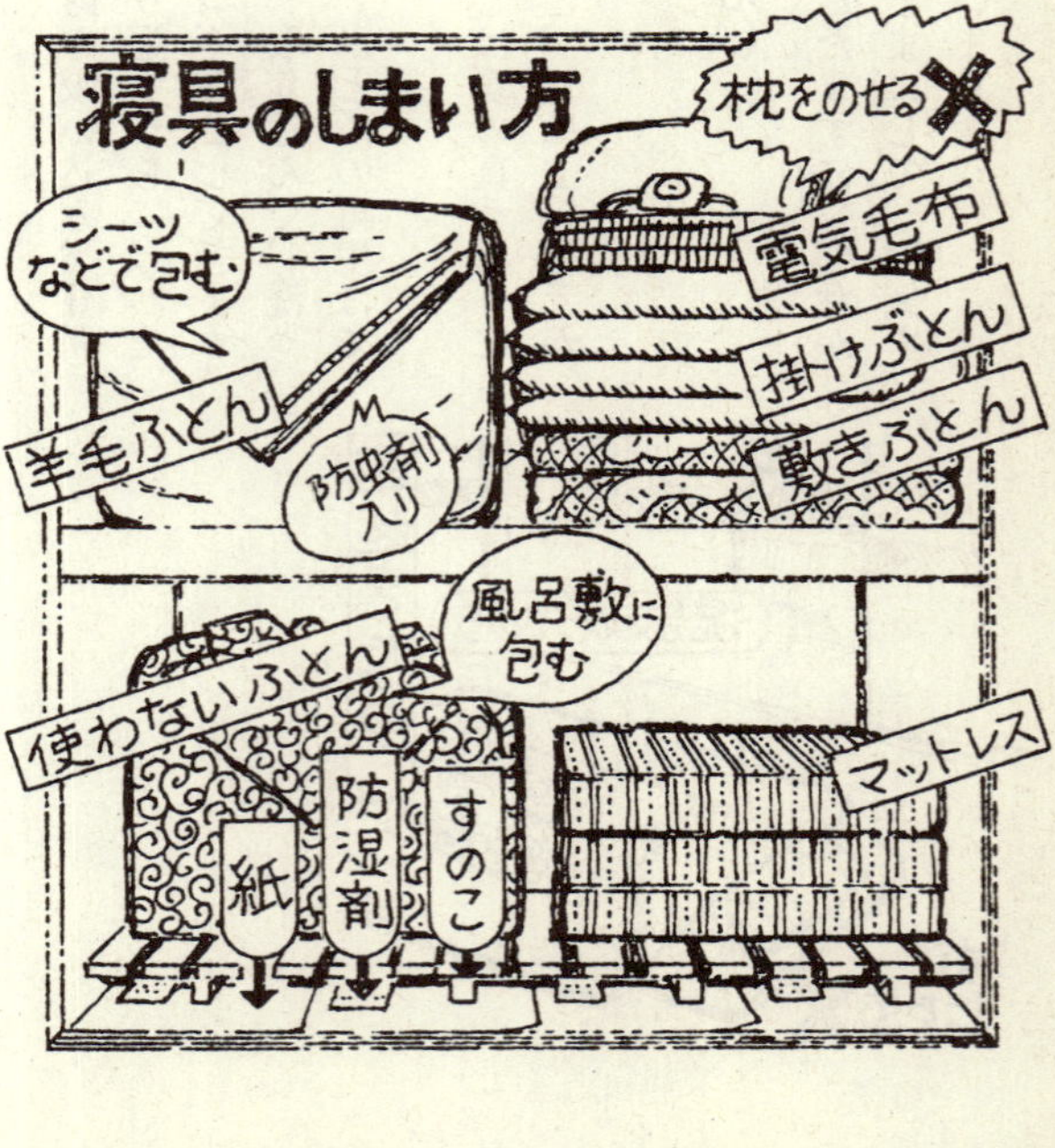

寝具のしまい方
枕をのせる✕
シーツなどで包む
電気毛布
掛けぶとん
敷きぶとん
羊毛ふとん
防虫剤入り
風呂敷に包む
使わないふとん
マットレス
紙
防湿剤
すのこ

く日に干して大きな風呂敷に包んでしまうことです。

羊毛ふとんは、防虫剤を入れてシーツなどで完全に包み込みます。羽毛ふとんは、シーツに包んで、できるだけいちばん上になるようにしまいます。

# 6章

# 美しさと健康を保つ知恵

# 美容・健康のいい伝え

## 回お餅の食べすぎには

お正月のお節《せち》料理には、大根のなますがつきものです。北九州地方には、お雑煮のお椀の下に輪切りの大根を敷いて、お餅をのどにひっかけたときの用心にする風習があると聞きます。

大根に消化酵素のジアスターゼが含まれているから効果的なのです。

お餅を食べすぎておなかが張ったら、大根おろしを食べてごらんなさい。すっきりしますよ。

## 回下痢止めに、生卵入りのお茶

おなかをこわしたら、濃いめのお茶を飲んでみることです。

お茶のタンニンに胃腸を収縮させる作用がある

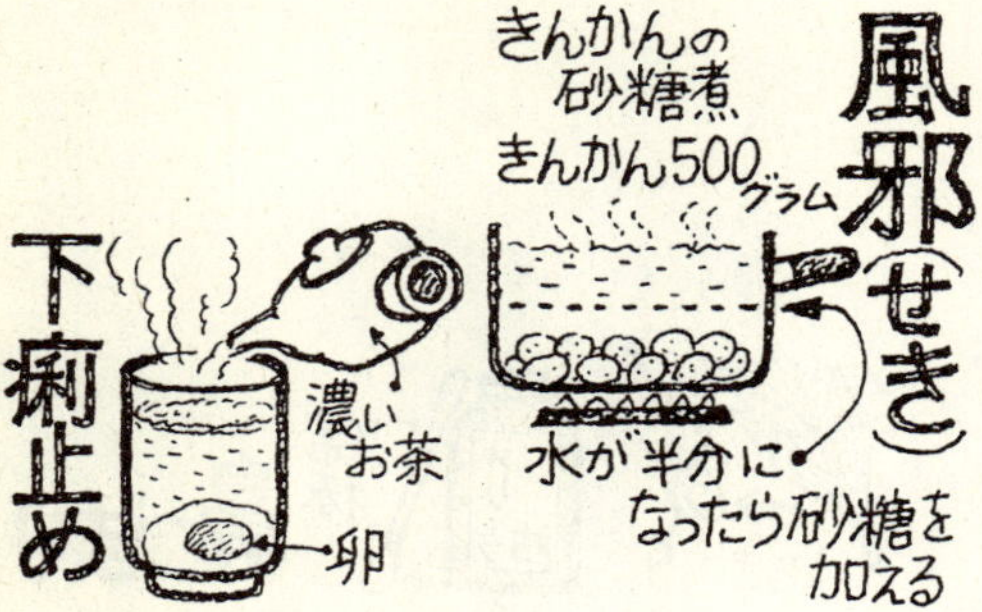


からです。

下痢止めには、生卵にお茶をかけて飲んでごらんなさい。

生卵にお茶をそそぐと、白いカスができますが、これが下痢止めの働きをしてくれるそうです。

## 回せきに、きんかんの砂糖煮

風邪でせきに困ったら、きんかんの砂糖煮がよいのです。

鍋の中にきんかん（500グラム）を入れ、水をひたひたにして火にかけて、水が半分ほどになったら砂糖を加えて、全体がとろとろになるまで煮込みます。

## 回のどの痛みに大根あめ

私は祖母に、のどが痛いときに大根あめを、よくなめさせられました。

作り方は、皮つきの大根（200グラム）をさいの目に切って、ビンにはちみつ（カップ1杯）と一緒に詰めるのです。

2〜3時間そのままにしておくと、大根が上に浮いてきますから取り除き、残ったのが大根あめです。

そのままなめてもよく、熱湯をそそいで飲んでもよいのです。

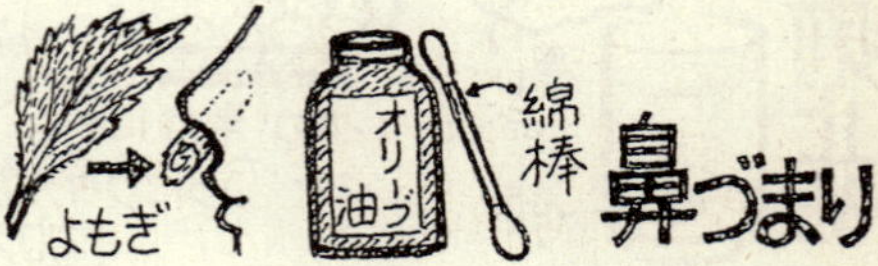


## 回鼻づまりによもぎの葉

鼻風邪、鼻づまりには、よもぎの葉を軽くもんで鼻の穴に詰めたものでした。しばらくそのままにしておくと、不思議と鼻づまりが治りました。

よもぎが手に入りにくかったら、オリーブ油を綿棒で鼻の穴に塗ってもよいです。

## 回強壮に効果のある山いも

山いもは強壮に効く、おなかによいので、とろろ汁、麦とろと、いまでもよく食べます。

また山いもをひもに吊してよく乾燥させ、これを煎じた汁に、はちみつを加えて飲めば、冷え症の人も体が温まります。

## 回打ち身にさといもの貼り薬

さといもで打ち身、筋肉痛のための貼り薬も作りました。

さといも（3〜4個）の皮は厚くむき、すり鉢ですりつぶして、同量の小麦粉とおろししょうが（小1片）をよく混ぜるのです。

これがさといもの貼り薬なのですが、昔はネルを二重にしてこの薬を塗り、打ち身の患部に貼ったものです。

このいも薬は、1回ごとに新しく作ってください。

## 回疲労回復に、にんにく貼り薬

にんにくをすりおろして、少量の小麦粉と練り合わせて、それを土踏まずに貼っていた母の姿がいまでも目に浮かびます。

ツボを刺激して血行がよくなり、疲労回復にはいちばんいいといっていました。

## 回糠洗顔で美肌になる

肌荒れは顔ばかりのことではありません。冬の美容には顔、手、足すべてに気をつけたいものですね。

昔の人は、糠袋でよく体を洗っていました。生の糠を薄地の布袋に入れるのですが、糠は腐りやすいので、使うたびに新しいものに替えていたのです。

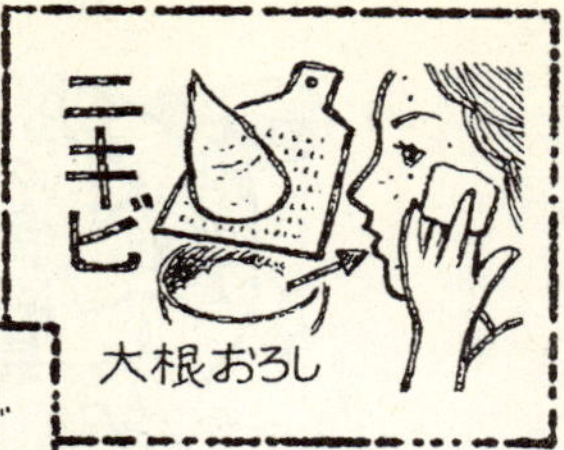

## ◎とうがん化粧水の作り方

とうがんで化粧水を作るには、とうがん（大1個）を細かく刻んで日本酒（1・8リットル）の中に入れ、弱火でコトコト煮込みます。とろみがついたらガーゼでこしてでき上がり。ビン詰めにして冷蔵庫に保管しておけば、毎晩就寝前の化粧水に使えます。

## ◎ニキビには大根おろし汁

ニキビには、大根おろしの汁がよいと、戦時中の女学生は、大根をおろした汁でニキビをパタパタたたいたものです。大根の消化酵素ジアスターゼが、脂肪のかたまりを分解させるからだそうです。

## ◎めんのゆで汁で洗髪

洗髪にうどん、そばのゆで汁を使うと、つやのある髪になると、これも私の女学生時代に流行しました。

洗った後、酢かレモン汁ですすぐと、髪はやわらかくなり、自然の明るい色になったことも確かでした。

## 肌の角質

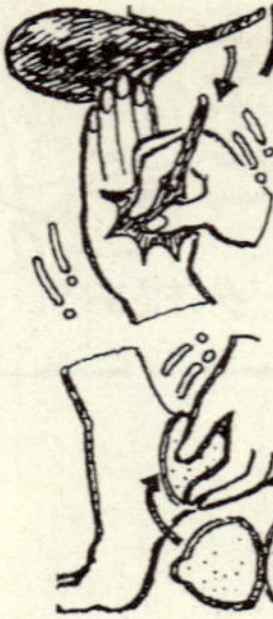

### 回なすのヘタが角質を取る

なすのヘタで手や顔をこすると皮膚の角質が取れて、きれいになります。

同じことが、汁を絞った後のレモンにもいえます。肘《ひじ》、膝、かかとなどもまめにこすると、角質が取れてつるつるになります。

### 回手の荒れは手袋をはめて寝る

手が荒れたら、夜、やすむ前に栄養クリームを塗って、手袋をはめて寝ることです。

慣れないうちは、少々窮屈でも、朝になると見

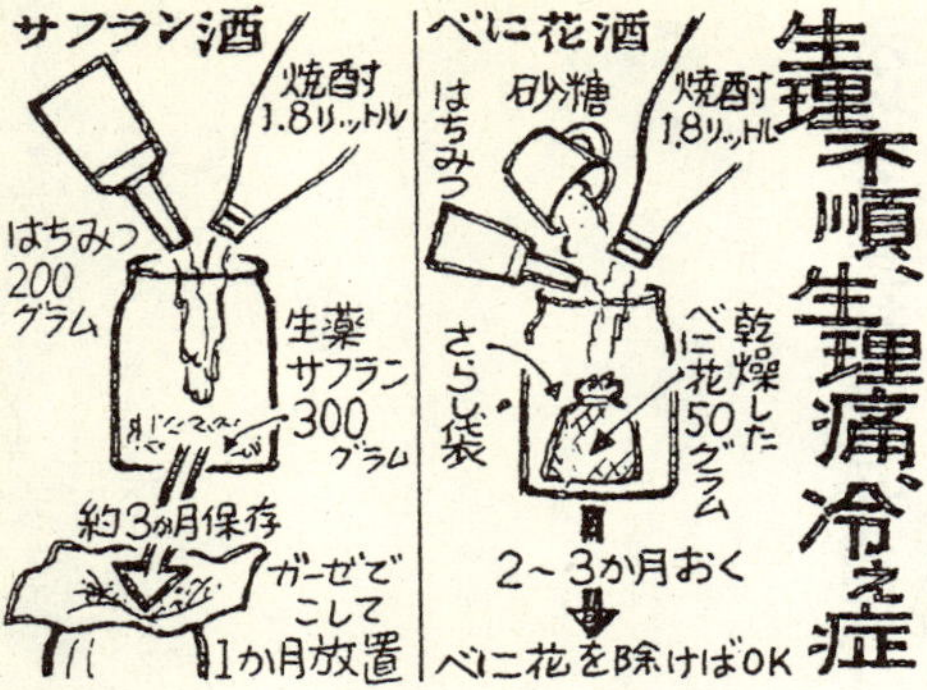
サフラン酒
焼酎1.8リットル
はちみつ200グラム
生薬サフラン300グラム
約3か月保存
ガーゼでこして
1か月放置
べに花酒
砂糖
焼酎1.8リットル
はちみつ
さらし袋
乾燥したべに花50グラム
2～3か月おく
べに花を除けばOK
生理不順、生理痛、冷え症

違えるほどに手の荒れは治っています。

## 回毎朝飲む水が便秘を防ぐ

便通のよさが、いきいきとした肌を作るともよくいいます。

私はもう何十年来、毎朝コップ1杯の水を飲むことで便秘を防いでいますが、これもおまじない以上に科学的な理由があるのでしょうね。

## 回紅花酒、サフラン酒

生理不順、生理痛、冷え症には、紅花酒、サフラン酒がよく効きます。作り方もいたって簡単です。

紅花は漢方薬店にありますが、乾燥した紅花（50グラム）をさらしの袋に入れ、梅酒を作るときと同じにガラスビンに入れます。次に焼酎（1・8リットル）、砂糖または、はちみつ（好みの量）を入れて、2～3か月間おくのです。そして、紅花を取り除けば、紅花酒のでき上がり。一日に杯《さかずき》2～3杯、朝晩飲めば、生理痛、冷え症などに効果的です。さらに、レモン汁を加えると、これはもうさわやかな飲みものです。

サフラン酒は、生薬サフラン（30グラム。漢方薬店で売っています）、焼酎（1・8リットル）、はちみつ（200グラム）を一緒にビンに入れ、3か月ほど保存してから、ガーゼでこして、再び1か月放置後飲みます。

就寝前に、杯1～2杯ずつ気長に毎日続けて飲むことです。

## 氷枕を長持ちさせるには

### 回 氷枕に塩を入れる

氷枕の中に、氷と一緒に塩を一つまみ入れておくと、氷が溶けにくくなって長もちします。冬の夜中の氷枕の取り替えは冷たくて大変ですが、塩

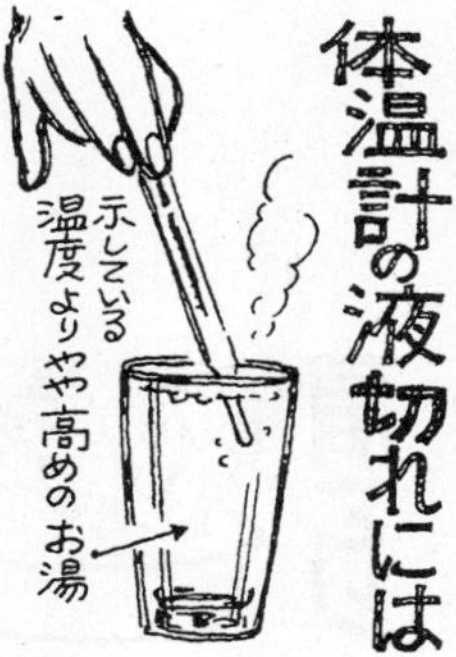


を入れるのは小さなアイディアですね。

## 回水銀の体温計の液切れには

体温計が、ちょっとした衝撃で液切れを起こして目盛りが動かなくなったら、示している目盛りの温度よりやや高めのお湯につけてみることです。もとに戻って体温を正常に示すようになります。

## 回病人の洗髪は卵白で

寝たきりの病人の洗髪には、卵の白身を泡立てて使ってごらんなさい。

卵の白身には、髪の毛の栄養になる脂肪分、ビタミン類が含まれているので、これを泡立てればホコリや汚れを包みこみ、取り除いてくれます。

乾いた後、ブラッシングすれば、栄養分が地肌にしみ込み、潤いとつやのある髪になります。

◎しゃっくりを止める方法

しゃっくりが止まらないと3日で死ぬなんて、私たちの子供のころは、おどかされたものでした。しゃっくりを止めるには、しょうがをすりおろしてグーッと一息に飲めば止まります。

また、柿のヘタ（10～20個分）を200ccの水に入れ、半量になるくらいに煎じて、それを飲めばピタリと止まる、ともいわれています。柿のヘタは、生でも乾燥したものでもよいのです。

◎足の疲れをとるには

足の疲れには洗面器にお湯をとり、酢または塩少々を入れた中に足をつけて、足の裏をよくマッサージすれば楽になります。

◎肩こり治療法

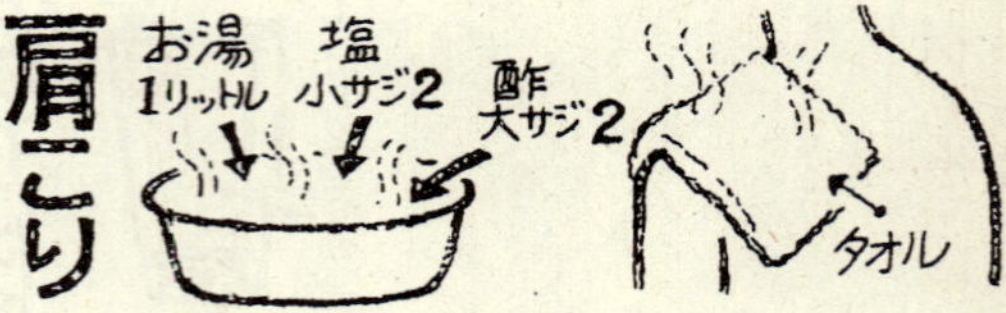

肩こりも、沸騰したお湯（1リットル）に塩（小サジ2杯）、酢（大サジ2杯）を加えて、その中に浸したタオルを熱いうちに肩にあてると効果的です。

## 頭痛・不眠

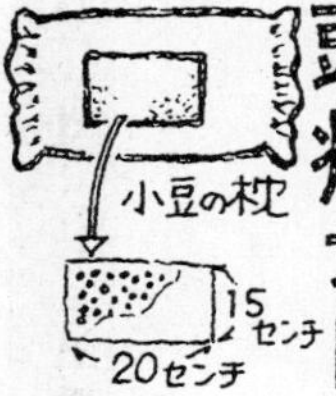


### 回頭痛、不眠に小豆枕がよい

頭痛や不眠には、小豆の枕がよいといわれています。

枕全体に小豆を詰めるのは大変ですから、幅15センチ、長さ20センチくらいの小型の枕を作って、普通の枕に重ねて使います。

## 梅が持つ不思議な薬効

「梅はその日の難のがれ」

「梅干しが腐ったり色が変わったりすると不吉なことがある」

など、梅にまつわる諺《ことわざ》やいい伝えは多くあります。なにしろ梅は、1500年も前に原産地の中国から伝わって、日本の風土になじんだのですから。

私の幼いころ、「梅は三毒を断つ」とよく教わりました。三毒というのは、食物の毒、血の毒、水の毒のことです。梅は食用だけでなく薬用にも大切なもの、という教えでしょう。

また、梅で有名な水戸の偕楽園《かいらくえん》は水戸藩主、徳川斉昭《なりあき》が開設したものですが、当時、梅林面積が敷地総面積の7割強にもわたっていたといわれています。

◀手量り（これで100g）

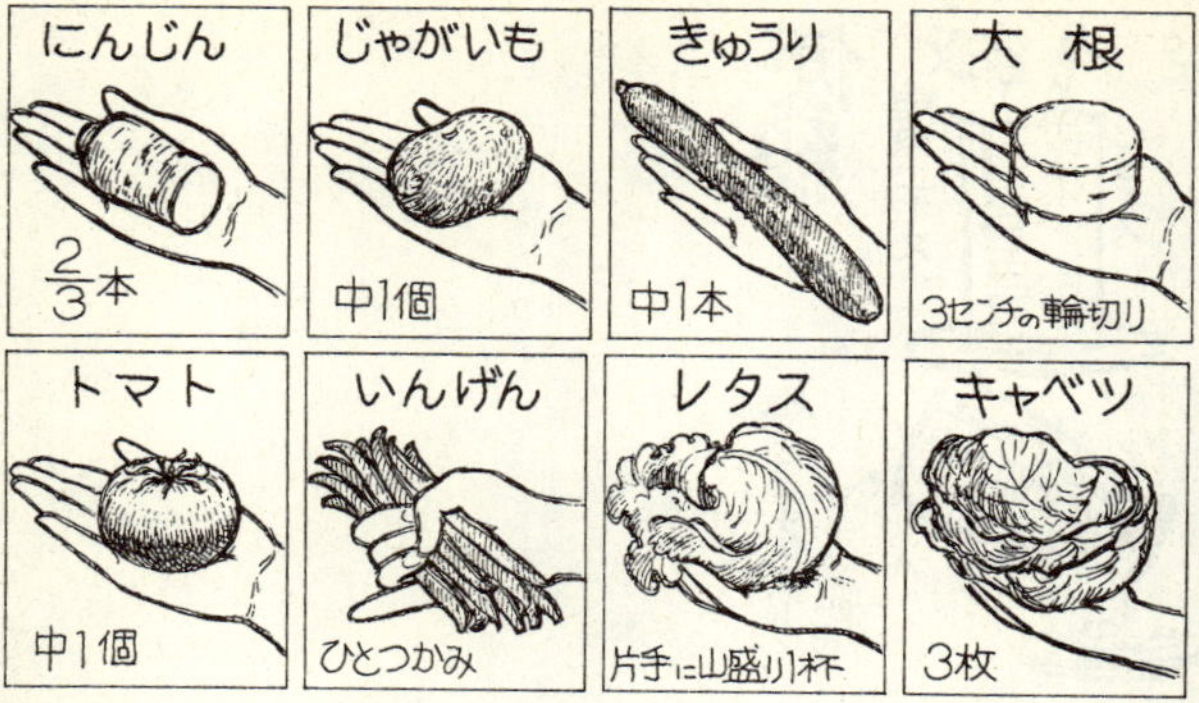
にんじん
2/3本
じゃがいも
中1個
きゅうり
中1本
大根
3センチの輪切り
トマト
中1個
いんげん
ひとつかみ
レタス
片手に山盛り1杯
キャベツ
3枚

そして、徳川斉昭の『種梅記《しゅばいき》』という書物には、

《夫《そ》れ梅のものたる、花は則《すなわ》ち雪を冒《おか》し春に先んじて風騒《ふうそう》（風流）の友となり、実《み》は即ち酸を含み渇を止め軍旅の用となる。嗚呼《ああ》、備ふる有る者は患《わずら》ひなし》

とあり、梅は風情があるだけでなく、食薬用としてその効用を認められて重要視されていたことがうかがえます。

このように、昔の人は疫病《えきびょう》退治の妙薬として使ったようです。

## 回梅の漬け方の種類

梅干しは漬けものですが、塩に漬けた梅を干すことから、梅干しというのです。

漬け方にも種類があり、土用干しをしたものを梅干し、土用干しをしない梅漬けをどぶ漬け、赤じそで色づけしたものを赤干し、赤じそで色づけ

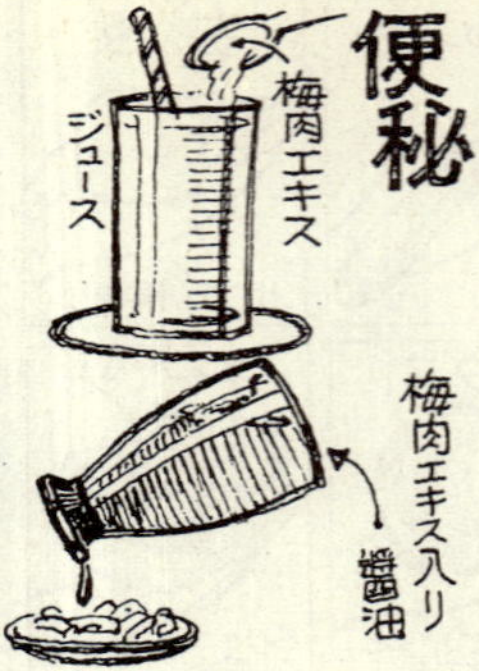
便秘
梅肉エキス
ジュース
梅肉エキス入り
醤油

しないものを白漬けなどと呼んでいます。

梅干し作りは、梅の出回る5～6月に行います。

（426ページ参照）

## 回梅肉エキス

完熟直前の青梅の実だけをすりつぶして、その汁をよく絞り、トロトロと炊き上げたものが、梅《ばい》肉《にく》エキスです。青梅1キロを使っても、20グラムほどしかできないので、貴重なエキスなのです。

## 回便秘、下痢止めに

便秘には先の梅肉エキスのジュース（エキス1対はちみつか黒砂糖5～7の割合、それを薄める）を毎日飲み続けると、調子がよろしいですね。

また醤油180ccに梅肉エキス10グラムを入れて使うとよいとも聞きます。

下痢止めには、梅肉エキス少量（3～5グラム）

をそのまま食べるか、お湯に溶いて飲みます。

そのほかにも、梅肉エキスは食中毒の予防にも使われてきました。

## ▣せきに梅酒の湿布

梅酒は、女性の飲む酒ともいわれ、昔の御殿女中にも梅酒は許されていたそうです。私の母の時代には暑気ばらいによく梅酒を飲んでいました。

でも、飲むだけではなく、せきでのどが痛むときには、梅酒をガーゼに浸して湿布にも使えますし、はれものの痛みもやわらげてくれます。

梅酒の薬効はよく知られていましたから、私の少女時代には、どの家でも梅干しと梅酒のビンは並べてありました。

## ▣梅酢の利用法

梅酢というのもあります。梅を漬けるときにで

# 梅酢

きるのが梅酢で、日本で醸造酢ができるまで、一般家庭では、梅酢を料理用によく使っていたものです。

捨てることはありません。ものの腐りやすい夏ならば、食べ物にちょっと振りかけたりすると、自然の新鮮さが保てますし、ご飯をおひつに移すとき、「梅酢を振っといてね」とよくいわれたものです。

それにレバーの血抜き、川魚の泥はかせには、梅酢を溶いた水に2時間ほどつけておけば、においがとれて味もよくなります。

ごぼう、れんこんも、同じように1時間ほどつけてから料理すると、シャキシャキとよい歯ごたえになります。

にんにくを食べた後の口臭消しにも使われます。

また、梅酢でのうがいは風邪の予防になります。

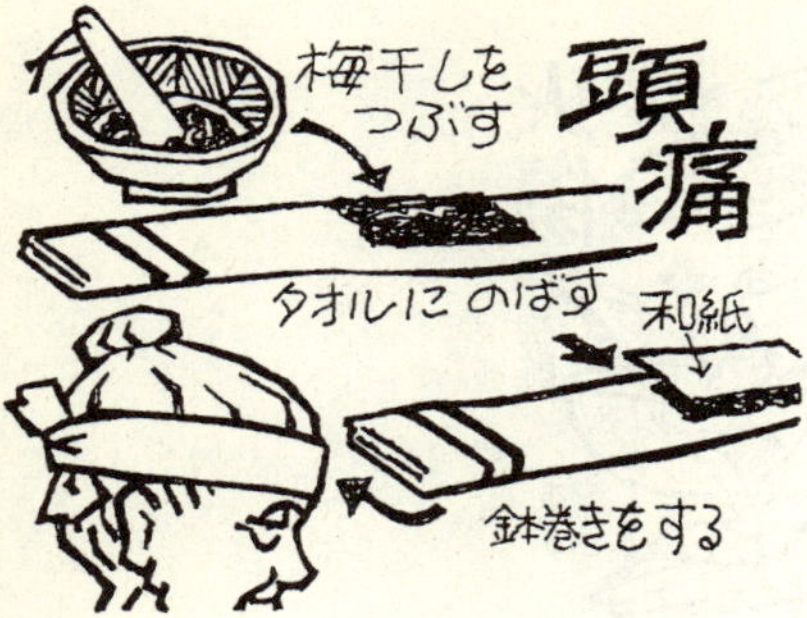
頭痛
梅干しをつぶす
タオルにのばす
和紙
鉢巻きをする

## 回食欲増進に

私の母など、つねづね「梅は家庭の常備薬よ」といっていました。

朝夕に、梅干しを一粒ずつ食べるだけで食欲増進になります。

納豆に、刻んだ梅干しを混ぜてもよいし、酸《す》っぱさに弱い人には、梅干しを焼酎に1週間も浸しておくと、酸っぱさはとれます。

お水がわりに梅肉エキスのジュースは暑いときに最適です。

## 回頭痛、めまい、歯痛に

まんがに出てくるおばあさんにもよくありましたね。頭痛、めまいには、こめかみに梅干しの肉を貼りました。

歯痛には、頬《ほお》に貼るのです。やはり梅干しには身熱をとる作用があるのでしょうか。

私は、梅の肉をつぶしてタオルに薄くのばし、それを鉢巻きにしますが、額との間には和紙を1枚入れるのです。おまじないみたいですが、爽快です。

## 回風邪薬の作り方

大きめの梅干し5個、刻んだしょうが30グラム、焼いたみかんの皮少々、それに黒砂糖を少し加えてドロドロに煮つめて、風邪薬にしている方もあります。梅干しを黒焼きにして、熱い番茶をそそいで飲む方法も昔からありました。

## 回火傷、捻挫に

昔は、軽度の火傷《やけど》にはすぐに梅酢をかけました。それから、小麦粉を梅酢で練って傷に貼りつけたものです。

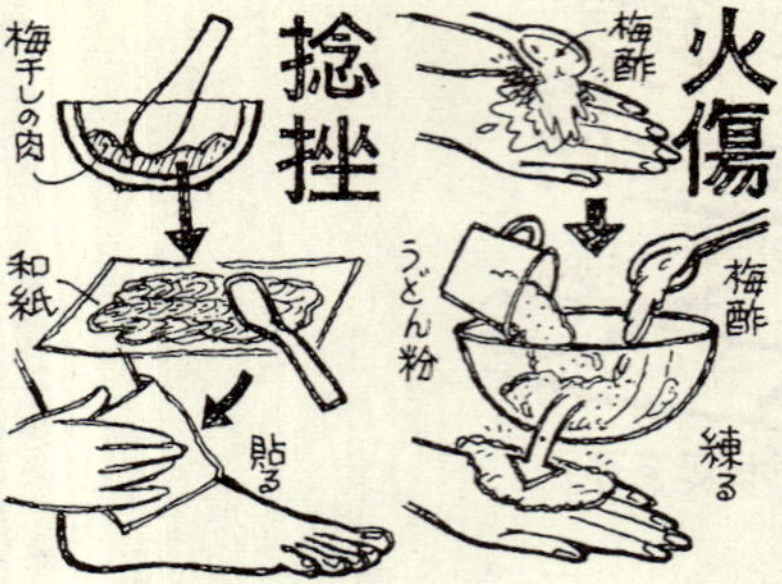

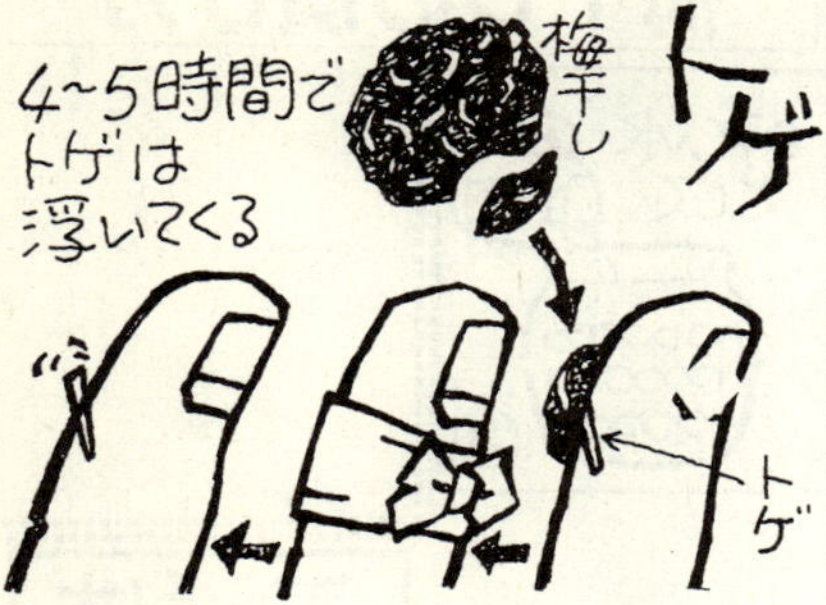
4~5時間で
トゲは
浮いてくる
梅干し
トゲ
トゲ

手足を捻挫《ねんざ》したときも、梅干しの肉をよくつぶして和紙の上に広げ、それを患部に貼ります。医者に診《み》てもらうまでの応急手当てとして、役に立つと思います。

## 回犬に咬まれたら

犬に咬《か》まれたときに応急手当てとして、昔の人は、梅干しの肉を傷口に、少し多めに貼りつけなさいと教えています。

＊

以上、民間療法として昔から効きめがあるといわれてきたことばかりです。梅は、花に風情があるだけではなく、実《み》には食用、薬用の効果もたいへんなものなのです。

ひょうきんな昔の人は、「お医者たおすに刃《は》ものは要らぬ。朝昼晩に梅を食え」なんてザレ歌を歌っていたのですから……。

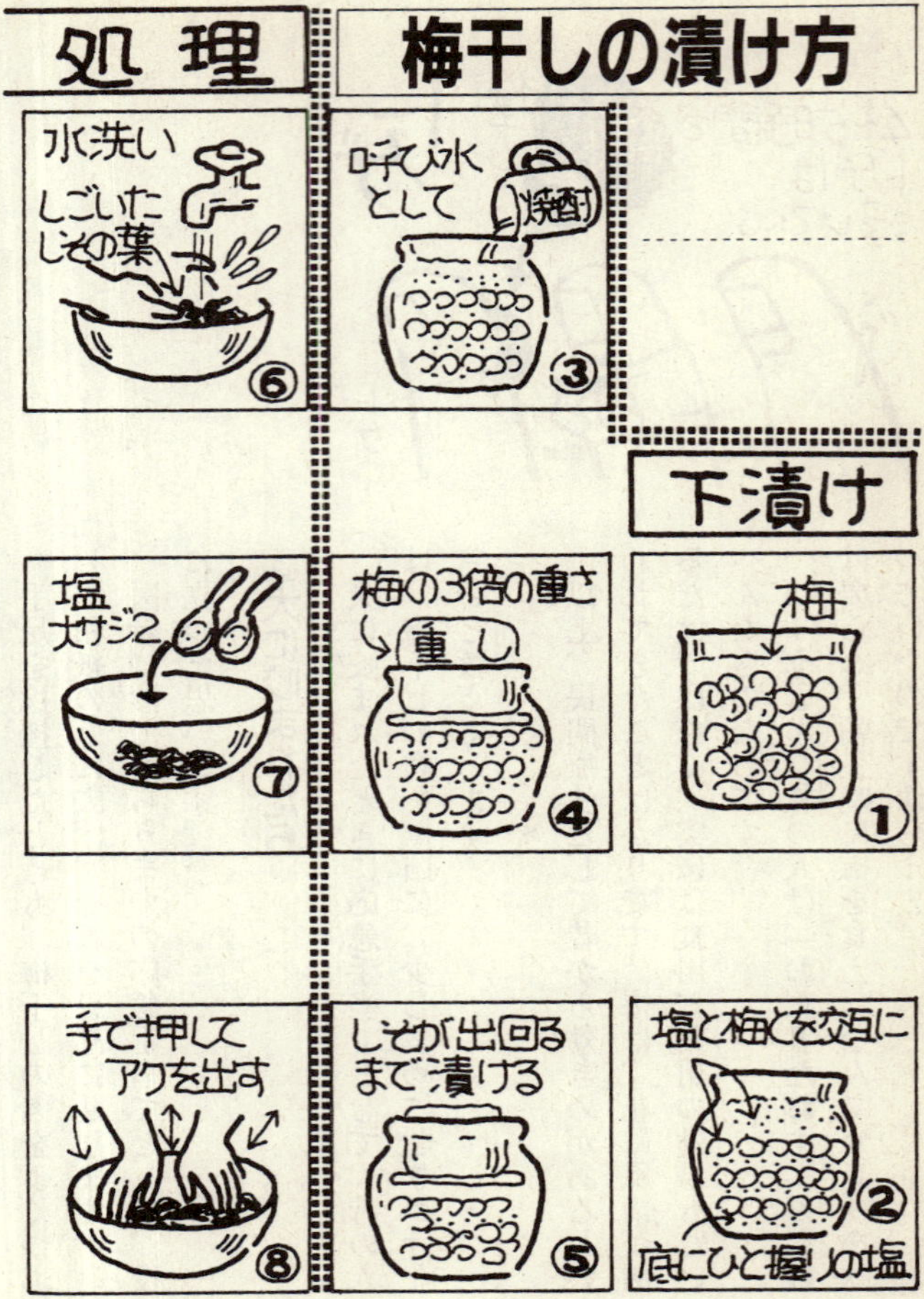

梅干しの漬け方
下漬け
梅
①
塩と梅とを交互に
底にひと握りの塩
②
呼び水として
焼酎
③
梅の3倍の重さ
重し
④
しそが出回るまで漬ける
⑤
処理
水洗い
しごいたしその葉
⑥
塩
大サジ2
⑦
手で押してアクを出す
⑧

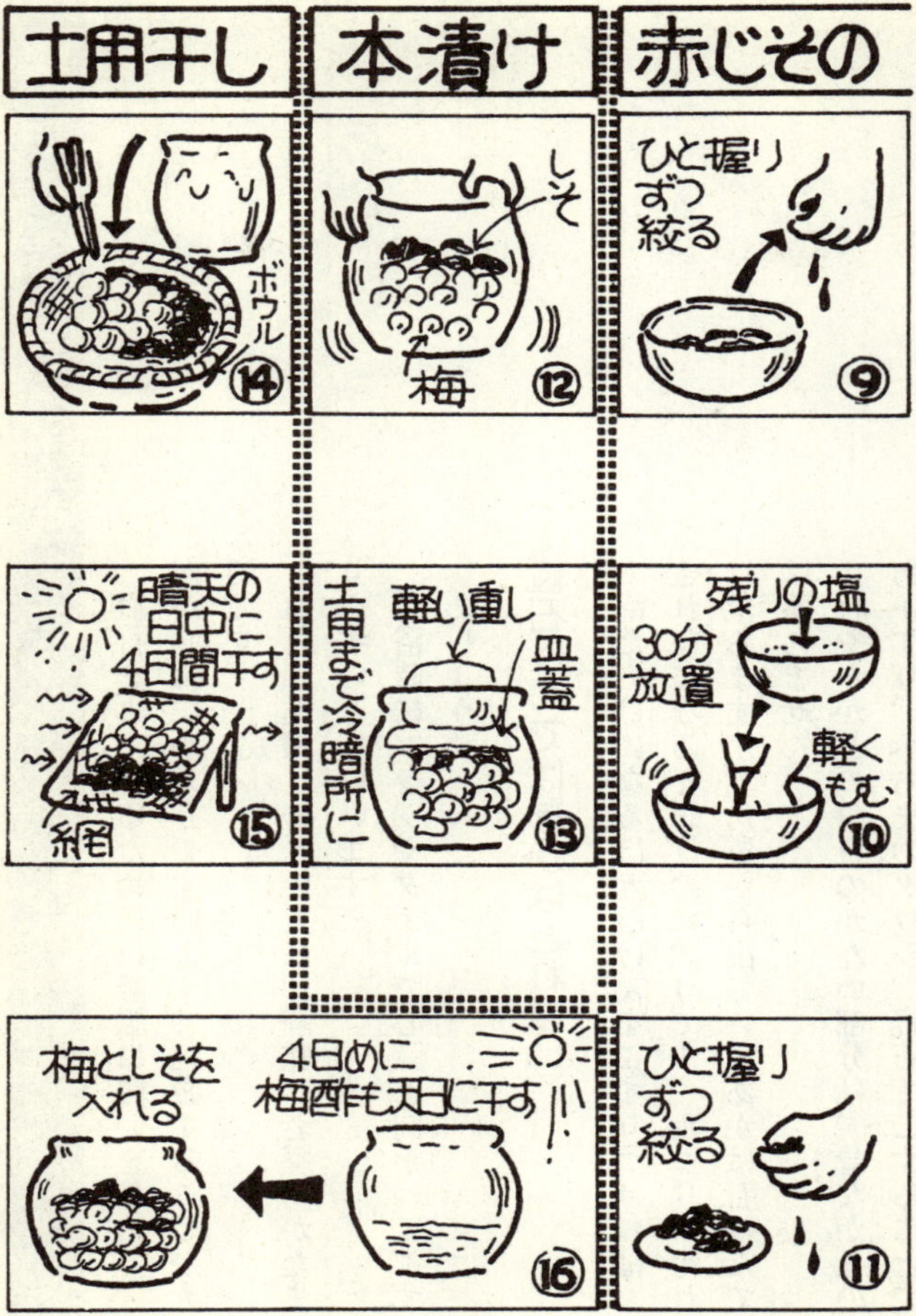
赤じそ
ひと握りずつ絞る
⑨
残りの塩
30分放置
軽くもむ
⑩
ひと握りずつ絞る
⑪
本漬け
しそ
梅
⑫
軽い重し
皿蓋
土用まで冷暗所に
⑬
土用干し
ボウル
⑭
晴天の日中に4日間干す
網
⑮
4日めに梅酢も天日に干す
梅としそを入れる
⑯

## ■健康と美容に効能別入浴法

血行をよくするためには静脈に勢いを与えて、血が心臓にかえりやすいように刺激することが大切です。

血行（循環）の悪い人は、静脈に老廃物がたまりやすいともいいます。

入浴時にブラシやタオルで心臓に向かってこすりましょう。

### 回石けんではあかはとれない

泡だらけになるほど石けんをこすりつければ、きれいになると思うのは誤りです。ホコリや汚れは落ちますが、角質から出ているあかは石けんでは落ちません。

肘やかかとの角質のかたい部分は、昔ながらのあかすり、へちまのタワシ、軽石でこすることで

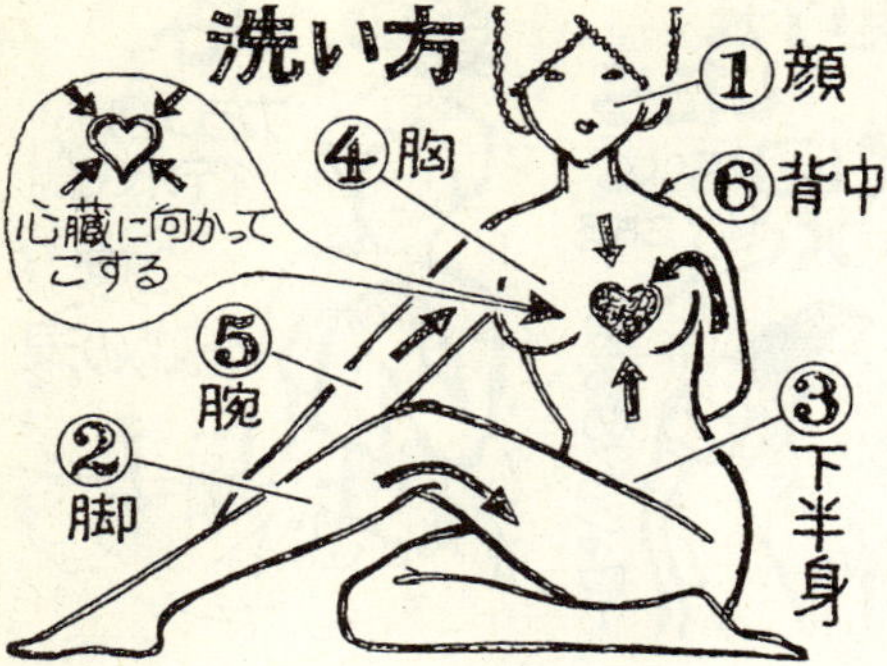


す。

## 回入浴する際は必ずかけ湯を

入浴する際のかけ湯は、大切なことです。かけ湯は実は、皮膚の血管を徐々に拡大して、体をお湯に慣らす役割をもっているのです。いきなり熱い湯に入ると、血管は急に拡大して血流が急変、脳貧血などを起こします。

冬は、脳貧血を起こしやすいので、充分にかけ湯をすること。

## 回夏は熱めのカラスの行水

夏は気温も湿度も高いために、皮脂分泌が活発になり、肌もベトつき、汚れやすく、毎日の入浴は欠かせません。

でも、夏はちょっと熱めのカラスの行水がよいようです。普通より1～2度熱めの湯に短時間入

るのです。

この逆に、ぬるい湯で長湯をすると、体が温まって、入浴後にまた汗がどっと吹き出してしまいます。

## 回日焼けした肌にはぬるめの湯

夏の海水浴などで、ひどい日焼けをしたら、熱めの入浴や石けん使用は避けること。ぬるめのかけ湯かシャワーで、軽く洗い流すくらいがよいでしょう。

日焼けは、実は紫外線による炎症なのですから、肌が火傷をしているのと同じこと。体をこすったりしてはいけません。

## 回睡眠前にはぬるめの湯に入る

「ぬるめの湯は神経が休まる」と昔の人はよくいいました。

熱くも冷たくもない湯の温度を不感温度といい、普通、日本人の場合は36～37度で、このときが入浴で消費されるエネルギーは最も少なく、それより高くても低くても、消費量はふえるというデータがあります。

たしかに、睡眠前にぬるめのお湯に入ると、安眠できるようです。

ぬるめの湯に長く入っていると、汗腺が開いて汗にまじって汗腺の口をふさいでいるバイ菌なども流せるのです。

## 回疲労回復には熱めの湯に入る

疲労をとるなら42～43度くらいの熱めの湯です。しかし熱い湯に長く入っていると動悸がしますが、これは血圧が高くなるからなのです。ですから、心臓の悪い人、高血圧の人、体が衰弱している人にはよくありません。

ただ、若い健康な人には、熱い湯は、機能を活発にする刺激になるので悪くはないのです。

## 回沸かしたての湯は老人に悪い

「老人には、さら湯はよくない」といわれます。沸《わ》かしたての新しいお湯は、皮膚からあかや脂肪を溶かす力が大きいそうです。しかし、何人か入浴するとこの力が低下します。ですから、新陳代謝が衰えている老人は、それだけでも体力を消耗するため、さら湯は控えるようにと教えたのです。

ことに昔の風呂は、井戸からくんだ水を沸かしていたわけで、井戸水は酸性に傾いていることが多く、沸かしたての湯は、あかや脂肪を溶かす力はなおさら大きかったのです。

## 回冬は脱衣場を暖房する

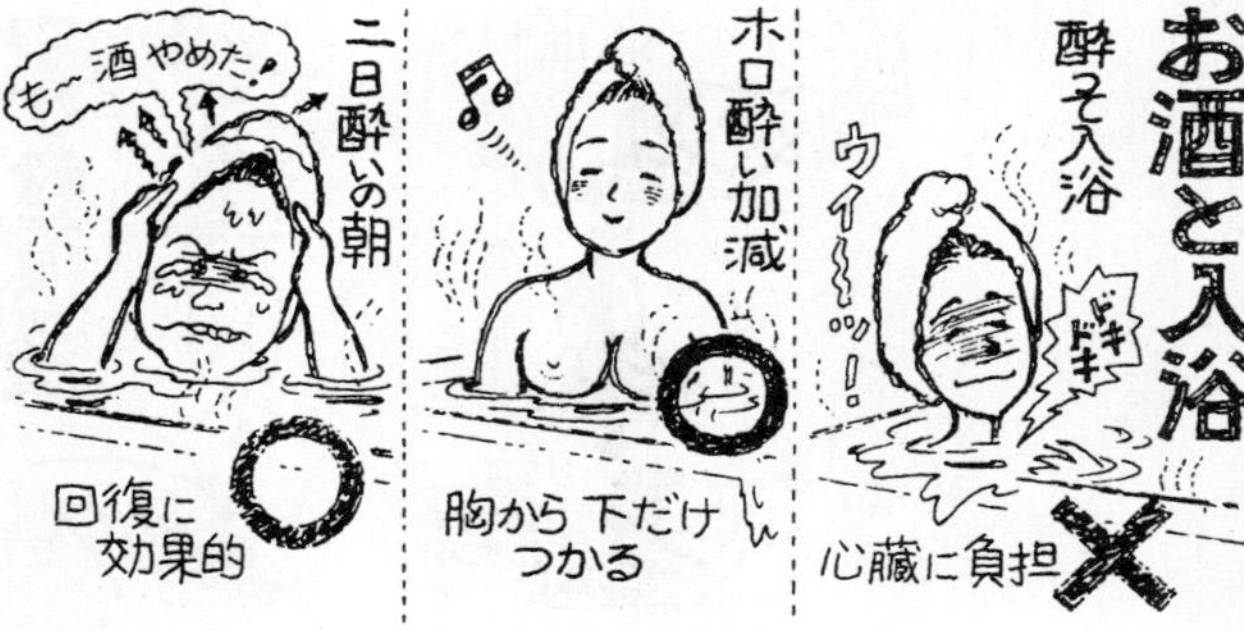
お酒と入浴
酔って入浴
ウィ〜〜ッ!
ドキドキ
心臓に負担
ホロ酔い加減
胸から下だけつかる
二日酔いの朝
も〜酒やめた!
回復に効果的

お年寄りのいる家庭では、冬は温度差が激しいので、脱衣場に暖房を入れて暖めておきましょう。

## 回お酒と入浴の関係

酔ったときの入浴は控えるべきです。アルコールの作用で血液の循環が促されて、心臓の負担が増大しているときに、入浴でさらに心臓に負担をかけるのはよくありません。

また、アルコールで大脳の働きが鈍って、入浴による血行の変化に上手に順応できなくなって、心臓の発作などを起こしかねないからなのです。

ほろ酔い加減なら入浴は許せます。ただし、飲んでから2時間くらいたってからの入浴です。こんなときでも、昔の人は、「ぬるま湯に短時間だけ。それも胸から上（心臓から上）は湯につけない」と慎重でした。

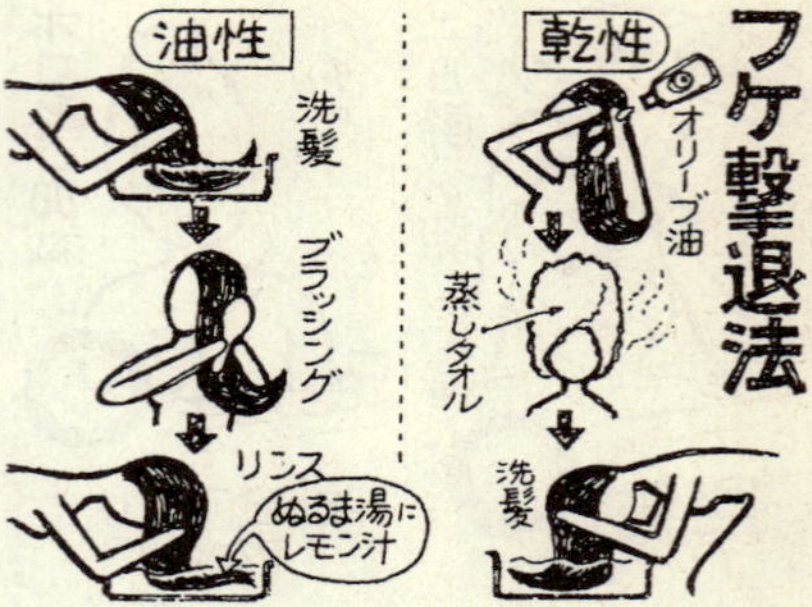
フケ撃退法
乾性
オリーブ油
蒸しタオル
洗髪
油性
洗髪
ブラッシング
リンス
ぬるま湯にレモン汁

## 回レモン汁リンスでフケを撃退

糠のように細かい乾性のフケは、ときどきオリーブ油を地肌にすり込んで、蒸しタオルで蒸して、洗髪するとよいのです。

髪の毛が油っぽく、湿った大きなフケは、洗髪の回数をふやし、よくブラッシングした後に、レモン汁を入れた湯でリンスします。

## 回昔ながらの入浴剤

入浴剤は、昔ながらの手近なものにも、肌につやをもたせるものがたくさんあります。

**塩湯**　お風呂に湯飲み茶碗1杯の粗塩《あらじお》を入れるのです。

よく体が温まり、皮膚が丈夫になります。

**重曹湯**　カップ1杯ほどの重曹を入れます。皮脂や分泌物をよく落とし、体がきれいになります。

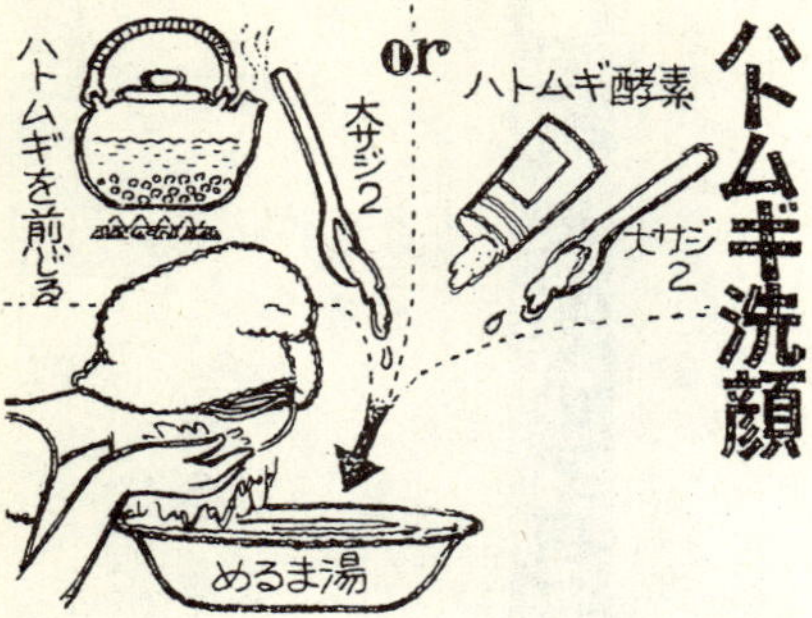
ハトムギ洗顔
ハトムギ酵素
大サジ2
or
大サジ2
ハトムギを煎じる
めるま湯

**干し葉湯**　大根の葉を日に当てて乾燥させたものを入れるのです。体が温まります。

**みかん湯**　冬の間にみかんの皮を軒下に吊して干しておき、夏場に使うのです。皮は小さく切って、さらしの布袋に入れて風呂に浮かべます。小さく切ったほうが皮の成分が充分に溶けて効果があるのだそうです。香りもよいし皮膚によいのです。

**菖蒲《しょうぶ》湯**　5月5日の節句には、菖蒲湯に入ります。ビタミンCがあって、風邪の予防にもなり、肌をなめらかにもします。

**よもぎ湯**　昔から、干して乾燥保存したよもぎを使ったものですが、打ち身、虫刺され、かゆみ止め、膝や腰の痛みに効くとされました。

## 回美肌を作るハトムギ洗顔

洗面器にお湯をとり、ハトムギ酵素の粉末（大サジ2杯）を加えたもので洗うと、肌がやわらかになります。ハトムギは、たんぱく分解酵素が多いので、新陳代謝を活発にするのだそうです。

また、ビタミンAもあり、この働きにより、さめ肌、ざらざらした肌によいといわれます。

一にぎりのハトムギを、土瓶いっぱいの水で煎じた汁を大サジ2杯、加える方法もあります。

## ■医者いらずのアロエ健康法

アロエは「医者いらず」の民間薬として、各家庭に古くから用いられてきました。

この歴史はとても古く、古代エジプトのミイラの膝の間から、アロエのことを記したパピルスが発見されたということもあるのです。日本へは、鎌倉時代に大陸から伝えられ、江戸時代には薬草として使われ始め、明治になって一般に普及し、〝蘆《ろ》薈丸《かいがん》〟という名で、万病に効くといわれました。

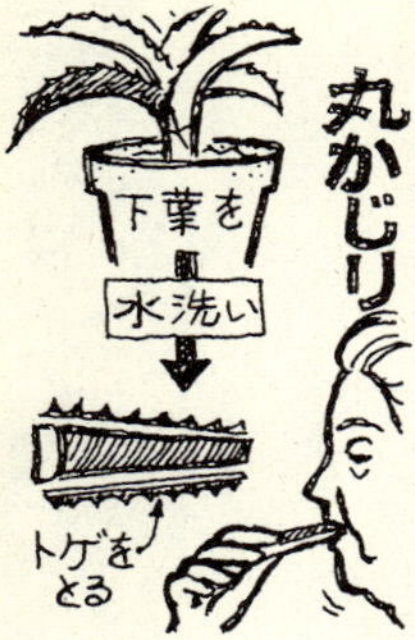


### ［アロエを用いる際の注意点］

まず注意点があります。

①生理時、妊娠時には用いないほうがよい。昔の西洋では「堕胎にアロエを使った」といい伝えられているほどです。

②生葉のおろし汁を、冷蔵庫に保存するような場合、液汁が変色したら使わないこと。

③使用する人の体質、体調、症状などで効き方も違うので、特に、初めての人はごく少量を食後服用から始めること。

④吐いたり、下痢をしたりするようなら、分量を減らし、様子を見て、１週間しても状態がよくならなければ、飲むのを中止すること。

### 回丸ごと食べる

アロエは茎の下葉が大きく肉もぶ厚いので、下葉から取って食べます。

切り取った生葉は、水洗いの後トゲを取れば、丸かじりしてもよいのです。即効性があるといわれますが、苦みも強いですね。

一日の量としては、幅3センチ、長さ4センチくらいの葉が限度でしょう。

独特の苦みが、胃のもたれ、二日酔いのときなど、かえってさっぱりした味に感じるのです。

## 回おろし汁の作り方

アロエの葉を水洗いし、トゲを取って、皮ごとおろし金ですりおろします（葉を小口に切ってミキサーにかけてもよい）。

それを布でこして、おろし汁をとり、適量の水で薄めて飲むか、そのまま飲んでもよいのです。

冷蔵庫に保存すれば、1週間はもちます。塩をちょっと加えれば飲みやすいし、はちみつ、砂糖

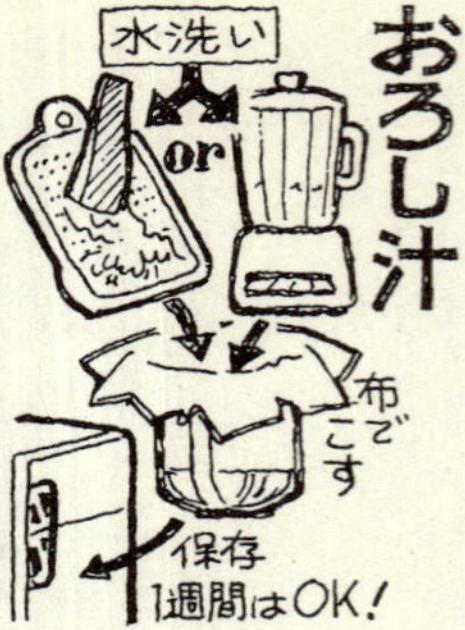

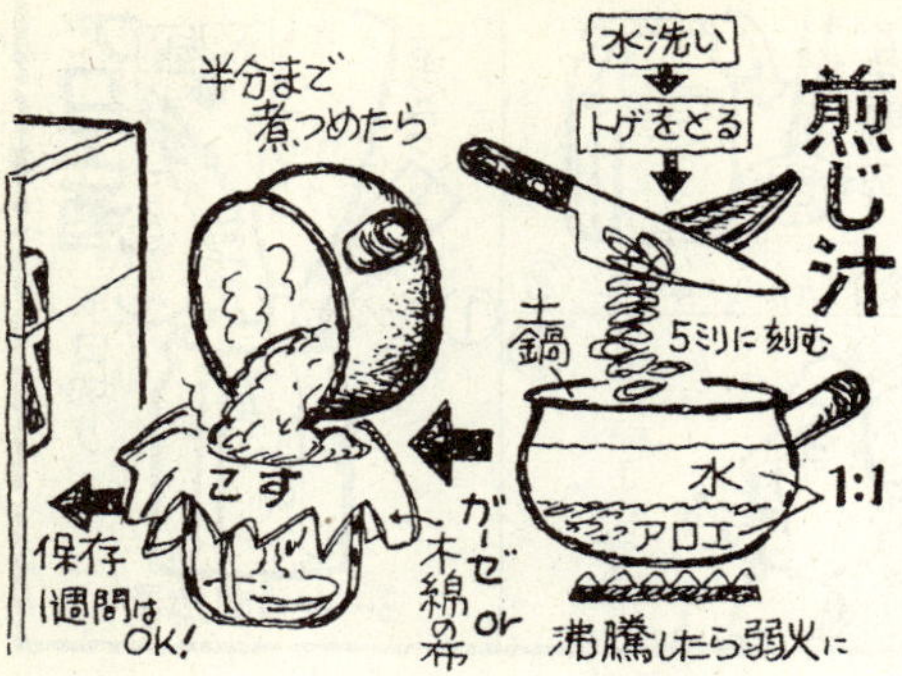
煎じ汁
水洗い
トゲをとる
5ミリに刻む
土鍋
水
アロエ
1:1
沸騰したら弱火に
半分まで
煮つめたら
こす
ガーゼ or 木綿の布
保存
1週間は
OK!

を入れてもよいでしょう。

あの苦みが嫌いな人は、煎じるとよいでしょう。

作り方は、

## [煎じ汁の作り方]

①生葉を水洗いして、皮ごと5ミリくらいに刻みます。

②鍋に葉と同量の水を一緒に入れて、蓋をしないで煮つめます（鍋は土鍋がよい。鉄鍋はダメ）。

③煮たつまでは強火、後は弱火で、水が半分になるまで煮つめる。

④冷ましてから、ガーゼかさらしでこして、密閉容器で冷蔵庫に入れれば、1週間はもちます。

一日2～3回に分けて飲むのですが、1回の量は大サジ1杯くらいです。

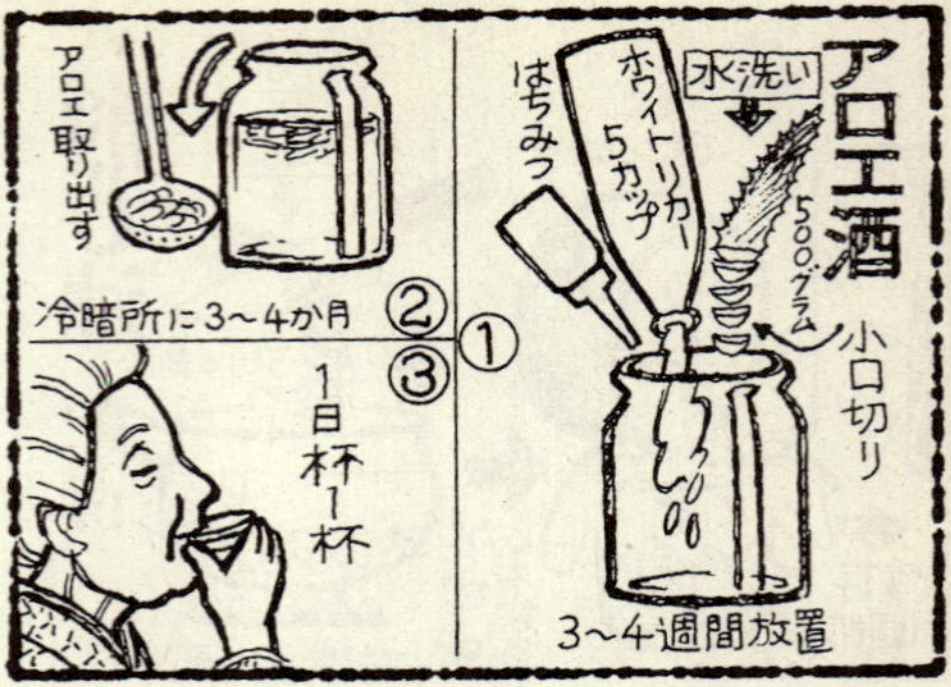


[アロエ酒の作り方]

神経痛、通風、高血圧、風邪をひきやすい人、利尿効果のほしい人、アレルギー体質の人には、アロエ酒がよいといいます。

作り方は、

①アロエ（500グラム）、ホワイトリカー（5カップ）、はちみつ（適量）を用意。

②アロエは、洗ってから水けを取り、ザクザクと小口に切ります。

③広口ビンの中に材料全部を入れて、3～4週間放置。

④その後にアロエを引きあげ、ビンはそのまま冷暗所に置き、3～4か月たてば、でき上がり。

杯《さかずき》 1杯くらいが1回の適量でしょう。

回火傷に

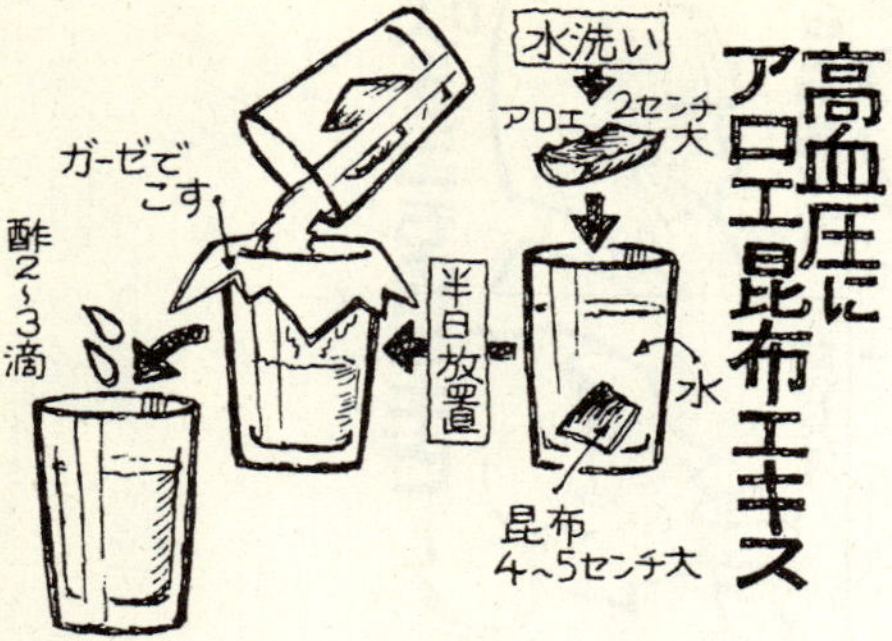
高血圧にアロエ昆布エキス
水洗い
アロエ
2センチ大
水
昆布
4〜5センチ大
半日放置
ガーゼでこす
酢2〜3滴

なによりもまず、流水で患部を冷やすことです。次に、アロエの葉を水で洗い、熱湯をくぐらせて殺菌し、外皮を取り除きます。そして葉の中のゼリー状の部分を取り出し、患部に広げるのです。その上からガーゼを当て、包帯を巻きます。

## ◎打ち身、捻挫、肩こりに

生葉をすりおろしたおろし汁をガーゼ、さらしによくしみ込ませて、患部に貼りつけ、包帯で巻いておきます。

おろし汁に、小麦粉を混ぜてよく練って、流れ落ちないかたさにすると、湿布薬になります。

## ◎高血圧に昆布エキス

大きなグラスの中に昆布（4〜5センチ大）を切って入れ、これにアロエ（2センチ大）と水とを加えて半日おきます。

その後、ガーゼでこして、酢を2～3滴たらします。酢がアロエの苦みをやわらげて飲みやすくなります。

### 回軽い便秘に

生葉1～10枚を刻んで、すり鉢ですりおろして生汁をとります。

このままだと飲みにくいので、レモン、はちみつなどを加えて飲みます。

### 回吹き出もの、ニキビに

アロエを絞った液汁を塗っても殺菌力があるので、吹き出ものには効果があります。また、煎じ汁を飲むのもよいのです。

私の家では、「アロエのレモンジュース」と呼んで、こんな作り方をしています。

生葉（5センチ長さ）をおろし金でおろし、り

吹き出もの、ニキビ
アロエの絞り汁
煎じ汁
アロエレモンジュース
アロエ
りんご
レモン汁
はちみつ
水で薄める

んご（約6分の1個）も同じようにすりおろして、グラスの中に入れます。
これに、レモン汁（小サジ2杯）、はちみつ（同量）を加えて、飲みやすいように水で薄めるのです。

### ◙ひび、あかぎれに

母の時代の女性は、アロエの葉をベタベタになるまですりつぶして、粘液をひびやあかぎれにすり込んで手当てしていました。

### ◙歯痛に

綿棒の先に、アロエの液汁をつけて、痛む歯やそのまわりの歯ぐきに塗ります。

### ◙切り傷に

アロエの葉を切り取って、その切り口の液汁を

## 切り傷、虫刺され イボ、水虫、痔

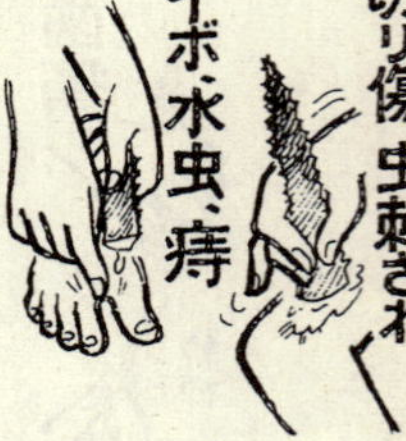

患部にこすりつけます。

昔の子供たちは、荒っぽいようでもこんな手当てをよくやったものです。ていねいにやれば、液汁をしみ込ませたガーゼを消毒薬がわりに使います。

### 回虫刺されに

同じように、虫刺されにも、「毒を押し出してくれるから」と、アロエの液汁をつけたものでした。乾いたら、再びつけて、何度も繰り返したものです。

### 回イボ、水虫、痔に

清潔にした患部に、何度も根気よくアロエの葉の液汁を塗っておくと、次第に治ります。

## ■大豆から作るヘルシー食品

大豆は「畑の肉」といわれるように、良質のたんぱく質が多く、血管をしなやかにする働きがあります。

さらに、脂肪も多く、大豆油として利用されますが、これには、コレステロールを抑えるリノール酸、「若返りのビタミン」ともいわれるビタミンEが多量にあります。

また、このほか、ビタミン$B_1$、レシチンといった成分も多く、動脈硬化、高血圧、脳卒中、脳軟化症、お肌のシミ、小じわなどの老化防止に大いに役立つ食品です。

こうした有効成分のある大豆から、多くの食品が作られています。

大豆を発酵《はっこう》させて作る納豆、味噌、醤油。つぶして作る豆乳、豆腐、おから、湯葉、油揚げ、が

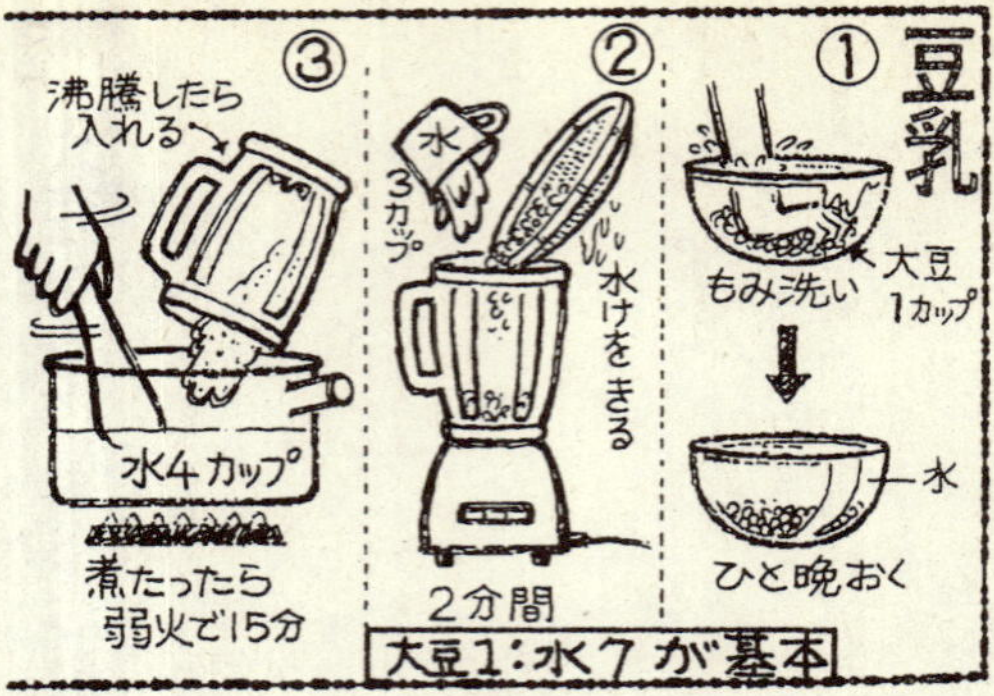
豆乳
①
もみ洗い
大豆
1カップ
水
ひと晩おく
②
水
3カップ
水けをきる
2分間
③
沸騰したら
入れる
水4カップ
煮たったら
弱火で15分
大豆1：水7が基本

んもどき。さらに大豆をまるごと使う煮豆、きな粉など多種です。

また、脱脂大豆から純粋なたんぱく質を取り出した大豆たんぱくからも、多くの植物性たんぱく食品が作られています。

## 回豆乳

大豆をすりつぶし、水を加えて煮て絞った液が豆乳です。

栄養価が高く、昔は牛乳がわりに飲む方もいましたが、ちょっと豆くさいので、醤油1〜2滴をたらすか、レモンの絞り汁と、はちみつを少々加えると、おいしく飲めます。

豆には腐敗すると危険な中毒菌などの胞子《ほうし》がついていることがあり、保存中にそれが繁殖することもあるそうです。ですから、作ったその日のうちに飲みきることです。しかし、残ってしまった

場合は、煮沸《しゃふつ》してすぐ冷蔵庫に保存し、翌日飲むときに再び煮沸するようにします。

■作り方（豆乳2リットル分）

①大豆（1カップ）は、水でよくもみ洗いし、5～6倍の水につけて、一晩おいてよくふやかします。

②大豆をザルにとって、水けをきり、水3カップと一緒にミキサーに2分間かけます。

③ドロドロになった汁を、深鍋で水4カップを沸騰させた中に入れて煮ます。煮たったら弱火にし、木しゃもじでかき混ぜながら約15分間煮て火を止めます。

④少し冷めるまでそのままにしておいた後で、木綿袋でこすと豆乳のでき上がりです（袋の中に残るのが、おからです）。

⑤飲む分だけ別の鍋にとって、必ず一度沸騰させてから飲みます。

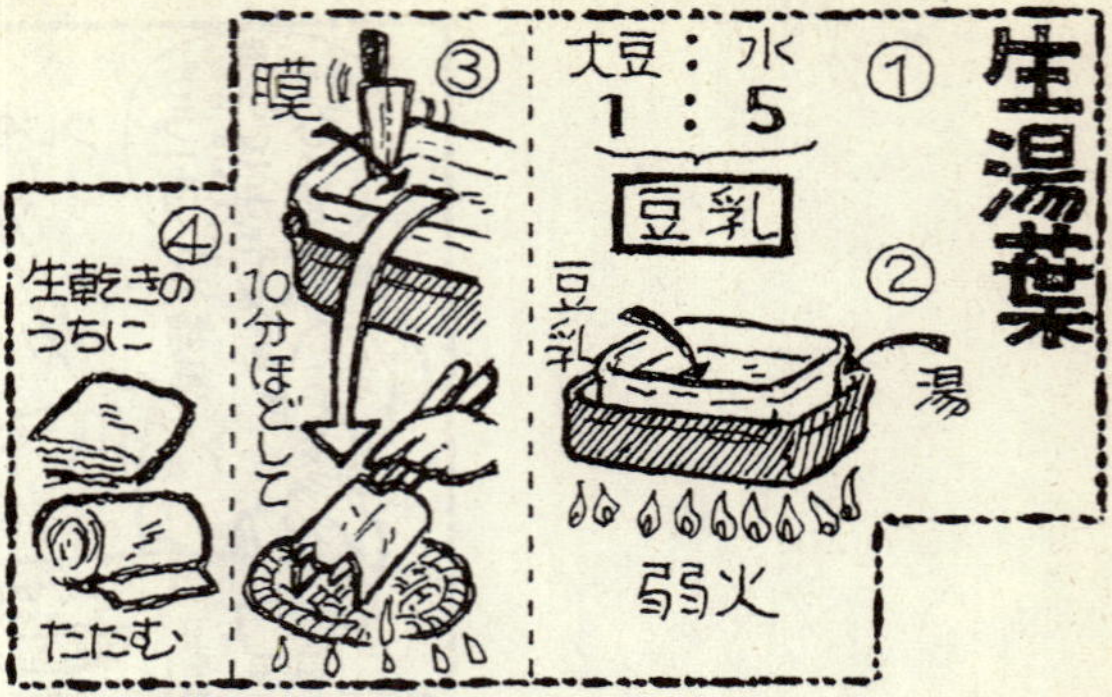


木綿袋でこすかわりに、ジューサーを利用してもよいのですが、このときは必ず60度くらいに冷ましてからジューサーにかけます。そうすると、豆乳とおからとが簡単に分かれます。

## 回湯葉

豆乳をバットに入れて弱火で静かに加熱すると、表面に皮膜が張ってきます。これをすくいとったのが生《なま》湯葉《ゆば》です。

■作り方（湯葉15枚分）

①大豆（1カップ）、水（5カップ）でまず豆乳を作ります（大豆と水の容量比は1対5が基本です）。

②湯を張ったバットの中に小さめのバットを置き、これに豆乳を入れ、弱火にかけます。

③膜が張ってきたら、ナイフか竹串で周囲から離します。10分ほどして膜がしっかりしてきたら、箸を膜の下に入れてザルにひきあげ、水けをきり

◀おはぎのつくり方

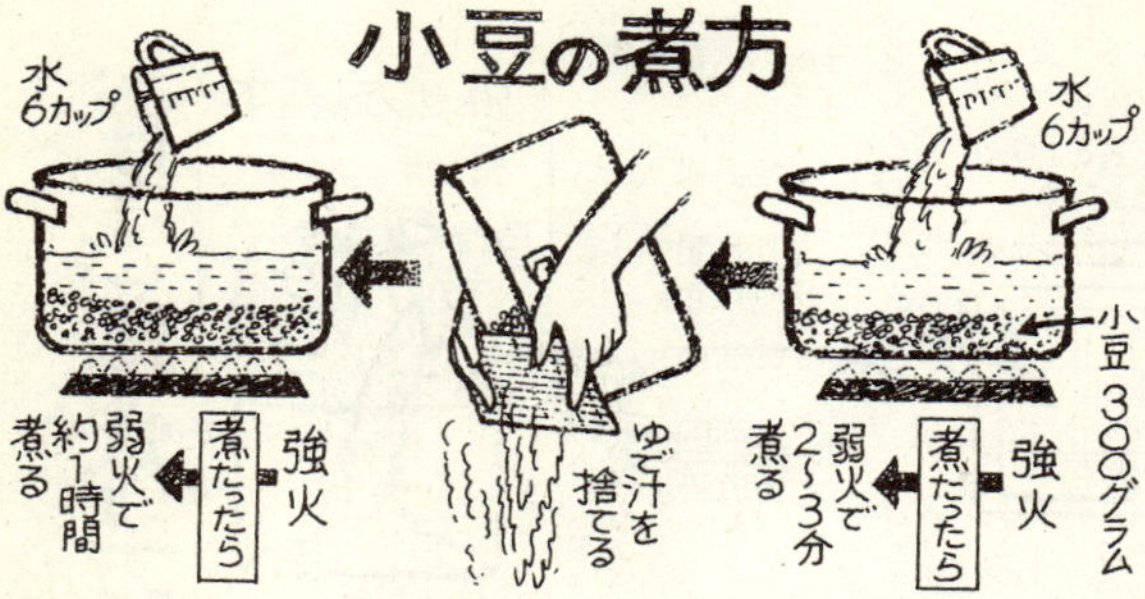
小豆の煮方
水6カップ
小豆300グラム
強火
煮たったら
弱火で2〜3分煮る
ゆで汁を捨てる
水6カップ
強火
煮たったら
弱火で約1時間煮る

ます。

④生乾きのうちに巻いたり四角にたたんだり、形をととのえます。

豆乳がなくなるまで、次々と膜ができるので、以上の作業を繰り返すのです。生湯葉は保存がきかないので、2〜3日中に食べること。保存は、ラップに包んで冷蔵庫にしまっておきます。

## 回豆腐

中国で約2000年前に初めて作られたといいますが、日本には奈良時代に伝わった食品です。古くは白壁のようだということで、「おかべ」と呼んだのですね。室町時代から豆腐と呼ぶのが一般化したようですが、いまでも地方によっては「おかべ」というところが残っているそうです。

■作り方（豆腐1丁分）

豆腐を作る場合、凝固剤として天然のにがりを

## おはぎご飯の炊き方

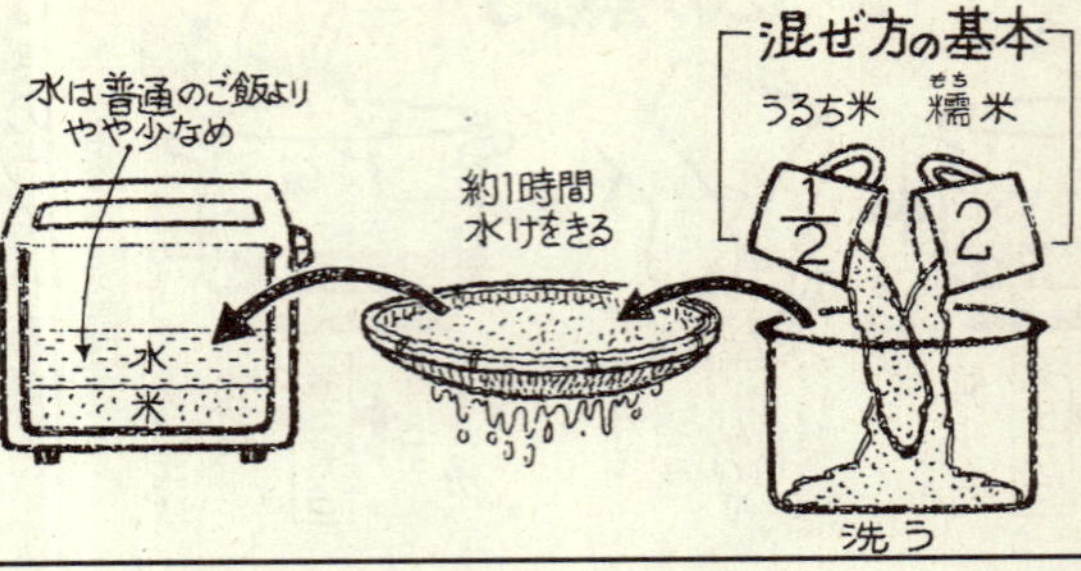
混ぜ方の基本
うるち米
糯米《もち》
1/2
2
洗う
約1時間
水けをきる
水は普通のご飯より
やや少なめ
水
米

用いる方法と、硫酸カルシウムを使用する方法と二とおりありますが、経験からいって、にがりよりも硫酸カルシウムを用いたほうが失敗なく、確実に作ることができます。

コツは、70度に保った豆乳に凝固剤を加えた後、ゆっくり大きくかき混ぜること。小刻みに強くかき混ぜると、後でかたまらなくなります。

①大豆（1カップ）は虫食いやゴミを除いて、よく洗い、水（4カップ）につけて夏なら8時間、冬は一晩そのままにおきます。

②ザルに大豆をとって、水けをきり、次にミキサーに入れて大豆がひたひたになるまで水を加え、約2分間大豆を砕きます。

③深鍋で水（4カップ）を沸騰させた中に砕いた大豆を入れ、木しゃもじでかき混ぜながら、ふきこぼれない程度の火加減で15分間ほど煮ます。

④火を止めたら、ボウルにさらしの袋を敷き、③

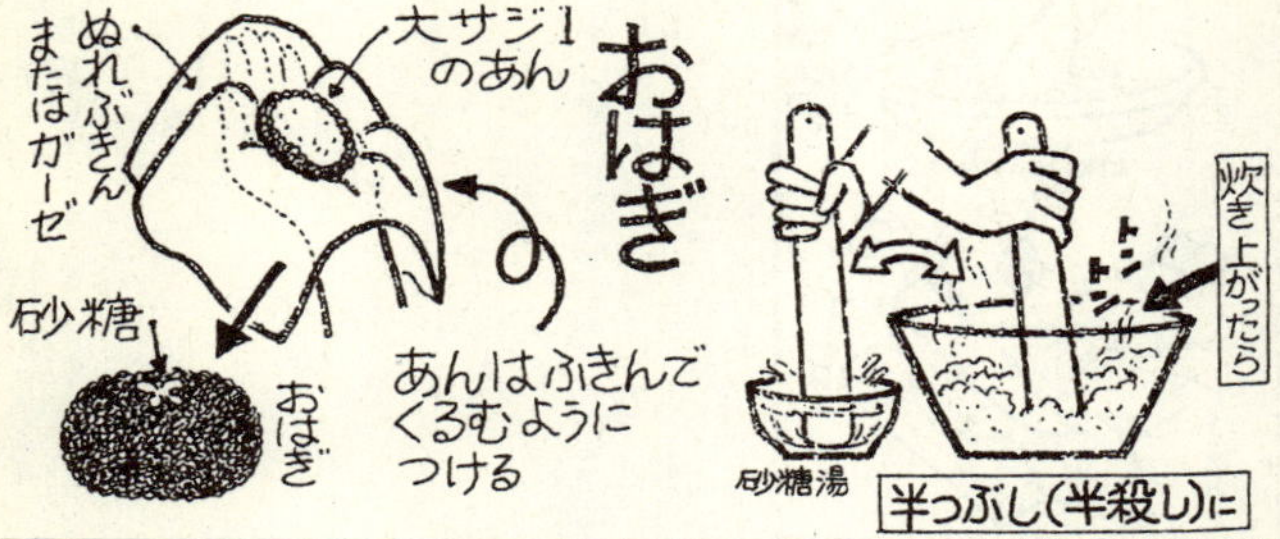
おはぎ
ぬれぶきんまたはガーゼ
大サジ1のあん
砂糖
おはぎ
あんはふきんでくるむようにつける
炊き上がったら
トン
トン
砂糖湯
半つぶし（半殺し）に

を入れて絞るのです。熱くて絞りにくかったら、箸を使って袋の口をねじりながら絞ります。この絞った汁が豆腐のもとになる豆乳です。絞りカスが「おから」です。

⑤凝固剤の硫酸カルシウム（薬局で売っています。特級品がよい）6～8グラムを、小さな器で水50ccに溶きます。

⑥豆乳を弱火にかけ、温度計ではかりながら70度になったら、⑤の凝固剤を半量だけ加えて軽く混ぜます。くれぐれも70度の温度を保つように火加減を調節して、約5分間おき、残りの半量を加えて軽くかき混ぜるのです。

⑦蓋をして約15分間そのままに70度に保つよう火加減に気をくばっておくと、全体がかたまって水は分離しますので、穴のあいた容器（木製の専用容器があります）にさらしのふきんを敷いてあけるのです。

⑧ふきんで包んで、その上に重し（水2カップくらいの重さ）をして約10分間そのままにしておくと、でき上がり。水の中でふきんをはずし、水を替えながら冷まし、約10分間水にさらします。

## 回大豆の呉汁

豆をすりつぶして作る味噌汁を呉汁《ごじる》といい、消化がよいものです。枝豆がいちばん簡単に作れ、これは青呉汁と呼ばれます。

■作り方（4人分）

①大豆（1カップ）はよく洗って、一晩水につけ、ザルにあげます。つけ汁はとっておきます。

②大豆をすり鉢でよくすりつぶし、味噌（約70グラム）を加えてすり混ぜます。

③とっておいたつけ汁、だし（各2カップ）を②に入れ、さらにすりのばしてから、万能こし器などでこして鍋に移します。

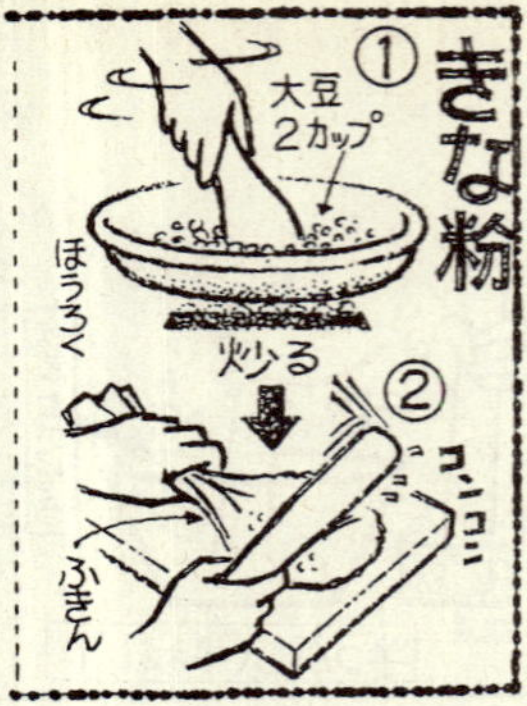

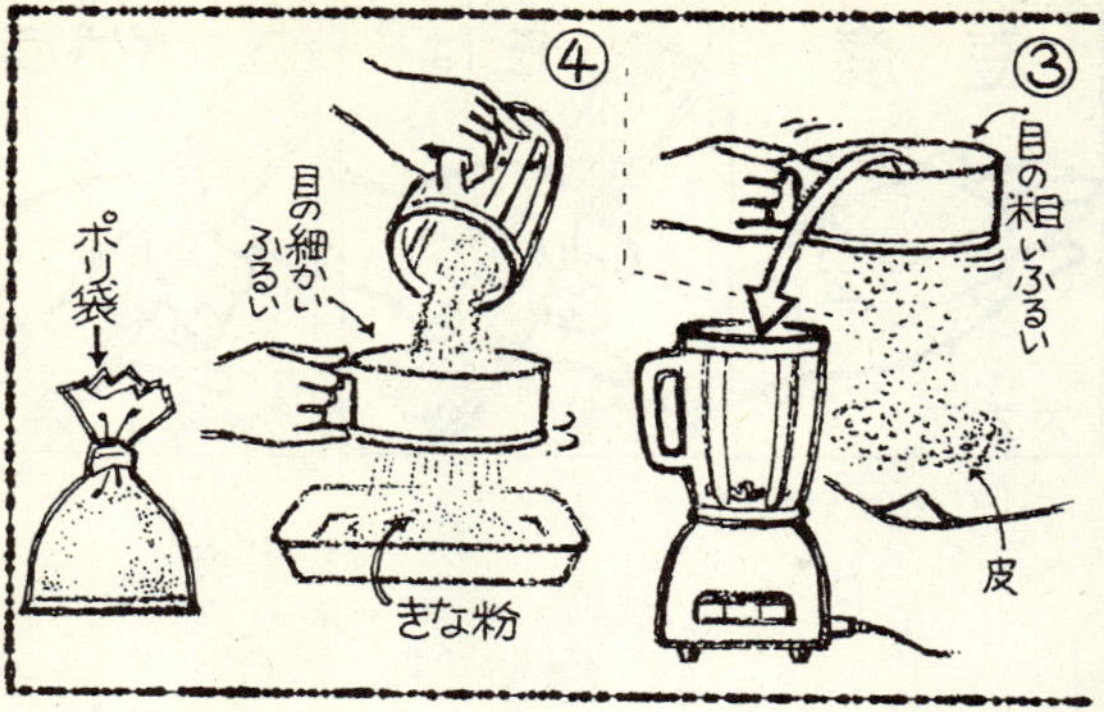


こさなくてもよいのですが、こすと舌ざわりがなめらかに仕上がります。
④鍋を火にかけ、ふきこぼれないように沸騰させ、沸騰したら火を止め、アクを取ります。そこへ、豆腐、みつば、ねぎ、油揚げなど、すぐに火が通る実を入れ、もう一煮たちさせます。
呉汁はふきこぼれやすいので、煮えにくい実は前もって下煮しておくと風味が損なわれません。

## 回きな粉

きな粉、はちみつ（同量）を、湯飲み茶碗の中で練り合わせて、熱湯で溶かしてよく飲みますが、これは神経を静めるのに役立ちます。不眠症、便秘に効果的といわれます。

■作り方

①大豆（2カップ）を、ほうろく（フライパンでは焦げてしまうので）でゆっくりかき混ぜながら

◀手量り（これで100g）

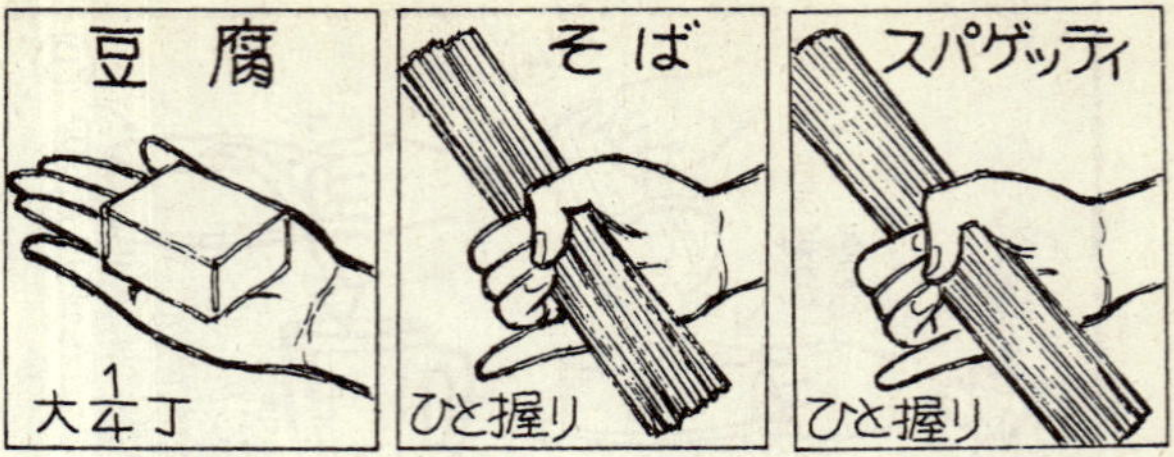
豆腐
大1/4丁
そば
ひと握り
スパゲッティ
ひと握り

炒《い》ります。

②炒った大豆は、乾いたふきんで包み、すりこ木でたたいて皮を取ります。

③紙かバットを下に置いて、その上で②の大豆を目の粗いザルでふるいにかけると、皮は完全に取り除けます。

④水けのないミキサーに入れて大豆を粉砕して、目の細かいふるいにかけると、きな粉のでき上がりです。

ポリ袋に入れて湿気を防いでおけば、2週間はもちます。

# 7章
# 交際上手になるマナー集

## □女性らしい手紙の作法

小笠原流というのは、南北朝の武将・小笠原貞宗《さだむね》が大成した礼法なのです。この流派を、徳川幕府が武家の礼法として採用して以来、私たち庶民の家庭にも普及し、いまでも、私たちの礼法の根幹になっています。

小笠原流の伝書『書札礼《しょさつれい》』には、書簡、感状、安堵状《あんどじょう》、目録などの書き方が述べられていますが、武士の社会では手紙1本が、その家の禄高《ろくだか》の加増につながったり、切腹させられたりする場合もあったのですから、書くのに神経をとがらせたのはあたりまえでした。

### ●冒頭語

手紙の本文に入る前に書く冒頭語には、一般には「一筆申し上げます」「拝啓」「啓白」などの言葉を使いますが、さらに丁重に書くなら「謹啓」「恭啓」になり、急ぎのときで省きたければ、「前略ごめんください」「前略」「冠省」と書くか、「急啓」「取り急ぎ申し上げます」です。

### ●結語

この冒頭語に対応させて、手紙の結語に「草々」などと書きます。

一般的には、「拝啓」と書いたら、結語は、「敬具」「敬白」が自然です。「謹啓」

「残暑の候となりました」

「土用明けの暑さはまた格別でございます」

「暦のうえで秋立つとは申しながら」

「庭には名も知らぬ虫のすだきも聞こえます」

「初秋とは名のみで汗のいとわしい毎日でございます」


例えば、初秋の時候の挨拶を、右のように書いた場合、これに対応する結びの挨拶は、次のように書きます。


「晩夏の候、おからだには充分お気をつけられますよう」

「二百十日も間もなく、皆々様、ますますお健やかにお過ごしくださいませ」

「もう空は秋の色です。実り多き季節となりますようお祈りします」


には「謹白」「謹言」で結び、「前略」には「草々」「不一」と対応させます。

女性の場合、「かしこ」が一般的です。昔は、慶事に「めでたくかしこ」と使いましたし、「草々」のかわりに「あらあらかしこ」とも書きました。

ちなみに、「草々」「不一」の意味は、いい尽くしませんがお察しくださいの意味で、「かしこ」は、かしこんで申し上げるという敬意です。

### ●結びの挨拶

一般的には、上にあげたような結びでよろしいのですが、大切なのは相手の幸せを祈る心情が込められていることです。「ご自愛を祈ります」「時節がらおいとい遊ばしますよう」などの言葉を真心を込

便せん
一般にはダメ!
柄入り便せん
(友人同士ならOK)
慶弔には必ず白紙で
なるべく2枚以上になるように

めて書きましょう。

また、「末筆ではございますが、皆様へよろしく」とか、「はばかりながら皆様へよろしく申し上げてくださいませ」と先方の家族に伝言を頼むにも、こちらからの伝言をとりついで「父母からもよろしく申し上げるよう申しつかりました」「主人もくれぐれもよろしくと申しております」と書くにも、手紙の末文には書く人の心のやさしさがよく表れるのです。

## ●後付の注意

末文の後に付ける日付、署名、宛名《あてな》、敬称、脇付《わきづけ》のことを総称して「後付《あとづけ》」といいます。

日付は、本文よりも1~2字下げて、いくぶん小さな字で書きますが、風流心のある方は月の異名を使うのもよろしいです。月の異名は桃山時代から手紙に使われだしたようです。

署名は、自分の姓だけですませる人がありますが、相手が目上の人なら大変に失礼なことです。いまは姓名を書くのが正式です。

後付の宛名は、相手の姓名を書くのが一般的ですが、目上の方なら姓だけにするのが正式です。また○○様御母堂様、○○令夫人様と書きますが、別行にして、日付よりやや高めに、字の大きさは本文よりいくぶん大きめに書きます。

脇付は、自分のへりくだった気持ちを表すもので、宛名の左下に小さめの字で「みもとに」が一般的です。「御許に」「御前に」「みまえに」「おそばに」いずれも同じです。

## ●便箋の選び方

いまは柄入りが流行のようですが、友人同士ならともかく、一般にはこのような便箋は適当ではありません。白紙で薄いケイの入ったものが無難です。特に慶弔の手紙は、必ず白紙です。

便箋は、なるべく2枚以上にわたるように書きます。

昔は、1枚で終わるときは、白紙の便箋を重ねて2枚にして封筒に入れるのが礼儀とされていました。いまは、1枚でもかまわないとされています。

## ●行の頭にしてはいけない文字

文末尾の一字（たとえば、「……です」

の「す」の一字）とか、句読点が行の頭になってはいけません。

また、助詞（たとえば、「……が」の「が」とか、「は」「の」「を」「へ」）が頭にくるのも避けるべきです。「私」とか「自分」とかの字が、行の頭にくるのもいけません。行の頭にくる場合は、右に寄せて小さく書きます。

## ●行の最後にしてはいけない文字

それと対照的なことですが、「御、貴、拝、尊、奉」など相手を尊敬して使う文字が、行の終わりになるのも避けるべきです。相手の姓名や敬称が、文中で行の終わりになるようなら、次の行に移って頭から書くべきです。

## ●封筒の書き方の注意点

封筒の色はやはり白が無難です。目上の人に茶封筒を使う人がありますが、これは失礼なことです。表書きの住所は右に寄せて、1～2行で書きますが、2行めの文字は、やや小さめにします。

宛名と敬称は、中央に上を3文字くらいあけて、住所の字よりやや大きめに書きます。本来は、目上の人の姓名は、住所の書き出しよりいちだん高く書き始めるものだったのです。ですから、住所の高さより低くならないよう注意すべきです。また、宛名を連名にしたら、それぞれの名に「様」をつけることを忘れてはいけません。まとめて大きく「様」と書いては失礼にあたります。

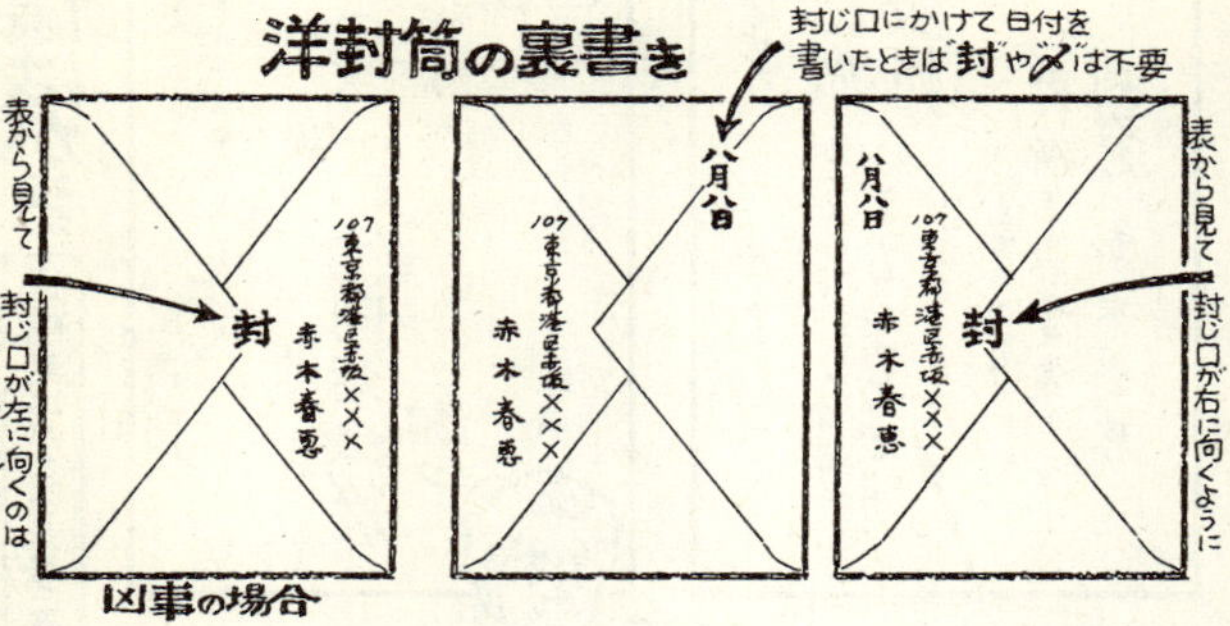
洋封筒の裏書き
封じ口にかけて日付を書いたときは"封"や"〆"は不要
表から見て封じ口が左に向くのは凶事に限られる
凶事の場合
表から見て封じ口が右に向くように
封
八月八日
107
東京都港区赤坂×××
赤木春恵

外脇付の「親展《しんてん》」「直披《ちょくひ》」は、本人に直接開いてほしいときに書き添えます。「至急」「急信」は、急ぎの意志表示で、「幸信」「便信」は人に託しましたの意味です。

裏書きは、住所を中央の継ぎ目のやや右側に書き、差出人の姓名は継ぎ目より左側に書きます。文字は住所より姓名のほうが、やや大きめがよろしいのです。日付を書くのは、上部の余白に、右端でも左端でもよいです。

洋封筒を縦に使う場合に大切なことは、表から見て封じ口が必ず右に向くようにすることです。その逆は、凶事のときだけに限られています。

## ●目上の人への手紙は封書に限る

はがきは簡便でよろしいのですが、目

## 往復はがき

返信用はがきの書き方

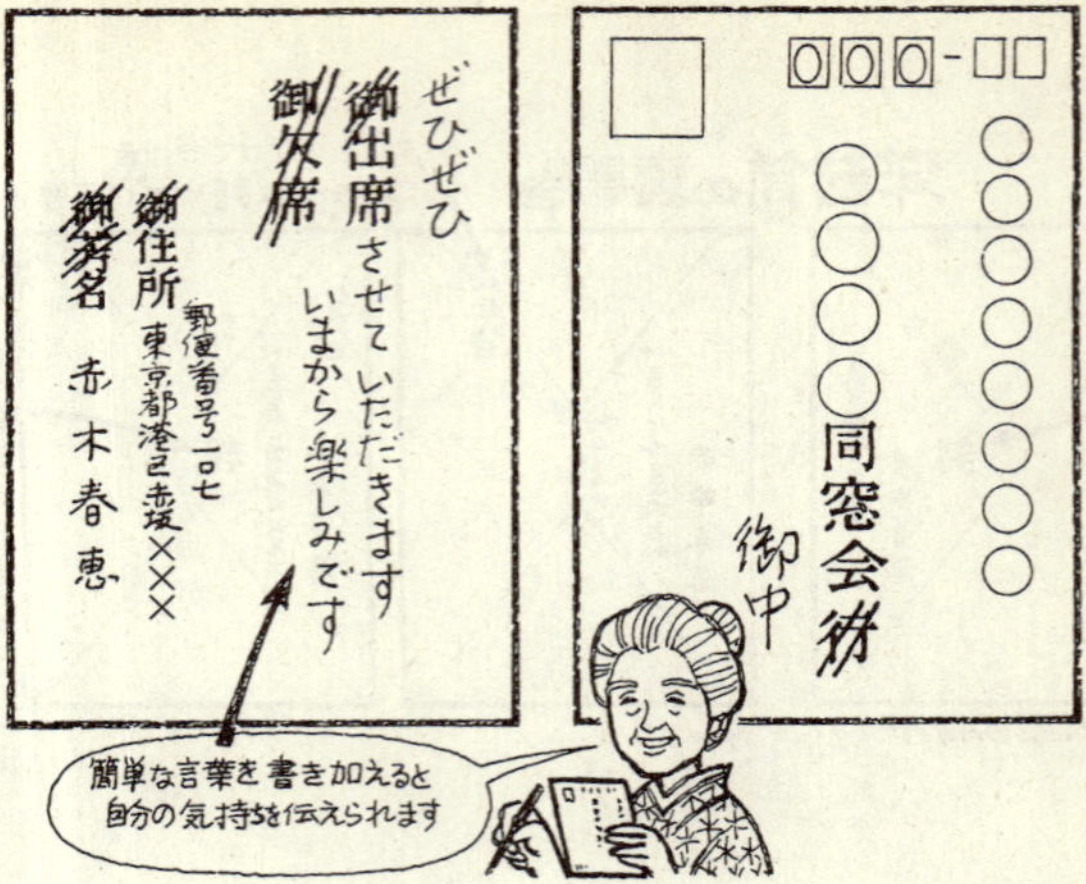
000-□□
○○○○○○○
○○○○○同窓会
御中
ぜひぜひ
御出席させていただきます
いまから楽しみです
御欠席
御住所 郵便番号一〇七 東京都港区赤坂×××
御芳名 赤木春恵
簡単な言葉を書き加えると自分の気持ちを伝えられます

上の方に出すとか、プライベートな用件には不向きです。

別便でお中元、お歳暮などを送る場合でも、相手が目上の人なら、はがきよりも、短くてもよいから封書にするのが礼儀です。

### ●返信用はがきの書き方

結婚式とか同窓会など、いろいろな会合の案内を往復はがきでいたします。

返信用のはがきの表に、宛先が「××行」と印刷してあって、裏側には「御住所、御芳名」「御出席、御欠席」と、すべて「御」の字がつけてあります。

大変に残念なのは、返信を出すときにそのまま「御出席」に○をつけて、自分の名を書いて投函する方が多いことです。

「××行」の「行」は消して、「様」とか「御中」と書き替え、自分の住所、氏名、出欠についている「御」「芳」の字は全部消すのが礼儀です。

ついうっかりしていると、なんとモノ知らずの女性だことと笑われているかもわかりません。気をつけてください。

## 時候見舞いのマナー

梅雨明けから、立秋までに出すのを暑中見舞い、立秋後に出すのを残暑見舞いといいます。寒中見舞いは、2月の立春までの寒中に出します。

### ●返事は、2～3日中に書く

私の母の時代までは、まだ筆で書いていましたが、「夏には、墨は濃くしないようにね。青墨《せいぼく》を使うといいわよ。先《さき》さまから先に見舞いの手紙をいただいたら、返事は2～3日のうちになさい、それが常識なんだから」と教わりました。

いまの時代、筆の字で〝水茎《みずくき》の跡（筆跡）も美しく〟なんて、とてもとても私にだって書けないのですが、年賀状とか夏のお見舞い状くらいは風流に筆で書きたいものです。それに最近は返事すら出さない人が多いようですが、お見舞いをいただいて返事を返さないのは大変に失礼なこと、気をつけましょう。

〈漱石の手紙〉

大分暑いぢゃありませんか　高田はどうですか　東京は随分です　此間子供を鎌倉へやりました　狭く苦しい借家に蝿のやうに遊んでゐます　然るに伸六と申す末の奴が猩紅熱にとりつかれて消毒やら入院やらで大騒ぎをやりました　私は須賀さんにかかってゐます六個づつ薬を飲みます　三回にしたらどうも具合が悪くなったので又逆戻りです　（中略）旅行をしやうと思ふが相手が御大喪やら何やらで遊びました　大分患者が殖えましたか　門前市をなすといふ盛況でせう　結構です妻は鎌倉へ行ってゐます　筆は大きくなりました
奥さまへよろしく
先は暑中伺迄

（原文のまま）

## ●時候見舞いに特別な型はない

時候見舞いの便りに特別な型などないのですが、私の大好きな夏目漱石の手紙に、上のようなものがあります。新潟の高田に住んでいた医家の森成麟造という方にあてた暑中見舞いなのです。

手紙は書く人の真情がにじみ出ていることが大切なのです。文豪・漱石の手紙を見ると、このことがよく理解できます。

私たちがよく使う決まり文句の挨拶などは抜きにして、「大分暑いぢゃありませんか」と書き出しています。

乱暴に見えても、相手、状況によって思うままに書いても礼は失していません。

それでいて、自分の家族の消息を伝え、相手方の近況を思いやっています。

先人たちが残している、このような達意の手紙文を見て、友人たちに〝よき便り〟を書いてみたいものです。

## ●手紙の歴史

手紙という言葉は、江戸初期から使われだしたもので、伊勢貞丈という人の『四季草』（故実書）には、「手紙は手簡《シュカン》をテカンと読み誤り、テガミとなまったもの」と書いてあり、谷川士清という人の『倭《わ》訓栞《くんしおり》』には「手（筆跡）を書く紙のこと、自ら書くたよりの意味」と書いてあります。

どちらにしても、「手紙」と書いて「便り」を意味するのは、古くからのことではないのです。

お隣の中国では、昔から書翰《しょかん》、書簡、尺牘《せきとく》、書状などいろんないい方があって、中には雁書《がんしょ》、雁札《がんさつ》ともいったそうです。

これは、匈奴《きょうど》に捕らえられた蘇武（前漢の名臣）という人が、雁の脚に書状を結びつけて、「私は生きています」と皇帝に知らせたという故事からきているそうです。

「手紙」という言葉そのものは古くはないといいましたが、便りの様式は奈良時代に唐の儀礼にならってでき上がり、時代が移るにつれ、いろいろと変わってきました。

## ●手紙の構成

私などよく「一筆啓上　火の用心　おせん泣かすな　馬肥やせ」という、徳川武士、本多作左衛門が陣中から奥さんにあてた便りを手紙文の模範だと教わりました。

4行あまりの中に要点をまとめているのですから、名文（?）は名文でしょうが、あまり短すぎますね。

お茶、お花、謡曲などで「序《じょ》」「破《は》」「急《きゅう》」というように、手紙にも「前文《ぜんぶん》」「主文《しゅぶん》」「末文《まつぶん》」と三つに分けて考えたらどうでしょう。

もっとわかりやすくいうと、手紙は人を訪問するときの儀礼と同じと考えるのです。

玄関を開けて「ごめんください」というのが「一筆申し上げます」とか「拝啓」とかにあたり、「きょうお伺いしましたのは何々の件で」という用件のところが手紙の「主文」なわけで、訪問を終わって「では、ごきげんよろしく」という挨拶が手紙の「末文」にあたると考えたら、楽に書けるではありませんか。

「前文」のところで、①時候の挨拶、②先方の安否を問い、③こちらの消息を伝え、④ご無沙汰を詫びたりしながら、「主文」に入るのです。

ここで大切なことは、先さまに伝えなければならない用件を事前にまとめておくことです。

書き始めてから、大切な要素が脱落して後からダラダラ書いていては、読む人の印象もまとまりません。

そして、「末文」には、①用件を結ぶ挨拶、②返事を求める言葉、③別れの挨拶、④その他の伝言などで結びます。

## □お見舞いと贈答のマナー

贈り物は、お祝いやお礼、お見舞いなどの「心」を「形」に表す大事な方法の一つです。

### ●正式な贈り物のしきたり

贈り物は、贈る本人が服装を改めて（訪問着、スーツなど）、その品を持参して相手の家へ出向くのが最も礼にかなったやり方です。ことに結婚祝いなど「慶《よろこ》び事」には、本人が届けるのが正式です。

昔は、正式の贈り物は白木の折敷《おしき》にのせ、家紋のついた袱紗《ふくさ》をかけて、風呂敷に包んで持参したものでしたが、いまではこれも略式に簡単になりました。

### ●風呂敷に包んだら

現代風に風呂敷だけに包んで持参したら、挨拶をかわしたあとで風呂敷をほどき、それをたたんでから、贈り物の正面を相手に向けて差し出します。

品物が長ければ、横にして、相手の左側に品物の頭のほうがくるように差し出します。

このときに「つまらないものですが……」と、つい口にしがちですが、これは慶事にはかえって失礼です。

贈り物の表書きも、「粗品」と書かずに、「御礼」「贈呈」「お見舞い」などがふさわしいのです。

## ●託送にしたらカードを添える

このごろでは、贈答の手続きも簡略になって、デパートからの託送も失礼ではなくなりましたが、託送にしたら、必ずカードを添えるか、別に手紙を出すかしましょう。

洋風にリボンをつけた贈り物には、表書きはしないでカードをつけるのが普通です。洋風の場合、上包みにも直接文字は書きません。書けば略式ととられるのです。

## ●一般の贈り物は奇数で

贈り物の「数」に、縁起があることも忘れてはならないことです。

迷信だといえばそれまでですが、気にする人が多いので、「数」を無視しないことです。

祝いごと、見舞い、その他一般の贈り物は奇数、弔事は偶数をというのが常識です。ただし、ペアで一揃いという夫婦茶碗などは偶数であっても、慶事に使ってかまいません。

4が死に、9が苦に通じるので嫌われ、また西洋では、13を凶数にしています。

## ●目上の人に現金は贈らない

贈り物選びに頭を悩ますとき、現金にしたほうが無難だということもあります。ただし、目上の人には失礼ですから、ギフト券、商品券にすることです。

現金を贈るときは、銀行に行って新しいお札に替えます。また、硬貨を包むことは失礼です。お稽古《けいこ》ごとのお礼にしても、このごろは、くしゃくしゃのお札を平気で包む人がありますが、これは避けたいことです。

## ●のしの由来

のしは、紅白の紙で折った祝儀用の「飾り折りのし」のことです。実はこれは「のし鮑《あわび》」からきている言葉で、昔は、鮑の魚肉を薄く長くはぎのばした「のし」を長寿を祝って使ったのです。

それというのも、古代の最上の贈り物は鮮魚だったからですが、室町時代になると「干し魚を紙に包んで」、祝儀ののしにするようになったものです。

ですから、のしは生きもの（生ぐさもの）の象徴で、弔事の贈り物には使いません。仏教国の日本ですから、精進料理に生ぐさいものを断つのと同じことです。

## ●生ものを贈る場合

出産祝い、新築祝いなどに鯛や伊勢えびを贈ることがありますが、もちろん生ものですから、のしの必要はありません。これらを祝儀として贈るときは、正木《まさき》の進物台にのせて、一定の形式に従うのが習わしです。

現在では、略式ですが、お盆や籠《かご》に笹の葉を敷いて、魚の頭を左に向けて贈ります。

ついでに、鮮魚の場合、「海腹川背」と覚えておくのも便利です。海の魚は腹が手前に向くよう、川の魚は背が手前に向くように並べるということです。

## ●泥つきの贈り物はいけない

野菜や果物も季節の贈り物には喜ばれますが、贈り物ですから、やはり泥つきのままはよくないのです。

ただし、例外の場合もあり、まつたけなどは、泥つきのままのほうが心のこもったものと受けとられます。籠に入れ、さといもの葉を敷くとよいでしょう。

## ●「幸」と「不幸」が重なったら

一家に「おめでた」と「不幸」が重なることも、ままあることです。

赤ちゃんの出産とご老人の死去が重なったような場合、弔事を重く見て、お祝いはしないのがたてまえです。

親しい間柄では、お祝いはさておいて、お悔やみに行くのが正しいつきあい方です。

## ●贈り物にふさわしくない品

贈り物にはふさわしくない、という品もあります。

代表的なのは、ナイフ、はさみ、包丁、缶切りなどで、愛情や友情、縁が切れると嫌われます。

櫛《くし》も「苦・死」に通じますし、昔の人は、履き物を贈るのも、「踏みつける」というので、むやみに贈ってはいけない、と気を遣ったそうです。

おもしろいのは、明治の人は「目上の人には時計は贈らない」としたのだそうです。理由は「時計は勤勉であれという ようなものだから、目上の人が気を悪く

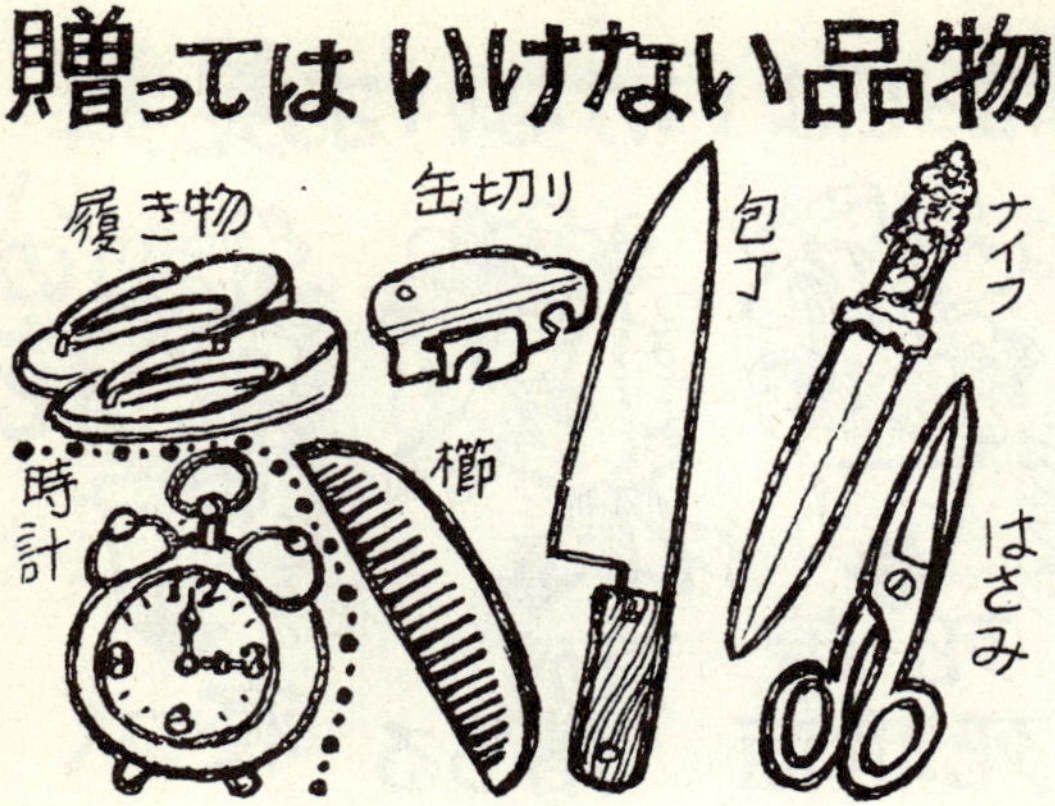


する」ということだそうです。

●異性へのプレゼント品は

恋人同士の間では「白いハンカチ」のプレゼントは、別離を意味すると敬遠されます。逆に、特別な関係でもないのにおつきあいということで、下着やアクセサリーの類など、身につけるものを贈るのは不作法です。また、異性に真紅のバラを贈ると、これは「愛」を意味するものです。

●新婚女性にタブーの品物

昔の人は、裏が黒地になっている昼夜《ちゅうや》帯を、新婚の女性に贈ると、「未亡人」になることを意味する、と嫌いました。同じように、黒無地の服地を贈るのも、喪

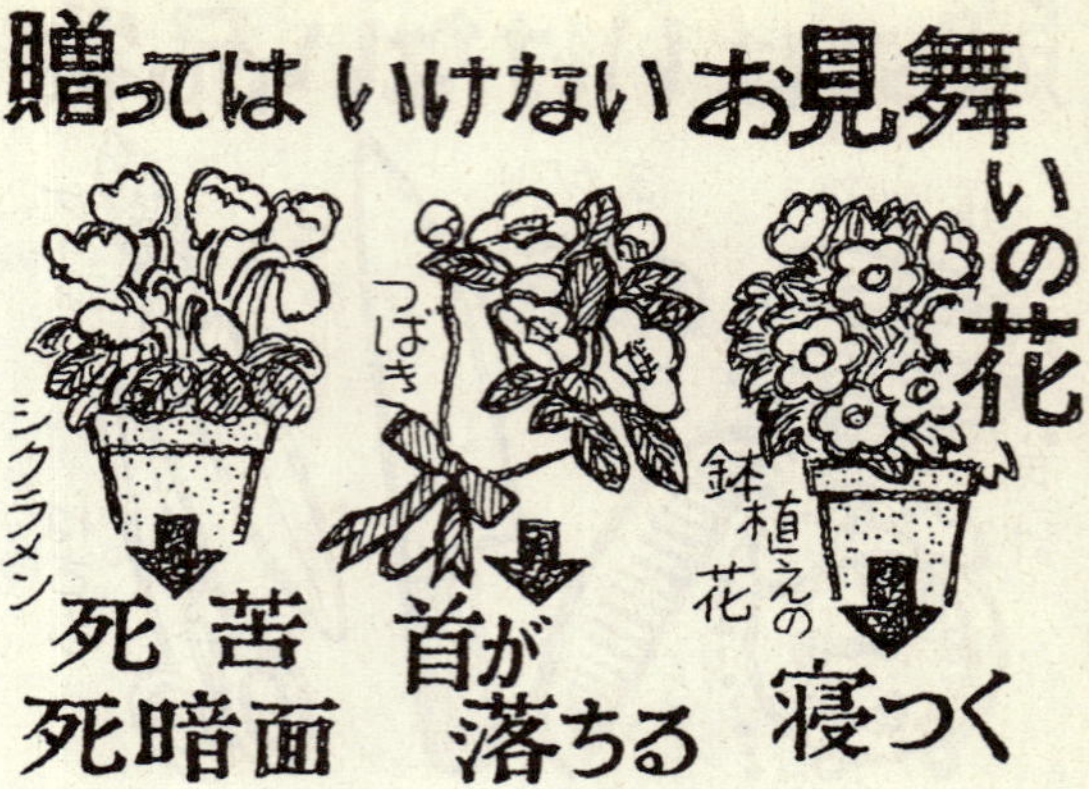

贈ってはいけないお見舞いの花
シクラメン
死苦
死暗面
つばき
首が落ちる
鉢植えの花
寝つく


服に通じると避けました。

●お見舞いの花のしきたり

お見舞いに花を贈るしきたりは、今日では行き渡っています。鉢植えの花は、寝つく（根つく）ので縁起が悪いとされています。

つばきなど花全体がポトリと落ちるので、首が落ちることにたとえられて嫌われます。

シクラメンが「死苦」「死暗面」に通じるから、あじさいも「色があせる」からいや、という人もあります。

花言葉は、私たちの少女時代ほど、いまの若い人は気にしていないようですが、喜びの花、悲しみの花がありますから、贈る相手によっては気くばりも必要です。

また、色彩があまり暗すぎるもの、香りの強すぎる花も病人は敏感になっていますから、避けたほうが無難です。切り花の4本、9本、13本という数字も不吉だと覚えておきましょう。

## ●贈り物の包み方のしきたり

贈り物の包み方も、最近では市販ののし紙を貼ってすませる略式が大半です。

昔は、奉書紙《ほうしょがみ》、または糊入紙《のりいれがみ》、美濃紙で包むのが正式でした。また、慶事一般には、よいことは重なってもよいと、包み紙を2枚重ねるのがしきたりでした。

包み方は、品物に合わせて奉書紙の幅を決め、左端を品物の左側に当ててから包んでいき、紙の終わりが品物の左端にきちんと合うようにしたものです。

いまでも結婚祝いの品には、紅白2枚の紙を重ねて（紅が品物にじかにあたるように下にし、白を上にして）格調高く華やかに包むところもあります。

弔事の場合は、「重なる」のを嫌って1枚包みです。包み方は慶事とは逆に、紙の端を品物の右端にあててから左に包んでいき、一回りして端がきちんと品物の右端に合うように包みます。

もっともいまでは、

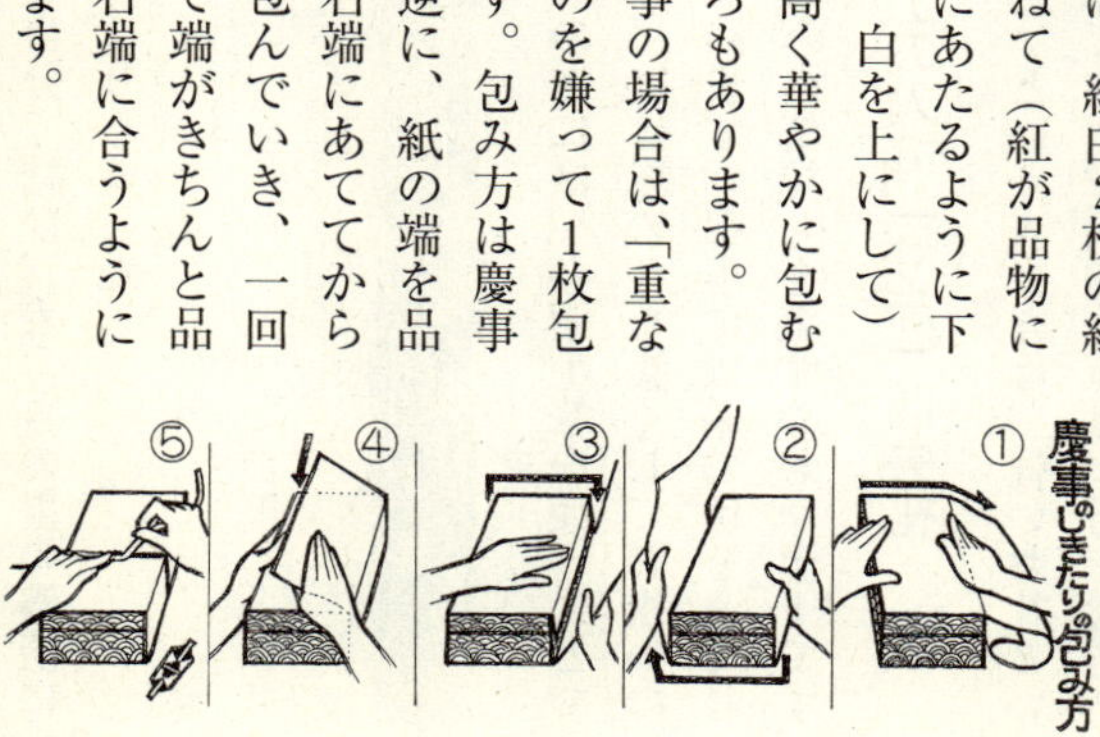

このような慶弔の包み方の区別はなくなって、紙は慶弔とも1枚を用います。

わが国では冠婚葬祭のお祝いやお礼に現金を紙に包んで贈ります。これは日本人特有のプレゼント方式なのです。上質の和紙で中包みし、さらに上包みをし、水引を自分で結び、表書きの墨の濃淡にも気くばりしました。

## □冠婚葬祭の表書きの規則

### ●表書きは目録が変化したもの

贈り物には必ず目録を添えるのが昔ながらのしきたりでした。

いまは簡略に「御礼」「御祝」といった表書きですませていますが、この表書きは目録の変化したものなのです。

### ●慶弔により墨の濃さを変える

目上の方には、必ず毛筆を使うことです。慶事には墨の色を濃くしてお祝いの心を込めます。弔事には墨の色を薄くして悲しみの気持ちを表すのがマナーです。

### ●目上の人に「寸志」は失礼

「寸志」という表書きは、軽いお礼という意味ですが、大切な点は、目上の方へは決して書いてはいけないことです。「御礼」ときちんと書きましょう。

## ●連名の場合の書き方

連名で贈るときは、上位の人を右側にして人名を並べ、執筆者は自分の名前を最後に書くものなのです。

大勢になって順番に迷うようなら、五十音順に書くのも一方法です。

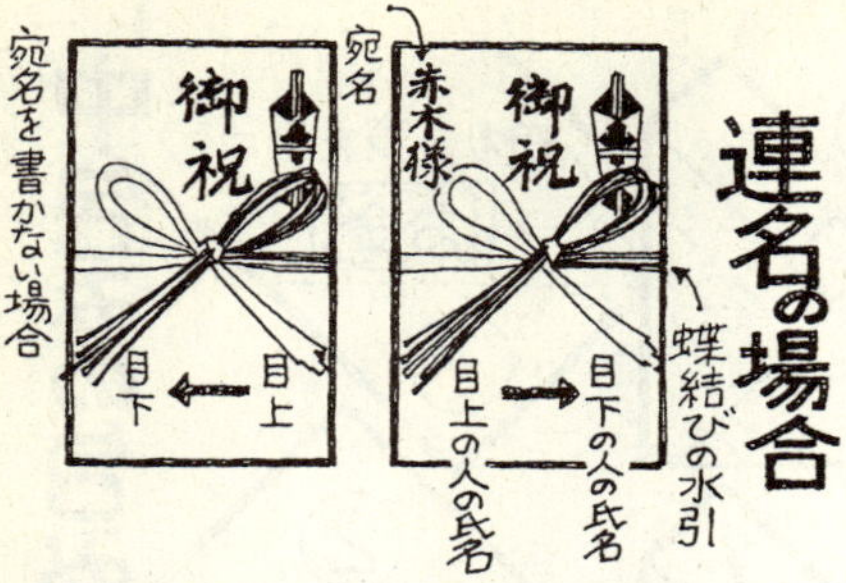
連名の場合
蝶結びの水引
御祝
赤木様
宛名
目下の人の氏名
目上の人の氏名
御祝
目上
目下
宛名を書かない場合

表書きに、先方の宛名を入れるときは左上に書きます。この場合、贈り手の名を連名にするなら、上位の人を左に、目下の者はその右に並べるのがしきたりです。これは、先方の宛名を入れないときとは逆になりますから注意しましょう。

## ●現金包みの中包み

現金を贈るには包みを二重に、中包みをしてから上包みをします。市販の上包みには中包みを省いたものもありますから、このときもできるだけ中包みをしましょう。

紙は半紙でよいのですが、中が透けて見えるような薄い半紙ではなく、少し厚めのものに包むとよいでしょう。

中包みのたたみ方は、いまでは慶弔とも、たたんだ紙端の三角形を左上に置い

## 中包みの包み方

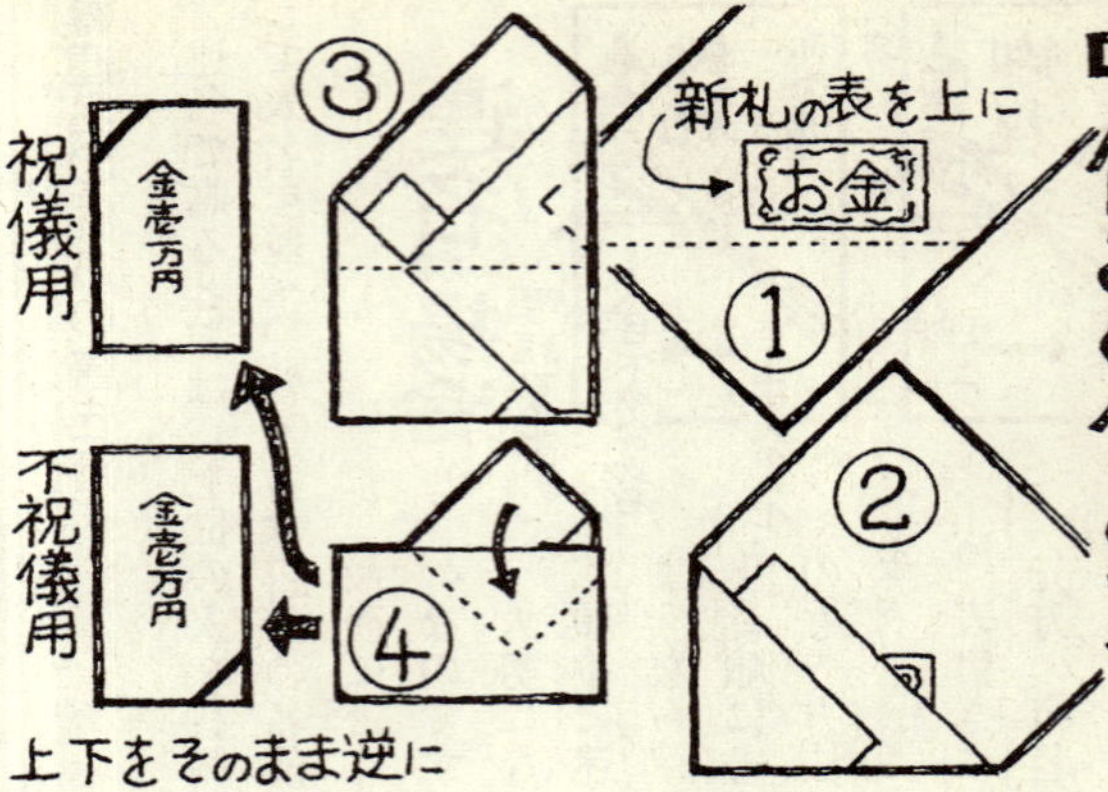
新札の表を上に
お金
①
②
③
④
祝儀用
金壱万円
不祝儀用
金壱万円
上下をそのまま逆に

たほうを「表」と覚えればよいでしょう。

しきたりでは弔事には、この三角形を右下になるように包み、慶弔により区別するのがポイントです。なお、お札は「表」を上にして包みます。

### ●現金包みの上包み

紙は奉書紙、糊入紙を使います。昔は慶事は2枚、弔事は1枚で包んでいましたが、いまでは結婚祝いだけを2枚で包み、それ以外はすべて1枚になっています。

包み方は、イラストにあるように、慶事は左から包んで右をかぶせ、弔事は右から包んで左をかぶせていくのですが、このごろはあまり区別しないで慶弔ともに、左から包んで右をかぶせる場合が多

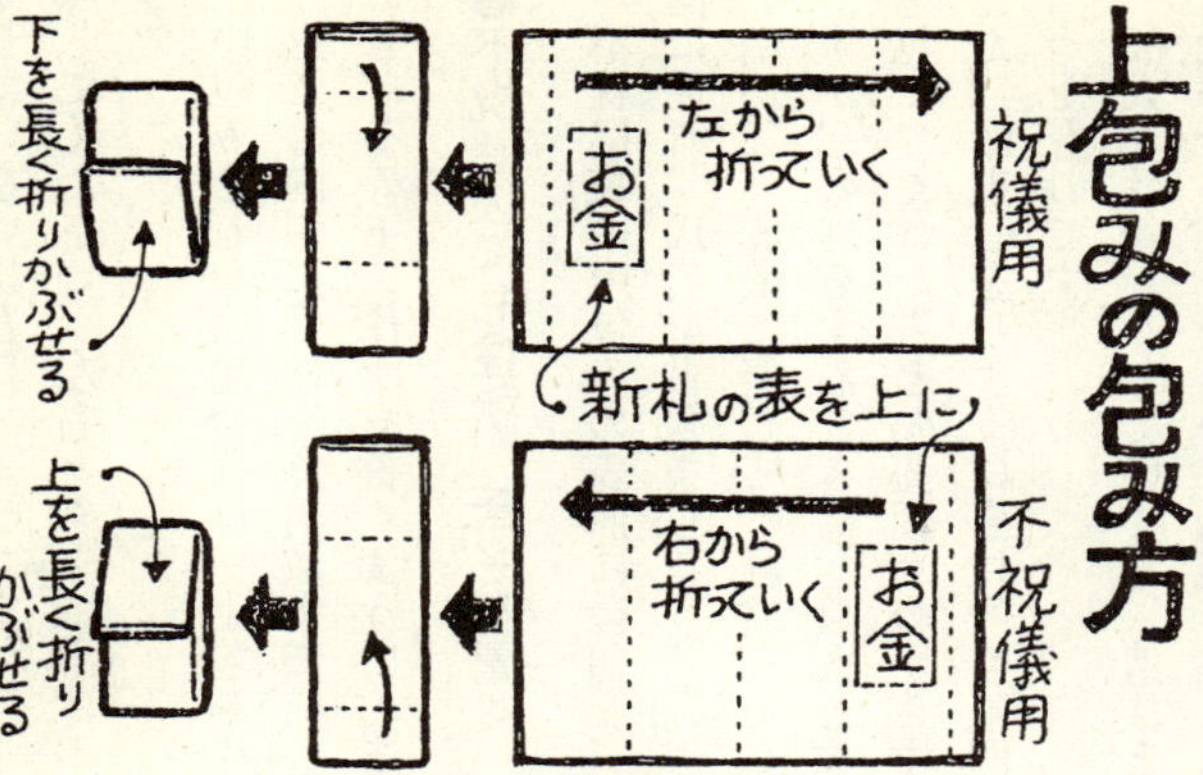
上包みの包み方
祝儀用
左から折っていく
お金
新札の表を上に
下を長く折りかぶせる
不祝儀用
右から折っていく
お金
上を長く折りかぶせる

いようです。

また、上下の端の折り返し方は、慶事は下側の折り返しを上にします。運が上がるようにという願いを込め、目を上げて喜びを表す形です。

弔事は反対で、上側の折り返しが、下側の折り返しの上に重なります。目を伏せて悲しみを表す形です。

しかし、最近では、奉書紙などで包まずに、市販の袋を使うことが多く、慶弔ともに「右が上」のたたみ方で統一されています。

●金額、住所、氏名の書き方

最近ののし袋には、中包みに、記入箇所が印刷してあるので、指定どおりに金額、住所、氏名を書けばよいのです。指

定していない場合は、イラストの図を参照してください。(左右どちらでもけっこうです)

中包みをしない場合には、上包みの折り返しの内側に金額を算用数字で横書きにし、その下に住所を書くようにします。

## ●不祝儀袋にも住所、氏名を書く

不祝儀袋の中包みの表面に金額を、裏面に住所、氏名を書きましょう。

私が父の葬儀に際して、経験したことですが、整理をするときに、故人と香典を包んでくれた方との間柄がわからず、また、お返しをしようにも住所も不明で困ったものです。

故人とは親しくしていても、遺族とは面識がないような場合、名刺を添えるな

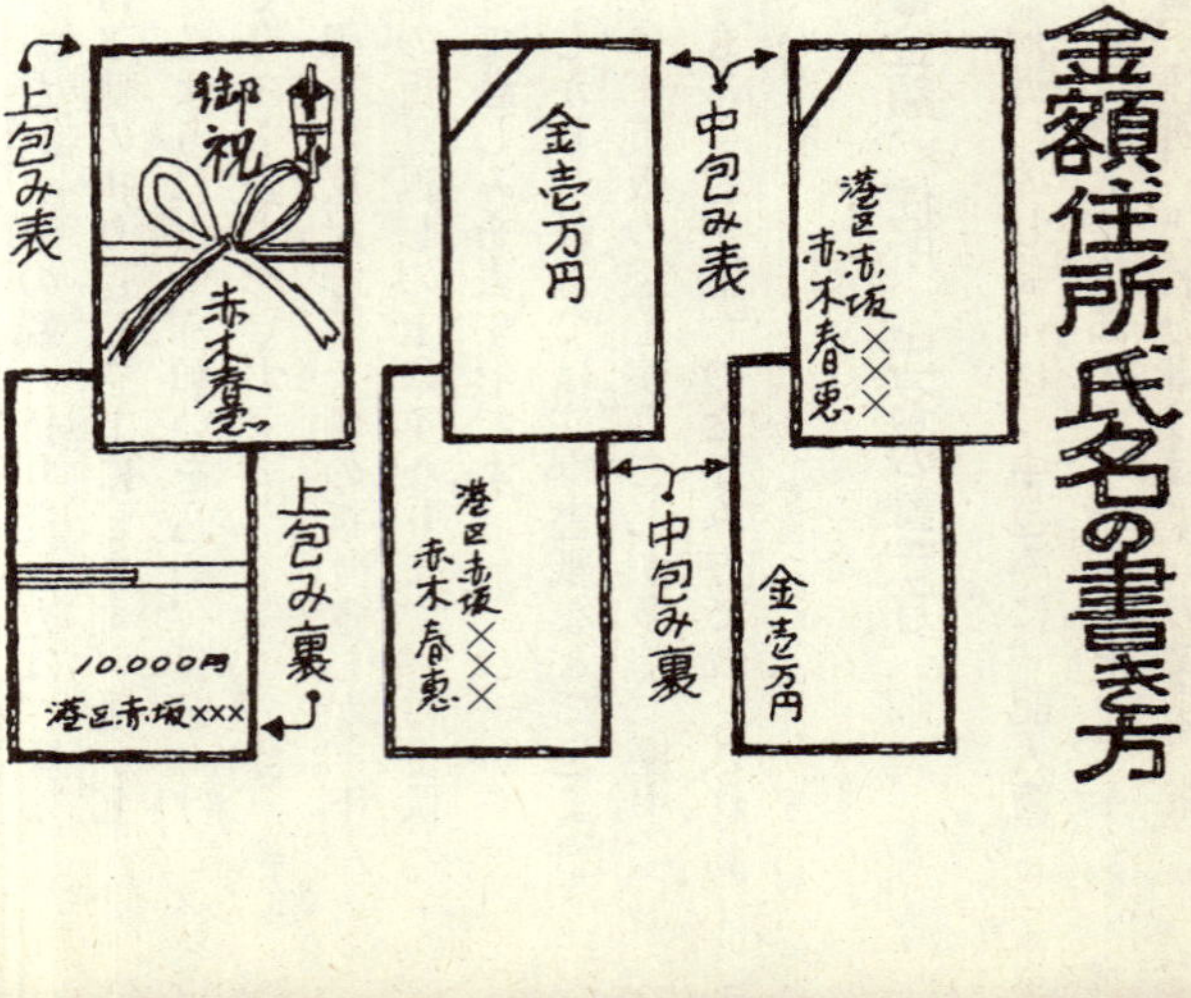

り、一筆その関係を書き添えるのは、遺族への気くばりでしょう。

## ●会、有志でお金を包む場合

お稽古ごとの仲間全員とか、何かの所属団体といった組織でお金を贈るときには、代表者の住所、氏名を記入します。

また、会全体でなく有志の場合なら、半紙にメンバーの名前を書き込んで中包みにたたんで入れます。

香典なら、金額に応じて、たとえ代表者しか住所氏名が記入してなくとも、グループ全員に香典返しをするべきですし、最近多く見られる寄付を香典返しに代える場合、その旨の挨拶状をめいめいに送るべきです。

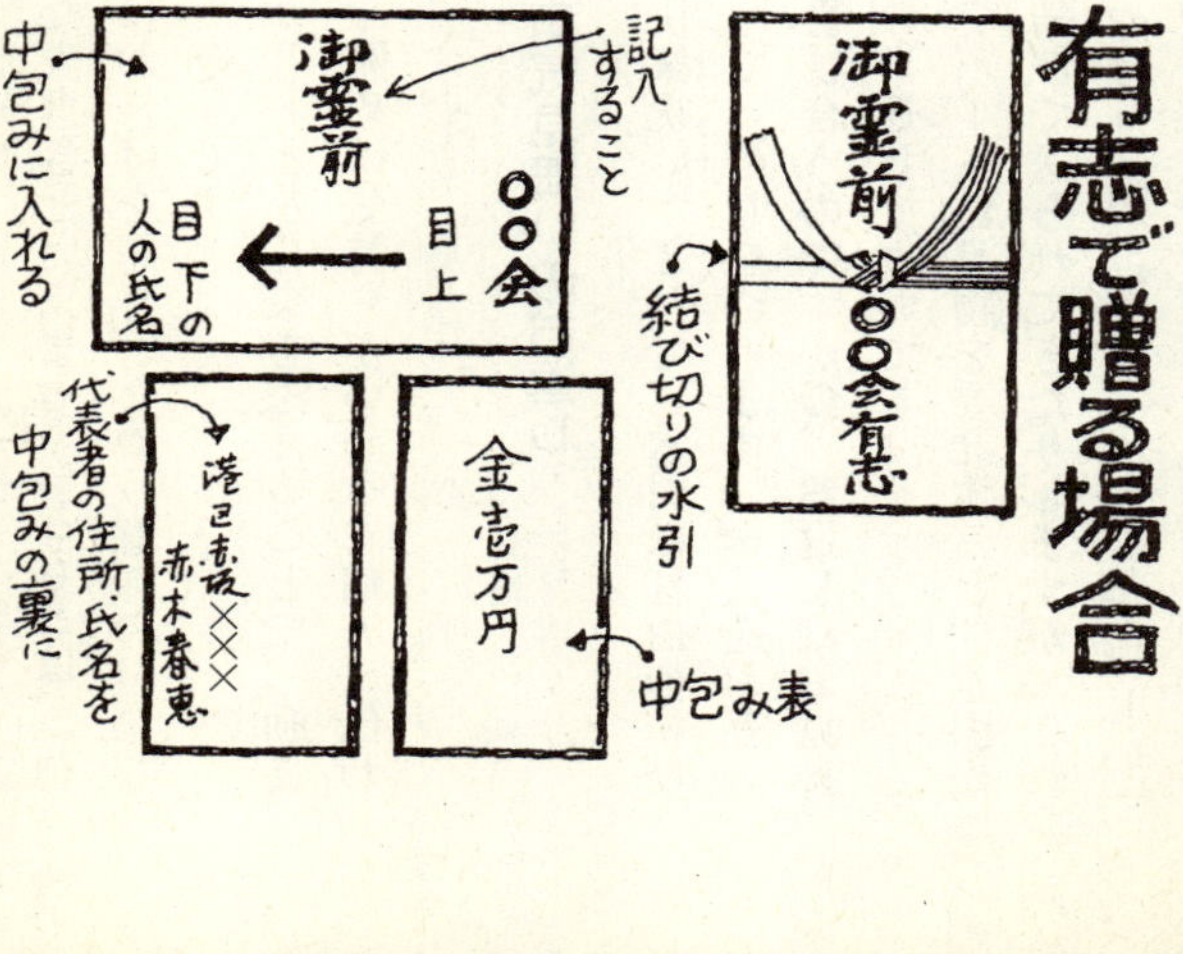
有志で贈る場合
御霊前
○○会有志
結び切りの水引
記入すること
御霊前
○○会
目上
目下の人の氏名
中包みに入れる
金壱万円
中包み表
港区赤坂×××
赤木春恵
代表者の住所、氏名を中包みの裏に

# お見舞いの表書き

病気見舞い、お見舞い一般
御見舞
赤木春恵
※水引をかけるなら結び切りに

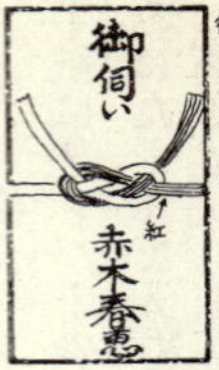
「御見舞」と同じに使う
御伺い
紅
赤木春恵

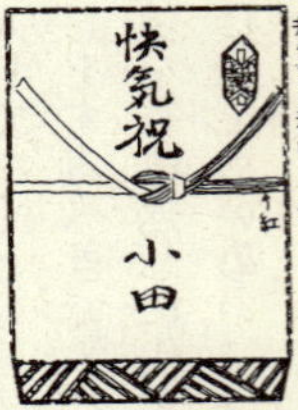
病気見舞いのお返し
快気祝
紅
小田

## ●病気見舞い

水引きをかけるならば結び切りで、蝶結びは避け、のしもつけません。

包みの折り端に、紅色がついているものにするか、白無地の封筒に「御見舞」と書くのがよろしいのです。

最近では少なくなりましたが、「御伺い」という表書きもあります。これは言葉の響きが品がよく、どんなお見舞いにも適した表書きといえます。もともとは、「神仏にお告げを請《こ》う」という意味の言葉なのだそうです。

カードとか花束を添えることで、励ましや慰めの気持ちがいっそう病人に伝わります。

## ●病気見舞いのお返し

「快気祝い」として、水引は紅白の結び切りで、のしをつけます。全快をお互いに喜び合うのですから、お返しはお見舞いの半返しでよいでしょう。

デパートに品物を委託すると、水引が蝶結びで送られてきたりしますが、これはやはり「結び切りの水引にしてほしい」と頼むことです。

●災害見舞い

すぐに役立つ食料品、衣料品、それに現金などが喜ばれます。災害見舞いに限って、目上の人に「現金」を贈っても失礼にはなりません。

また、被災者はお返しはしなくてもよいのですが、お礼状は忘れずに出します。

●陣中見舞い

作品展、茶会などの陣中見舞いには、多くの人が食べられるような菓子類とかお酒が喜ばれるでしょう。

現金なら紅白の蝶結びの水引をつけたのし袋を用い、表書きは、「御見舞」「陣中御見舞」「祈必勝」などと書きます。

## □結婚に関する表書きのマナー

●「寿」と濃い墨で書く

「結婚祝い」は水引を結び切りにかけます。

これっきりで二度と繰り返さないという意味を込めるからです。

表書きは、「寿」と毛筆で墨の色も濃く書きます。また、お祝いの金額に応じた包みを選ぶことです。包みばかりが豪華な飾りのついたもので、お祝いのお金は少ないということは失礼にあたり、笑われますよ。

## 結婚式の表書き

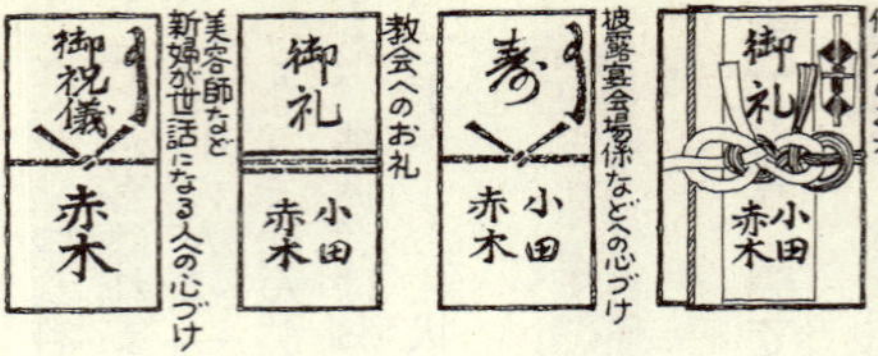
仲人へのお礼
御礼
小田
赤木
披露宴会場係などへの心づけ
寿
小田
赤木
教会へのお礼
御礼
小田
赤木
美容師など新婦が世話になる人への心づけ
御祝儀
赤木

### ●仲人へのお礼

式後にあらためて両家か、あるいは新郎側が直接にお礼を持って伺いますが、最近では、私の息子の場合もそうでしたが、新郎新婦がふたりでお礼に伺うことが多いですね。

お礼の品物、現金には、紅白の水引を結び切りにし、表書きは「御礼」、両家、または新郎新婦両人の連名にします。

結婚式においてだけ頼んだ仲人であっても、仲人親といい、今後もお世話になる方ですので大切にしましょう。

### ●式当日の御祝儀

美容師さん、運転手さんなど式の日にサービスしてくれる人には御祝儀を出すのが一般的で、「御祝儀」「寿」と表書きをした祝儀袋を用意します。また、仲人、大切なお客さまは、車でお送りするのがマナーですが、祝儀袋に「お車代」と表書きしてお渡ししてもよろしいのです。

### ●式に招待しなかった方には

お祝いをいただきながら式にお招きしなかった方には、表書きを「内祝」として結び切りの水引、のしをかけた品物を必ずお返しします。

いただいた金額の半額と考えて品物を選べばよいでしょう。

## ●里帰り

昔は、嫁いで3日めに嫁の実家に里帰りをする習慣がありました。地方によっては、いまでも夫の側から妻の両親、兄弟、親戚などへお土産を用意したり、嫁の家でも、初めて迎える新夫婦を〝新客〟と呼んで、親戚を招いて、ご馳走《ちそう》をする習慣が残っています。

お土産にかけるのし袋の表書きは「寿」で、水引は結び切りです。

いまはハネムーンも豪華になり、あらたまった里帰りは少なくなったようです

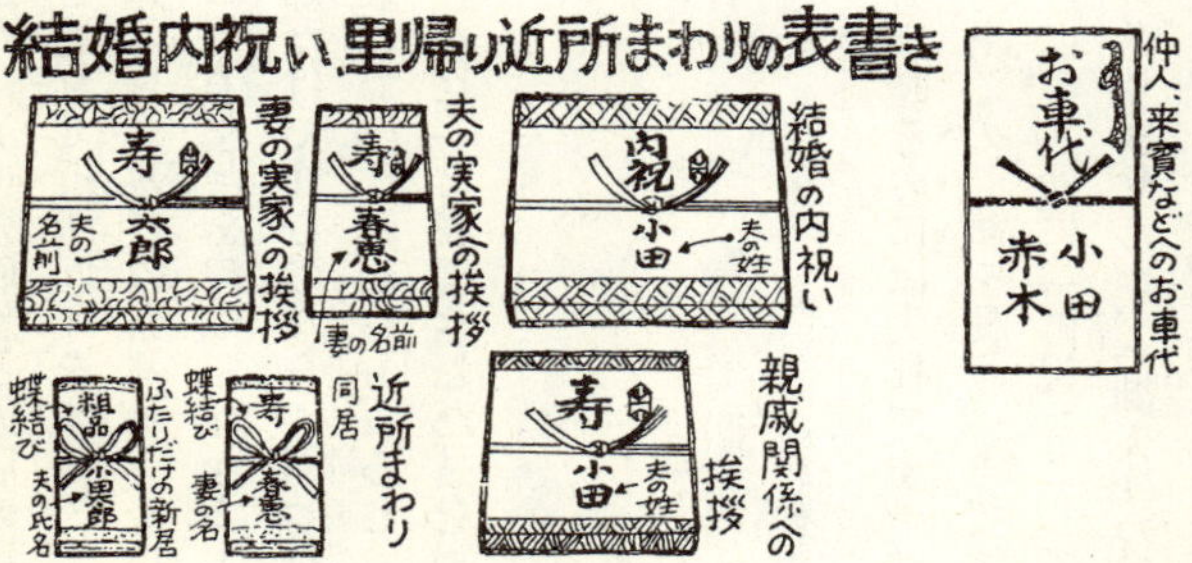

結婚内祝い、里帰り近所まわりの表書き
仲人、来賓などへのお車代
お車代
小田
赤木
結婚の内祝い
内祝
小田
夫の姓
夫の実家への挨拶
寿
春恵
妻の名前
妻の実家への挨拶
寿
六郎
夫の名前
親戚関係への挨拶
寿
小田
夫の姓
近所まわり
同居
寿
春恵
妻の名
蝶結び
ふたりだけの新居
粗品
小田六郎
夫の氏名
蝶結び

が、新婦の両親はなにかと心配なものですから、旅行から帰ったら、すぐに電話などで無事を知らせ、都合をみて早い機会に里帰りをしたほうがよろしいですね。

### ●挨拶回り

里帰りのとき、妻の実家の近所、知人などには、夫とともに出向いてきちんと夫を紹介しておきます。

同じように、夫の両親と同居の場合、姑が嫁を連れて近所回りをするのが礼儀です。「寿」と、妻の名を書いたのし紙をかけてお菓子などを持って行きます。

新夫婦だけで住むのなら、引っ越しの挨拶を兼ねて「これからもよろしく」と挨拶し、「粗品」と表書きした品を贈りましょう。

## □一般祝い事の表書きのマナー

### ●慶事の表書きは「御祝」

結婚の他のお祝いの水引は蝶結びとします。略式では、水引がわりに赤や紅のリボンなどですませることもありますが、目上の方に贈るのには失礼です。せめて印刷してあるのし紙を使うべきです。

表書きは、共通に「御祝」としておけば間違いありませんが、「御入学祝」「御安産祝」などと贈る意味合いを具体的に書いたほうが、よりていねいで喜ばれます。

## ●帯祝い

妊娠5か月めに、腹帯を巻いて胎児を安定させ、内々で出産の無事を祈るのが帯祝い。

昔から、5か月めの戌《いぬ》の日にしてきましたが、これは犬が多産なのにお産が軽いので、それにあやかりたいという気持ちからです。

巻く腹帯を岩田《いわた》帯《おび》というのも、結肌《ゆはだ》帯、斎肌《いはだ》帯といっていたのが、岩のように強く健康な子をという願いから岩田帯と書くようになったといいます。

現代では、病院や産院で着帯を指導してもらいますが、おめでたいことですから、お礼として菓子折程度のお礼を医師、助産婦さんにさし上げましょう。この場合の表書きは「寿」とします。

### 子供の祝い事の表書き

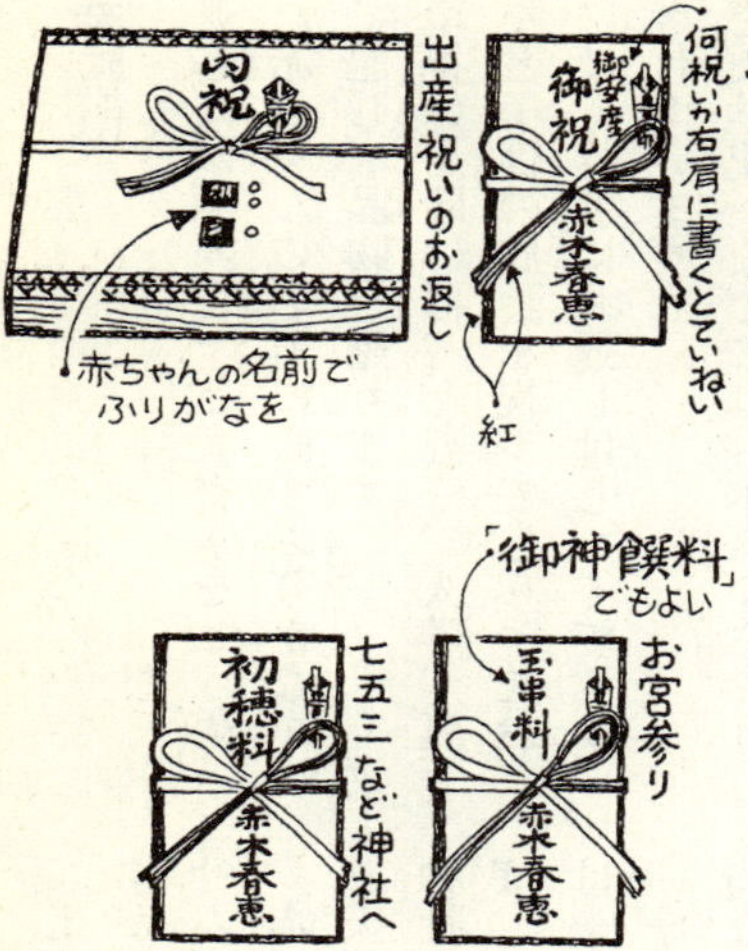
何祝いか右肩に書くとていねい
御安産
御祝
赤木春恵
紅
出産祝いのお返し
内祝
赤ちゃんの名前でふりがなを
「御神饌料」でもよい
お宮参り
玉串料
赤木春恵
七五三など神社へ
初穂料
赤木春恵

## ●出産祝い

お返しには「内祝」と表書きをし、生まれた赤ちゃんの名前に必ずふりがなをつけて記し、品物を贈ります。

出産祝いを除けば、七五三、入学、誕生日など子供の成長を祝ってもらったお祝いには、特別にお返しはしなくてもよいとされています。

ただ入学祝いなどには、本人からお礼の手紙を出すよう子供にはしつけることが大事です。

## ●お宮参り

昔から、男の子なら生後31日め、女の子なら33日めに氏神様にお参りをして、氏子《うじこ》の一員に認めてもらうのがしきたりでした。いまでもこの風習は残っていますが、お参りの日にはあまりこだわりません。

赤ちゃんを外の風に当てるのですから、お天気のよい日を選ぶようにしましょう。

神社で社務所にお宮参りの旨を申し出れば、手続きをとってもらえます。参拝料は一定のところもありますが、決まっていなかったら、社務所の方に相談して適当な金額を包みましょう。表書きは、「玉串料」「御神饌料《ごしんせんりょう》」と書くのが正式です。

## ●七五三の参拝

3歳、5歳、7歳の11月15日に、神社にお参りして厄払《やくばら》いと健康と幸せを祈るのが七五三の始まりでした。

やはり「初穂料」と表書きした参拝料

を包むと、親子ともども心がすっきりします。

## ●十三参り

昔から、「十三参り」といって、女の子が数え年13歳になったお祝いに、旧暦3月13日にお参りする習慣があります。いまでも一部では行っていますね。初潮を迎えて一人前の女性になるお祝いなのです。

私たちのころは、虚空蔵菩薩《こくうぞうぼさつ》にお参りして、母から「参詣《さんけい》で後ろを振り向いちゃいけないよ。振り向いたら知恵を返せといわれるからね」などといわれたものでした。

お寺にお参りする場合は、「御香料」と表書きします。地方によっては、神社へ参るところもあり、その場合の表書きは「御祈禱料《きとう》」とします。

## ●長寿のお祝い

60歳を「還暦《かんれき》」、70歳を「古稀《こき》」、77歳を「喜寿《きじゅ》」、80歳を「傘寿《さんじゅ》」、88歳を「米寿《べいじゅ》」、90歳を「卒寿《そつじゅ》」、99歳を「白寿《はくじゅ》」と呼んで、長寿を祝っています。

昔は、誕生日ではなく、その年の節句など、めでたい日に祝ったようです。

賀の祝いですから、子供たちが集まって父母、祖父母にお祝いのプレゼントをするのは喜ばしいものです。

このときの水引は、紅白か金銀の蝶結び、のしをつけ、表書きは、「祝喜寿」などと書きます。お返しの表書きは「寿」「内祝」です。

お返しの品物は、自筆の色紙とか、趣味の作品といったものがよいのではないでしょうか。

## ●新築祝い

家を建てる場合、いろいろなしきたりが意外に根強く残っています。地鎮祭《じちんさい》は、建てるに際して、土地の神への祭で工事の無事を祈ります。上棟式《じょうとうしき》は棟上げ、屋根をあげるときの儀式です。

一般には、地鎮祭は、最寄りの神社の神官に頼んで行いますが、このお礼には、「御神饌料」と書いて、お金は奉書で包むか白の封筒に包みます。

上棟式には、建て主は酒席をもうけて、「御祝儀」と表書きし、工事の関係者に出さねばなりませんが、金額などいろいろなことは、ざっくばらんに棟梁《とうりょう》（工事責任者）に相談すれば、相場を教えてくれます。

## ●受賞祝い

国の叙勲をはじめとして、いろいろな表彰がありますが、友人や知り合いにそんな喜びがあったら、すぐお祝いに伺うか、祝電を打つかしましょう。

受賞パーティーに招かれたら、お祝いには現金を包み、「御祝」と表書きして持参します。パーティーが会費制でしたら、特別の場合を除いて、祝い金は包まなくてもよいとされています。

## ●開店、開業祝い

お祝いには「御祝儀」とか「御開店御

## 表書きのきまり

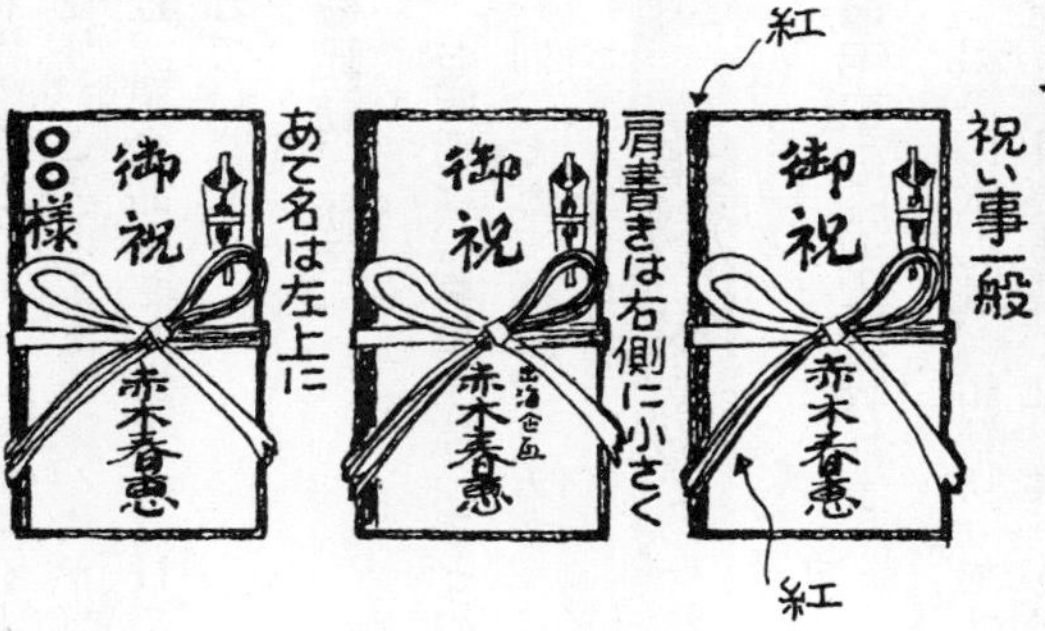
祝い事一般
紅
御祝
赤木春恵
紅
肩書きは右側に小さく
御祝
赤木春恵
あて名は左上に
○○様
御祝
赤木春恵

## 日常の祝い事の表書き

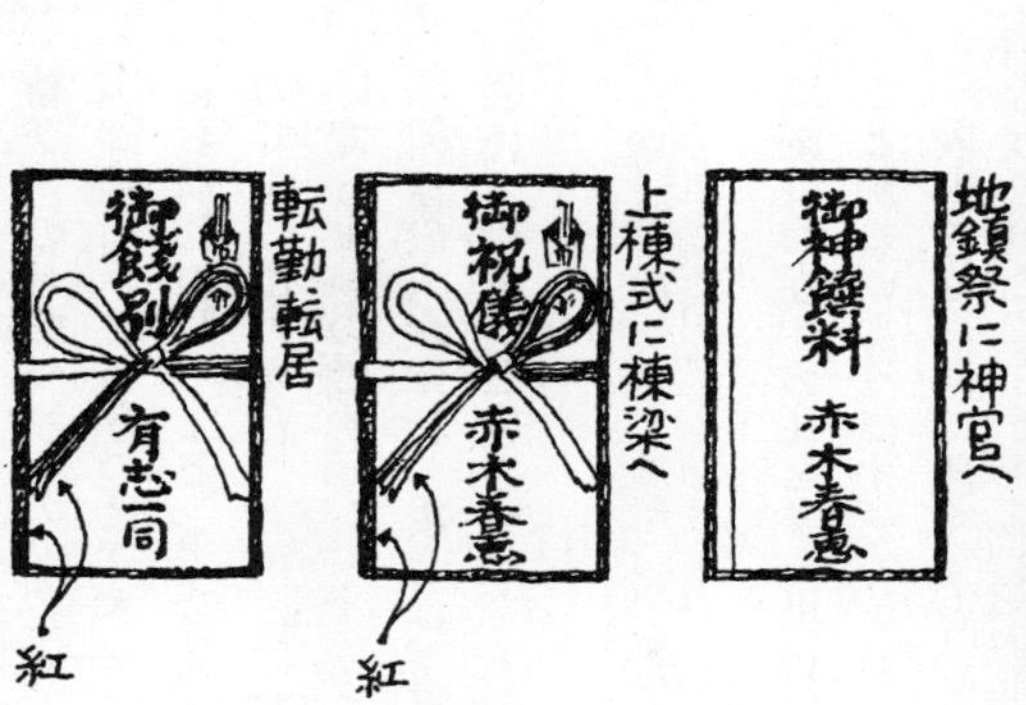
地鎮祭に神官へ
御神饌料
赤木春恵
上棟式に棟梁へ
御祝儀
赤木春恵
紅
転勤転居
御餞別
有志一同
紅

祝」などと書いて、紅白ののし袋に入れます。このお返しは、パーティーのご馳走、記念品をさしあげるだけでよいとされています。

●転勤、転居

お餞別は、職場全体でまとめて「有志一同」として贈るやり方が、このごろではは一般的です。このときも水引は紅白蝶結び、のしをつけるのが正式です。

「御餞別」というのは、本来は旅立つ人にお別れのしるしとして金品を贈ったものです。この場合、上司にはお見送りだけでもよいのです。

同僚の人が栄転の場合は、紅白ののし袋に「御祝」と書きます。

## □葬儀の表書きのマナー

●弔事の水引は結び切り

弔事の水引は、結び切りです。不祝儀袋の水引には黒と白、銀一色、銀と白、白と黄などいろいろですが、黒と白が一般的でしょう。白と黄の水引は、一周忌以後にお寺へお礼をする場合に使われることが多いようです。

表書きは〝涙で薄く〟という気持ちを込めて、にじまない程度に薄墨で書くことです。

## ●葬儀の表書き

宗教によって違います。仏式では「御香典」「御仏前」、神式では「玉串料」「御神前」、キリスト教では「御花料」、どの宗教でも共通するのは「御霊前」です。

蓮の花の模様がある包みは仏教用、十字架のものはキリスト教用です。また、「御供」は弔事全般で現金以外のお供《そな》えに書く表書きです。

## ●参列者が供物を持参する場合

参列者が葬儀に供物を持参する場合は、仏式では線香、抹香、ロウソク類、果物、お菓子類です。神式なら酒、果物、魚、キリスト教式ではお花だけで、飲食物は持参しません。

### 葬儀(参列者)の表書き

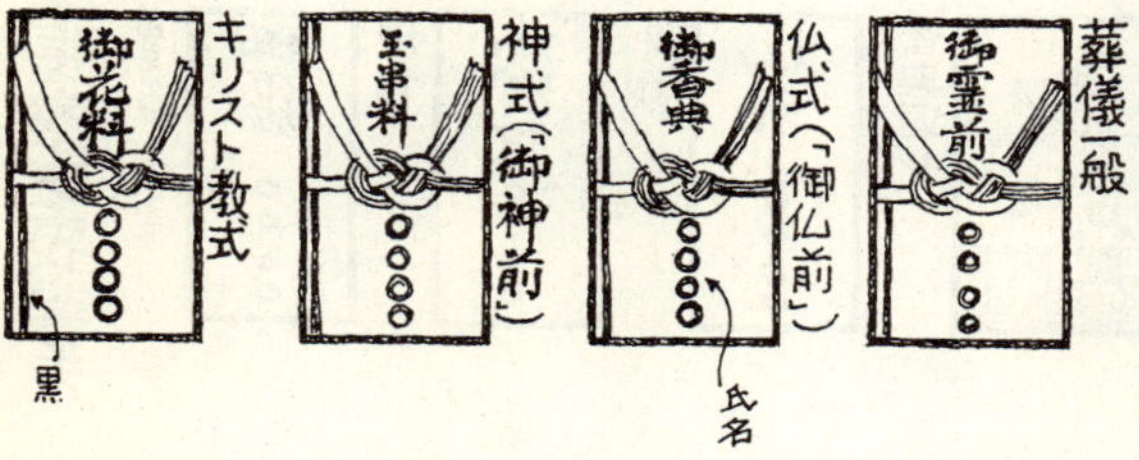
葬儀一般
御霊前
仏式(「御仏前」)
御香典
氏名
神式(「御神前」)
玉串料
キリスト教式
御花料
黒

表書きは「御供」とし、黒白の水引をかけるか、白い紙で包んで黒か白のリボンをかけます。

## ●葬儀に参列できない場合

どうしても葬儀に参列できない場合は、初七日を過ぎてからでも弔問するべきでしょう。

それもできない場合には、不祝儀袋に入れた香典と必ずお悔やみの手紙を郵送で送ります。

## ●喪家側の世話人への心づけ

喪家では、霊柩車《れいきゅう》の運転手さん、火葬場の係の人など、陰であれこれ世話をしてくれた人への心づけのために、不祝儀袋を用意しておくことです。

### 葬儀(喪家)の表書き

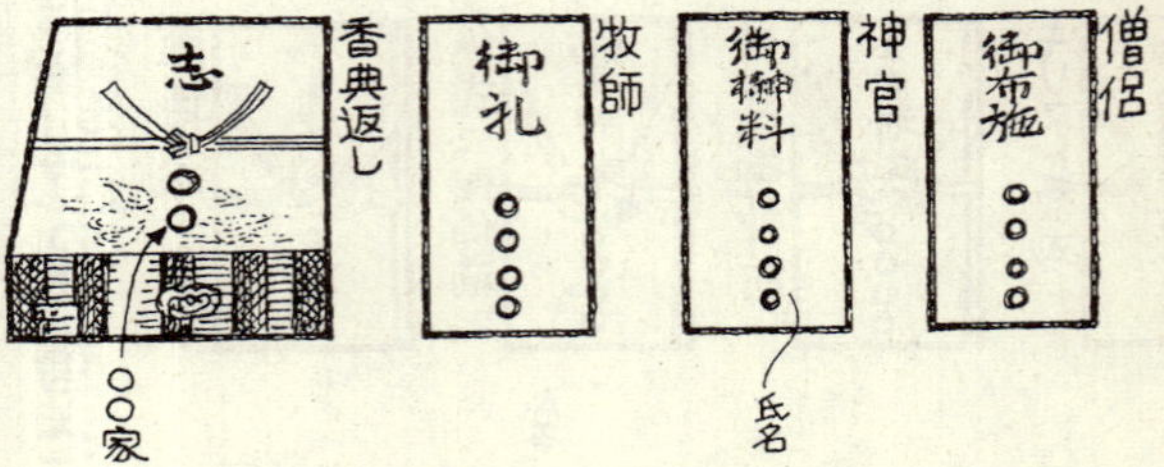
僧侶
御布施
○○○○
神官
御榊料
○○○○
氏名
牧師
御礼
○○○○
香典返し
志
○○
○○家

その表書きは葬儀の形式に関係なく「志」でよいのです。

## ●僧侶、神官、牧師へのお礼

葬儀がすむと、僧侶や神官に酒肴《しゅこう》を出します。お礼の包みは僧侶なら「御布施《おふせ》」、神官には「御榊《おさかき》料」、牧師には「御礼」と、表書きします。

お礼の金額は、仏式を例にとると、枕《まくら》経《ぎょう》、通夜、葬儀、火葬場での読経《どきょう》などいろいろ異なりますから、お坊さんなどに相談したほうがよいです。キリスト教でも謝礼について決まりのない教会もあるようですから、相談をすることです。

## ●香典返しの表書き

昔は、近親者が死亡すると「忌中《きちゅう》」「喪《も》中《ちゅう》」といって、一定の期間は身を慎んで公《おおやけ》の席に出るのを遠慮したものです。いまではそうもゆかず、「忌引《きび》き期間」がすむと出勤、通常の生活をします。

仏式では、忌《い》み明けの法要（四十九日、または三十五日）を行うとき、葬儀で世話になった方々にご挨拶をします。そして挨拶状に添えて香典返しの品を配ります。

昔は出向いてお礼を述べるか、肉筆の挨拶状に感謝の心を託すかしたものでしたが、香典のお返しに品物を送るようになったのは近年のことです。

お返しの品物には、白の奉書をかけて黒白の水引で結び、仏式なら「忌明《いみあけ》」「満《まん》中陰《ちゅういん》」「志」などとし、「〇〇家《け》」と喪家の名を書くのが一般です。神式では三十日祭、または五十日祭が忌み明けで、品物の上書きは「志」です。

キリスト教には香典返しの習慣はないのですが、近年はする方も少なくありません。

1か月めの召天記念日の礼拝、ミサの後に故人を偲《しの》ぶ品を友人、知人に贈ってお礼を述べるのです。上書きは「召天記念」「志」です。

●弔電をいただいたら

弔電をくださった方には、自筆の手紙で礼状を送るだけでよいとされ、香典返しの品は送らなくてもよいのです。

## □法要の表書きのマナー

●法要の水引

法要の水引は、黒白が無難ですが、黄と白や白一色、銀色なども用いるようです。

結び方は、法要の場合は結び切りに限ります。

●参列者の表書き

法要に招かれると普通、現金を包みますが、不祝儀袋の表書きは、「御霊前」「御供物料」としておけば、仏式、神式のどちらにも使えます。

しかし、正式には、仏式は「御仏前」、

神式は「御神前」、キリスト教は「御花料」とします。なお、神式では現金を供えるときに限って、「玉串料」という書き方もあります。

## ●法要に出席できない場合

法要に招かれたが出席できない場合には、早めに返事をしてその旨を伝えておきましょう。その際、遺族の近況をたずねる慰めの便りを出し、一周忌までの間の法要ならお供えものを贈ります。

また、法要には招かれなくても、香典返しの品と忌み明けの挨拶状だけ受けることがありますが、このときも送られた品を受け取ったことを伝え、哀しんでいる遺族を見舞う手紙を送ります。

法要（参列者）の表書き

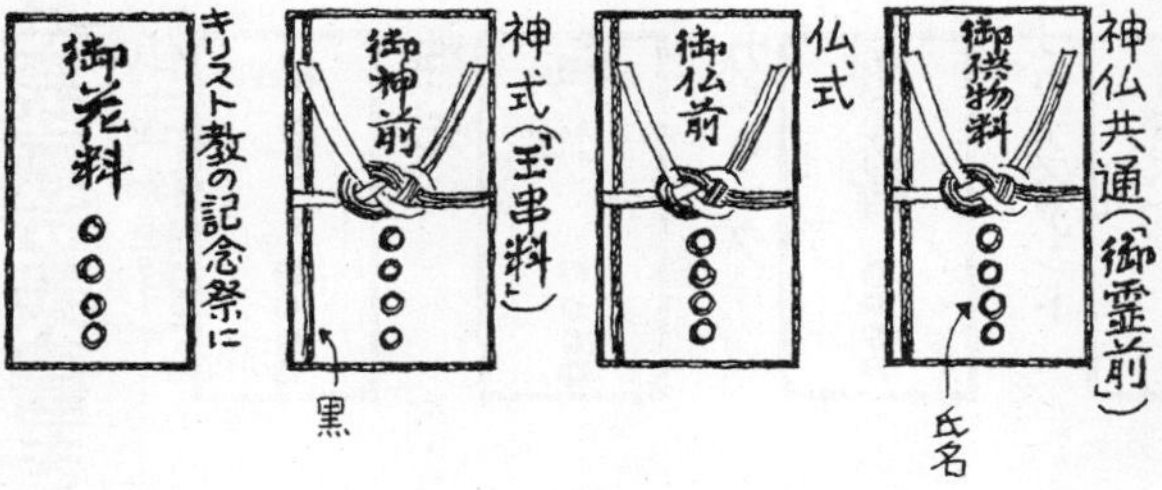

神仏共通（御霊前）
御供物料
〇〇〇〇
氏名
仏式
御仏前
〇〇〇〇
神式（玉串料）
御神前
〇〇〇〇
黒
キリスト教の記念祭に
御花料
〇〇〇〇

## ●喪家側の表書き

喪儀後の法要（祭り事）は宗教によって異なります。

仏式では初七日、三十五日、四十九日、百か日などの忌み日に法要を営みます。

死者が冥土《めいど》に行くと、閻魔《えんま》の庁で7日めごとに7回の審判が開かれるといういい伝えから、死亡した日から数えて7日ごとに忌み日にしたと祖母に教えられました。

このほか年忌法要は一回（周）忌、三回忌、七回忌、十三回忌、十七回忌、二十三回忌、二十七回忌、三十三回忌、五十回忌とあります。

先祖の霊は厚く弔いたいものです。

僧侶へのお礼は「御車代」「御食事代」、

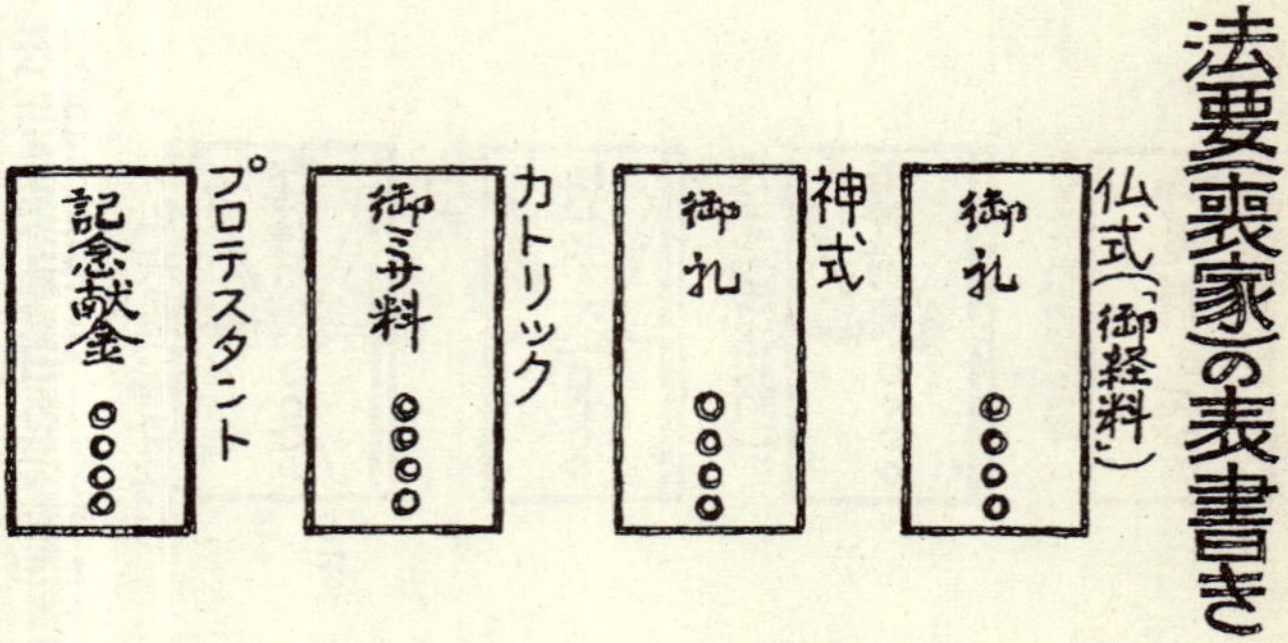
法要(喪家)の表書き
仏式(「御経料」)
御礼 ○○○○
神式
御礼 ○○○○
カトリック
御ミサ料 ○○○○
プロテスタント
記念献金 ○○○○

寺院へのお礼は「御経料」「御礼」と表書きします。寺の格式、法要依頼者の事情などで包む額はいろいろですから寺院に相談しましょう。

神式では法要に相当するものを霊祭といいます。

葬儀の翌日の翌日祭、毎十日祭（十日、三十日、四十日、五十日）、百日祭、一年祭、三年祭、五年祭、十年祭と続いて五十年祭まで毎十年ごと、あとは百年祭まであります。このときのお礼は仏式と同じですが、表書きは「御礼」と書き、この他に「御車代」も渡します。

キリスト教では故人を偲ぶ記念祭、追悼ミサです。プロテスタントでは死後1週間めか10日め、1か月めの召天記念日に記念祭を行います。その後は1年め、3年め、5年めなどの召天記念日に追悼会を行い、故人を偲びます。

カトリックでは死亡した日から3日め、7日め、30日め、1年めなどに追悼ミサを行います。牧師、神父への謝礼は、プロテスタントでは「記念献金」、カトリックでは「御ミサ料」です。

### ●卒塔婆供養をしたい場合

法要で卒塔婆《そとば》供養をしたいと思う場合には、あらかじめ施主にそのことを伝えて後、御供物料の他に、「御塔婆《おとうば》供養料」と表書きし、白無地の封筒などに料金を包んでお願いします。

卒塔婆とは梵語《ぼんご》のスツーパ（方墳とか霊廟《れいびょう》の意味）がなまって卒塔婆といい伝えられ、塔のことです。インドではお釈迦さまの遺骨を八つの国に分骨して、それぞれに塔を作って供養したと伝えられています。

その塔が後世において五輪塔になるのですが、さらに様式を変えて角塔婆、板塔婆になり、その板塔婆をまねて庶民が死者の供養に建てるのが「卒塔婆」です。

### ●供え物の表書き

法要以外の日にお参りするときには、故人の好物などを供えます。供え物の表書きは、仏式なら「御仏前」「御供」、神式なら「奉献」「御供」です。キリスト教なら、お花などに控えめなカードをつけておきます。

## 水引の由来と結び方

### ●水引の由来

水引の由来には、二説あるようです。

一つはインドの古い風習に「神仏への供物、または人に物を贈るときは聖水を添える」というものがあり、これが日本に伝わると「金紙、銀紙で水になぞらえた水引を作った」という説です。

もう一説は、室町時代の連歌《れんが》師たちが広めたという説です。連歌を書きとめる懐紙のとじに、こよりを紅・青・黄に染めたのが始まりという説です。

## ●水引の結び方

水引は細いこよりに糊水をしいて干しかためたもので、5本まとめたものを1本分としています。

その結び方は二とおりで、「蝶結び」は何回あってもよい慶事の場合、「結び切り」は二度とそのことがないように弔事と、慶事の結婚祝いだけに使うと決められています。水引の色も、慶事には紅白・金銀・赤一色・赤金など、弔事には黒白・銀白・銀一色などと区別します。

水引の結び方は、「右《う》紅《こう》左《さ》白《はく》」と覚えておくことです。

## ●結婚祝いの水引

結婚祝いは、水引2本（つまり10本のこより）で、「結び切り」か、結び切りの一種の「あわび結び」「老の波」で飾ります。紅白よりも金銀の水引が使われることが多いです。

結婚祝い用水引

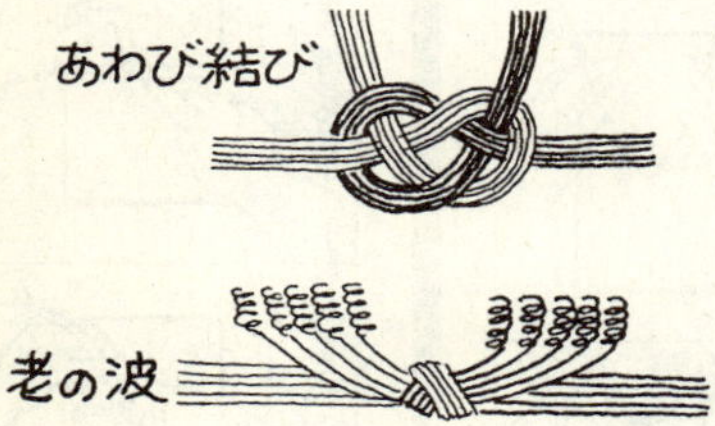

# 水引の結び方

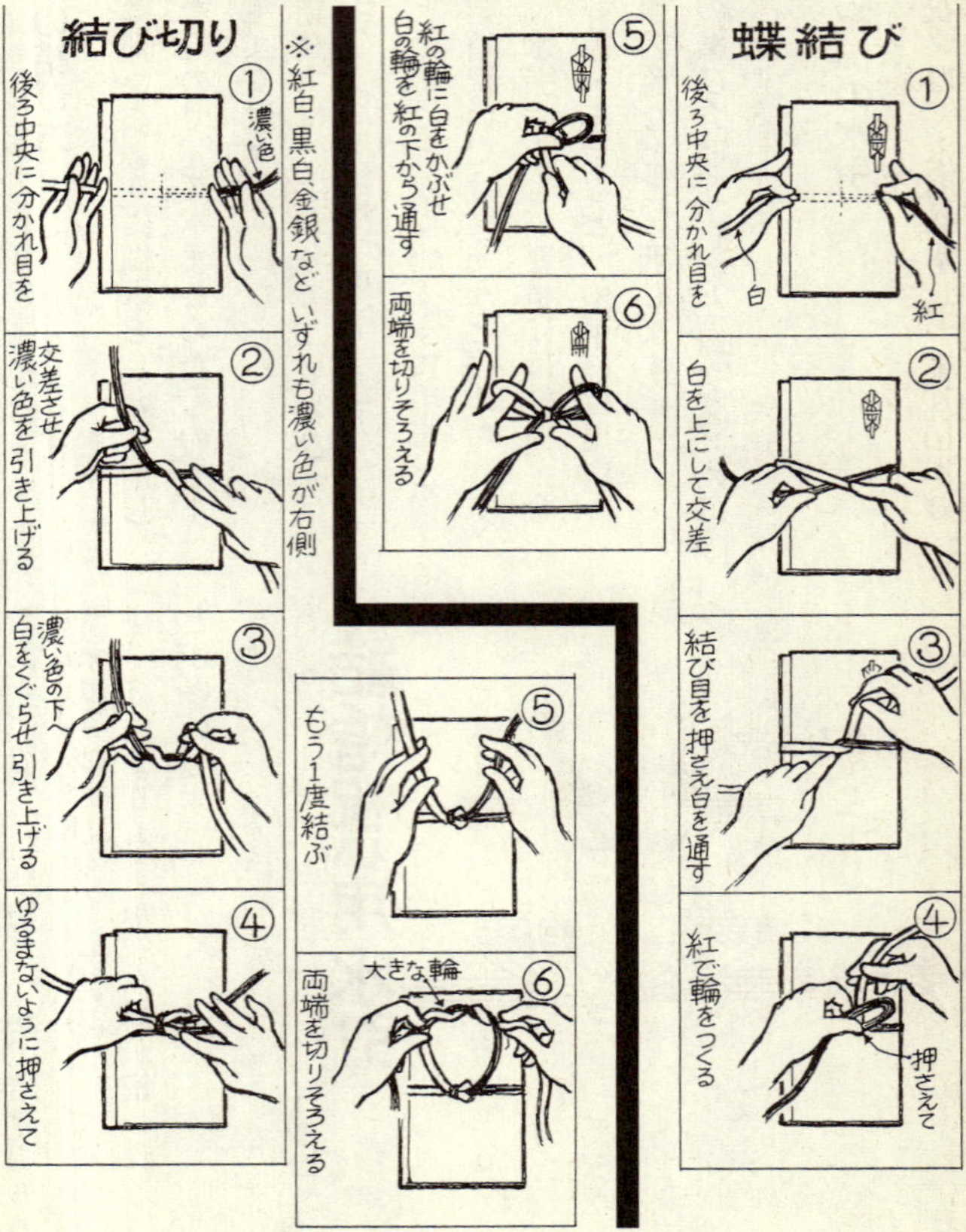
結び切り
①
後ろ中央に分かれ目を
濃い色
②
交差させ濃い色を引き上げる
③
濃い色の下へ白をくぐらせ引き上げる
④
ゆるまないように押さえて
※紅白、黒白、金銀など いずれも濃い色が右側
⑤
もう1度結ぶ
⑥
両端を切りそろえる
大きな輪
蝶結び
①
後ろ中央に分かれ目を
白
紅
②
白を上にして交差
③
結び目を押さえ白を通す
④
紅で輪をつくる
押さえて
⑤
紅の輪に白をかぶせ白の輪を紅の下から通す
⑥
両端を切りそろえる

## □暦にまつわるホントとウソ

旧暦9月の異名は「長月《ながつき》」で、夜の長くなる月ということです。旧暦では秋の最後の月で、10月からは冬です。百人一首にも次の歌があります。

今来むと言ひしばかりに長月の
　ありあけの月を待ち出づるかな

すぐ行くと言ったから来るか来るかと、恋しい男性を待ち続けているうちに、いつしか、長月の、月の出の遅い有明の月が出るころになってしまった。と私はこの歌を解釈しています。恋しい人を待つ時の長さと、長月とを懸《か》けた、たくみな歌です。旧暦9月の後半（新暦では10月ごろ）ですから、夜の冷気も強まり、月の色も冴えてきます。

また大正12年9月1日は、関東大震災があった日です。私の生まれたのはその翌年ですが、よく私たちは〝震災っ子〟などと呼ばれたものです。

二百十日はまた、台風などの災害がやってくる厄日ともいわれます。立春（2月3、4日ごろ、節分の翌日）から数えて二百十日のことです。たしかに台風シーズンには違いないのですが、なぜに二百十日、または二百二十日だけが厄日なのでしょうか。

暦からいろいろ考えてみましょう。

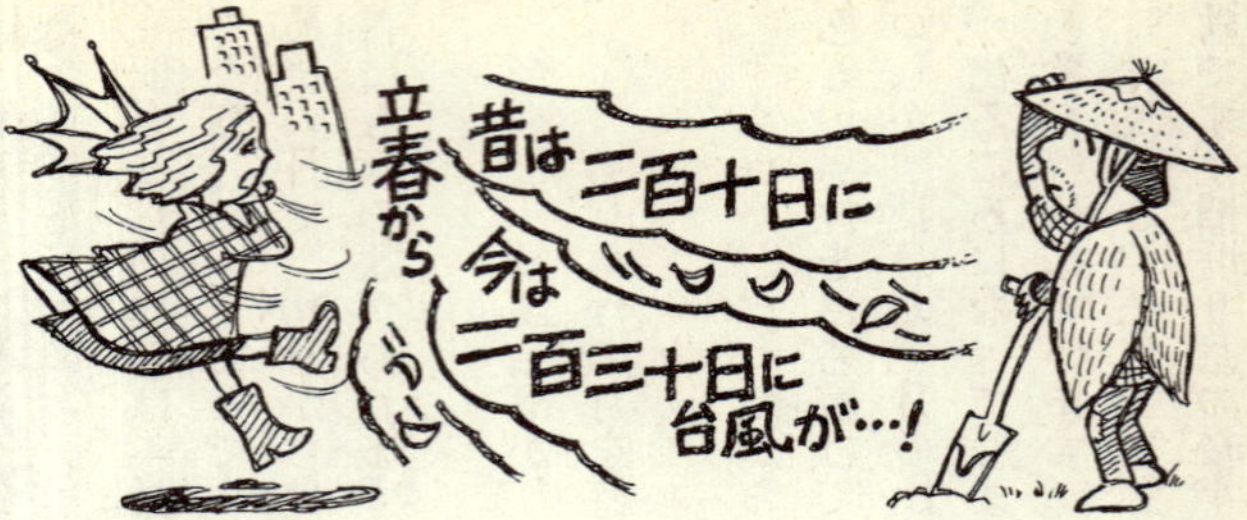
立春から
昔は二百十日に
今は二百三十日に台風が…!

## ●二百三十日が台風注意日

私が幼いころに聞かされた話だと「江戸時代の暦学者、渋川春海《はるみ》という人が、釣舟を出そうとしたが、老漁夫からきょうは危ない日だから舟を出さない、と教わったのが二百十日の起源」ということでしたが、春海の作った貞享《じょうきょう》暦《れき》よりももっと古い明暦《めいれき》2年（1656年）の伊勢暦《いせごよみ》には、もう台風襲来の厄日として「二百十日」が記されていたそうです。

江戸期の伊勢の人たちは、経験から二百十日とか二百二十日を割り出していたのでしょうね。伊勢暦というのは、伊勢神宮の御師《おし》が全国に大麻《たいま》（おふだ）と一緒にくばったものです。

伊勢暦には伊勢地方のいろんな習慣が書いてあって、八十八夜、二百十日、二百二十日など、そのころの他の地方暦にはなかったものです。つまり、お伊勢さんの暦で二百十日が知られるようになったのです。

いまでも二百十日と聞くと、私など反

射的に台風を考えます。夏目漱石の作品にも『二百十日』というのがありました。圭さんと碌《ろく》さんが阿蘇山に登ろうとして、激しい風雨にあい、たいへんな目にあう話です。

二百十日の前後は稲作にとって最も大切な時期で、台風の襲来によって大きな被害を受けることが多かったところから、特に注意されたのでしょう。

ところで、旧暦のころはいざ知らず、現在では大型台風は9月下旬に多いということですから、私たちが注意しなければいけないのは、むしろ二百三十日といえるでしょう。

### ●太陽暦と太陰暦

いま私たちは太陽暦、つまり太陽の運行をもとにして作られた暦を使っています。これに対して、旧暦は月の満《み》ち欠《か》けをもとにしたもので、太陰暦《たいいんれき》といいます。

太陰暦が最も進んでいたのが中国で、その暦法は6世紀にはもう百済《くだら》を経て日本にも伝わっていたのです。以来、約1300年も、日本人はこの中国式の暦の思想、月の満ち欠けによる太陰暦に親しんできたのです。

それが明治6年（1873年）に太陽暦に切り替えられます。明治維新で、世界の仲間入りをするためには、世界の文明国が使っている太陽暦(グレゴリオ暦)に合わせるのがいちばんだと考えたのです。

暦なんかずっと昔から同じものを使ってきたと思いがちですが、太陽暦はここ

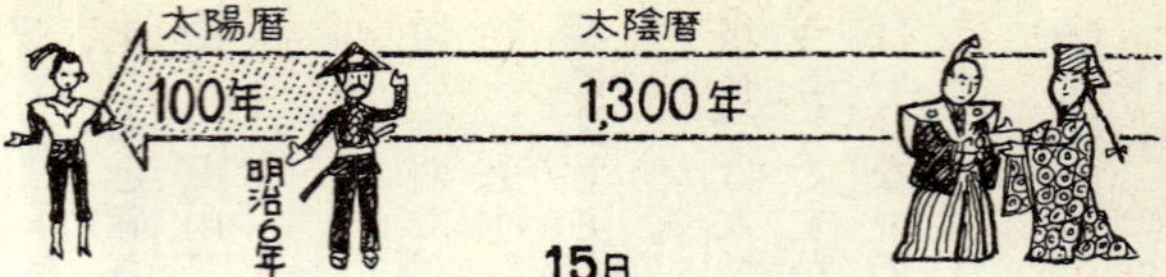
太陽暦
太陰暦
100年
1,300年
明治6年

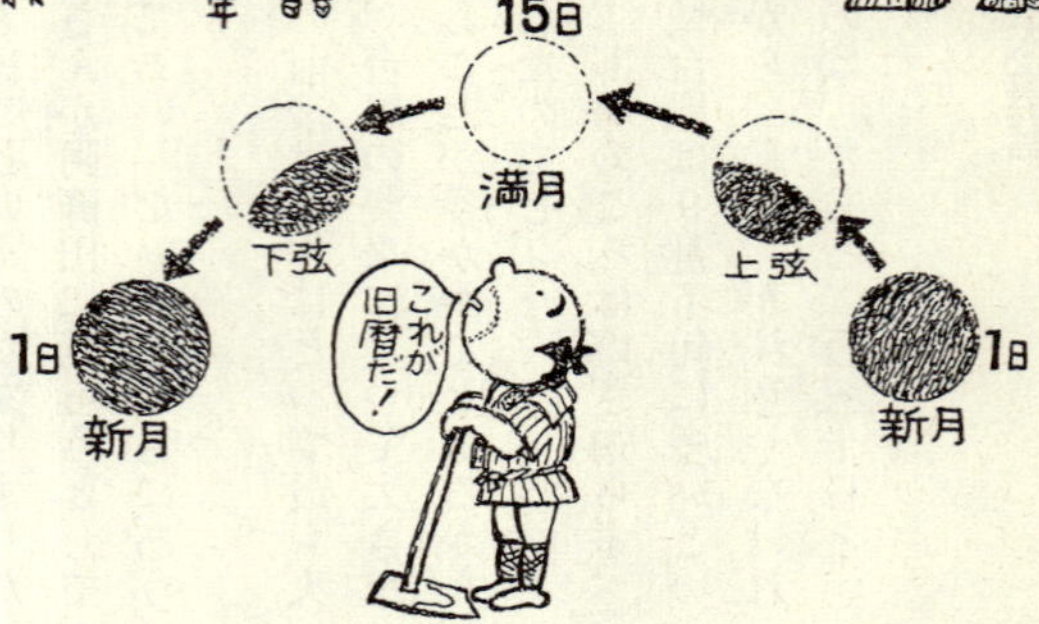
15日
満月
下弦
上弦
これが旧暦だ!
1日
新月
1日
新月

130年のことなのです。私の母なんか、いつまでたっても、

「エーッと、きょうは旧暦の何日なの？　ちょっと暦を見てよ」

と、日めくりの暦で調べさせたものですが、無理もないのです。昭和の初めまでは、行事は旧暦でやることが多かったのですから。

旧暦の明治5年12月3日が、新暦（太陽暦）の明治6年1月1日に変わったのですが、当時の人はびっくりし、次のような文句も出たそうです。

「ホー、じゃあ晦日《みそか》にも月があるわけかい。十五日が闇夜のことだってあるんだね。世の中変わったんだね。卵が四角になり、女郎にも誠があるかもしれねえや」

旧暦だと、いつも朔日《さくじつ》（1日）のお月さまは闇、それが上弦の月に変わって、15日が満月（望月《もちづき》）。月は欠け始め、下弦の月になり晦日、朔日は闇という繰り返しだったのですから、満月のはずの15日が闇夜だなんていう暦は「がまんできねえや」と思ったのも当然でしょう。

ところが、旧暦だとずいぶんと不便なこともあったのです。第一に、1年が353日のこともあれば、385日の年もあったのです。1年も12か月の年もあれば、閏月を入れて13か月の年もある。これを閏年《うるうどし》といいますが、その閏年にしても、1年おきのこともあれば、2年おきのこともある、たいへんにややこしい暦法なのです。

## ●六曜の由来

いまの暦にも、大安、仏滅など〝六曜《ろくよう》〟が書き込んであるものがあります。結婚式は大安の日にと、みなさんも考えておられるのですから、これはしかたがないのでしょうが、昔の陰暦ではもっともっといろんな吉凶で日を選んでいました。

昔の人は、この暦法を生活の基準の一つにしていたわけです。

しかし、あまりにもこの日選びにこだわるのもどうでしょうか。大安とか友引という〝六曜〟は、中国の諸葛孔明《しょかつこうめい》が考え出した戦争のための時間占いとも伝えられていますが、これも疑わしいそうです。中国にも日本にも、これぞという由緒はないのです。

日本で、先勝、友引、先負、仏滅、大安、赤口という〝六曜〟が大流行するようになるのは、幕末から明治にかけてと、わりに新しいのです。〝六曜〟の並び順も変わってきています。

なぜに流行したかというと、明治6年の太陽暦実施のときに政府が「暦に日の吉凶を入れてはならぬ。そんな暦を出版した者は罰金だぞ」と、太《だ》政《じょう》官《かん》布《ふ》告《こく》というのを出したのです。ところが大衆はそんな暦では不便だからと、お上《かみ》の目を盗んだ〝おばけ暦〟というのがヤミ出版されるのです。

おばけのように版元がだれかわからない、仮に官署に見つかっても「罰金を払やいいでしょう」というので〝おばけ暦〟と呼ばれたのだそうですが、この暦が大ベストセラーになって、いつのまにか〝六曜〟が大流行するのです。なんとも不思議なことですが、江戸時代までの暦には、ほとんど〝六曜〟は出てこないのです。

ですから、それほど気になさることもないと思います。

## ●六曜の意味

〝六曜〟それぞれの読み方は、地方によって異なり、どれが正しい読み方なのかきまりはないそうです。

■**先勝**（せんしょう、せんかち、さきがち）何ごとも積極的に急ぐことがよく、午前中は吉、午後は凶。

■**友引**（ともびき、ゆういん）相引きで勝負なし。友を引くという解釈は新しい。昼の時間だけ凶。

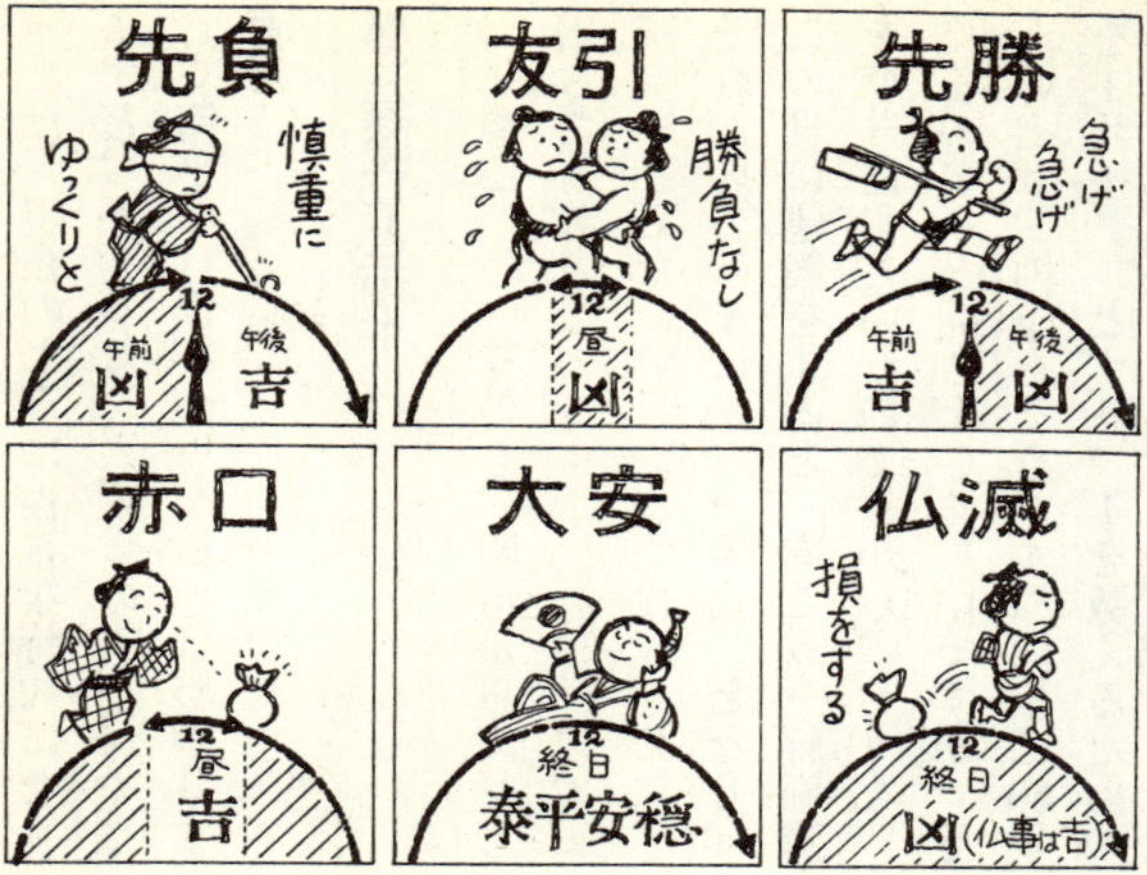

先負
慎重に
ゆっくりと
12
午前
凶
午後
吉
友引
勝負なし
12
昼
凶
先勝
急げ急げ
12
午前
吉
午後
凶
赤口
12
昼
吉
大安
12
終日
泰平安穏
仏滅
損をする
12
終日
凶（仏事は吉）


■先負（せんぶ、せんまけ、さきまけ）慎重にゆっくり。午前は凶、午後は吉。

■仏滅（ぶつめつ）釈迦が死ぬことだが、もともと空亡、物滅とあるように損をすること。万事に凶とされるが、物事には吉。

■大安（たいあん、だいあん）すべてに泰平安穏《たいへいあんのん》。

■赤口（しゃっこう、しゃっく）昼の時間だけが吉。

勝負ごとを仕事にしていた人たちから流行したともいいますし、おもしろいのは、戦時中の政府が〝六曜〟を使ってはならぬと厳禁したのも、軍隊が仏滅の日に出動というのもおかしいというものです。特別に由緒もはっきりしないとなると、私には、それほど気にかけることもない、と思えます。

ただ、現在のように複雑な時代になりますと、かえって〝六曜〟のようにやさしく簡単な日選びがウケるのはわかりますね。

## ●三隣亡と丙午

〝三隣亡《さんりんぼう》〟というのも、明治から流行し出した新参者なのです。古い暦本には〝三隣宝〟とめでたい日だったはずなのに、それがいつのまにか〝三隣亡〟となり、この日に建築をすると、向こう三軒両隣を焼き亡《ほろぼ》すというのですから、どうなってるの？　と聞きたいくらいですが、そういえば、丙午《ひのえうま》もそうです。丙午は60年を1サイクルとする、年を数えるための干支《えと》（甲乙丙丁の十干《じっかん》。子《ね》丑寅《うしとら》の十二支の組み合わせ）だったのが、いつのまにか、丙午の女は男を食い殺すなどというコワ〜イ迷信になっているのですから、まったく困ってしまいます。

迷信はいけません。もともとなんの根拠もないことなのです。昔の暦法が作りあげた罪つくりなお遊びですから、気にすることではありません。

私なんか、「進んだおばあちゃん」とひとり考えていますから、全然気にかけてはいません。

SHOGAKUKAN BUNKO

# 最新刊

社会人マナー入門
電話のかけ方　頭の下げ方
浦野啓子
仕事がうまくいかなくて……。その原因はマナーにあり？　仕事力アップのために、知っておきたいマナー集。

ソンな生き方をトクにする
多湖　輝
「損な生き方」は本当に「損」なのか？心理学を応用した数々の本で知られる著者が提唱する「得な人生の歩み方」。

実践的サラ金撃退法
不当な借金はチャラにできる！
山科和平
250万円の債務額を33万円にした！著者自らの体験に基づき、サラ金の借金をきれいに整理する方法を大公開。

〈遊び尽くす〉400年の時の旅
江戸東京博物館
山本博文／監修
復元建造物や縮小模型、浮世絵、錦絵などで楽しく学べる江戸東京博物館ガイド。江戸・東京のとっておきの話11篇も特別収録。

チャーリーズ・エンジェル・フルスロットル
エマ・ハリソン
富永和子／訳
今夏公開映画最大の話題作！　魅力たっぷりの3人が立ち向かうミッションの先に、意外な敵が立ちふさがる!!　エンジェル危機一髪。

## 本書のプロフィール

本書は一九八三年に小社が出版した『おばあちゃんの家事秘伝』を文庫化したものです。文庫化にあたり、一部の内容を訂正、削除しました。

---

シンボルマークは、中国古代・殷代の金石文字です。宝物の代わりであった貝を運ぶ職掌を表わしています。当文庫はこれを、右手に「知識」左手に「勇気」を運ぶ者として図案化しました。

### 「小学館文庫」の文字づかいについて

- 文字表記については、できる限り原文を尊重しました。
- 口語文については、現代仮名づかいに改めました。
- 文語文については、旧仮名づかいを用いました。
- 常用漢字表外の漢字・音訓も用い、難解な漢字には振り仮名を付けました。
- 極端な当て字、代名詞、副詞、接続詞などのうち、原文を損なうおそれが少ないものは、仮名に改めました。

# おばあちゃんの家事《かじ》秘伝《ひでん》

著者 赤木春恵《あかぎはるえ》

二〇〇三年七月一日　初版第一刷発行

編集人――飯沼年昭
発行人――山本　章
発行所――株式会社　小学館
〒一〇一-八〇〇一
東京都千代田区一ツ橋二-三-一
電話　編集〇三-三二三〇-五六一七
制作〇三-三二三〇-五三三三
販売〇三-三二三〇-五七三九
振替　〇〇一八〇-一-二〇〇

印刷所――凸版印刷株式会社
デザイン――奥村靫正





ISBN4-09-418341-8

小学館文庫